福建省厦门市基础教育课程改革第三批课题重点课题
福建省教育厅B类社会科学研究项目

# 我们的系统识字课

遵循汉字学的识字及阅读课例选

WOMENDEXITONGSHIZIKE

主编/金文伟

副主编/林 睿　刘香芹　叶秀萍　李彦敏

图书在版编目（CIP）数据

我们的系统识字课：遵循汉字学的识字及阅读课例选 / 金文伟主编 . -- 南昌：江西人民出版社，2018.9（2019.1 重印）

ISBN 978-7-210-07490-8

Ⅰ.①我… Ⅱ.①金… Ⅲ.①识字课－教学研究－小学②阅读课－教学研究－小学 Ⅳ.① G623.202

中国版本图书馆 CIP 数据核字（2016）第 287542 号

## 我们的系统识字课：遵循汉字学的识字及阅读课例选

金文伟　主编
策划编辑：童晓英
责任编辑：胡文娟　李旭萍
书籍设计：游　珑

| 出　　版：江西人民出版社
| 发　　行：各地新华书店
| 地　　址：江西省南昌市三经路 47 号附 1 号
| 编辑部电话：0791-86899133
| 发行部电话：0791-86898815
| 邮　　编：330006
| 网　　址：www.jxpph.com
| E-mail：jxpph@tom.com　web@jxpph.com
| 2017 年 1 月第 1 版　2019 年 1 月第 2 次印刷
| 开　　本：787mm×1092mm　1/16
| 印　　张：26
| 字　　数：460 千
| ISBN 978-7-210-07490-8
| 赣版权登字—01—2016—768
| 定　　价：56.00 元
| 承印厂：江西千叶彩印有限公司

**版权所有　侵权必究　举报电话：0791-86898532**

赣人版图书凡属印刷、装订错误，请随时向承印厂调换

# 序一

## 让汉字科学之花在语文课堂绽放

肖俊宇

《我们的系统识字课——遵循汉字学的识字及阅读课例选》一书，是集美大学金文伟老师与福建省小语会合作课题"汉字学在小学语文教学中的应用研究"，他及其团队主持的厦门市基础教育改革第三批重点课题"遵循汉字科学的小学语文识字、阅读教学新模式研究"多年探索与课堂实践的重要成果之一。

当前，是中小学极为重视课题研究的时代，是中小学课题研究数量空前多的时代，也是中小学课题研究极为功利的时代。由于工作关系，我参加过许多课题的评审、研讨，也做过不少有关课题的结题鉴定。

什么是课题研究？简而言之，就是要有一个独特的自变量，通过这一自变量的投入、实施，能够有效地引起相关因变量即实验结果的变化。举个不甚恰当的例子，要研究一把盐是否咸，就要把它投入菜中，看菜的咸度有何变化。若这盐不咸或基本不咸，投入菜中，就不会有什么变化。我们的课题研究就是要寻找"盐"这个自变量，就是要检验"咸"这个因变量。可说实在的，大多数课题没有明显的富有个性的自变量，自然也就没有什么相应变化的因变量，虽然也煞有介事地立项、开题、中期汇报、结题，其研究只不过是对某个问题多点思考，落实到课堂上最多是把课上得稍精彩一点。若事先不知道这是在进行某个课题的研究，你压根就想不到它与什么课题有关，就看不出这课题有什么特色。毋庸讳言，不少课题研究的情形是：立项想方设法，开题大张旗鼓，过程空空荡荡，结题热热闹闹。虽鉴定也写得漂漂亮亮，溢美之词不少，谈了许多值得大力推广之言，结果什么影子也未留下。结题即是句号，即是终结。

但是集美大学金文伟老师多年潜心耕耘的"遵循汉字学的识字及阅读教学"这一课题，就有效地找到了"汉字科学"这一把颇具特色的"盐"。由于它的实施，有效地改变了菜的"咸"，而且"咸"得明显，可感可测，受到了实验教师，尤其是实验学生的深深喜爱。这是它在众多课题中能够熠熠生辉的根本所在。听其课题组成员上识字课也好，阅读课也好，无须任何提示，你自然就能深刻地感受到浓浓的汉字文化韵味，深深感受到此课与普通课的迥然不同，时时被课堂教学的独特魅力与高质高效所打动。

中小学的课题研究，在不少大学老师眼中是"小儿科"，或不屑研究，或只是为了功利，真正长期沉下心来倾情投入的不多，但金文伟老师是个例外。他对汉字学课题的研究与实践可用醉心痴心来形容。他总是深入小学，深入课堂，与小学教师共同研究汉字学应用的方法，其执着达到了少有的忘我程度。他全身心创建的"福建省小语会课题组"QQ群、"语文教育与思维发展"微信群，团聚了全国各地一大批志同道合者。

金文伟老师的汉字学应用的课题研究过程是我所接触的课题研究中最有计划、最为严谨、最为扎实，也最为有效、最有影响的课题。他的课题活动，既有理论的研修、提升，又有省内外一些子课题团队的潜心实践，开展了卓有成效的系列研究活动，得到了10多家有分量的学术杂志和出版社的青睐，金文伟老师及其课题组成员的学术报告、课堂示范受到了全国20多个省市的高校同行、教研团队、一线教师的由衷赞誉。课题研究所形成的专著、文章、精品课例，其发表、出版成果众多，可谓丰硕，在全国许多地区产生了广泛而深刻的影响。

汉字，集形音义于一体，是世界上独一无二的表意文字。汉字这一独特的表意性决定了汉字教学离不开汉字的构字根本。

诚然，在语文教学中识字渗透汉字科学历来有之。如部首三点水、两点水、木字旁、提手旁、日字旁、金字旁、绞丝旁、草字头等的表意功能，人人皆知。然绝大部分人的认识仅限于此，绝大部分的教学仅囿于此，只要稍拓展一点，如彡、髟、尸、欠、宀、无、彐、釆、麻，则因缺乏汉字学基本知识和课堂实践，大多老师就显得茫然和乏力，甚至误教、错教现象为数不少，有的甚至触目惊心，识字教学长期显得表之又表，浅之又浅，与有效教学、高效课堂要求不相适应，严重影响了识字教学质量的提高。

汉字的学习最终须达到四会，即平常所说的形、音、义、用。可以说，音是一时之功，记住了，一步到达百分百；形是一时之力，基本记住了，也就基本上一劳永逸；而义呢，却永无止境，义关系到用，关系到恰切运用，灵活运用，是永恒的追求。字义之根在本义，不管汉字如何演变，不管其意思如何引申、假借、衍生，皆万变不离其宗，不离本义。如，学生对"心如死灰、万念俱灰、灰心丧气、灰溜溜"往往一知半解。如果能理解"灰"从"ナ"从"火"，"ナ"的甲骨文为"ᛠ"，意为手，手可弄之火为"灰"，一定是熄灭之火、无热气之火，是冷却之火、冰凉之火、没有希望之火。这样，小学生就不仅会为古人造字的智慧所倾倒，而且能深刻理解"心如死灰"等一系列带"灰"的词语，终生难忘，并且能准确地运用在具体的语言环境中。这样将识字与学词紧密结合的教法真可谓是"以一驭类""以简驭繁"收到了其他识字方法无法收到的奇效。可见，在语文教学中遵循汉字科学是重要的、必要的，是提高学生语文素养极为重要的途径。

是的，语文教学遵循汉字学是毋庸置疑的。可汉字学如此高深，如此复杂，对七八岁、十来岁的孩子来说，运用汉字科学可行吗？这种担心不无道理。倘若不顾汉字的演变特点，不顾学生的年龄特征与认识水平，生搬硬套地进行灌输，无疑会事倍功半，甚至事与愿违。那么，如何做到既遵循汉字科学，又照顾孩子身心特点，既利用汉字规律，又使教学轻负优质呢？事实胜于雄辩，相信读了《我们的系统识字课——遵循汉字学的识字及阅读课例选》一书，我们心中的疑惑会豁然化解，我们会为金文伟老师及其同仁的探索与创新所折服。

该书向我们展现了一片独特而高效，充满渗透汉字文化的优质课堂的亮丽迷人风景，为我们掀开了识字、阅读教学的崭新天地。在此天地中穿梭、徜徉、玩味，你一定会有深深的启示与感悟，甚至可能因此改变你的语文教学理念与实践。

如果我们的语文教学都能如此基于汉字科学、如此紧贴汉字特点、如此遵循汉字汉语规律，又如此遵循孩子的心理、认知规律，科学恰切地将两者无缝对接、相机融合，让我们的语文课堂氤氲汉字文化，让我们的孩子沐浴传统精髓，我想，那将是语文教学之大幸、孩子可持续发展之大幸、中华传统文化之大幸。

愿汉字科学之花在语文课堂上绽放得更美丽。

（作者系福建省厦门市教育科学研究院教研员、福建省首批正高级教师、福建省首批教学名师、福建省特级教师）

# 序二

## 小学语文教师须补上"汉字学"这一课

黄国才

小学语文教师须补上"汉字学"这一课。

诸君对此观点,恐怕心里不舒服,甚至反对。莫急,请听完我的两个小故事,再做判断。

故事一:只知"里外"的"里",不知"邻里"的"里"。

1989年,我第一次去岳父家。岳父家在沙湾村,那里住着十来户人家。村口立着一座牌坊,形制古老而壮观,中间镌刻三个丰满而遒劲的颜体大字"沙湾里"。我不禁狐疑:怎么有两个沙湾村——一个"里"沙湾,一个"外"沙湾——以前怎么没听说?心里拿不准,也不敢轻易问岳父大人。回到家,翻阅工具书,才恍然大悟——"里"是"田""土"的合体字,本义是"居也"(中国是农耕社会,有田有土便可居住),古代"二十五家为里"("五家为邻,五邻为里")——"沙湾里"就是指沙湾这个村庄有二十几户人家。看着这些解释,我后背涔涔汗下,庆幸那天没有问出"是不是还有一个'外'沙湾村"这样没知识的问题。否则,真是贻笑大方,跌了语文老师的面子。

故事二:苦寻"枭"字读音释义,巧遇金文伟老师指导。

2008年,我在准备《那片绿绿的爬山虎》公开课时遇到了问题:怎样教学生识"燥"字。当时我写了一篇短文《"喿"字读何音、为何义？》发表到福建小学新课程网①（此网页现已整合到福建教研网②）上。拙文如下：

课文《那片绿绿的爬山虎》（人教社四年级上册）有生字"燥"，我就思考教学中如何引导学生发现"字理"，即"燥"是不是形声字，如果是，"火"则是意符，"火"，热啊；"喿"是不是音符，读何音，是何义。如果找到答案，那么，"躁"、"操"、"澡"、"臊"（小学常用）、"缫"（一读"sāo"，同"缲"，意思是把蚕茧浸在热水里，抽出蚕丝；一读"qiāo"，意思是缝纫方法，做衣服里儿或带子时把布边儿往里头卷进去，然后藏着针脚缝）、"幧"（读作"qiāo"，意思是古代男子束发的头巾）等的构字原理，不都迎刃而解了吗？

可是，我查《新华字典》《现代汉语词典》《辞源》，都没有"喿"字。教学时，我只好请同学们观察"燥"，猜一猜是什么意思。学生说，"燥"一定很热，因为它与火有关。我再请同学们回忆，与"燥"相近的还学过什么字。学生举例"躁""澡""操"。我又让学生猜猜这三个字是什么意思。学生说，"躁"，急躁，与脚有关（学生说的时候，我边跺脚边说："我急得直跺脚，'急躁'啊！"）；"澡"，洗澡，与水有关；"操"，做操，与手有关。我非常高兴，肯定了学生这种识字的方法，并说："我们古人多么有智慧啊，造字的时候，考虑字的音形义之间的联系。如果同学发现了这个规律，不仅识字快，而且不容易写错别字。"

我深感，如果知道"喿"读什么音、什么意思，就能很明确地对学生说：这些字都是形声字，形旁表意，声旁表音，有些声旁也兼表意，我们的汉字多数是形声字，这个规律掌握了，学起汉字来就容易了，也更有意思了。再查《说文解字》，许慎解释："喿，鸟群鸣也。从'品'在'木'上，苏到切。"似乎也不全面。怎么办？正在我苦恼之际，拙文正巧被我省集美大学教育学院金文伟老师看到，他把此问题解说得一清二楚：

"喿"现在读"zào"，是会意字，上部的"品"从三口，指众鸟张口鸣叫，三指多数；下部从树木，是众鸟鸣叫之处。"喿"是"噪"的初文，本义是众鸟在树上鸣叫，后来专做了偏旁，在"噪、躁"中做意符兼音符，在"操、澡、燥、臊、缫

---

① 福建小学新课程网：http://xx.fjxkc.cn/fjjy/yuwen/showarticle.asp?articleID=1797
② 福建教研网：www.fjspjs.com

（zǎo、sāo）"中做音符。于是，其本义后来就又加意符"口"造"噪"字表示。

"喿"又音"qiāo"，是古代方言称"臿（锹）"的用字。"臿"音"chā"，是一种掘土的农具，现在称作"锹"，但在西汉及更早时期，各地方言叫法不同，西汉杨雄的《方言》（卷五）："江淮、南楚之间谓之臿，沅、湘之间谓之畚，赵、魏之间谓之喿……"现代汉语"喿"的"qiāo"音已经不用了，只保留在某些字中做声旁，如"缲（qiāo）、幓、檈、褾"，但这些字在现代汉语也很少用甚至不用了。

原来，一个"喿"字能构成这样一个系统啊！这样的解释，使人感到古人造字实在太了不起了，充满智慧、充满哲理，也更让人认识到掌握汉字学相关知识的重要性！

当然，老师不一定会讲解这些知识，学生更不一定要掌握。但是，有了汉字是一个系统的概念，遇到这方面的问题，老师若了解，便可点拨，让识字不仅轻松，而且有趣味，学生因此倍感汉字神奇，进而心生探究的欲望，使教学少一些机械训练，多一些科学方法；学生若了解，便会无师自通、自能自得，达到运用，解决学习中的实际问题。

这之后，我多次聆听了金文伟老师有关汉字学的讲座，阅读了《汉字教学常用字形义解析》（金文伟等编著，中国财富出版社2012年版）等解析研究汉字的著作，参与了识字教学专题研讨，发现"不懂而教"真的很普遍、机械训练真的很要命。而"机械训练"的根源在老师"不懂"，由于"不懂"只好不合规律、不讲方法地死记硬背，机械摹写。比如识字教学，从一年级到六年级，几乎都是"加一加""减一减""换一换"（谜语）猜一猜"等，剩下的就只有"抄三遍""抄三十遍"了；写字方面，不清楚笔画、笔形、笔顺对汉字构形的原理，只能机械地描摹方字格里的字形，死记笔顺写法。在研究实践中，我倍感金文伟老师倡导的运用汉字学科学识字写字是解决"盲目识字""机械写字"的一剂良方。

这之后，我多次与金文伟老师就汉字学的科学运用进行切磋探讨，达成诸多共识。比如：（1）汉字学运用要与《义务教育语文课程标准》（2011年版）的相关规定融会贯通起来，如"语文课程应特别关注汉语言文字的特点对学生识字写字、阅读、写作、口语交际和思维发展等方面的影响""多认少写""要运用多种识字教学方法"等；（2）小学语文教师要补上"汉字学"一课（要让学生懂，必先自己懂）；（3）汉字学不仅是知识、是文化，也是识字、写字方法；（4）运用汉字学是为小学生科学识字、激发识字兴趣、强化探究意识（如，部件"口"构成的字与围起来有关，那么，"因"与围起来有什么关系？部件"彳"构成的字与道路、行走有关，那么，"德"与道路、行走有什么关系？）、熏染民族文化服务的，而不是要小学生研究汉字；（5）阅读是通作者用字之用心，识字是通古人造字之用心；（6）写字教学要弄清楚笔形笔顺原理，减少死记笔顺的现象（如"木"做字的下偏旁时，一竖为什么有的写成竖钩，如"茶、杂、亲"，而有的不变，如"朵、果、采"？）；等等。

我们以"福建省教育学会小学语文教学委员会"的名义，合作成立"汉字学在小学语文教学中的运用研究"课题组，集中力量研究汉字学的科学运用问题，其成果得到全国小语会的认可并荣获"优秀成果奖"。

我们共同指导老师备课上课，这些老师研发的课例在省内乃至全国都产生了积极而广泛的影响，如林佩菱老师的《"红领巾"真好》获得全国特等奖，陈星老师的《杨树之歌》在"第四届华东六省一市教学观摩研讨会"中获得特等奖，课题组不少老师应邀到全国多地上示范课和讲座。

这期间，我对汉字学在小学语文教学中的应用做了一些理性分析，写了若干篇文章与同仁讨论，如，《懂汉字　教汉语　高效益——例谈汉字学在小学语文教学中的应用》[1]《科学运用汉字学　深度解密"多认少写"》[2]《再谈"汉字学在小学语文教学中的运用研究"》[3]等。

现在，金文伟老师将近年来我省，特别是厦门地区一些运用汉字学的优秀课例集结成《我们的系统识字课——遵循汉字学的识字及阅读课例选》一书，以具体课例为小学语文教师"补上汉字学一课"、为指导一线教师科学运用汉字学、为进一步深化教学改革提高课堂教学效益、为全面提升学生的语文素养做了一件大好事。

我深信："功不唐捐。"

是为序。

（作者系福建省普通教育教学研究室教研员、福建省特级教师）

---

[1] 发表于《福建教育》，2011年第11期。
[2] 发表于《新课程研究》，2013年第1期。
[3] 发表于《小学语文教学·人物》，2014年第9期。

# 前言

金文伟

## 一

多年来，小学识字教学为何高耗低效，少慢差费累？我们认为，主要原因是广大执教者掌握的汉字学知识太少，对所教的大部分汉字不懂而教。部首在汉字构形中起着重要作用，现以部首教学说明。

我们知道，部首"犭"表示动物意，"氵"表示水、液体等意，师生掌握了这些知识，就容易系统地理解和掌握"猫、狗、狼、狮、狐狸、狼狈"和"汁、污、江、汲、池、汤、汪、沐、浴、沉、没"等一大批字词的形音义，教学效果显著。这说明只要掌握了某部首的形音义和构形知识，就容易以简驭繁地在理解中识记该部的很多字。依此类推，如果执教者掌握了国家语言文字工作委员会发布的《汉字部首表》的201个部首，识字效率定会得到极大的提高。遗憾的是，笔者曾对厦门某次小学语文骨干教师培训班做过调查，教师们只掌握了约43个部首的知识，如"人（亻）、土、艹、口、山、门、宀、女、纟、手（扌）、心（忄）、鸟、疒、衣（衤）、足"，对其他约158个部首的知识就不清楚，如：一、丨、丿、丶、二、十、厂（厂）、八（丷）、勹、儿、匕、亠、力、又、厶、干、士、寸、大、弋、囗、彳、夕、广、尸、己（巳、巴）、巾、幺、巛、无（旡）、韦（韋）、支、歹（歺）、牙、戈、比、瓦、止、毛、片、氏、欠、殳、文、方、斗、户、毋（母）、业、生、矢、白、瓜、立、皮、矛、耒、臣、襾（西、覀）、而、至、缶、自、齐、聿（⺻、肀）、艮、羽、走、赤、豆、辰、里、邑（右"阝"）、辛、青、卓、阜（左"阝"）、隶、革、骨、鬼、鬥、黄、麻、黍、龠。

这些部首约占 201 个部首的 77.61%，约占 3500 个常用汉字所归 192 个部首的 81.25%。部首构字的系统性很强，执教者对绝大多数部首不懂，甚至对其中约50 个部首的音、义不知，如"匸、冂（冖）、宀、凵、卩（㔾）、廴、彡、夂、夊、斗（⺕）、阝、廾、尢（兀、允）、彐（⺕、互）、攴（攵）、冃、罒、疋（⻊）、癶、釆、彡、鬲"。就意味着对所教大部分汉字的构形知识不清楚，不能科学有效地教这些字。即使是那些形音义清楚的部首，对其部中许多字的形义关系也不一定清楚，比如"红、绿、紫、绝"为何用"纟（糸）"做意符，"独""始""茶"等字的形音义关系如何等。要说明的是，厦门教师的这种现象绝非个例，乃是全国汉字教学的缩影。这项调查使我们吃惊地发现，多年来的汉字教学，从总体上说，竟然是执教者对汉字基本上是不懂而教！——这严重违背了教育科学的原理。教育科学要求，"一个称职的教师""要具有严谨的治学态度，精通所教学科的专业知识"①，并要在教学中传授科学的文化知识。执教者非但不能"精通"汉字知识，甚至对大部分汉字不懂而教，效率怎会高？试问哪个时代、哪个地区、哪个国家允许老师教自己不懂的知识？但这种现象却偏偏出现在我们的小学语文教学中。

不懂所教的字，其教法主要有二。一是让学生不断拼读、反复见字，这是当前课识字教学的常用方法。实践早已证实，机械识记不但无趣、易忘，而且容易写错别字。另一教法是教师为了让学生"理解"而随意解说汉字，结果讲错一字，乱一系统，反增识字难度。比如，有教师讲"珠"为"大王姓朱"，这就不符合汉字科学。从"王"的字很多，都姓"王"吗？汉字是形音义的统一体，是有着严密系统的表意文字，解析汉字偏旁应符合汉字规律。汉字学解析，"珠"是意音字（形声字），音符是"朱"，意符"王"是"玉"的省写（做左旁省时去一点），国家语言文字工作委员会 2009 年发布的《现代常用字部件及部件名称规范》规范名称为"斜玉旁"。"王"在构字中做意符，表示玉、珍贵、美好等意，如"珍、珠、琼、瑶、琳、琅、琥、珀、玩、环、玲、现、理、瑜、瑰、瑞"，在"顼"（xū）中表音。"珠"

---

① 石忠仁：《教育原理》，人民教育出版社2002版，第197-198页。

的本义是珍珠,所以从"𤣩"。这样科学地解析"𤣩",学生系统地理解和识记部中字,不是很容易吗?不顾字义仅据形同就将"𤣩"解析为"王"(wáng),则"王(玉)"部所有的字都难以理解,只能一个一个地机械记忆,这反而给识字增加了难度!

教育应是科学的教育,科学的识字教育首先要求教学内容符合汉字规律。汉字规律由汉字科学所揭示。因此,执教者必须掌握汉字学的有关知识,做一名懂汉字知识的教师。

## 二

但是,很多教育工作者怀疑:汉字学博大精深,运用到小学教育,可行吗?小学教师能掌握吗?小学生能听懂吗?

这些怀疑源自不了解汉字学。其实,小学识字教学很早就用到了汉字学的不少知识,比如前面所列某些部首的知识,解析"日月明""小大尖""田力男"等,分析汉字时常用的象形、指事、会意、形声等构字法。实践证明,汉字学的这些知识小学老师完全能掌握,小学生也完全能学懂,教学很有效。试想,广大师生能掌握汉字学的这些知识,怎么就不能学好汉字学的其他相关知识呢?

实际上,汉字学与识字教学的关系特别密切。汉字学萌芽于西周时的儿童识字教学,因文字是小学教学的重要科目,汉朝人就将研究文字、文字教学的学问统称为"小学"。东汉时,许慎集前人研究汉字之大成,创编了世界上自成系统的第一部汉字学著作——《说文解字》,标志着中国汉字学的正式创立。随着社会的发展,促使"小学"研究的内容不断丰富和扩大,成为专门研究汉字的一门学科,于是到了近代,"小学"改称"文字学"。又因其研究的是汉字,新中国成立后又改称"汉字学",并渐分为传统汉字学和现代汉字学。

传统汉字学研究的目的主要有二:一是为了儿童识字,为此,产生了《史籀篇》《仓颉篇》类似的识字课本;二是为了解析经典,并将此当作了主要任务。

现代汉字学研究的首要目的是,"帮助人们更好地学习和使用现代汉字"[①]。几十年来,汉字学家们为了这个目标,整理和改革汉字,研制了不少汉字规范文件,如《汉语拼音方案》《现代汉语通用字笔顺规范》《字符集汉字折笔规范》《汉

---

① 苏培成:《现代汉字学纲要》(第3版),商务印书馆2015年版,第27页。

字部首表》《字符集汉字部首归部规范》《现代常用字部件及部件名称规范》《通用规范汉字表》。汉字学研究分析了所有的汉字,根据现代汉字的现象和应用规律,研究制定了《现代汉语常用字表》(3500字),该表成为《义务教育语文课程标准》(2011版)的识字要求;再从字表中研究出300字作为识字、写字教学基本字(见《义务教育语文课程标准》附录4"识字、写字教学基本字表")。汉字学还研究了汉字的起源与发展演变、性质与特点、构形规律与分析方法、字形与字义字音的关系、应用与规范、汉字与汉语的关系等。这些研究和成果,都与识字教学关系密切,直接规范和指导着识字教学。正因如此,温儒敏、巢宗祺主编的《〈义务教育语文课程标准〉(2011年版)解读》(高等教育出版社2012版,第66页)指出:

"汉字教学要想由难变易,必须在教学方法、教学程序、教材编写等方面,做好多方协调工作。面对这些由汉字性质带来的诸多复杂问题,汉字教学的方法和程序,必须运用汉字学的科学原理使其科学化,不能因为教学内容显示出的知识不多,就认为教育者所需知识也很简单。小学识字教学是一个尖端的课题,在这个领域遇到的问题,需要大量的汉字学成熟理论支撑,才能处理得当。"

这段文字用了"必须"二字,强调了汉字学在识字教学这个"尖端课题"中的关键作用,指出了执教者掌握汉字学的必要性。汉字学对识字教学如此重要,多年来却未受到应有的重视,很多有用的知识没有进入课堂,甚至一些文字规范文件,不被广大执教者所知晓。识字教学长期忽视汉字学,高耗低效也就是必然的了。

### 三

当然,遵循汉字学的识字教学是否科学,是否高效可行,不能仅靠逻辑证明,关键在于教学实践证明。只有实践证明,才能突破人们多年来的识字教学观乃至阅读教学观。缘于此,2006年秋,我与厦门几所小学的语文老师合作,开始了运用汉字学的教学实验研究。实验不久即见成效,很快得到了福建省教育学会小学语文教学委员会、厦门市教育科学研究院、泉州市教育科学研究所等单位的支持,共同合作成立了"汉字学在小学语文教学中的应用研究"课题组,也先后获批福建省教育厅(2007—2010年)和厦门市教育局(2013—2016年)的有关教育科研项目。课题组遵循汉字的表意规律和系统规律，使设计的课科学而高效。其中设计的人教版第三册《"红领巾"真好》课例获"全国第九届青年教师阅读教学观摩活动"（2012年）特等奖，北师大版第四册《杨树之歌》课例获"第四届华东六省一市小学语文教学观摩研讨会"（2014年）特等奖，北师大版第八册《七子之歌——澳门》课例被选入高校本科小学教育专业教材《小学语文课程与教学论》（蒋蓉主编，北京师范大学出版社2015版），更多的课在省内外交流活动中展示，许多分别发表在《小学语文教学》《小学语文》《小学教学设计·语文》等刊物——我们的研究成果在全国小学语文教育界产生着越来越大的影响。越来越多的实践证明：遵循汉字科学的课，只要设计合适，小学生不但完全能听懂，而且能激发他们学习汉字的极大兴趣。特别是在省内外成功展示的课，证明了此教法符合教育的普遍规律。在2014年10月的"千课万人"全国小学语文教学观摩活动上，著名小学语文教育家周一贯先生对我和黄国才老师说："你们遵循汉字学，设计了那么多新课好课，应该尽快结集出版，让全国的小学师生受益。"江西人民出版社青少年出版中心的童晓英主任了解到这些课例后说："这么科学高效的课例如果编选出版，一线教师学习汉字和教学汉字就轻松简便多了。"感谢该出版社主动承担了此书的编辑出版。

我们课题团队已设计百余节课，教学内容主要依据人教版、北师大版的小学语文教材。为了系统化，本书选课以使用人教版的厦门课题组的课例为主，福建其他地区的课例为辅。

## 四

为便于读者更好地了解本书课例，特对有关问题做进一步介绍。

（一）本书课例都是经过课堂教学检验后修改而成。因不少人囿于原有的儿童心理学知识，不相信一年级小学生能在一节课里学这么多生字，掌握如此"高深"的汉字学知识。为此，我们特地给那些容易引起质疑的课例注明了展课的时间、地点，甚至上课学生的学校、班级，观课老师的单位等，以证明这些课例的真实性。同时也证明，一年级小学生的认知能力之强，远超我们的想象。我们期望，儿童心理研究，应该参考科学识字教学的实验现象，重新测试和研究儿童的认知能力，给出科学的说法。

（二）汉字的规律很多，表意和系统是最重要的两个规律。每个汉字都是形音义组合的小系统，又从形音义的不同角度与其他字产生联系，构成了纵横交错的各种系统，从而再汇成汉字大系统。我们的"系统识字"就是按照汉字这个有序的结构系统，研究出的识字及阅读的教学方法，做到有序地教汉字即在汉字（乃至汉语）的不同系统中，科学地分析每个部首、单字的形音义关系，突出字义，又清楚说明它们与其他部首、字构成的系统关系，使小学生在理解中系统有序地识记生字、积累词汇、学好语文知识。

汉字有众多系统，最主要的是部首系统。部首具有以简驭繁，系统学习汉字之效，小学生理应尽快掌握全部部首。怎样尽快掌握全部部首呢？看《汉字部首表》的 201 个部首，有很多部首也相互关联而构成了不同的系统。如，部首"目"构成了"见（見）、首、页（頁）、面、臣、艮"等部首；部首"又"的本义是右手，其形义构成了"攴（夂）、殳、支、鼓、皮、彐、聿、隶、寸、鬥、父、廾"等部首。分析低年段"识字表"中所有部首，根据不同的构形关系而归类系统化，是本书低年段教学的主要内容。

系统学部首并不是完全脱离语言环境，而是根据汉字的表意规律，给每个部首都搭配合适的生字、词语，以帮助理解。比如，教部首"又"，结合"取"字，以"又"在"取"中表示右手意，帮助儿童理解"又"的意思；再如，"羊"在有的合体字中是不表音也不表意的记号字符，则结合句子讲"着、盖"二字的音义和用法，使小学生理解"羊"对这两个字没有表意或表音的作用，所以是记号。

系统识字也包括系统化地学习汉字的某些知识。如，一年级课例《我们的汉字祖先》系统地学习"老六书"构字法，《汉字王国中的"某省"》系统地学习"某省"部件的知识；四年级课例《向错别字说"再见"》将纠正错别字的几种方法组成一个系统；五年级课例《随汉字走进祖先生活》系统地学习汉字传统文化。

系统识字用在随文识字中，有两种方法：一是为了便于学生系统地识字，将文中的生字按特点分类，如把几个木字旁的字归为"木"类，或把一些合体字归为会意字或意音字。二是讲好每一个字、部首、部件，使之与后面学到的相关字形成一个隐形的系统，如讲"扌"与手的动作有关，学生以后遇到有"扌"的字，就容易理解其形义了。

识字与写字也是一个系统，因为楷体是"写"出来的。楷书为了写得快，就要求前后笔之间衔接连贯，并走最短的运笔路线。于是，左偏旁的最后一笔，都尽量向右上方提起，以顺势接写右偏旁的第一笔，如"匕、工、土、己、子、马、王、车、止、牛、正、业、且、生、丘、立、耳、至、血、豆、里、金、直、鱼、壹、堇"等做左偏旁时，末笔横都要改成提，成为"比、巧、场、改、孔、驼、球、轨、此、牧、政、邮、助、甥、邱、站、取、到、衅、豌、野、剑、蠡、鲫、鼓、勤"形。这种因书写造成楷书字形的现象比较多，使识字与写字组合成一个系统。

识字与阅读是汉语书面系统。汉字的音义即是语言的词素（古代以单音节词为主，字即词），字义是理解文本的基础，只有掌握了字义，才能有效阅读。小学语文阅读教学对有些文本理解不到位，一个重要原因就是对有些字义不清楚。比如，不清楚《杨氏之子》中"君"是尊称而忽略了"君"在该文中的文眼作用；不知道"掳"与近义词"抢、夺、抓"的不同，领会不到闻一多《七子之歌——澳门》中"掳"的妙用。小学语文教学一直有换近义词的错误教法，这源于对字义理解不够。如果能区别近义词，就不会去换作者选用的准确词了。

识字与扩大词汇量也构成一个系统。字本义实际是词本义。词本义在应用中产生了一些引申义，扩大了词汇。比如"善"在课文《伯牙绝弦》中有三个意思，如果毫无联系地分别学习，效果就差，如果掌握了"善"的本义是吉祥、美好，由美好引申为赞叹，也引申为做得好、擅长等意思。再读课文，就容易理解伯牙"善鼓琴"的"善"是做得好的意思，钟子期"善听"的"善"指擅长，"善哉"的"善"是赞叹的"好"。所以本义与引申义因意义上的联系而构成一个词义系统，本义是根，引申义是枝叶，掌握了本义就容易掌握其词义系统。这也是学习词语、扩大词汇量的一个好方法。

（三）汉字学包括传统汉字学与现代汉字学，我们教的是现代汉字，就不但要努力掌握传统汉字学知识，还应该多掌握现代汉字学的知识，根据现代汉字的特点进行高效教学。比如，传统汉字学用"老六书"的前四书（象形、指事、会意、形声）分析字形，将合体字字符分为形旁、声旁，这符合小篆的特点。但是，古文字经过隶变楷化，演变发展到现代汉字，很多字的形和声发生了很大变化，还出现了一批黏合（如"春、秦、泰、奉、奏"的"夫"）、省简、变形、错讹而部分或全部丧失了理据的字，这些字已经无法用"老六书"分析了，现代汉字学也就依据客观实际而修改和增加了汉字分析的术语。

象形字绝大部分已无形可像了，如"日""月"是长方形和梯形，已无太阳和月亮的形状，自然不能继续算作象形字了，但由于这些字仍然表示规范的字义和字音，现代汉字学就称其为"独体表意字"。

同理，形声字里不少字的形旁也不象形了，如"洋"的"氵"、"招"的"扌"，但它们还在表意，故称为"意符"；"洋"的"羊"、"招"的"召"还能表音，故称作"音符"，这些形声字就改称"意音字"。

形声字里有些声旁不能表音了，如"江"本从水，工声，但现在"工"读"gōng"，与"江"的读音毫无关系；"怡""饴""贻""诒"四字都以"台"为声旁，"台"上古音读"yí"，这四字今天仍读"yí"，但"台"却读"tái"，已无法表音，于是，江的"工"、"怡、饴、贻、诒"的"台"，被统称为"记号"，这两组字因此称为"半意符半记号字"。

有些形声字的声旁仍能表音而形旁不能表意了，如"华"，"化"是音符，"十"不能表音表意；"巩"，"工"是音符，"凡"不能表音表意，这类字因此称为"半音符半记号字"。

会意字的一些形旁也因字形的变化而不能表意了，如"朋"，甲骨文作"拜"，像两串贝连在一起，楷书变形为两个"月"，都不能表意而成为记号。"雙"是"又"（手）捉住双"隹"（鸟）之意，简化字用"双"（不是两只右手）代替两个"隹"，两个"又"是简化符号，都不能表音表意。所有字符既不能表意也不能表音的合体字被称为"合体记号字"。

这样，汉字学分析汉字就增加了这些术语：独体表意字、意音字、半意符半记号字、半音符半记号字、合体记号字。本书的不少课例用到了这些术语。教学实践证明，只要教法合适，用这些术语解析汉字，一年级的学生反而更容易理解和分析汉字。

## 五

对小学生来说，遵循汉字学的系统识字及阅读教学，除了识字的高效，至少还有以下两方面收益。

（一）传承汉字文化

汉字不仅是语言交际的重要辅助工具，其本身还蕴含着丰富博大的文化，是提高学生语文素养的宝贵资源。识字教学中的汉字文化主要体现在两方面。

1. 汉字本身的文化。汉字从甲骨文演变发展至今,历经三千四百多年,形成了"汉字学"这门学科,使汉字成为了科学的体系,蕴含着丰富的科学知识。比如,汉字的表意性质,汉字是形音义的统一体,汉字的字体演变,部首在系统识字和检字中的作用,偏旁与部件关系,汉字的构形方法,笔顺与笔形关系。教师科学地讲解识字写字,就必然要讲这方面的有关知识,学生也就同步获得了这些知识。比如,学生学"亻、大"时明白了象形字,学"本、末"时懂得了指事字,学"看、喜"时掌握了会意字,学"狼、狠"时学会了意音字,学"江、始、双、朋"等字时理解了记号字符,写竖钩、竖提等笔画时,知道了这是书写楷体字时前后连贯运笔形成的笔形。小学生在这样的学习中,将逐渐感悟到汉字构形的逻辑性、科学性。

2. 汉字反映出的文化。汉字因义构形,其"义"是古代自然现象、社会活动、艺术创作等在汉字"形"中的反映。科学地解析汉字的形音义关系,经常会涉及古代文化知识,这使学生在识字的同时,学到了古代的有关知识。比如学部首"卩",看甲骨文"⟋"形,就能直观了解到古人屈膝跪坐脚后跟的生活方式;甲骨文"⿰"形,是古人跪坐着凑近食具(⟋)吃饭的写照。汉字文化还反映出中华民族在汉字构形上的伟大智慧。汉字成千上万,字形繁杂,国人却仅用意符、音符、记号三种字符组成的几种构字方法,就将汉字系联成各个系统,便于学习和检索。这了不起的智慧,也因科学解析汉字而被孩子们潜移默化地吸收,并促进其智力的发展。

汉字文化,能使学生体会到汉字的科学、文化的博大,民族的智慧,容易产生热爱祖国语言文字的情感,同时又反过来帮助小学生深刻地理解汉字,意义识记汉字,增强识字兴趣,提高识字效率。这是机械识字和错误解析汉字(传授的是错误的汉字文化)所没有的效果。

(二)培养科学的自主识字能力

提高识字教学的效率是必要的,但培养学生独立识字的能力才是识字教学的目标。因为这决定着学生今后识字能力的发展,是学生终身发展的基础。培养学生的自主识字能力,重要的一个方法就是传授学生科学分析汉字的方法,使学生能够举一反三地自主学习更多的生字。比如部首"髟",读"biāo",从"镸"("长"

的简省）从"彡"（毛发），表示长发，在"鬓、髦、鬃、鬟"等字做意符。一年级学生掌握了"髟"的知识，就会在"心理字典"里形成一个"髟"系统的字，到初中二年级学习课文《列夫·托尔斯泰》（人教版第八册）中的"髭、髯、鬈"三字时，就会自己分析，做到意义识记。可见，意义识字的效果，远远高于机械识字，尤其是这种汉字分析能力是机械识字方法所培养不出来的。

在遵循汉字学的识字及阅读教学实践中，我们虽然初步取得了一些成绩，但也深知，科学的研究应该是可持续发展的。汉字中还有很多系统值得发掘，还有很多宝贵的知识可以运用到小学语文教学中。我们也深知，本书的这些课还可以继续提高。因此，期盼同仁提出更好的建议，在科学识字的理念下，遵循汉字科学，不断改进，为小学语文教学设计出更多有实际效果的课。

---

本书为以下课题成果：

福建省厦门市基础教育课程改革第三批课题重点课题"遵循汉字科学的小学语文识字、阅读教学的新模式研究"（编号 X306）（2013—2016 年）

福建省教育厅 B 类社会科学研究项目"运用汉字学 改革小学识字教学方法"（序号 JBS07076）（2007—2010 年）

# 目 录

## 1 系统识字

**003** 1. 奇妙的"木"
………执教/林玉环，指导/金文伟 林睿，评析/林睿

**010** 2. 欲穷千里"目"——部首"目、见、首（百）、面、页"系统
………执教/林佩菱，指导/金文伟 李彦敏，评析/金文伟

**020** 3. 用"八"巧学字
………执教/傅丽芳，指导/金文伟 林睿，评析/林睿

**029** 4. 有趣的三兄弟：彳、夂、辶
………执教/黄喆，指导/金文伟 白森泉，评析/白森泉 金文伟

**039** 5. 善变的"止"——部首"止、夂、足（𧾷）、走、辶"系统
………执教/刘仁秀，设计/郭宏君 叶卫红，指导、评析/金文伟

**051** 6. 有趣的两"口"子——部首"口、囗"解析
………执教/黄喆，指导/金文伟 白森泉，评析/白森泉 金文伟

001

061　7. 神奇的魔法师"亻"——部首"亻、儿、大、人"系统
　　　…………执教/陈锡妮，指导/金文伟 杜晓艳 林佩菱，评析/林佩菱 金文伟

070　8. "水"的旅行——兼比较"氵、冫"部首
　　　…………执教/林玉环，指导/林睿 金文伟 李彦敏，评析/金文伟

081　9. 科学归纳汉字　提高复习效率——人教版第一学期期末识字归类复习
　　　…………执教/唐玲，指导/金文伟，评析/白森泉

089　10. 表示书写、打猎的"又"——部首"又、彐（⺕）、聿、隶、斗、父"系统
　　　…………执教/李冬梅，指导/金文伟 骆恭进，评析/刘香芹

100　11. "羊"的构字系统
　　　…………执教/张舒琪，指导/叶秀萍 林佩菱 金文伟，评析/金文伟 林佩菱

107　12. 会变身的"亻"——部首"亻、人、欠、身、勹、尸、比"系统
　　　…………执教/吴友钧，指导/金文伟 刘香芹，评析/刘香芹

115　13. "虫"字家族
　　　…………执教/肖明英，指导/金文伟 刘香芹 骆嫩寒，评析/刘香芹

125　14. 千变万化的"又"——部首"又、支、攴（攵）、殳"系统
　　　…………执教/叶秀萍，指导、评析/金文伟

134　15. 含义丰富的"彡"——部首"彡、长（镸、長）、髟"系统
　　　…………执教/骆恭进，指导/金文伟 刘香芹 李冬梅，评析/刘香芹

144　16. "又"来露一手——部首"又、攴（攵）、支、殳、皮"系统
　　　…………执教/薛燕琴，指导/金文伟 杨秀萍 翁秀娟，评析/杨秀萍 金文伟

151　17. 巧识"卩"旁系统字——部首"卩、㔾、右'阝'（邑）"系统
　　　…………执教/林佩菱，指导/金文伟 叶秀萍，评析/金文伟

158　18. 同课异构：汉字中的不同"房屋"——部首"宀、广、厂、穴"系统
　　　…………教例一：执教/林玉环，指导/金文伟 林睿，评析/林睿
　　　…………教例二：执教/李清燕，指导/金文伟 刘香芹，评析/刘香芹

## 2 识字与阅读

177　**19. 循科学随文识字　促高效系统整合**——人教版第一册《比一比》
　　　　……执教/苏瑛，指导/金文伟 吴金红，评析/吴金红

186　**20. 有趣的会意字**——人教版第一册《日月明》
　　　　……执教/胡丽缎，指导/金文伟 叶秀萍 罗秋菊，评析/林佩菱 金文伟

194　**21. 随文识字中的系统识字**——人教版第二册《识字5》
　　　　……执教/张旭莹，指导/金文伟 刘香芹，评析/金文伟 刘香芹

205　**22. 教字词，更教方法**——人教版第二册《识字6》
　　　　……执教/林佩菱，指导/金文伟，评析/吴金红

214　**23. 溯源识字　促进阅读理解**——人教版第二册《识字8》
　　　　……执教、评析/叶秀萍，指导/金文伟

220　**24. 在"快乐"中识字和阅读**——人教版第二册《快乐的节日》
　　　　……设计、执教/伍明珠，指导/金文伟 吴鹭梅

229　**25. 走进"青"字家族**——苏教版第二册《识字8》
　　　　……执教/胡月明，指导/金文伟，评析/阮平春

236　**26. 科学识字与诗歌学习水乳交融**——人教版第三册《"红领巾"真好》
　　　　……执教/林佩菱，指导/金文伟 叶秀萍 吴金红，评析/肖俊宇

247　**27. 思接千载　字悟乾坤**——人教版第四册《玲玲的画》
　　　　……执教/吴金红，指导/叶秀萍 金文伟

251　**28. 扎扎实实识字　简简单单学文**——北师大版第四册《为中华崛起而读书》
　　　　……执教/骆嫩寒，指导/金文伟 刘香芹，评析/金文伟

258　**29. 运用汉字科学识字　依据儿歌特点学诗**——北师大版第四册《杨树之歌》
　　　　……执教/陈星，指导/黄国才 金文伟 曾旭晴，评析/黄国才

266　**30. 自主建构提效率　识字阅读相益彰**——人教版第五册《望天门山》
　　　　……执教/林清，指导/金文伟，评析/丁和如

276　**31. 用汉字文化解读《生命　生命》之深意**——人教版第八册《生命　生命》教学片段
　　　　……执教/林睿，指导/金文伟 李彦敏，评析/林睿 金文伟

283　**32. 声声唤　盼归期**——北师大版第八册《七子之歌——澳门》
　　　　……执教/吴友钧，指导/刘香芹 金文伟，评析/刘香芹

| | |
|---|---|
| 292 | **33. 让小学生学会读懂古文的方法**——人教版第十册《杨氏之子》教学片段 |
| | ··········执教、评析/林睿，指导/金文伟 |
| 297 | **34. 落实词义，引导质疑的古文阅读教学**——北师大版第十册《活见鬼》 |
| | ··········执教/万桂园，指导/金文伟 陈朝蔚，评析/金文伟 |
| 306 | **35. 汉字文化沟通古今　阅读教学彰显实效**——人教版第十一册《伯牙绝弦》 |
| | ··········执教/林睿，指导/金文伟，评析/刘香芹 |
| 317 | **36. 抓文眼　会真意**——人教版第十二册《桃花心木》 |
| | ··········执教/林睿，指导/金文伟 |
| 321 | **37. 融入生命的"美丽"**——人教版第十二册《跨越百年的美丽》 |
| | ··········执教/高燕，指导/林睿 金文伟，评析/林睿 |
| 328 | **38. 同课异构：说文解字，让识字与阅读相得益彰**——人教版第四册《寓言两则》 |
| | ··········教例一：执教/伍明珠，指导/金文伟，评析/金文伟 |
| | ··········教例二：执教/林清，指导/金文伟，评析/金文伟 |

# 3　汉字知识与汉字文化

| | |
|---|---|
| 344 | **39. "又"做记号在小学一年级教学的尝试**——微课《"又"字用处大》 |
| | ··········执教、评析/刘香芹，指导/金文伟 |
| 349 | **40. 汉字王国中的"某省"** |
| | ··········执教/曾娇兰，指导/金文伟 孙雯 李彦敏，评析/孙雯 金文伟 |
| 360 | **41. 向错别字说"再见"** |
| | ··········执教/杨艺婷，指导/金文伟 叶妙婕 叶莹 李彦敏，评析/叶妙婕 |
| 369 | **42. 我们的汉字祖先** |
| | ··········执教/吴金红，评析/金文伟 |
| 378 | **43. 成语中的汉字故事** |
| | ··········执教/曾扬明，指导/金文伟，评析/黄国才 |
| 386 | **44. 随汉字走进祖先生活** |
| | ··········执教/曾扬明，指导、评析/金文伟 |

# ① 系统识字

# ① 奇妙的"木"

执教 / 林玉环　　指导 / 金文伟　林睿（正高级教师）　　评析 / 林睿

本文发表于《小学语文教学》（会刊）2015年第10期，有修改。

（适用于一年级上学期）

## 序　评

符合汉字规律和符合儿童认知规律已是科学识字的共识。符合汉字规律就是要遵循汉字科学（汉字规律由汉字科学所揭示），许多人却对此产生了疑虑：小学生能听懂吗？实践是检验真理的标准。汉字学揭示了汉字构形的系统规律，我们设计了以"木"为系统的一组生字在一年级实验班语文课试教，取得了良好效果。实践证明，遵循汉字学的识字教学，只要教法得当，即使教小学一年级新生，效果也很好，效率也很高。

## 教学目标

1. 系统学习"木、片、本、末、林、森、休、果"8个字的形音义，拓展认识"桃、梅、梨、李、杨、杏"6个字，感受汉字魅力，激发识字兴趣。
2. 学写"木、本、片"3个字。

## 教学过程

### 一、创设情景，激发兴趣

师：小朋友们，你们看，谁来了？（出示大树图片）

生：大树爷爷！

师：跟大树爷爷打声招呼吧！

生：大树爷爷好！

师：听，大树爷爷说话了。（播放录音：小朋友们，你们好。我是大树爷爷，今天我要带你们走进树木王国，去认识许多新朋友。跟我一起来吧！）

师：你们愿意跟大树爷爷去树木王国认识新朋友吗？

生：愿意！

师：（板书课题：奇妙的"木"）谁会读？（带生读两遍课题）

师：（出示：朩）你们猜猜这是什么字？

生：木。

师：小朋友们真厉害！（出示：木 mù）拼读一遍。

生：m-ù → mù。

师：很棒，"木"指一棵树。你们看，上部是树的什么呀？

生：树干、树枝。

师：下部是树的什么？

生：树根。

师：没错。谁来给"木"组词？

生众：木头、木棍、木凳。

■ **评析**：上课伊始，教师出示了形象直观的象形字，创设了"树木王国"的汉字文化情境，学生们马上联想到常见的树，联想到楷体"木"字。汉字表意与生活紧密相关，这样教学怎能不令学生充满兴趣？■

## 二、理解笔画，培养习惯

师：你们认识了这个"木"字，知道"木"的横、竖、撇、捺各是树的什么吗？（生回答：知道）想写吗？（生回答：想）好，睁大小眼睛，观察"木"在田字格中的位置。（生观察，师范写）

师：现在拿出纸，这可是我们上小学第一次写字哦，你们能不能把字写好？先描一个，再写一个。注意写字"三个一"。（生动笔描红；师展示生作品，共同评价生写的字）

■ **评析**：小学生初学汉字书写，教师的指导具有特别重要的意义。教师先使学生理解"木"的笔画意思，再耐心细致地指导"木"字书写，既能激发学生写字的兴趣，又能培养学生良好的书写习惯。■

奇妙的"木"

### 三、引导观察，感知奇妙

师："木"字可调皮了，看（出示：）下部多了一横。这是树的什么位置？

生：脚。

生：这一横很像树根。

师：这是"木"字下部加短横。猜猜变成了什么字？（出示：本）

生：本。

师：对，就是"本"字。"本"就是树根，也指事物的根本和基础。请读两遍。（生读）谁能用"本"组词？

生众：本子、书本。

师："本"字认识了，还要会写。它比"木"字多了一横，写在田字格的什么位置好呢？（师范写，生观察并描红）

师：（出示：）看，这一横在树的什么位置？

生：在上面。

师：（出示：末）这一横在上面，指这棵树的最高位置，也就是树梢，后来也指事物最后的部分。（出示：mò）读"末"，请拼读。（生读）

师：一个星期的最后一天叫——

生：周末。

师：队伍的最后是——

生：末尾。

师：这一学期快结束的时候，我们称为——

生：期末。

师：你还会给"末"字组什么词？

生1：末位。

生2：世界末日。

师："本"和"末"是一组反义词，"本"指事物的根本、基础，"末"指事物的最后部分，有个成语叫"本末倒置"。考考你们，"木"下部加一横是——

生：本。

师：上部加一横是——

生：末。

■ **评析**：发挥汉字构形的系统作用，引导学生观察"木"字变成"本""末"二字的过程，帮助理解识记，使学生感受汉字的神奇，激发学生探究汉字奥妙的兴趣。■

## 四、联系生活，学合体字

师：我们再来认识"木"字的一个朋友，（出示：林）这是——

生：林。

师：对，一起读。（生读）

师：林是什么意思？

生：树林。

师：你们看，两个木表示树林，指比较多的树。一起读"树林"。（生读）你们用"林"还能组什么词？

生：林老师。

师：呵呵，老师姓林，可不是树林哦。

生：森林。

师：看，（出示：森）"林"字又多了一棵树，这是——

生：森。（师出示：森 sēn）

师：全班读。（生读）给"森"组词。

生：森林。

师：森林里有多少树呢？

生：许多树。

师：是的，数也数不清，我们的祖先很聪明，在中国文化里，用"三"表示很多。所以"森"用三棵树表示，指树木非常多。

师：（出示背景图）森林里这么多树！我们也来种小树。看老师手上的"树苗"，图上有树坑，谁愿意上来种树？（"小树"是刚认识的生字，"树坑"是生字拼音）要种到相应的小树坑里面，让小树苗壮成长哦！（生轮流上台"种树"以巩固识字）

师：再做一个小游戏，请一个小朋友上来做一个动作，（做"靠着树休息"的动作）猜一猜这是什么字。

生：休。

师：对，这是"休"字。它的意思是——
生：人靠着树休息。
师：真聪明，"休"就是休息的意思。请读两遍。（生读）
师：我们中午常常需要——
生：午休。
师：爷爷奶奶工作了一辈子，老了，他们就——
生：退休。
师：人们工作了一段时间，有了假期，他们就可以——
生：休假。
师：生病了，身体虚弱，就需要在家里——
生：休养。
师：请读词语。
生：午休、退休、休假、休养。

■ **评析**：教学中，教师根据一年级学生的认知特点，将汉字学知识巧妙地与学生的生活相联系：用双木"林"、三木"森"、人靠树等组合形式，结合场景引导学生理解合体字的形义关系，从而使学生结合生活理解了"休"字的引申义，积累了词语。■

### 五、拓展认字，总结升华

师：森林是我们的好朋友，它给我们提供了休息的地方。想想看，它还给我们提供了什么呢？
生：为我们遮阳，提供氧气，树爷爷身上会慢慢长出水果。
师：是呀，森林还会给我们提供水果呢。再来看看这是什么字。（出示：果）
生：这是"果"字。
师：你是怎么猜出来的呀？
生：它的样子很像"果"字。
师：对，"果"字的下面就是一棵树，上面是果实的形状，多么形象啊！不过要特别注意："果"字这一竖，是从上穿到下的。你们吃过什么水果？
众：苹果、香蕉、葡萄……
师：真多啊。"果"不仅仅指树上的果子哦，也指其他植物的果实。我们通过劳动得到的收获，就是劳动成果。

师：森林为我们提供休息的地方，为我们提供香甜的果子，有时还牺牲自己。看，这是一棵树（出示：木。再出示：𣎵）被斧头从中间一砍，劈成了两半。看出会变成什么字吗？

生：飞。

师：（出示：片）是"片"，是不是很像？

生：是，它就像一片木片！

师："片"字本来指树木被劈开后的一半，后来引申指薄的片状物。谁能用"片"组词？

生众：木片、卡片、叶片。

师："片"还指薄薄的东西，比如肉片、薯片。在田字格里怎么写好"片"字呢？

生：撇要舒展。

师：还要注意"片"的第二笔竖，起笔位置比较高。请练习写"片"字，描红一个，写一个。（生写字后展评）

师："木"字家族有很多字，你们还知道哪些字？

生众：梅、桌，材料的"材"，树枝的"枝"。

师：老师也带来了一些"木"字朋友。（出示：桃 táo　梅 méi　梨 lí　李 lǐ　杨 yǎng　杏 xìng）这些字都有——

生：木字旁。

师：对，表示它们都属于树木。我们借助拼音来拼读这些字吧。（生拼读）

师：我佩服小朋友们，后鼻音还没学，你们已经可以把"杨、杏"读得这么准。（男女生比赛读）

师："木"字家族的字还有很多很多，我们要努力学习才能认识更多的字，成为识字小达人。（出示背景图，玩"摘果"游戏，巩固生字）大树爷爷的身上结满了又大又红的桃子，现在谁想来摘下这些桃子呢？把"桃子"上面的字音读准了，你才能摘下来。摘下来的同学请带读桃子上面的生字。

## 总　评

　　一年级上学期开学第一个月，平行班尚处在拼音教学阶段，林玉环老师就开始了以《义务教育语文课程标准》附录4"识字、写字教学基本字表"（简称"300字"）为主要选字范围的系统化教学试验。如"木、片、果、本、林"是"300

字"内的,"休、森"是一年级上册要求掌握的"四会字","末"属于常用字。这些字都属"木"系统,掌握好"木"就便于学生理解识记这些字。所以,本课确定的教学目标就是:让学生初步掌握这8个字的形义关系;学写"木、本、片"3个字;让学生"跳一跳摘到桃子",拓展"木"系统的其他字,扩大识字量。

教学目标的制订并非想当然,既要认真研究汉字的构形系统,又要充分了解学情。

当今城市小学生的识字已非零起点,"以学定教,顺学而导"是教育原则。为此,我们专门调查了每位入校新生认识"300字"的数量,只有这样,在教学中才能做到有的放矢,突出重点,对学生会认、会用的字略讲,对学生不会、甚至认读困难的字精讲。调查显示多数学生对"本""片"二字陌生,本课教学就花费较多精力来讲这两个字。

遵循汉字学的识字教学,不是将汉字学知识一股脑地强加给学生,而是根据学生的年龄特点和认知特征,精心设计教学环节。林老师对本课教学的"木"字系统,创设情境,设计"大树爷爷"这一角色,将学生带入奇妙的"木"家族,教学环节亦围绕"大树爷爷"展开。如:跟"大树爷爷"走进森林认识新朋友,与"大树爷爷"玩游戏、摘果子。教学中,教师还根据汉字的表意性,努力结合学生的生活实际,用深入浅出的语言,帮助学生理解汉字的本义、引申义。如:"一个星期的最后一天叫——""'片'还指薄薄的东西,比如肉片、薯片"。充满童趣的教学形式符合低年级学生的认知特点,使之在快乐中悄然地接受了汉字学的知识。

学习的趣味更在于汉字本身的文化。从这节课中我们看到,一个汉字就是一幅画。林老师在教学中借助图片、演示动作,甚至展示了由图画到古文字形再到楷书的产生、变化、发展过程,用生动形象的画面带领学生进入"森林",那是奇幻有趣的汉字王国,步步提高学生的学习兴趣。40分钟的语文课,学生轻松愉快地掌握了8个生字,拓展认识了6个字,书写了3个字,积累了一些词语。这样系统识字,教学效率远高于平行班。更重要的是,学生们不知不觉地经历了由图画到文字的思维过程,初步领略到汉字文化的魅力,对学习汉字产生了极大兴趣,为后续的学习奠定了良好基础。

(林睿、林玉环:福建省厦门市思明区前埔北区小学)

## 2 欲穷千里"目"
——部首"目、见、首(頁)、面、页"系统

执教 / 林佩菱　　指导 / 金文伟 李彦敏　　评析 / 金文伟

此课2015年11月11日展示于福建省福州教育学院附属第四小学、林莘名师工作室、福建师范大学甘肃国培班，同年11月13日展示于云南省昆明市晓东小学、昆明学院国培班。

（适用于一年级上学期）

**教学目标**

1. 运用汉字学，认识"目"系统的"目、见、首（頁）、面、页"等偏旁及构形的相关字"眼、睛、眯、盯、看、览、视、观、夏、顶、额、须"，体会汉字因义构形和构形系统化的特点。
2. 理解"目"字的笔形笔顺，正确书写"页"字。
3. 理解汉字的意符、音符、记号等字符。

**教学过程**

### 一、读古诗导入"目"

师：(出示《登鹳雀楼》)小朋友们，会读这首诗吗？（生读）

师：为什么要"更上一层楼"？

生：因为想看得更远，看得更清楚，看得更多。

师：对，用诗中的句子说，是为了——"欲穷千里目"。（板书课题：欲穷千里目）"目"字认识吗？

生：认识。

师：你知道"目"字为什么这样写吗？

生："目"是个象形字，像眼睛的样子。

师：对，"目"是个象形字，金文这样写（板书：⊘），后来为了书写方便，就竖着写成了" "（板书），楷书写成"目"。我们找找，眼眶、眼珠在哪里？

生：外边的竖、横折钩、横像眼眶，里边的两个小短横表示眼珠。

师：请看我写"目"字。咦，第二笔横折钩为什么要勾起呢？（生表示不知道）钩由下往上顺着写，就能接着写里面的——

生：横。

师：对，这样写起来就顺手，也写得快。你们用手指头在桌面写写，是不是这样？

生：（写）是。

师："目"的造字本领可大了，这节课我们也来"欲穷千里'目'"，认识更多与"目"有关的部件和字。（在课题"目"字上加双引号）

■ **评析**：以学生熟悉的《登鹳雀楼》引出"目"字，由此引领学生不断"更上一层楼"，既构建了本课学习的层次结构，又使学生从另一个角度体会到该诗的哲理。"目"既是部首，也是构成其他几个合体部首、合体字的部件，学生理解了"目"的形音义，就容易系统地识字，从而提高识字效率。教学楷书"目"时强调笔形与笔顺的关系，不仅使学生知其所以然，也使学生感知汉字书写的科学性，是培养科学识字、写字观念的重要环节。■

## 二、认识"眼、睛、眯、盯、看、见"

师：小朋友们，我们先上第一层"楼"。（贴：眼睛）瞧，"眼睛"二字都有"目"。有"目"的字，意思和眼睛有没有关系呢？

生：有关系。因为"目"就表示眼睛，"眼睛"就是目。

师：这两个字和"目"的意思有关，所以都有——

生：目。

师：（贴：眯 盯）这两个字也含有哪个部件？

生：目。

师：跟我读读这两个字。（生读）这两个字的意思跟"目"有没有关系？

生：有关系。"眯"是这样的，"盯"是这样的。（生做动作）

师：其他同学明白了吗？这两个字都表示眼睛的动作，所以也有——

生：目。

师：（出示：看见）这两个常用字，会念吗？（生念）

师：它们的意思跟目有关吗？

生：有，用眼睛看。"看"的下面有"目"。

师："看"的上部是什么呢？（生答不出）

师：是"手"。为了使"手"和"目"两个偏旁搭配得好看，就把"手"的"亅"改成"丿"写成"龷"（板书）。"看"这个字告诉了我们一个什么动作？

生：把手搭眼睛上看。

师：这个动作让我们想起了谁？

生：孙悟空。

师：孙悟空为什么常常做这个动作？

生：手搭在眼睛上能挡住刺眼的阳光，可以看得清楚，看得远。

■ **评析**：会意字多产生于实际生活，"看"字即如此。学生结合生活学汉字，不仅轻松愉快，而且潜意识地体验到了汉字文化。但汉字构形又有其独特性，学生理解了"手"在"目"上而改写成"龷"，感知的不仅是汉字书写的避让原则，还由此积累了对汉字构形艺术和构形智慧的理解。■

师：（指"见"字）考考大家，"见"是什么意思？

生：看见，看到。

师：对，那么，它就应该有"目"，"目"在哪呢？（生摇头）

师："见"的金文是这样的（板书：𥃲），上部是大眼睛，下部呢？

生：是人（亻）。

师：对，就是单立人。老祖先为什么把眼睛写得特别大？

生：表示人睁大眼睛看。

师：对。后来"目"竖着写，就变成繁体字"見"（板书）。找到"目"了吧？再后来，人们为了写得快，就简化成现在的"见"。

师：（小结）我们发现了用"目"造的这几个字的意思跟什么有关？

生：跟"眼睛"和"看到"有关。

师："目"在这几个字里表示字的意思，就叫作"意符"。这些字里的"目"有的一眼就能看出来，比如这些字，（生读 眼、睛、眯、盯、看）有些字的"目"变样了，我们一时看不出，比如哪个字？

生：见。

师：祖先们真聪明，造的汉字还能告诉我们字的意思呢，细心的小朋友都发现了。

还想不想继续"欲穷千里目"？

生：想。

师：那就"更上一层楼"吧！

■ **评析**：以上是"目"字"更上"的第一层"楼"，是基本部首"目"构成的几个常用字，其中的"见"又是部首，将构成第二层"楼"的字。■

师：我们到第二层"楼"，学习祖先用"见"造出的其他字。（出示：阅览室 电视 参观）请跟我读。（生读）找一找，哪几个字里有"见"？（生答，师在"见"字旁边贴字卡：览 视 观）

师："见"充当意符，表示这3个字跟什么意思有关系？

生：跟"眼睛看"有关系。

师：对。小朋友们到阅览室，看到了什么？

生：许多书。

师：在书上看到什么？

生：故事、图画。

师：对，"览"就是看的意思。"视"和"观"是什么意思？

生：电视是让人看的，"视"也表示看。

生："观"就是看。我们秋游去参观博物馆就能看到很多东西。

师："览、视、观"的意思都跟"见"有关系，因为"见"跟"目"有关系。好，我们已经上到二"楼"了，可是，"目"构成的字只有这些吗？

生：不是。

师：欲穷千里"目"——

生：更上一层楼。

■ **评析**："哪几个字里有'见'？"林老师引导学生观察"览、视、观"，结合生活理解"见"的表意作用，培养逻辑思维能力，激发探究汉字奥秘的兴趣。由此"更上"第三层"楼"——"首"部首。■

### 三、认识"首、面、夏、页"

师：我们登上了第三层"楼"。（出示：首）请跟我读。（生读）"首"是象形字，像身上的哪个部位？

生：（大部分挥动手，小部分没反应）手。

师：是不是双手的"手"呢？老师教你们，学习生字，要先看看这个字里有没有我们熟悉的部件。

生："首"字有"目"。

师：对，这个"首"字下部是"目"，那么，摸一摸我们的"目"往上都有些什么？

生：有眉毛、额头、头发。

师：对！我们看"首"字，"目"上面的小短撇是额头，再往上的长横是头皮，头皮上有头发，头发是字的哪部分？

生：长横上的点撇。

师：现在知道了吧，"首"指人的哪个部位？

生：头。

师：对。"首"和"手"同音，意思却不一样。（出示：昂首挺胸 昂首挺立）跟我读这两个词。（生读）我们再来做做这两个动作。（生跟做）真有精神！

■ **评析**："首"字的使用频率虽不高，却是构成某些常用字的基础部件，花费较多的时间教好"首"的形音义，可以为下面教好"百""面""夏""页"节省不少时间。这里花费较多的时间让学生根据汉字构形规律学生字，避免下笨功夫死记硬背字形，达到了识字效率与识字方法兼得的效果。■

师：（贴：百）看，这个部件比"首"字少了什么？

生：少了点和撇。

师："首"字长横上的点、撇表示头发，现在没有了，还是不是头？

生：不是。

师：把头发理光了，那就不是头了吗？

生：（哄笑）还是头。

师：所以，"百"虽然省去了头发，它还是表示——

生：首。

师：读音也还是——

生：shǒu。

师：（出示：夏 面 页）请大家观察，哪些字里有"百"？

生：（先看出"面"）"面"字里有"百"。

师："面"是指人的哪个部位？

生：脸。（部分生不知）

师：用学习"首"的办法，先找出已知的部件。

生：百。

师："面"字里有"百"，我们就知道了"面"在头部，是——

生：脸。

师：对。"百"左右两边的部分就表示——

生：脸颊。

师："面"就是脸。（课件出示图片、词语）用来擦脸擦嘴的纸巾叫——

生：面巾纸。

师：戴在脸上的这是——

生：面具。

师：（出示：面对面　面向）把这两个词读两遍。（生读）请和同桌面对面，请面向屏幕。（生按指令做）

■ **评析**：加强理解"面"的"脸面"义，为下面区别"面粉"义做好铺垫。■

师：（出示：面粉　面包　面条）读读这几个词，想想看，"面"还是表示脸吗？

生：不表示脸。

师：在这里，"面"表示粮食磨成的粉。这个意思的"面"，早先写作"麵"（板书），左旁"麦"是意符，右边"面"是音符。"麵"后来简化也写成了"面"。小麦磨成的粉叫面粉，面包是用面粉做成的，面条呢？

生：也是面粉做的。

师：真聪明！（出示：夏）谁来分析这个字？

生：夏天的"夏"，也有"百"。

师："夏"字上部是"百"，下部"夊"是右脚的反写，代表两只脚。"夏"字只用头和脚表示一个顶天立地，高大威武的人。所以"夏"引申为大的意思。中国又称"华夏"，表示这片土地——

生：很大很大。

师：小朋友们，我们把一年中最热的季节叫什么？

生：夏季。

师：（出示：夏季）为什么取这个名呢？（生摇头）

师：刚才说了，"夏"表示——

生：表示高大。

师：春季植物发芽，长叶，开花，天气越来越热，植物就越长越——

生：越长越高。

师：叶子就越长——

生：越长越多。

师：这就是说植物越长越茂盛。现在你知道这个季节叫作夏季的原因了吗？

生：我知道了，因为这是四季中植物长得又高大又茂盛的季节，所以祖先就把它叫作夏季。

师：现在你们对"夏"这个字的知识是不是知道得更多啦？

生：是。

师：祝贺你们又上了"一层楼"！

■ **评析**：汉语里多用"夏"的引申义，但本义与字形关系紧密，学生掌握了本义，容易系统地理解"夏"的一系列引申义。由此"更上"第四层"楼"——"页"部首。■

师：（出示：页）这个字，认识吗？

生：页。

师：繁体字是这样的，（板书：頁）上部是——

生：省去了头发的"百"。

师：下部的撇和点，表示什么呢？我们看小篆"頁"（出示），下部是什么字？

生：人。

师：人突出了他的"百"，说明了"页"表示人的什么部位？

生：头。

师：对，"页"也表示头。为什么现在写成"页"？

生：为了写得快，简化了。

师："页"字也很有意思，它后来被借去表示"一页纸"的"页"，"书页"的"页"。（出示：一页纸 书页）于是，"页"就只有做字作部件时才表示"头"的意思。那么，头用什么字来表示呢？

生：用"首"来表示。

师：（出示字卡：顶 须 额）你认识哪几个字？（生答）它们分别指身体的哪个部位？

生：头。

师：你怎么知道？

生：它们都有"页"字旁。

师：对。"顶"指——

生：头顶。

师："额"指——

生：额头。

师："须"是什么呀？

生：胡须。

师：男同学长大了就会有胡须。（众生笑）我们做个小游戏，我指哪个字，你们要一边念出来，一边指出在身上的部位。（指字卡：顶 额 须 首 面）

师：（总结）今天，我们"欲穷千里目"，"目"带我们认识了许多字。看看我们登上了几层"楼"？

生：四层楼。

师：我们再从第一层"楼"往上走。开火车读。

■ **评析**：以上系统学习了由"目"构形的几个部件和相关字，下面及时复习。复习依照所登"楼层"的顺序，使学生加深理解了这节课的层次结构，也加深理解了汉字构形的层次性。■

生：眼、睛、盯、眯、看、见。

师："目"能帮助提示字的意思，"目"当这些字的——

生：意符。

师：我们上二"楼"认识了"见"做意符的3个字"览、观、视"。（生读"阅览、游览、观看、观众、视力、视频"）

师：到了三"楼"。我们认识了——

生：首。

师：这个"百"是"首"省去了——

生：省去了头发。

师："首"表示头，还有哪个字做部件也表示头？

生：页。

师：读读这几个字——

生：顶、额、须。

师：这节课我们认识这么多跟"目"有关的字，我们一共上了几层"楼"？

生：四层。

师：不过，跟"目"有关的字还有很多，我们全认识了吗？

生：没有。

师：对，"目"还没有穷尽。比如这个字，（出示：着）读"zhe"，也有"目"，可是跟"目"的意思有关吗？（生思考）"着"表示动作正在进行。比如：我正在说着，你们正在——

生：听着。

师：我站着，你们——

生：坐着。

师：我们的这些动作跟"目"的意思有关吗？（生摇头）

师：再读读"着"的读音，跟"目"的读音有关吗？（生摇头）所以，这里的"目"是个不表意也不表音的记号，它是由别的部件变化来的。跟我读"记号"。（生读）

## 四、写"页"

师："页"能构成好多字呢，我们写好它，以后写有"页"的字就容易多了。"页"的上部是"百"的简化写法。举起小手跟我书空，横是——（生回答：头皮）撇是——（生回答：额头）竖、横折是——（生回答：目）省去了表示眼珠的两横和眼眶的一横。哪部分表示"人"？

生：撇和点（丿、丶）。

师：下部的"人"最后一笔为何写成"点"而不写成"捺"？（生摇头）你们知道，捺要写得——

生：舒展。

师：可是，现在"页"下部留给捺的位置那么低、那么小了，捺怎么能写得舒展呢？只好写成长点，这样写就协调美观了。（生写，师指导）

■ **评析**:"页"字的构字量大,提前指导书写很有必要。老师讲清楚"页"字下部"人"的捺要写成点的原因,学生了解了笔画笔形与整字构形的关系,由此掌握字形的普遍规律,既能有效地预防错字,也是汉字的文化教育。■

师:这节课,我们认识了一些以"目"为构形基础的偏旁部首和字,欲穷千里"目",还要"更上一层楼"哦!

**板书设计**

欲穷千里"目"

……

页(頁) 顶 额 须

首(首)面 夏 页

见 览 视 观

目 眼 睛 眯 盯 看 见(見)

**总 评**

汉字是个大系统,字与字之间的构成具有一定的逻辑关系。教师以"目"为基本部件,构建成梯形的构字系统,引导学生"拾阶"而上数"层楼",学生饶有趣味地学得十几个字,潜移默化地体会汉字构形的系统性,而且在不断感受"更上一层楼"境界的同时,得到了逻辑思维的训练。

特别指出的是,"目"部首系统中还有"臣""艮",甲骨文把目(⌾)竖写为臣(𠂤),以人俯首(眼睛竖着)看人表示臣服,故构成"卧、宦"等字。"艮"解析见教例《识字5》。以后教学"臣""艮"字可与"目"结合。

(林佩菱:福建省厦门市集美区曾营小学 / 李彦敏:福建省集美大学教师教育学院)

我们的系统识字课

# 3 用"八"巧学字

执教／傅丽芳　　指导／金文伟　林睿（正高级教师）　　评析／林睿

此课2014年11月27日展示于福建省厦门市级"一上学期完成'识字写字教学基本字表'研究"期中教研活动，集美小学承办。

（适用于一年级上学期）

## 教学目标

1. 运用"八"的形音义构形系统识字，增强学生对汉字构形系统规律的感性认识，激发学生识字的兴趣，培养科学分析汉字的能力。
2. 学习"八"系统的"八、叭、分、公、半、关、前、剪、共、兴、兵、典、只"及"刀、刃"等字，理解汉字的形、音、义以及记号等关系。
3. 会写"半、共"2个字。

## 教学过程

### 一、情趣导入

师：小朋友们，今天我们要乘坐小火车去游览有趣的汉字王国。我们看着屏幕，一起来倒计时——

生：十、九、七、六……

师：咦，这里少了什么？

生：少了"八"。

师：原来，淘气的数字"八"和大家捉迷藏呢。我们一起呼唤它的"大名"把它请出来吧。

生：八，b-ā → bā。

师：（贴：八）汉字王国很大，今天，我们先去"八"系统识字。（出示课题：用"八"巧学字。生读）

师：十个数字都到齐了，我们再一次倒计时——

生：十、九、八、七、六、五、四、三、二、一。出发！

■ **评析**：上课伊始，教师根据低年级学生好奇心强的特点，精心设置"倒计时""小火车""捉迷藏"等学生喜闻乐见的情境逗出"八"字，立刻将一年级学生带入妙趣横生的汉字王国，开始了"八"系统的汉字学习之旅。■

## 二、学习"叭"

师：呜，小火车开动了。我们来到了第一个景点——"八音洞"。（贴：八音洞）小朋友们到了这里就要注意字的读音哦！

师：（贴：叭）你们发现了什么？

生：我发现"叭"多了个"口"字，它们都读"bā"的音。

生："叭"的意思跟嘴巴有关，是形声字。

师：你们真厉害，能从汉字的音形义分析汉字，还知道"形声字"。谁来给"叭"组词？

生：喇叭。

师：请小朋友注意，喇叭的"喇"也有"口"字。跟着老师读——喇叭。（生读）要注意"叭"字单独读时是第一声，在"喇叭"中要读轻声。再读一遍。（生读）

师：继续组词。

生众："叭"的一声、叭儿狗。

师："叭"字和"八"的读音一样，所以这个地方我们称作——

生："八音洞"。

■ **评析**：一年级学生的接收能力也是很强的，基于前期所学形声字知识，他们已能准确判断出"叭"字为形声字。实践证明，遵循汉字学的识字教学，对初入学的小学生是很有效的。教学中，教师重视规律的发现和总结，抓住契机适时点拨，能有效培养学生自主识字能力。■

## 三、学习"分（刀、刃）、公、半"

师：火车开动了。我们来到了第二个景点——"八意桥"。（贴：八意桥）

师：（贴：分　公　半）（字中"八"变红色）小朋友们看这三个字，又发现了什么？

生：它们都带有"八"。"半"的"八"倒过来了，变成了点、撇了。

师：（板书：八）我们的祖先用两条分开的、相反的曲线来表示"八"，表示把一件东西分成了两半。（出示：　　）比如一个瓜，被分成了两半。"八"的本来意思是分开。后来，"八"被借去表示数字了，比如"八个人""八只鸟"，还有倒计时里的"八"，都是指数字"八"。

师："八"被用去表示数字后，"分开"这个意思怎么表示呢？聪明的祖先就在"八"下面加个意符来表示。（贴：分）小朋友们看看这字的意符是什么字。

生："刀"字。

师：（出示：　　）甲骨文"刀"是象形字，像一把古代的刀，上部是刀柄，下部是刀身。到楷书"刀"，刀柄和刀身的一部分变成了"横"。你们还学过哪些象形字？

生众：学过"口、耳、目""日、月、火""羊、鸟、兔""木、禾、竹"。

师：谁能给"刀"组词呢？

生众：刀子、菜刀、转笔刀。

师：在图中，你看出锋利的刀刃在哪里吗？（指名上台试着指刀刃部分）

师：猜猜看，汉字怎么表示刀刃呢？——祖先在"刀"字的一边加个点，表示这就是锋利的刀刃，这就是"刃"字。（贴：刃）

生：我会组词"刀刃"。

师：我们再看"分"字，是用刀把一件东西分开的意思。请给"分"找朋友。

生众：分开、分散、分别、分布、分寸、分店、分离、分心、分数、分析。

师：这个字还有一个读音"fèn"。我们常说的有"天分"，就是指一个人一生下来就在某些方面有专长或特色。读"天分"。（生读）

师：再看下面一个字。（贴：公）认识吗？

生："公鸡"的"公"。

师：下部的"厶"读"sī"，以前写成"　"（板书），表示一个人很自私，什么东西都揽给自己，不愿分享。但是，在它上面加个"八"，成为"　"（板书），意思可就相反了。"八"表示分开，这个人把东西分送给大家，变得"大公无私"了。

师：我们来帮"公"字找朋友。比如，国家或集体所拥有的东西，就称为"公物"；把秘密都公布出来，让大家都知道，就称为"公开"；供乘客乘坐的汽车，有固定的路线和停靠站,就称为"公共汽车"。你还知道哪些有"公"的词?

生众:公园、公有、公家、公共设施。

师:请看这个字,(出示:半)上部是什么字?下部是什么字?合起来是什么字?是指什么意思?

生:上部是"八",表示分开的意思。下部是一头牛——嗯……

生:"八"是不是把一头牛也从中间分为两半呢?这——是"半"字吧?

师:真聪明,这就是"半"字。(贴:半)金文上部的"八"字,楷书为了书写得快,写成了"点、撇",就成了"倒八"形。

师:现在,我们知道了"分、公、半"这三个字都有"八",跟"分开"的意思有关。所以,这座桥被称为"八意桥"。

■ **评析**:先解析"八"的字形义,再板书"刀""刃",进而解析"分、公、半",由象形字到指事字再到会意字,程序井然。通过教学实践已得知,一年级学生对指事字、会意字的概念稍难理解,所以这节课不急于讲授,待小学生感性认识积累到一定程度时再一语破的。楷书字形是为快写而演成的,因此教学"半"时,教师特别强调了笔形与笔顺的关系,既有字理知识,也有非字理知识,让学生知其然,更知其所以然。这样教学汉字,汉字知识很丰富。■

## 四、学习"关、前、剪"

师:小火车接着开,进入第三个景点——"倒八林"。(贴:倒八林)咦,"倒八"是什么意思?(生摇头)

师:(做"关门"动作)看看老师在做什么。

生:关门。

师:我们在"倒八林"先学"关"字。(贴:关。板书:䦛)你们试着分析这个金文字,可有趣啦!

生:金文外面是"门"字,我认识。

师:对,是繁体字"門",像两扇门。门里这两点是门闩,两条直线是两根顶门棍。这个字后来写成"関"(板书),简化为"关",去掉了"門"。"关"最早指门闩,后来引申表示"关闭"。你们能在"关"字中找到"八"字吗?

生:"关"上面是个"倒八"。

师:对了,这就是"倒八"。再想想,"关"的"倒八"能表示"八"的字义和字音吗?

生:不能。

师:所以,这个"倒八"在"关"字里,是个记号。下部是"天"字,在"关"字里能表音表意吗?

生:(思考)不能。

师:所以,"天"也是记号。整个"关"字,已经变成记号字了。读两遍:记号字。(生读)我们数数"关"的笔画,把它记住吧。

生:一笔点,二笔撇,三笔横,四笔横,五笔撇,六笔捺。

师:我们再学一个字。(出示: ）这又是什么字?

生:我看出来了,是一只脚站在小船上。

师:你真聪明。再看看图,脚在小船的船头表示什么意思呢?

生:向前进。

师:甲骨文" ",画的是小船船头有一只人脚,表示人站在舟上顺水前进,这就是"前"字。以前写作"歬"(板书),上面的"止"就是"脚";后来,"止"在楷书"前"里变成:点、撇、横,下部的"舟"变成了"月"字。本来给"歬"加了"刂"造"前"字表示"剪"的意思,可是大家还是把"前"念作"qián",当作"前进""前面"的意思。于是,(出示:剪)祖先就再加一把"刀"写作"剪"来表示剪子。小朋友知道剪子、剪刀吗?

生:知道,我们美术课上用过。

师:在"倒八林"里,小朋友们认识了"关""前""剪"三个字。这三个字上面都有"倒八"。这三个字的"倒八",是其他字符的变形,跟"八"的音和分开之意没有关系,也不能表示其他的意思,所以,它们都是记号。

■ **评析**:"常用字字形趋简"是汉字应用与演变的规律,许多字的偏旁因书写而形变失去了字理,成为既不能表音也不能表意的"记号"。"关""前""剪"中的"倒八"便是记号。教师联系学生生活实际,结合图片、古文字、动作演示,适时将汉字的记号知识传授给学生,使他们进一步了解了现代汉字的特点。■

### 五、学习"共、兴、兵、典、只"

师：呜——呜呜，小火车又开动了。这次，调皮的"八"字藏到哪里了呢？

师：（出示：共 兴）你们认识它们吗？找找它们共同的字形。

生1：认识，一个是数学课上"一共"的"共"。

生2：另一个是"高兴"的"兴"。

生3：两个字下面都有"八"。

师：对了，它们的"八"藏在字的底部，所以这里叫作——（贴：八底谷）

生：八底谷。

师：对！可是，这些"八"表示什么呢？（生思考不出）

师：这两个字变化太大了，我们已经看不出来了。下部本来是"𦥑"（板书），表示我们的左右两只手和手臂，读"gǒng"。后来楷书把两只手的手指连成一横，写成"六"（板书）。

师：（出示：共）分析字形，看看是什么意思。

生：两手捧着一个东西，是不是那个"共"字？（指"共"字）

师：对！是"共"字。上面"廿"是"共"的上部，"𦥑"就是"六"，两只手捧物，表示共同的意思。

师：（出示：兴）再分析这个字的字形和字义。

生：这个字四个角各有一只手，像是共同举起一个什么东西。

师：我们已经知道，古文字"𦥑"可以写成"六"。那么，这个字的中间是什么呢？原来是一个大盘子，两边是"爪"字，合起来共四只手，共同抬起大盘子。后来楷书将上面三个偏旁简化成了两点一撇，这样，这个字就变成了——

生："兴"字。

师：对！"兴"的意思是"共同抬起"。引申为"高兴"的时候，"兴"就读第四声。

师：带有"八字底"的"六"，表示双手双臂，除了"共""兴"两个字，还有一些有趣的字。想学吗？看老师画出来。（板书：兵 典）

生1：第一个字上面有斧头，两只手拿着斧头。

师：对，上部是古代的斧头，叫"斤"。这个字就是双手拿着一把战斧，表示兵器，后来引申为战士。

生2：第二个字也是两只手捧着什么。

师：上面是用绳子把竹木片编扎成的简册，就是古代的书，是我们语文课本第一册的"册"字。整个字像人捧着书阅读，这是"典"字。"典"是指很重要的书籍。明白了吗？好，我们来总结八字底。我们学了几个八字底的字？

生：四个，"共、兴、兵、典"。

师：这些"八"为什么叫八字底？

生："八"字都在字的底部。

师：对，所以称"八字底"。不过，这些字的"八"是数字八的意思吗？

生：不是，它们表示双手和手臂。

■ **评析**：倒八底是楷书常见部件，但是一年级小学生自主学习理解的难度相当大。于是教师先出示"共、兴"二字，说明"八"的字理，故意透露"谜底"，引导学生"比较顺利"地依次破解"共、兴、兵、典"等字，总结"八字底"知识。这种根据学情设计的小学生自主学习过程，使小学生很有成就感，保持了学习汉字的兴趣。■

师：（出示：只）这个字怎么分析？

生：上面是"口"，下面有"八"。

师：表示什么意思呢？

生：（摇头）不知道。

师："口"表示说话，下面的两竖，表示语音拖长、口气徐徐向下呼出。楷书写成"只"，两竖变成了"八"。"只"本来是个语气词，就相当于我们常说的"啊"。在《诗经·鄘风·柏舟》中，有句诗"母也天只，不谅人只"（出示），写的是一位姑娘想做一件事，母亲不同意，女儿非常郁闷，发出呼声："妈妈啊，老天啊，怎么就不理解我啊！"你的生活中有没有类似的经历？

生1：周末的时候，我想去楼下玩，妈妈不同意，我很难过。

生2：有一次，我想买一件东西，妈妈不让，我很伤心。

师：那我们就带着伤心、难过的心情，把这两句古诗读两遍，体会古诗的语气词。

生：母也天只，不谅人只！（齐读）

师："只"表示语气的意思后来不用了，被借去表示"一只鸟"，就是"一只"的意思。再后来，专门用作表示鸟等动物的量词。比如"一只鸭""一只鸡"，能不能说成"一个鸭""一个鸡"呢？

生：不能。

师：可不能这么说。跟着老师读"一只鸭""一只鸡"。（生读）

师："只"进而表示量词，比如"一只手""一只鞋""两只翅膀""三只船"。由"一只鸟"又引申表示仅有、只有，比如"教室里只有我一个"。——我们把这些词句都读一遍。（生读）"只"的这么多用法，我们要慢慢地掌握哦。

■ **评析**：汉字是文化信息的载体，积淀着民族文化的精华，从简简单单的"只"字解析中就可窥豹一斑。本环节在讲析字形义后拓展补充了《诗经》中的诗句，并结合学生生活实际来理解、朗读指导，使学生在语言文字运用中加深了对"只"义的理解，得到了汉字文化的熏陶。■

## 六、游戏巩固识字

师：这四个景点结束了，我们该"开火车"回家了。怎么回呢？把学的词语读好了就能回家了。我们来"开火车"读词吧。（生"开火车"读生字、词语）

## 七、学写"半、共"

师：小朋友真棒，把学的字词都记住了，特别是能够读准"分、兴、只"这些多音字组成的词。现在，我们学写"半"和"共"两个字。请先仔细观察，说说如何写正确、写美观。（指名交流）

师：（范写，并讲解，提醒学生注意）刚才我们已经认识到了，书写汉字的前后笔画要承接顺畅，"半"的第一、二笔是"点、撇"，这两笔应该互相照应。写撇时要向左下运笔，是为了顺写第三笔的横。横要写在横中线以上，第四笔的横比第三笔长，最后一笔竖要写在竖中线上。写"共"下部时，因为下面的位置比较低了，写捺不好舒展，于是写成撇、点。现在，请大家开始写字。（生写字，师巡视指导。展示评议后，再练写）

■ **评析**：选写"半""共"，是因为这两个字的"八"部件在构字中位置不同而笔形不同：一个"八"在字上部，为了书写连贯而变成"倒八"；一个"八"在字底部，因位置低而捺变点。指导书写这两个笔画比较简单却有代表性的汉字，

符合学生认知心理,使之"跳一跳,摘得到",能写得规范。■

## 八、梳理总结

师:小朋友们,今天我们乘坐小火车到有趣的"汉字王国",巧妙地学习了"八"系统的一些汉字。下了火车之后,我们可以再去找找汉字王国中其他跟"八"有关的字,接着探究它们的意思,这样就可以掌握更多的汉字了。好了,我们的游览结束了,跟小火车说声"再见",跟老师说声"谢谢"吧!

生:小火车再见。谢谢老师!

**总 评**

  培养小学生自主识字的能力,先要传授他们科学的汉字知识和分析方法,这节课比较好地完成了这个教学目标。该课解析"八"部件与构字,以点带面,使学生初步知道了汉字形、音、义以及记号在构字中的作用,增强了对象形字、指事字、会意字、形声字和记号字的感性认识,增强了发现和总结规律的能力,促进了思维的发展。本课设计巧妙,层次分明,条理清楚,概念准确,语言简洁,字词选解符合学情,说明小学语文教师能够掌握汉字学有关知识,能有效地运用于识字教学。

(傅丽芳、林睿:福建省厦门市思明区前埔北区小学)

# 4 有趣的三兄弟：彳、廴、辶

> 执教 / 黄喆　　指导 / 金文伟　白森泉　　评析 / 白森泉　金文伟
>
> 此课2014年11月27日展示于福建省厦门市级"一上学期完成'识字写字教学基本字表'研究"期中教研活动，集美小学承办。
>
> （适用于一年级上学期）

### 教学目标

1. 理解汉字的系统规律，用以学习汉字。
2. 系统掌握"彳、廴、辶"三部首的形义关系，会认"行、往、得、德、徐、很、彼、征、建、健、延、这、迷"等字，会写"行、这"2个字。

### 教学过程

#### 一、提问激趣

师：同学们，汉字里有"有趣的三兄弟"，（板书：彳 廴 辶）想知道它们为什么是"三兄弟"吗？

生：想。

■ **评析**：开门见山，直奔教学内容，相信汉字科学定能激发小学生的识字兴趣。■

#### 二、"彳、廴、辶"的读音

师：大家认识这三兄弟吗？

生：认识。第一个是双立人，第二个是建字底，第三个是走之底。

师：哇，你真厉害，一下子就把它们的名字说出来了。不过，这三兄弟很有趣，都有两个名字，一个大名，一个小名。刚才你说的这个（指：）是——

生：双人旁。

师：这是它的小名，知道它的大名吗？大名叫——（板书：chì）一起读两遍。（师

生读）再看老二，（指：廴）它叫——（生回答：建字底）

师：它的大名叫——（板书：yǐn）一起读两遍。（师生读）再来看老三，（指：辶）老三叫——（生回答：走之底）

师：它的大名叫——（板书：chuò）一起读三遍。（师生读）我们知道三兄弟的名字了，再喊喊它们的大名。（生齐读）

■ **评析**：学生初闻这三个部首的"大名"，很好奇，教师趁机让他们多读几遍以加深印象，有助于下面学好三个部首系统。■

师：老师为什么把它们叫作"三兄弟"呢？
生众：它们是三个，因为它们三个有关系。
师：有什么关系呢？（生不语）我们来了解它们。

■ **评析**：以上先整体介绍三个部首，使学生对其产生整体印象。教师围绕"三兄弟"连续提出问题，引发学生的好奇心进行探索和思考，标志着此课既教汉字，也"特别关注汉语言文字的特点对……思维发展的影响"（《义务教育语文课程标准》）。■

### 三、"彳"与"行、往、得、德、徐、很、彼、征"

师：老大是"彳"，知道它为什么这么写吗？（出示：𢑨）这是甲骨文，像什么？
生：十字路口。
师：是楷书的什么字呢？（生猜不出）（板书：行）
生：行（xíng）。
师：它还有一个读音是——（生回答：行 háng）
师：对。指十字路口就读"háng"，表示行走要读"xíng"。"行"做左偏旁就简化为"彳"。读音——（生回答：chì）

■ **评析**：字典、词典上的"彳"都读"chì"，小学生应掌握此音。■

师："彳"是道路的意思，道路是供人行走的，所以，凡是带有"彳"的字都和道路、行走有关。（板书：道路 行走）（师指"行"，生读）
师：同学们坐成整齐的一排，这一排也叫作一行。所以，它还有一个读音是——
生：háng。

师：（出示图片）请看这幅图，是一条——（生回答：道路）

师：什么道路？（出示人行道旁的银行）（生回答：人行道）

师：对，这是我们学校门口的人行道。旁边是什么？（生回答：银行）

师：真棒。一起读，（生读）再读一遍。（生再读）

■ 评析：专设句子让学生掌握多音字"行"，培养语感。■

师：真好，同学们把这两个音都理解和读准了。现在我们"往"前走。（出示：往）这个字是——（生读）

师：这个字也有——（生回答：彳）

师："彳"表示什么意思？

生：道路，行走。

师：对，所以"往"表示去。请给"往"组词。

生众：往前、往后、来来往往、前往。

师：有一个很有意思的字，想知道吗？（生回答：想）

师：（板书：??）这是小篆，左偏旁是什么？

生：chì。

师：表示——道路，行走。这个字的右上部现在是"旦"字，最早是"貝"字，表示宝贝。它的右下部是什么？

生：树枝。

师：不是树枝，是"彐"（板书），就是"寸"字。其中"彐"是右手，有大拇指、食指、中指，用三指代表五指；加一短横指手腕寸口，所以"寸"表示手和小手臂。想一想：道路、宝贝、手臂，合起来是什么意思。

生：走在路上用手捡到了宝贝。

师：真棒，这个字就是——

生：得。

师：真棒，就是"得"。你们听得这么认真，就能得到表扬；运动会上，跑得最快的，就能——

生：得到奖杯。

师：对，得到奖杯，得到金牌，就是这个"得"。不过，要注意，"得"字右上的"貝"到楷书演变成"旦"字了。好，现在我们做个小游戏，看图说词语。（出示图片）

看，这个人跑步要前——

生：往。

师："前往"，大家读。（生读）

师：（出示图片）我们看这个小朋友——

生：得奖。

师：刚才是你第一个读出来的，请你来领读。（生齐读）

师：刚才我们认识了三个带有"彳"的字，都跟道路、行走有关。你们在生活中也认识了很多字，还知道哪些带有"彳"的字？

生：德。

师：（板书：德）你是从《品德与生活》这门课上认识的"德"吗？"德"字特别有意思，我们来看看。"德"的左旁"彳"是道路，右上部"十"是十字坐标，表示方向，下面"四"是眼睛形状，下部是一横和心。请分析"德"的意思。

生：表示一个人在道路上往前走。

师：表示一个人在路上，瞪大眼睛盯着一个方向，一心往前走，不东张西望，不想别的事，坚持不变，始终如一，就是有道德的人。请给"德"组词。

生：品德、德育。

师：你知道"德育"？

生：学校有个办公室门上的牌子写着"德育处"。

■ 评析："得""德"是生活学习中的常用字。二字构形比较复杂，遵循汉字学却可以解析得简单而有故事性。小学生粗知二字的形义知识后，会在今后的学习中加深理解。■

师：你们还认识什么字？

生：徐。

师：你是怎么认识这个字的？

生：我姓徐。

师：你知道"徐"的意思吗？

生：不知道。

师：好，老师告诉你，（板书：徐）左旁"彳"表示——

生：走在路上。

师：右边"余"，提示读音——这是什么构形方法的字？

生：形声字。

师：对。"徐"是慢慢走的意思，比如"徐徐向前"就是慢慢向前走。还认识哪些有"彳"的字？

生：很。

师：（板书：很）这个字也很有意思，左旁"彳"表示路，右边是"艮"（gèn）字，（板书：🖋）这是金文"艮"，看看像什么。

生：像一个人，头上有个大眼睛。

师：对，上部是"目"，就是眼睛，下部是"彳"，合起来是一个人瞪大眼睛的形状。想想这个"很"：在路上，有一个人瞪大眼睛看着路走，说明——

生：这条路很难走。

师：对，"很"表示程度深。你们现在就听得"很"认真，他坐得"很"端正，就是这个"很"。你们还能用"很"组词吗？

生众：很生气、很多、很少、很仔细、很调皮。

师：还知道带有"彳"旁的字吗？

生：彼。

师：对，（板书：彼）"彼"也和道路有关，表示前往另一个地方。还有吗？

生：征。

师：对，长征的"征"。（板书：征）右边是"正"，下部"止"是脚，表示行走，右上部一横表示去的地方，就是方向；加上"彳"，合起来就是"征"。

师：我们认识了"彳"旁这么多字，都和道路、行走有关。

■ **评析**："授鱼不如授渔"，教师讲授"彳"的形义关系后，就尽量引导学生运用"彳"的形义关系识字，掌握部首识字的方法。其中，教师引导学生发掘已认识的字还有鼓励学生更加注重在生活中自主识字的用意。■

## 四、"廴"和"建、健、延"

师：我们光顾着说老大了，老二忍不住，着急了。（指：廴）它说："老大老大，大家都认识你了，让他们也来认识认识我吧！"（生笑）

师：你们知道这个部首为什么是"彳"的兄弟吗？我们把"🖋"（彳）下部的竖

延长（板书：廴）就是"廴"，读"yǐn"，表示引长、延长的意思。（板书：引长 延长）所以，凡是"廴"做偏旁的字，都表示什么意思？

生：引长、延长。

师：对。我们刚才说"廴"的小名叫——

生：建字底。

师：那我们就先解析"建"字。（板书：建）你们是怎么认识这个字的？

生：这是福建的"建"，我们经常见到这个字。

师：对，我们早就认识"建"字了，可是，你们知道"建"字为什么这样构形吗？

生：不知道。

师：老师来告诉你们。"建"中的"聿"，读"yù"，甲骨文写成（板书），是右手执笔在写字的形状，加上意符"廴"，表示写的规定、规则要长久使用的，就是"建"立法律规章制度，这就是"建"。一起读两遍。（生读）请给"建"组词。

生：福建、健康。

师：（板书：健）这是健康的"健"，不是我们才学的"建"。刚才我们看到的图上有一家什么银行？

生：中国建设银行。

师：对，"建设"就是个词。大家读。（生读）

师：（指：健）谁来说说健康的"健"与建设的"建"有什么不同。

生：健康的"健"，有单立人，表示健康跟人有关。

师：说得好！"健"也是形声字，"建"做声旁。一起读"健康""福建"。（生读）

师：我们再来认识一个字。（出示：延）读什么？

生：yán。

师：这个字里面原本是"止"，是左脚，表示走路，加"廴"表示要走很长的路，后来"止"上加一撇，强调了走长路的意思。谁来给"延"组词？

生：延长、延安。

师：不错，我国陕北有个城市叫延安，你们知道得真多。大家一起跟他读"延安"。（生读）"延"还可以组词"延伸""延长"，读读这两个词语。（生读）。

■ **评析**：讲解"彳""廴"两个部首的形义关系和异同，进而讲解"建""延"二字，一气呵成，简单明了，学生印象深刻。■

## 五、"辶"和"迷"

师：（指：辶）现在，老三来了。"辶"的读音——

生：chuò

师：你们知道"辶"为什么要这样写吗？（生摇头）

师：（板书：彳）甲骨文"彳"右边加"止"字，表示路上有只脚在——

生：行走。

师：后来"止"移到"彳"下写作"辵"（板书），其中"彳"的竖为了跟下面"止"的竖区别而写成撇；再后来，由于要写得快，就逐渐写成了"辶"，变化的过程大致是"辵辵辵辶辶"（板书）。字形的变化是不是很有趣？那么用"辶"构形的字都和什么有关呢？

生：和道路、行走有关。

师：所以，"辶"的小名里面也有个"走"字。我们已经认识了很多有"辶"旁的字，还记得吗？

生："迷"，迷路的"迷"。（师板书：迷）

生：这是个形声字。

师：是谁说的形声字？很厉害，请你来说一说。

生：左边"辶"表意，右边"米"表音，意思是迷路了，找不到路了。

师：真了不起，请你再来说一个有"辶"的字。

生："远"和"近"。

师：对，还有吗？

生：辽。

师：辽宁的"辽"。

生：这。

师：对，这些字都带有"辶"，我们一起来读一读。（出示：远 近 还 边 过 送 进）（生读）

师：刚才我们说了，这些字都和道路、行走有关，同学们谁能说一说这些字为什么跟道路、行走有关？好，你来。

■ **评析**："这些字为什么跟道路、行走有关？"这一问，不仅能培养学生自主识字的能力，也能培养学生知其所以然的深入探讨精神和思维能力。■

生1：因为"远"就是路很远的意思。

生2：送，因为给别人东西要走路送去。

生3：过，就是从这边走过去。

生4：还，从一个地方返回来要走路。

生5：边，就是走到一边。

生6：进，进门要走进去。

生7：进，就是前进，前进要走路。

师：说得真好！为这几位发言的同学鼓掌！再看，"这"是什么意思？

生：走来这边。

师："这"最初是迎接的意思，比如，我要到那个地方迎接别人，要从"这"里出发，迎接到"这"里来。后来"这"就表示比较近的地方、比较近的东西、比较近的时间、比较近的事物。比如，这里有位同学，他离我比较近，所以用"这里"。"这"还可以组哪些词？

生众：这边、这个、这是、这时、这人。

师：有"辶"的字还能说出哪些？

生众：遇、迪、道……

师：老师这也有一个，（板书：达）认识这个字吗？

生：认识，万达的"达"。

师："达"表示这个人走在路上，路非常顺畅。有"辶"的字还有很多，同学们努力学习，一定会认识得更多。

■ **评析**：至此，"亻"和由"亻"产生的"彳""辶"三部首的联系和区别介绍清楚了，学生在这有趣的学习中掌握了三部首的知识，为今后分析和认识三部首中更多的字打下了扎实的基础。■

## 六、复习生字

师：（出示图片）图里有个小朋友愁眉苦脸，他在说什么？我们能帮帮他吗？哪位同学说一说？

生：他在说："这是哪里啊？我迷路了。"

师：很好，"这"和"迷"字大家都认识了。（出示图片）听，警察叔叔说了一句什么话？

生：警察叔叔说："我送你回家。"

师：对。刚才我们认识了"三兄弟"，分别是老大——（生回答：彳），老二——（生回答：夂），老三——（生回答：辶）。现在大家知道它们为什么是三兄弟了吗？

生：因为它们都有大名和小名，而且感情很好。

师：有道理。不过，它们为什么感情很好啊？

生：因为它们都有道路和行走的意思。

师：为什么会有相同的意思？

生：嗯，是老大带出了老二和老三，所以它们有相同的意思，感情也就很好！

师：说得好！不过，虽然是老大带出了老二和老三，但是，老二使老大的路延长了，老三又突出了老大行走的意思，所以它们还是相互帮助的三兄弟。这三兄弟真有趣。这三兄弟帮助我们认识了这么多字，看看它们能不能帮我们复习记住这些字。（出示刚学的生字）

生：（认读）行、往、得、德、徐、很、彼、征、这、迷、延、建、健。

师：这里有哪个字跟三兄弟没有关系？（生回答）

师：恭喜你们学习成功，请给自己一点掌声。（生鼓掌）

■ **评析**：既是复习，也是测试。测试结果显示，学生不仅识记了这些生字，掌握了三个部首的意思，而且能够初步运用形声字的分析方法分析生字。可谓一课多得。■

## 七、写字"行、这"

师：我们现在写字，先看"行"字。（一边范写，一边讲解）

师：再看"这"字，是下左包围结构的字，中间是语文的"文"，"文"的最后一笔是捺，可是在"这"字里的"文"最后一笔是长点。为什么呢？

生：因为它们相互谦让。

师：这可不是谦让。我们看"辶"的最后一笔也是捺，如果一个字有两个捺就不好看了，所以就只保留这个字最重要的捺。我们看看"这"字，"文"的捺跟"辶"的捺谁最重要？

生："辶"的捺最重要。

师：对。"辶"的捺托着"文"，所以它的捺最重要。因此，我们就要把"文"的捺改成点，这样，"这"字就好看了。这叫"避重捺"，读。（生读）（范写"这"）（生练习写"行""这"，师指导）

■ **评析**：用汉字学知识指导书写，既能提高学生的书写能力，又能达到汉字文化教育的目的。■

## 八、用童话复习生字

师：同学们写得很用心，老师要奖励你们。看，这是谁啊？（出示课件）

生：小红帽。

师：我们一起来读一读这个童话故事，开始。（出示课件）

生：去奶奶家的路很远，她沿着小道，穿过草地往前走。

师：你们看，汉字学多了真有用，我们还能自己读童话呢！好了，我们跟三兄弟玩了这么久，有趣吗？（生回答：有趣）现在三兄弟要跟我们说再见了。不过，它们造的许多字天天都跟我们见面，只要我们记住三兄弟，就很容易认识那些有趣的字。

## 总 评

当前的识字教学，师生一般知道部首"辶"表示走的意思，却不知道"彳""夊"的意思，严重阻碍了识字学词效率的提高。这节课遵循汉字学规律，讲清了三个部首的源流关系和它们在构字中的表意作用，使小学生在理解中复习旧字、识记新字的同时，也受到了汉字文化的教育。

好奇和探究是孩子的天性。本课教学，就以"趣"紧紧吸引着学生，表面看是"三兄弟"的有趣故事，每个字的有趣解析，但实际上从开篇到结束都是在引导学生不断地进行有趣的探究，并获得一个个答案，都能"知其所以然"。这不仅是在提高识字的效率，传授识字方法，也是在培养学生的探索精神和研究能力，促进思维的发展。

（黄喆、白森泉：福建省厦门市海沧区东瑶小学）

## 5 善变的"止"

——部首"止、攵、足（ ⻊ ）、走、辶"系统

> 执教 / 刘仁秀　　设计 / 郭宏君　叶卫红　　指导、评析 / 金文伟
>
> 此课 2014 年 12 月 23 日展示于福建省厦门市级"一上学期完成'识字写字教学基本字表'研究"期末教研活动，曾营小学承办。
>
> （适用于一年级上学期）

### 教学目标

1. 系统学习"止"与相关部首"走、辶、足（⻊）、攵"及部中字，并促进学生思维发展。
2. 大量复现、巩固识字：学习"止"，复习"步、正、各、夏"等字，"⻊"部的"跳、跑、踢、踩、路"等字，"辶"部的"这、还、过、进、迷、边、远、近、送"等字；结合"攵"复习"攵"做偏旁的"收、故、做、数、教"等字。
3. 拓展识记"赶、起、逗、遍、达、迟、造"等字，巧借考眼力趣味教学"先、市"2 个字，会写"止、正"2 个字。
4. 感受形变，渗透字义变化现象。

### 教学过程

#### 一、部首分类，设境入题

师：小朋友，我们先跟一些部首老朋友打打招呼吧。（出示：扌 又 寸）（生读）

师：这些老朋友都跟什么有关？

生：跟"手"有关。

师：对。（出示：止 走 辶 足）这些部首又跟什么有关？

生：跟"脚""腿"有关。

师：对，它们都是"止"字家族的。今天我们来学习——（板书课题：善变的"止"）

生：善变的"止"。

师：现在我们到"止"字家族做客，见见"老朋友"，交交"新朋友"，感受"止"那有趣的变化吧！

■ **评析**：汉字构形的一个重要规律就是系统性，汉字这个大系统又分为很多小系统，部首亦如此。本课先复习"扌"系列部首，似与本课教学内容无关，但教师复习"止"系列部首，即可明白这是用部首分类系统，培养学生归类学习部首系统的能力，也是培养学生对客观事物归类认识的思维能力。■

## 二、紧扣形义，温故知新

**1. 理解"止""步"的形义**

师：（板书：止）同学们，知道"止"字为什么这样写吗？（生回答：不知道）

师：（板书：𣥂）这是甲骨文"止"，是象形字，像什么？（生回答：像脚）

师：脚的大趾是哪个？

生：（上讲台指）我来指，右上角的这根线条就是脚的大趾。

师：知道了脚的大趾，想想看这是哪只脚。

生：左脚。

师：对，这是左脚，上面分别是大趾、二趾和小趾，用三个脚趾代表五个脚趾。咦，谁能看出来，甲骨文的左脚形是怎么变成楷书"止"的呢？

生：（上讲台比附𣥂）第二趾变成"止"中间的竖，大趾变成短横，小趾变成左边的竖，脚跟变成了长横，就成了"止"字。

■ **评析**："止"由甲骨文形到楷书形变，其中有很多相联系的知识，教师没有直接讲出这些知识，而是引导小学生步步观察，连续思考和分析，从而将自主学习汉字的方法与培养逻辑思维的能力有机地结合在一起。■

师：说得真好。知道了左脚趾，会写甲骨文的右脚趾吗？（生摇头）

师：其实，把左脚反写就是右脚，谁能上台试试？

生：（板书：𣥂）左边最高的就是右脚大趾。

师：写得真好。现在我们来把这只"脚"变成楷书，它可跟左脚变"止"有不同哦。

（板书：少）第二趾还是竖，但是，大趾变成了左边的短撇，小趾和脚跟连起来变成了长撇。

■ **评析**：甲骨文左右脚的方向相反，学生参考左脚就能仿照写出右脚，于是教师让学生自己来写。但是甲骨文的右脚形变成楷书则是学生难以想到的，教师就

直接告诉答案。这样的教学安排符合学情。■

师：现在，我们把甲骨文的左脚和右脚一前一后地放在一起。（板书：）这个甲骨文像什么？

生：像两只脚在走路。

师：对，是走路，变成楷书是什么字？

生：步子的"步"。

师：对，"步"下部是"少"，多加一点写成"步"，对不对？

生：不对，"步"字下部"少"是用三个笔画代表右脚的五个脚趾，多加一点就成了六个脚趾。

师：请给"步"组词。

生众：步行、散步、跑步。

师：一起读读这三个词。（生读）

■ 评析："止"是构成很多汉字的基础部件，学生真正理解了"止"的形音义关系，就能系统地学习相关的部首和生字，产生事半功倍的效果。■

**2. 学习"正"字**

师：我们猜个字谜："止"上加一横。这是什么字？

生：正。

师：对了，（出示：正）（生读）你知道"正"上部的一横表示什么吗？

生1：脚的皱纹。

生2：就是一块地板被分裂了，变成地震。（众生笑）

师：呵呵，猜得不对。老师告诉你：那一横表示脚直对着走向的目标，所以是"正"，大家读。（生读）汉字是不是很有意思？（生回答：是）

**3. 区分"夂""攵"两个部首**

师：汉字大家族里有时也会发生争吵，瞧，（出示：夂 zhǐ 攵 pū）它们俩就吵着说自己是"止"家族的成员，请我们断案呢。我们先跟它们打打招呼吧。（生读）到底谁是"止"家族的成员呢？

生众：我觉得是"夂"，我也觉得是"攵"。

师：小朋友真聪明，一下就猜出来了。可是，能说出为什么吗？

生：" 夂 " 的读音是 "zhǐ"，跟 " 止 " 的读音一样。

师：有道理，不过，汉字有很多同音字，有的同音字的意思有关系，有的就没有关系。谁能再说出一些道理吗？（生摇头）

■ **评析**：汉字构形有着严密的逻辑关系，老师请学生猜部首形义，不是用简单的对错做定论，而是引导学生分析各部件的关系，在理解汉字部件的形音义中促进学生思维能力的发展。■

师：我们先看 " 攵 "，它跟什么有关呢？（板书：𠂉）这是 " 攵 " 的金文字形，上部是带杈的棍，下部 " 又 " 是——（生回答：右手）

师：合起来表示手拿棍棒敲打。后来为了写得快，楷书有的写成 " 支 "，棍棒变成了 " 卜 "，下部写成了 " 又 "，比如 " 敲 " 字；更多的写成了 " 攵 "，就是反文旁。" 支、攵 " 都念 "pū"，一起读。（生读）谁能说出带有 " 攵 " 的字？（生说师写）

生：数。

师：对，手拿棍棒数一数。

生：故。

师：以前的人做过的事就叫故事，跟我读 " 故事 "。

生：做。

师：好，人做事。

生：收。

师：这个字的 " 攵 "，表示手持棍械拘捕犯人。

生：教。

师：手持棍棒督教小儿学习。我们再来读读这几个字。（师生读）

师：既然 " 攵 " 跟手有关，那么，跟 " 止 " 有关的就是 " 夂 " 啦。我们先看看 " 夂 " 的形音义。（出示：𠂆）这个甲骨文像什么？（生摇头）

师：我们对比 "𠂆"，发现了什么？

生：（观察后）"𠂆" 是右脚，"𠂆" 是倒过来的形状。

师：对，"𠂆" 在小篆写作 "𠂆"，大趾朝右挪了；楷书写成 " 夂 "，大趾写成了捺。所以 " 夂 " 就是——（生回答：右脚）

师：对，右脚。不过，我们可不要认为在一个汉字里，" 止 " 就指左脚，" 夂 " 就指右脚。不是的，在一个汉字里要写出左右脚是很麻烦的，于是根据情况有的字只写"止",有的字只写"夂",用一只脚来代表两只脚。像"正"字,就用"止"代表两只脚。下面我们看看带有"夂"旁的字。(出示:夏 各)这是我们学过的字,字里有"止"吗?

生1:"夏"的"止"在下面。

生2:"各"的"止"在上面。

师:眼睛真厉害!它们都写成了——(生回答:倒"止")

师:先看"夏"字。从上下两个部件组合上,你能猜出字的意思吗?

生:我猜"夏"是指一个顶天立地的人。

师:瞧,上部"自"是"首"简省了上部的点和撇,仍读"shǒu",表示头;下部是脚,两个偏旁合起来表示人顶天立地,高大威武。于是,"夏"就有了大的意思。为什么有"夏天""夏季"的名称呢?原来,一年四季中,最热的季节里植物长得高大茂盛,于是就把这段时期叫作——

生:夏天、夏季。

师:再分析"各"字。分析这个字,需要古文字帮助理解。(出示: )谁来分析?

生:上部的脚趾是往下的,说明是一个人在往下走。

师:那谁知道下部的"口"是什么?

生1:是一个路口,上部的脚走进路口。

生2:我觉得那不是路口,是一个门。

师:你真会猜,下部的确是门。祖先们很早的时候住在地窝里,一家挨着一家,于是就用一只脚表示一个人快要走进家了,所以有个词叫"各就各位",跟老师读。(生读)现在,我们已经把"夂"和"夊"分清楚了,就把"夂"送回"止"家族吧!

■ **评析**:"止"倒形为"夂","夂"与"夊"形近,容易认错写错,很有必要给学生辨析形义。此段教学根据汉字音义构形的规律,溯源分析两个部件的形义,使学生理解了字形义,既能预能防认错写错,又能做到系统识字,此设计之效明显。■

**4."止"构成的某些部首**

**(1)在"足"中的形变**

师:小朋友们,"止"不仅能独立成字,还能和别的字组合成新字呢!(出示:足)瞧,这是我们学过的——

生：足。

师："止"字在哪里呀？

生："止"在"口"的下面。

师：眼睛真亮，"止"在字的下部时，变形了吗？

生：变了。

师：变成了什么？

生："止"左边的竖变成了撇。（师板书）

生：横变成了捺。（师板书）

师：这样变成一撇一捺，写起来就舒展大方了，"足"字更好看了。

（2）"足"做左偏旁的变形

师："足"做左偏旁时还会发生更有趣的变化呢。（出示：跑）（生读）

师：瞧，这里的"足"字有什么变化。

生："足"左边的撇变成了竖，捺变成了提。

师：你观察得真仔细。（出示：跑）再想想为什么要这样变呢。

生1：是谦让吧？

生2：我知道，这样可以更快地写右边的偏旁。

师：说得好，左旁的"足"把撇改为提，就是为了向右上方去写右旁的第一笔。这就是笔顺的道理。汉字是不是很有趣？（生回答：是）

师：我们已经学了不少带有足字旁的字，谁能说出一些呢？

生众：跳、跑、踢、踩、路……

（3）在"走"字中的变化

师：（出示：游客止步 禁止通行）这些标志上的字，谁会读？（生读）

师：全班跟他一起再读。（生齐读）

师：看到这些标志，你该怎么做？

生：停下脚步。

师：对，停下脚步，（出示：止步）也可以这样说——

生：止步。

师：原本表示脚的"止"，现在大都表示停下之意，这是引申义。当禁止标志取消时，人就可以迈开脚步，（出示"𣥂"，左右脚交替前行的动画）继续往前——

生：走。

师：（出示：𧘂）这是金文"走"字，看字形，它是走路的意思吗？

生：不是，是跑。

师：你是怎么看出来的？

生：上面是个甩开双臂跑步的大人，下面是脚。

师：（做动作）上部是个大人，头前倾，甩双臂，下部是正在跑的脚，说明"走"在古代就是大步地——

生：跑。

师：对，所以"走"的本义就是跑。楷书"走"字把奔跑的大人形写成"土"，"止"跟"足"的下部相同。（出示：赶 起）谁会读？（生读）

师：谁能用记形声字的方法教大家学好这两个生字？

生："赶"有偏旁"走"，表示我要赶上前面的人就要跑。

师：有道理，继续解析。

生："赶"的"走"是形旁，表示跑；"干"是声旁，提示读音，所以它读"gǎn"。

师：很好，谁来解析"起"字？

生："起"也是形声字，睡觉醒了就要起来。

师：古人讲究起床要快，所以就用走字表示。

生：它的声旁是"己"。

师：对，自己的"己"。（指：起）这个字读——（生回答：qǐ）

师：我们利用形声字构字法又认识了两个新朋友，再来打打招呼。（生读）

师：追赶就要快跑，起床也要快点，老祖宗造字就都用了"走"。那么，你知道老祖宗用哪个字来表示今天"走"的意思呢？（出示：㭁），谁认识这个甲骨文？

生1：人在马路上走。

生2：十字架。

生3：我觉得是十字路口。

师：真棒，越说越准确。这是十字路口的形状，就是楷书的"行"（háng），所以"行"表示十字路口、道路，后来由道路引申为行走，读"xíng"。请跟我读两遍。（师生读）现在你们知道了，我们现在走路的意思，在古代是——

（生回答：行）

**（4）理解"辵"的简形字义**

师：（出示：辵）这字是"止"走在十字路口，是一个部首朋友。谁认得？

生1：双立人。

生2：我觉得是走之。

师：对了，是走之。"辵"是"辶"的繁体，上部三撇是"彳"（"行"的省简）的变形，下部是"止"，合起来表示走在路上。人们为了书写得快，就把"辵"慢慢地写成了草书，（出示：辵辵辵辶辶）把草书楷体化就成了"辶"。这个偏旁读"chuò"。（生读）

■ **评析**：汉字另一个重要规律是表意性。汉字通过字形表意，讲清楚"辶"的源流演变，学生既容易理解"辶"部字的意思，又能由"彳""止""辵"（辶）的构形关系进一步体会到汉字的系统规律。■

师：我们来复习带有"辶"的字。（出示：这 还 过 进 迷 边 远 近 送）（生读）

师：学过的生字，你们记得真牢。（出示：逗 达 迟 遍 造）这五个有"辶"的字没学过，你们能用形声构字法认识这些新朋友吗？（生自己认）

师：谁能当小老师教教大家？你来。

生：遍（biǎn）。

师：你看到"扁"，就读"biǎn"，要知道，声旁主要是提示读音，而不是准确表音。这个字读"biàn"，读。

生：遍，b-i-àn → biàn。

师："遍"的形旁"辶"表示走，"扁"提示读音。"走遍天下"的"遍"就是这个字。再读。（生读）

师：读准确了。（指：逗）谁会读？

生：dòu。

师：对了，你能解析这个字吗？

生：形旁是"辶"，声旁是"豆"。

师：真棒，人走路到了某个地方暂时停下来，这就叫"逗留"，跟我读。（生读）

师：我们读课文，读长句子中间也要停一停，用个标点来标识，就是——

生：逗号。

师：（指：迟）谁会读？

生1：chǐ。

生2：不对，是"chí"。

师：对了，读"chí"。想想怎么解析好呢。
生：走之旁，跟走路有关，"尺"表示读音。是不是说走路慢了就会迟到啊？
师：对，"迟"的本义就是慢慢走，如果上学路上慢慢地走，就会——
生：迟到。
师：对。这个字读——（生回答：chí）
师：（指：达）这字读——（生回答：dá）
师：读对了，谁会解析？
生："辶"表示走在路上，"大"表示读音。
师："达"的"大"也表意，"大"指大人，表示一个人走在路上畅通无阻，有个词"四通八达"就是这个意思，读——
生：四通八达。
师："达"后来也表示"到达"，读。（生读两遍）
师：（指：造）最后这个字最难了，谁会读？
生1：gào。
生2：不是，读zào。
师：谁能解析？
生："造"的"告"是声旁，用韵母"ao"提示"造"的读音；"辶"是形旁，表示跟走路有关……（说不下去了）
师：对，"造"字最早表示行路到达的意思，后来表示制作物品了。比如"制造""建造"。跟我读两遍。（生读）
师：这些形声字，有的声旁完全表音，比如——（生回答：逗）
师：有的是声调变了，这些字读——（生回答：遍、迟、达）
师：有的只有韵母一样，如——（生回答：造）
师：瞧，利用形声构字法，我们可以估计字的读音，也能大概地理解字义，我们识字的本领大了，能力也更强了。

■ **评析**：学生掌握了"辶"的形义，就能有根有据地尝试着分析"辶"部的形声字，向科学的自主识字的方向发展。■

### 5. 拓展"止"的"趣变"

师：汉字发展演变三千多年了，许多带有"止"的字从最初到现在，字形已经发生了巨大的变化，有的已经很难看出"止"的形状。看这两个字，（出示：先 市）你们敢不敢挑战自己的眼力，看谁最先在这些字里找到变形的"止"？（生观察，认读）

■ **评析**："先、市"是《义务教育语文课程标准》附录4"识字、写字教学基本字表"里的字，理应早学。两个字都有"止"义，结合"止"字学习，学生容易理解。■

师：这两个字是上下结构。（指：先）你看出"止"变成"先"的哪部分了吗？
生：上面。
师：我们看看他的眼力如何。（出示：𐙻）这是甲骨文"先"字，很明显，上部是——
生：止。
师：下部是——
生：亻（人）。
师：对，"亻"在合体字的下部常写作"儿"。在"亻"的上方加一只脚"止"，表示已经有人走在前面了，这就是"先"，读。（生读）
师：（指：市）看这个字，"止"躲在哪？
生：下面。
师：下部是像"巾"的字符，是叫卖、吆喝的意思。
生：在上面。
师：到底在哪里呢？（出示：𛀁）这是金文"市"，上部有"止"，所以"市"表示边走边叫卖。瞧，像我提着一篮冰糖葫芦去人多的地方叫卖："卖冰糖葫芦啰，卖冰糖葫芦啰！"（生笑）谁会用"市"组词？
生：集市。
师：集市，是买东西的地方。
生：菜市场。
师：菜市场，是买菜的地方，人多。
生：超市。
师：超市是买各种各样东西的地方，人也很多。
生：城市。
师：城市是人多、繁华的地方。

生：厦门市。

师：对，厦门市，北京市，一个城市的人口要达到一定的数量才能称为"市"。

■ **评析**："先、市"两个字的"止"在千余年的演变中，笔画黏合得记号化了，常用义也似乎与"止"无关。为了使学生理解这两个字，此段教学继续采用溯源法，使学生一目了然地理解了两个字的本义、引申义以及相关词语。■

师：同学们，今天我们到来"止"字家族里，见到了不少老朋友，也结交了很多新朋友，你们记住它们了吗？请拿出练习纸认读生字，和同桌比比谁学得好，认得牢。不会的可以请教同学。（生练习认读）

师：有小朋友说"我都会读"。自己说的不算，我来考考你们。我们来玩登山游戏。（指：起）这个字会读的举手，我来抽查。你来。

生：起

师：全班读。

……

师："达"，到达峰顶了，"止"族长向大家竖起来了大拇指，夸大家"真棒"！

## 三、指导写字，文化渗透

师：今天我们学写两个字，它们是——

生："止""正"。

师：这两个字很像，哪里不一样？你说。

生："正"上面多了一横。

师："正"的这一横就是指——

生：那个要去的目标。

师：如何把"止"写好呢？

生：中间的竖压竖中线。

师：真棒，找到了重点笔画"竖"，这一竖一定要压竖中线，先把整个字稳住。那"止"字有几竖？

生：两竖。

师：一样高吗？

生：一长一短。

师：脚趾有长短，竖也有高低。有几横？

生：两横。

师：一样长吗？

生：不一样，也是一长一短。

师：对了，"止"字共有四笔，两竖两横，竖有高低，横有长短，这样才显得高低错落有致。看老师写。你们也拿起笔来描一下，写一个。（生描红、练写）

师：再看"正"字。"止"多了上面一横，这一横最难写了？要怎么写才好看？

生：上面的横要接中间的竖。

师：那这一横在写多长才能恰到好处？

生：不能太长，也不能太短。

师：说得好，不能比中间的横短，也不能比最后一横长。举起你的小手，跟老师写。（生书空，练写）

师：现在请你们写好这两个字。（生写）

师：数千年来，汉字和你们一样，一直不断地成长、变化着，不仅字形变了，有些字义也变了。同学们要认真学习，掌握好汉字，跟越来越多的汉字成为真正的"知心朋友"。

## 总　评

　　此课突出的特点有二：

　　一是按照部首系统复习旧字，使学生体会汉字的构字系统，深入理解汉字构形方法，并尝试着运用所学构形法自主学习生字，既做到了温故知新，又做到了学以致用。

　　二是利用汉字严密的构字系统促进学生的思维发展，从观察甲骨文左脚形仿写出右脚形，到"步"字不能多写一点的原因、猜"夂"是右脚的根据，再到自主学习"辶"部的字，一路提问"为什么""怎么做"，引导着学生不断地理解、探究和实践，从而使学生在思索中掌握了知识，识字中提高了思维能力。

（刘仁秀、叶卫红：福建省厦门市集美小学 / 郭宏君：福建省厦门实验小学集美分校）

## 6 有趣的两"口"子
### ——部首"口、囗"解析

执教 / 黄喆　　指导 / 金文伟　白森泉　　评析 / 白森泉　金文伟

此课 2014 年 12 月 23 日展示于福建省厦门市级"一上学期完成'识字写字教学基本字表'研究"期末教研活动，曾营小学承办。

（适用于一年级上学期）

### 序　评

"口"作为汉字部件，在现代常用字中构字数量最大。2009 年 3 月教育部和国家语委会发布了《现代常用字部件及部件名称规范》，此文件附录 A《现代常用字部件构字数表》显示"口"构字数 516 个，出现次数 581 次（比如"口"构"嚣"是 1 个字，出现了 4 次）。显然，尽早教授"口"的构字知识，能更快地提高识字写字的效率。特别是绝大多数教师只知道"口"在构字中表示与嘴有关的意思，不知道在很多字中表示的其他意思。因此，尽早讲解"口"在构字中的多种作用，纠正误导，特别重要。

"口"与"囗"形似，很多人不知其音义，据形称为"大口框"。本课比较这两个"口"的异同和真伪，介绍这个两"口"字的形音义系统，使学生在趣味中学习到汉字构形知识。

### 教学目标

1. 区分"口""囗"部件在形音义上的差别，分类学习"口""囗"系统的字，重点理解"口"在构字中表示不同的意思或做记号。
2. 分类复习"口、唱、呀、吗、啦、啊、吧、右（左）、可、后、回、豆、杏、园、圆"16 个字，学认"吵、叫、奇、司、舌、甜、言、音、和、加、知、向、合、围、国、因"16 个字，领会系统识字的方法。会写"舌、因"2 个字。

## 教学过程

### 一、"口"之形义

师：小朋友们，我们的嘴，汉字常用什么字表示呢？

生：口。

师："口"为什么这样写？

生：因为像嘴巴的形状。

### 二、"口"表意

师：对。许多有"口"的字都和嘴巴有关。因为，嘴巴可以说话，能够发声。我们先来看看这一类字吧！（出示：右）看这个字，这个字读——

生：yòu。

师："右"的一横一撇表示什么呢？（板书：ᄏ）

生：右手。

师：这是人的右手形，后来下面加"口"，成为"右"，表示帮助人，不仅要用手，还要用口指导。再后来又用来表示右手、右边。跟右相对的是——

生：左。

师：（板书：ᄐ）"左"字是左手下面加上工具的"工"，表示手拿工具去帮助别人，再后来又用来表示左手、左边。

生：那帮助别人的意思怎么表示呢？

师：再加一个意符"亻"写作"佐"来表示帮助的意思，组词有"辅佐"。你们好好学习，以后就会知道了。

师：（出示：司）这个字读——

生：sī。

师："司"字下面也有个"口"，表示什么？（生摇头）

师：（板书：司）这是一个侧身站着，手举向前方指挥，并且张口发号施令的人，这就是古代的官，掌握权力的人。谁能给"司"组词？

生：公司、司机。

师：司机是干什么的呢？司机是掌握方向盘开车的人。军队最大的官叫什么？

生：司令。

师：没错。司令就是掌握军政大权的人。请读"司令""司机"这两个词。（生读两遍）

师："司"字有个双胞胎兄弟，（板书：后）这个字念——

生：hòu。

师：（出示：后）谁能解析"后"字？

生：（比较了"司"）像"司"字，方向不同，"司"朝左，"后"朝右。

师：你观察得真仔细。"后"也代表一种人，是什么人呢？

生：也是举着手、张着口发号施令的人。

师：对！都是挥手发号令，都是指挥者。不过，古代以右为尊，所以，"后"是最大的指挥官，就是帝王。"司"就是比"后"小的各种官员。（出示：后羿射日）你们听过《后羿射日》的故事吗？后羿的"后"意思是——

生：是姓。

师：不是姓，表示帝王。后来，老祖宗把"后"的意思送给了帝王的妻子，叫什么？

生：皇后、王后。

师：对！再看一个字。（出示：可）

生：可。

师："可"里面也有个口，你们知道它的意思吗？

生：口渴了。

师：渴了不是这个"可"。"可"的本义是唱歌（"歌"的初文），"口"在这里表示唱歌，后来唱歌有了赞美的意思，"可"就有了允可、可以的意思。再看，（出示：奇）这个字里有个"可"字，这个字读——

生：qí。

师：奇字上面有个"大"，"大"字我们已经学过，表示——

生：一个站立的大人。

师：对。"大"就是一个大人正面站立的形状。"大"的下面加"可"，意思是允可他站在那儿，很奇怪，这就是"奇"字。请给"奇"组词。

生：奇怪、奇妙、奇特。

师：非常棒，每个词读两遍。（生读）再看。（出示蛇的照片）

生：蛇。

师：这条蛇说："我有个口，口里吐出的是我的——"

生：舌头。

师：我们都知道，平时最爱吐舌头的动物是——

生：蛇。

师：对，所以古人就用蛇的舌头来表示"舌"字。看，蛇的舌头很长，还分叉。（板书：🔣）这是甲骨文，是"口"里伸出分叉的舌头。小篆写作"🔣"（板书），楷书写作"舌"，上面的一撇就是分叉。"舌"也指人的舌头，于是人们也用它来比喻像人舌的东西，（出示火的图片）看看这火的形状，我们叫作——

生：火舌。

师：（出示：鸭舌帽）这个帽檐像——

生：舌头。

师：像鸭子的舌头，我们就叫它——

生：鸭舌帽。

师：读读这两个词。（生读）（出示：甜）"舌"找到一个好朋友，组成一个字——

生：甜。

师："甜"字为什么有个舌？

生："甜"要用舌头品尝出来。

师：对。"舌"加"甘"，合起来就是——

生：甜。

师：你们吃的什么东西特别甜？

生：糖、冰激凌、巧克力。

师：你们回答的声音也很甜。好，再看这两个字。（出示：言 音）

生：言、音。

师："言"是人们在分叉舌上面加两横，演变到古隶书是"🔣"（板书），表示张口说出来的话。后来写作"🔣"（板书），楷书写作"言"。本来"言"和"音"是一个字，既表示说话，也表示发其他的音。可是，这样表示的意思有时不准确，后来就在"🔣"（言）的"口"中加一横写作"🔣"（音）（板书），表示嘴里发出的声音、乐曲。那么，"音"下部的"日"是太阳吗？

生：不是。

师："音"下部的"日"是"口"发出音的意思。下面，我们再看数学中的一个字。（出示：加）

生：加。

师：" 加 " 字有 " 力 " 有 " 口 " ，表示极力夸大的意思，引申为增加。谁给 " 加 " 组词？
生众：加法、加油、加数。
师：你们在生活中认识了不少字，你们 " 知 " 道的字可真多，（出示：知）这个字是——
生：知。
师：这个字左旁 " 矢 " 是箭的意思，右旁是 " 口 " ，这样构字是什么道理呢？（生思考）老师做个提示：箭射出去速度非常快。
生：表示说话的速度很快。
师：理解了表面意思，就再想想，说话的速度很快，是不是说明了说话人对说话的内容非常熟悉。所以， " 知 " 在古代就是熟悉、了解的意思。我们把非常了解的朋友，叫作 " 知己 " " 知音 " 。把这两个词读两遍。（生读）同学们，你们有非常了解的人吗？
生：有。
师：请你说一说。
生：我非常了解我们班的×××同学。
师：如果这位同学给你眨眨眼睛，你就能知道他的意思吗？
生：不知道。
师：那说明你对他还不是很了解。随着我们慢慢长大，我们会有很多知己和知音的。 " 知 " 现在主要是知道的意思。再看看这个字。（出示：合）
生：合。
师：这个 " 口 " 表示什么意思呢？
生：喝水。
师：不对， " 合 " 上部是 " 亼 " ，读 "jí"，表示三方或者很多方集合起来，加 " 口 " 表示把嘴合住，后来表示集合的意思。比如，我们很多人的嘴集合在一起唱歌，就叫作——（出示合唱的图片）
生：合唱。
师：你们看，这就是大哥哥大姐姐们在合唱。咦，有个字跟 " 合 " 的读音一样。（出示：和）
生：和。
师：这个字最早读 "hè"，跟我读。（生读）有个成语叫 " 一唱一和 " ，（指图）上面的大歌星领唱，其他人跟着他轻声地唱，这叫"和"（hè）。一起读。（生读"一唱一和"）后来，由于声音很好听，就有了"和"（hé）的读音，也有了和谐，有了你和我的意思。这两个音都读"hé"。

■ **评析**：教师运用汉字学引导学生系统地学习带有"口"的、与发声有关的字，并且重点区分了形近字"右"和"左"、"司"和"后"、"言"和"音"，区分了同音字"合"与"和"，识字量虽大，因讲解得清楚，对比得鲜明，学生的印象也深刻。■

## 三、有"口"的形声字

师："和"字的"禾"提示读音，"口"表示字义，这样构形的字叫作——

生：形声字。

师：老师考考你们。（出示：呀）这个字读作——（生读）

师：右边读"yá"，提示字的读音，像这样的字还有"吗"？（生回答：有）

师：刚才老师说的"吗"，也是形声字，口表示语气。

■ **评析**：故意混淆意思，引起学生误会，在快乐中感悟汉字构形，理解汉语同音现象，是符号汉字科举的"游戏识字"。■

师：（出示：吧）这个字读？（生读）

师：（出示：啦）这个字——（生读）

师：（出示：啊）这个字——（生读）

师：这样的字还有不少，书本里容易见到。现在老师要提高难度了。（出示：吵）

生：吵。

师：读一遍，（生读）你们有什么发现？

生：右边的"少"跟"吵"的韵母一样。

师：你真棒！这是"同韵形声字"，用韵母来提示字的读音。我们再提高难度。（出示：叫）（生读）

师：老师提示，右边"丩"读"jiū"。读"叫"字的时候你们有什么发现？

生：它们的声母一样。

师：这是用相同声母来提示读音。所以，学了形声字真有用。不过啊，汉字演变了几千年，很多字的读音变化很大，不能准确地表音了，我们要确定一个字的读音,最后还是要查字典。

■ **评析**:这个环节教师引导学生运用形声构字知识自主识字:根据声旁的读音大致猜到整个字的读音。这样一来,学生如果再遇到形声字,就可以试猜字的读音,从而提高自主识字的能力。■

## 四、及时复习

师:刚才,我们学了这么多有"口"的字,收获大吗?(生回答:大)

师:我们马上复习这些字词,就会记得牢固。(带生复习)

## 五、表示"口"形状的字

师:刚才学的字,"口"都表示与嘴有关。(出示: 豆)看看这个字——

生:豆。

师:我们早就认识它了。这个"口"是什么意思呢?

生:"口"是"豆"的上部形状。

师:你的观察能力很强。"豆"字在古代表示一个高脚杯子或者盘子,"口"是杯子的形状,有方形的,有圆形的。再看,"豆"字下部的点、撇表示什么?

生:表示的是那两竖。

师:这两竖,就是杯子的高脚。后来"豆"字被借去表示绿豆、黄豆的"豆"。(出示:向)我们再看这个字。(生读)

师:(板书:向)"向"的古文字像一间房子,中间的"口"是什么?

生:是窗户。窗户是方的,就像口的形状。

师:观察古文字,再看看楷书"向"的一撇表示什么呢?

生:房顶。

师:"向"的一竖和横折钩就是——

生:两边的墙壁。

师:听,"向"说话了:"我有个好朋友,想跟大家认识。"(出示:杏)读——

生:xìng。

师:奇怪了,"杏"和"向"怎么会是好朋友呢?(生摇头)原来啊,"杏"的声旁是"向",请读读。(生读)"向"和"杏"的音有什么部分相同?

生：声母相同。

师：对。可是老祖宗在写"杏"的时候，为了书写方便，只写了"向"的"口"，简省了其他笔画。这种简省的现象在汉字里很多，所以，2009年教育部颁发了《现代常用字部件及部件名称规范》的文件，规定把有所省简的部件叫作"某省"——跟我读两遍。（生读）"某"就代表一个字，比如，"向"字在这里省简成"口"，就叫作——

生：（想想后）叫"向省"。

师：对，真聪明！

■ **评析**：这环节讲解汉字构形的"某省"知识，是本课的一处精彩之笔。"某省"是国家文字规范的名称，又在现代汉字中大量存在，所以，该知识理应教给小学生。但不少人怀疑小学生能否听懂，更有人撰文"不支持"在小学教"某省"。本课教学实践证明，只要老师讲得清楚，一年级小学生也能理解和掌握。此课的实验成功，为下学期教学实验的《汉字王国里的"某省"》一课打好了基础。■

师：（出示：囘）来看看这个字。

生：回。

师：这个字像一个漩涡。"回"有两个"口"，为什么？

生：外面是围字框，里面是"口"。

师：你知道得真多！其实，这里的大口和小口都是漩涡的形状，跟嘴巴没有关系。不过，刚才这位同学给我们介绍了——

生：围字框。

师：（出示：囗），这个偏旁读——（生回答：wéi）

师：是的，"囗"表示围住，后来里面加"韦"字，提示读音，这个字是——

生：形声字。

师：非常棒。能给"围"找个朋友吗？

生：围住、围巾。

师：我们刚才说了"囗"表示包围，你们还学过带有"囗"的字吗？

生：中国的"国"。

师：国为什么有个"囗"呢？

生：国家有一定的范围。

师：对。（出示：园）这个字我们也学过。（生读）

师：（出示图片）这是——

生：菜园。

师：我们这附近有个什么园？（生回答：月美池公园）

师：还有什么园？

生：幼儿园、花园、游乐园。

师："园"是什么意思呢？

生：有个范围或者篱笆的叫菜园。

师：对。公园、菜园、游乐园都表示一个地方。（出示：圆）这是表示圆形的"圆"，里面的"员"，既表示读音，也表示圆的形状。昨天冬至，我们吃什么？

生：汤圆。

师：对，就是这个"圆"。为什么用"圆"表示汤圆？

生：因为要表示汤圆的形状。

师：对，"园"表示一个地方，"圆"表示形状。（出示：因）再看这个字——

生：因，这个字我们学过了。

师：那么，它是什么意思呢？（生摇头）（出示： ）

生："因"的"囗"表示一张草席，"大"是大人躺在上面。

师：非常好！席子供人休息，就有了倚靠、依靠、缘由的意思。谁来组词？

生：因为、因果、原因。

■ **评析**：这一环节主要用形声构字法区分同音字、形近字，使学生在理解的基础上预防写错别字。■

## 六、在句子中复习字词

师：我们学的这些字，带有"口"和"囗"两个部件，我们看句子，（出示句子）谁来读一读？

生："很奇怪，三只小狗坐在公园里吐舌头。"

师：你们真厉害，这些字都认识啊。为什么奇怪？三只小狗为什么吐舌头？想知道原因吗？（出示句子）谁来读一读。

生："因为派大星要吃它们的甜筒呢！"

## 七、写生字

师：真有趣，我们学了这些汉字，就可以读这样的小故事了。现在，我们来写两个生字。（出示：舌　因）

师：要想写好字，就要先观察它，看看哪里要特别注意。谁来说一说？

生："因"中间的"大"字的捺的"腿"收起来了，变成点。

师：对，你有火眼金睛。捺本来应该写得舒展，可是在方框里，捺能写得舒展吗？

生：不能。

师：既然不能舒展地写，就改成点。还有吗？

生："舌"的横不能和横中线重合。

师：对。再看"因"字，第二笔是横折钩，为什么有个钩？我们一写就知道了。（领生书空）原来啊，勾起来是为了顺势向左上方去写里面"大"的横，这样的前后笔衔接就叫作——

生：笔顺。

师：我们对比"舌"下的"口"为什么不是横折钩？

生：（观察思索）"口"的里面没有笔画，就不用勾起来了。（学生写字，师指导）

■　**评析**：长期的写字指导，老师都只教学生"怎么写"，极少有人教学生明白"为什么这么写"，结果只能使小学生机械地死记笔顺。这里，教师专门讲解"因"的笔顺笔形原理，使学生在理解中写字，进一步认识到汉字构形的科学性。■

## 八、总　结

师：这节课，我们认识了"有趣的两'口'子"，它们是"口"和"囗"，它们都是方框形。"口"在构字中，有的表示嘴的意思，有的表示别的意思或者只是方框形，与嘴没有关系。像这样的字还有很多，小朋友们在识字时如果辨认清楚了，就会掌握得更好哦。

■　**评析**：教师以"口"在构字时表示不同的意思，引导学生课后继续探讨汉字的奥秘，培养学生学习汉字的兴趣和自主识字的能力。■

（黄喆、白森泉：福建省厦门市海沧区东瑶小学）

# 7 神奇的魔法师"亻"
## ——部首"亻、儿、大、人"系统

执教 / 陈锡妮　　指导 / 金文伟　杜晓艳　林佩菱　　评析 / 林佩菱　金文伟

此课 2014 年 12 月 23 日展示于福建省厦门市级"一上学期完成'识字写字教学基本字表'研究"期末教研活动，曾营小学承办。

（适用于一年级上学期）

1. 通过形音义结合认识"亻"系统的"亻、儿、大、人"4 个部首及其"住、但、什、先、光、兄、元、美、奇、因、立、交、企、舍、今、会、合"17 个字，理解汉字构形的系统性。
2. 培养运用偏旁部首、科学知识系统自主识字的能力，激发学生主动识字的兴趣。
3. 规范书写"什、立"2 个字，理解笔形、笔顺原理。

### 一、设疑导入

师：同学们，我们来上一堂有趣的识字课。（出示课题）神奇的魔法师——
生：亻（单立人）。
师："亻"也读"rén"。单立人有魔法，它会变。会变成哪些字呢？（生回答）有的同学基本说对了，有的同学还不清楚。这节课我们就一起弄个明白。

### 二、归类识字

**1."亻"**

师：单立人是一位魔法师，会变出很多字，你们能猜到哪些字？（生说出一些字）
师：你们都猜对了。再认识 3 个生字吧，（出示：住　但　什）你会读吗？（生有的会读，师相机出示拼音）

■ **评析**：上课伊始，教师先与学生交流识字量和汉字知识，是为了了解学情，尽量做到以学定教，有效教学。■

师：这些字都带有"亻"，说明它们的意思都和——

生：和人有关。

师：谁能解释这三个字？

生："住"指人住在房子里。单立人是意符，"主"是音符。

师：对。请给"住"组词。（生组词）

师：谁来说"但"？

生：人挑担子。

师：挑担子的"担"是提手旁。（板书：担）"但"最早指人脱了衣服露出上身，所以有"亻"。（后来写作"袒"）不过，这个意思早不用了。人们借用"但"来表示只有、但是的意思。（出示：但是 不但）跟我读几遍。（生读）

师："什"读什么音？

生：shén，什么的"什"。

师：其实，"什"是多音字，右边"十"提示读音，所以"什"还读作——

生：shí。

师：对，你认识的字真多。"什"（shí）也是个会意字，看看它的构形，左旁是"亻"，右边是"十"，合起来应该表示什么意思？

生：是不是十个人？

师：对。"什"原来指十个人在一起，后来引申指各种各样的东西在一起。（出示：什锦）"什锦"这个词就表示花样很多。跟我读。（生读）（出示什锦饭图片）什锦饭里就有很多好吃的，有些什么呢？（生答）没错，这么多食材在一起，很好看也很诱人是不是？（出示什锦糖图片）很多种糖果放在一起，就叫作——

生：什锦糖。

师：很多种水果做成的果盘，就叫作——

生：什锦果盘。

师：（出示：什锦饭 什锦糖 什锦果盘）谁能带领大家读好这些词？

■ **评析**：依学定教。"住、但、什"是"识字、写字教学基本字表"中的字，学生都没提到，就在此专门教。这三个字在构形上各有特点，教之又可达到不同的教学目标："住"的音符、意符一目了然，学生分析该字时既可复习偏旁部首分析法，又能加深对部首"亻"的理解。"但"字的常用义已与字形毫无关系，讲其字形义有助于学生理解识记，增长汉字文化知识。"什"的形音义究竟有何关联？教师引导学生根据会意兼形声字的构形知识推理得知"什"的另一音及字义。这个教学环节成效明显，而且证明了，一年级学生完全可以接受汉字科学的教育，且教师可以对其进行初步的逻辑思维训练。■

## 2. "儿"

师："亻"挥舞着魔法棒，要把自己变成一些字的下部部件。你们猜猜，它会变成什么样？

生：（猜了几次）变成"儿"。

师：它的撇还在吗？

生：在。

师：竖呢？

生：变成竖弯钩了。

师：对。不过，形状变了，意思可没有变，不是儿童的"儿"，而是——

生：表示人。

师：在字的下部写成"儿"形，使这个字看起来很稳。（出示：𠂉）这是甲骨文的"先"字，下部是"亻"，后来楷书写成了"儿"形状。"𠂉"的上部是什么？

生：是"止"字，就是左脚。

师：想想看，"亻"的前面有脚，表示什么意思呢？

生众：表示有人走在前面了；"止"是脚，表示有人走在前面了。

师：分析得真好！想想看：前面有脚，"亻"在后面，于是，就有了先后之分，走在前面的就叫"先"。谁能用"先"组词？

生众：先后、先前、先进、先辈、先生。

师："先生"也是老师的意思，是对知识分子和一定身份的成年男子的尊称。你们是不是注意过，在一些庄重的场合讲话，是这样称呼人的：女士们，——

生：先生们。（众笑）

师：（出示：元 兄 光）这是三个"儿字底"的字，跟我读。（生读）这三个字的上部是不同的部件,各表示什么意思?想一想,把你的发现跟同桌说一说。

生:(生讨论后)"兄"字的"儿字底"上部是"口",表示人说话。

师:嗯,有道理。你知道"兄"是什么意思吗?

生:是哥哥的意思。

师:对。可是,一个人张嘴说话为什么就是"兄"呢?

生:(想想后)大声说话管弟弟妹妹。

师:你有哥哥吗?

生:我没有哥哥,×××同学有哥哥,经常管她。

师:爸爸妈妈不在家的时候,兄弟姐妹谁说话算数?

生:哥哥。

师:在古代,大哥的地位很高。在《西游记》里,唐僧被妖怪抓走后,三个徒弟听谁的?

生:听孙悟空的。

师:对,孙悟空是大师兄,猪八戒、沙和尚都要听他的话。接下来,谁解说"元"字?

生:"元"上部是两横……(停住了)

师:老师帮你。"元"下部的"儿"指人,人有头,甲骨文先写作"𠑊",后来加短横写作"𠑇",强调头的部位,所以"元"指的就是——

生:头。

师:头在我们身体最高的位置,所以引申为第一。我们把新年的第一天叫作——

生:元旦。

师:一年的第一个月就叫——

生:元月。

师:考试第一名的叫——

生:状元。

师:状元在唐代称进士科及第的第一人。(出示:元旦 元月 状元)我们读读这三个词。(生读)

师:那"光"字呢?

生:"光"的上部像光芒。

师:我们先看甲骨文"𠈌",下部是一个跪坐的人。古人曾经是跪坐在自己的脚后跟上,坐姿就是这个"𠄌"(音jié),后来也写作"儿"。"儿"的上部有一团燃烧的火，表示光明。再后来演变写作" "" ""光"。

师：（出示：日光 月光 光明 灯光）这些词语你们都会吗？谁能领读？（生读）

■ **评析**：汉字因义构形，又据形表意，这意就蕴含着丰富的文化知识。教师遵循汉字学解析汉字，也就同时进行着汉字文化的教育，于是，汉字在学生眼中活了，学生对学习汉字的兴趣也就更加浓厚了。■

## 3. "大"

师："亻"是一个大人侧面站立的形状，如果他正面站立，伸展双臂，叉开双腿会变成什么字？（出示： ）

生：变成"大"字。

师：对，可是这个"大"字可淘气了，它常常蹿上跳下的，（出示：美）瞧，这是什么字？"大"藏到哪里了？

生：美。"大"藏到下面了。

师：这个"大"字是怎么打扮自己，让自己变成"美"字的呢？

生：它穿上了漂亮的连衣裙让自己变美了。（众生笑）

师：这个"美"字是有故事的。很久很久以前，祖先们就很爱美了，他们在头上戴上羽毛、羊角来打扮自己，（出示： ）他们觉得这样很美，就造了"美"字。你们在这个古文字里找到"羊"了吗？

生：在上面。

师：看看楷书"美"字上部的"羊"字，你有什么发现？

生："羊"尾巴没有了。

师："羊"尾巴为什么没有了？（生摇头）

师："羊"字做上偏旁时，如果尾巴伸下来，就会破坏"大"的形体，咱们写写试试，（板书"美"字，故意把"羊"的一竖写下穿过"大"字）这还是"美"字吗？

生：不是，下面的"大"字看不出来了。

师：所以国家规定了："羊"在字的上部时，一竖不能越过第三横去破坏下部的字。

师：我们再看"大"。它有时也跑到某些字的上部，（出示：奇）"大"在哪里？

生：跑到"可"的上面了。

师：跟"可"组成了什么字？

生："奇"字。

师："大"是正面站立的大人，在下面加"可"，意思是允可他站在那儿，是很奇怪的事，这就是"奇"字。这个"奇"上部的"大"可能是一个什么样的人？

生众：可能是一个奇怪的人吧；可能是一个神奇的人。

师：调皮的"大"又变了，（出示：因）它躲到哪里去？

生：躲到里面去了。

师：（出示：⊠）"因"是一个"大"人躺在草席上。"口"是"围"的意思，这里指草席，它是人睡觉的依靠，后来就引申为"因为""原因"。（出示：因为 原因）请齐读两遍。

师：调皮的"大"又变了，（出示：立）这回它躲进了这个字里。我们一起来把"大"找出来。（出示：⊼）这是古隶书"立"字，是一个"大"人站在地面上的图形。楷书写作"立"，谁能根据古隶书来分析楷书"立"各个笔画的意思？

生："立"上部的点是人的头，横是人连着的两条手臂，点和撇是两条腿，底下的横表示地。

师：分析得对。谁来给"立"组词？

生众：起立、立正、站立。

师：一起做做这些动作。听口令：起立，立正。保持不动，背挺直，这就是直立，也叫站立，（出示：站）在"立"的旁边加上占领的"占"做音符，也是立的意思。（出示：起立 立正 立定 直立）读读这些词，积累下来。（领生读几遍）

师：（出示：交）看"交"字里的"大"人，它的两条腿是怎么放的？

生：两腿交叉。

师：对了，"交"就是交叉的意思，请组词。（生组词）

■ **评析**：很多教师不能科学解析汉字，在于缺乏汉字学知识。比如"羊"在合体字上部时，"尾巴"怎么没啦？"亻"与"大"字是什么关系？教师不清楚，只好让学生死记硬背。本课这个环节，把楷书构形时部件之间的构形道理讲清楚了，学生理解了，就轻松掌握了，何须死记硬背呢？可见，教师掌握汉字学知识多么重要。另外，系统识字课在设计时也要有意识地挑选一些如"美"字的"特例"进行科学分析，这既有利于全面地传授汉字知识，又有利于扩大学生的眼界。不能以"学生太小，听不懂，会混淆"等的观念耽误孩子识字和智力发展。■

**4. "人"字头**

师："亻"要自个变身了，（出示：人）变成什么了？

生：人。

师：它扁扁的，常常写在字的上部，我们叫它"人字头"。我们来看看魔法师会变哪些"人字头"的字。（出示：企）"企"的下部是什么？

生：止。

师："止"表示我们身体的哪个部分？

生：脚。

师："企"是个会意字，分析这个字能帮助我们知道它的意思。

生："企"，一个人踮起脚尖。

师：通常你踮起脚尖要干吗呢？

生：看被挡住的东西，看远处。

师：是啊，踮起脚尖，看得更远。（出示企鹅图片）谁来了？

生：企鹅。

师：你知道它名字的由来吗？

生：它常常踮起脚尖，伸长脖子，就像人踮脚尖往远处看的样子。

师：所以你们觉得给它取这个名字好不好呀？

生：（欢呼）好！

■ **评析**：企鹅原来如此得名。司空见惯的不一定就了解。学生早知道"企鹅"，却不知道为何名为企鹅。今天解析"企"的字形义，并结合儿童喜欢的企鹅形象，"企"字就更容易被理解。这说明，结合生活实际教授科学知识，儿童会更有兴趣。■

师："亻"魔法师又要变化了。（出示：舍 今）这两个字也是"人字头"，表示人吗？

师：（出示：🏠）舍，像房子形，人字头像什么呢？

生：像房子的屋顶。

师：（出示铃铛图片）再看"今"，（出示：△）甲骨文像铃铛，人字头像什么呢？

生：像铃铛外面的那个……（说不出来）

师：铃铛外面的盖子，是吗？

生：是。

师：铃铛发出的声音马上就能听到，所以表示现在、当前。现在的这一年我们叫——今年，当前的这一天是——

生：今天。

师：这两个字的人字头跟人有关系吗？

生：没有。

师：但是，查字典的时候还是查人字头。

师：（出示：合 会）这两个字，也有人字头。这个"人"是什么意思呢？（出示：合）这是甲骨文的"合"字，像什么？（生猜测）是个容器，（出示：）就像这幅图，上部是盖，下部是器皿，上下在一起，就是"合"字。那么"会"字呢？（出示：）这是甲骨文的"会"字，对比甲骨文的"合"字，你发现了什么？

生："会"字比"合"字中间多了一个小圆圈。

师：对，这个小圆圈表示把东西装进容器，聚合在一起，就是"会"的本义，后来引申为很多人聚会。那么"合、会"上部都是什么？

生：是容器盖。

师：跟"人"有关系吗？

生：没有关系。

师：这两个字跟集合、聚集有什么关系？

生：开会的时候、集合的时候，都要把人聚集起来。

师："合"还表示合拢、关闭的意思呢。（演示：把书合上）

■ **评析**：汉字楷化使一些部件异义同形，"人"即是一例。这里选用"舍、今、合、会"四字为例，使学生在对比中理解"人"部件在不同的字里表示不同意思，为学好后面汉字同形异义的部件奠定了基础。■

师：同学们学得认真，收获很多，"亻"魔法师要考考你们。（出示：但是 元旦 因为）刚才学的这些词语还会读吗？（生读两遍）

师：（出示：今天 美好 合作 住房）这组有点难，继续试试。（生读两遍）

师：（出示：交朋友 兄弟姐妹）更难的词语你们还会吗？（生读两遍）

## 三、指导书写

师：看来，"亻"魔法师难不倒你们。（出示：什 立）能写好这两个字吗？谁来分析？

生："什"是左右结构的字，要写得左窄右宽。

师：再分析"立"字。

生："立"有两横，第一横短，第二横长。第四笔撇要长，与下面的横相接，相接点和第一个点对齐。

师：（范写，书空）"什"左边"亻"第一笔是撇，第二笔竖要从撇的下半部分起笔；右旁"十"，不要跟左边连住，最后的竖要写得长一些。

师：我们再写"立"，一笔点，二笔横，三笔点，四笔撇，起笔稍高，不要碰到短横，往左下运笔，写长一点，可以顺势写横，横表示地面，要写得长一些。请小朋友们把这两个字写两遍，要写得正确。（生写师评）

■ **评析**："什""立"二字是"识字、写字教学基本字表"（300字）中字，故选作写的字。书写汉字学认为，学生首先要做到书写规范，其次才是美观。规范包括笔顺道理，要讲给学生。比如"立"的第四笔"撇"，书写时往左下运笔，是为了顺势接写横，所以要写得长一些。如此指导写字，学生就容易写规范了，并由此逐渐掌握笔顺原理。■

师：今天，神奇的魔法师"亻"带我们认识了四个部首和一些生字。是谁让汉字变得那么有趣的？就是我们聪明的祖先。同学们，汉字里还有很多秘密和故事，等着你们去学习和发现。

本课有两点值得注意：

1. 汉字系统性和心理学组块记忆规律有效结合。

教学以"亻"部首带出"儿""大""人"部首为一个系统的四块，科学通俗地解析四个部首和部中字，使四个部首既起到了"学一个带一串"效用，又统属一个大系统，使学生能根据汉字的系统规律学习生字。

2. 注重培养学生科学的自主识字能力和意识。

学生只有用科学的方法分析汉字，而不是随意解说，才能培养出科学的自主识字意识和能力，并逐渐树立遵循科学的意识。本课中教师有扶有放，适时让学生运用所学的汉字分析方法自主分析生字，使学生在自主识字的实践中潜移默化地建立科学识字观念。

（陈锡妮：福建省厦门市集美区窗内小学/杜晓艳、林佩菱：福建省厦门市集美区曾营小学）

## 8 "水"的旅行
——兼比较"氵、冫"部首

执教 / 林玉环　　指导 / 林睿（正高级教师）　　金文伟　李彦敏　　评析 / 金文伟

此课2014年12月23日展示于福建省厦门市级"一上学期完成'识字写字教学基本字表'研究"期末教研活动，曾营小学承办。

（适用于一年级上学期）

### 教学目标

1. 科学讲解汉字，激发学生识字兴趣，培养系统识字的观念。
2. 理解"水"在构字中做意符、做记号和形变现象，学习"氵、冫"2个部首和"泉、溪（奚）、江、河、海（每）、洋、浆、泰、溢（益）、冰、凉、冷、冻、减、冲"18个字。
3. 会写"江、海"2个字。

### 教学过程

#### 一、提问导入

师：同学们，我们渴的时候怎么解渴呢？

生众：喝水、喝茶、喝饮料。

师：茶和饮料里最主要的成分是什么？

生：水。

师：对。水对我们来说是不是特别宝贵啊？

生：是。

师：所以啊，我们就要特别爱惜水，爱惜每一滴水。（画"水滴"）咦，你们看，可爱的小水滴来了，跟它打个招呼吧！

生：小水滴，你好！

师：现在，小水滴要去旅行，我们看看它去了什么地方，会有什么变化，好吗？（板书课题:"水"的旅行)会读课题吗?
生:会。水的旅行。
师:你们认识的字真多!(出示山崖流水图)大家看这幅图,画的什么呀?
生:是山里的泉水。

■ **评析**:不断提问导入"水",引出小水滴,不蔓不枝地展开教学内容。■

## 二、认识"泉、溪、江、河、海、洋"

师:好,小水滴流进了山泉,它旅行的第一站就从"泉"开始了。你看图里的泉水是从哪里流出来的?
生:图上有几块石头,石头中间有水流出来。
师:这是什么水呀?
生:泉水。
师:(出示:🔣)这是甲骨文"泉"字,外框表示山石,山石间有泉眼往外流水。"泉"字经过不断地演变,后来就变成"白、水"部件组合的字。同学们,用"泉"组词吧!
生众:温泉、矿泉水、山泉水。
师:(出示小溪图)泉水现在来到了哪?
生:来到了小溪里。
师:(出示:溪)"溪"字可有意思了。右边"奚",也读"xī"。同学们想想"奚"在这里表示什么呢。
生:表示读音。
师:你真厉害,你是怎么知道的?
生:老师教过形声字,形旁表意,声旁提示读音。
师:你们已经会用形声构字法分析生字了,真棒!那么,知道"奚"字为什么这样写吗?
生:不知道。
师:看老师分析。"奚"下部的"大"是——
生:一个正面站立的大人。
师:对,他的头上拴着一根绳子,就是"幺"(yāo);上部"爫"(zhǎo)是手;

合起来表示有一只手拉着绳索牵着他走,所以"奚"指古代的奴隶。不过,"奚"字加上三点水写作"溪",就不再表示奴隶而只是声旁了。"溪"是小小的河流。

■ **评析**:讲解形声字"溪",既讲形旁"氵"的意思,也讲声旁"奚"的形音义,按照"溪"的组合方式完整地教好一个字,学生由此体会到了汉字的奇妙,增加了识字量,也学到了分析汉字的方法。■

师:小溪继续向前流,(出示江河图)它来到了哪里?

生:江河。

师:江河是什么意思?

生:就是很大的水流。

师:是的。江河不停地向前奔跑,(出示海洋图)它来到哪里了?

生:海洋。

师:谁能用"海洋"来说一句话?

生:大大的海洋和蓝蓝的海洋。

师:大大的海洋和蓝蓝的海洋里有什么?请把句子说完整。

生众:大大的海洋里有小鱼,还有小乌龟;蓝蓝的海洋里有大鲸鱼。

师:是呀,海洋里的生物很丰富。(出示:🐚)这个甲骨文像什么?

生:是像一个跪着的人。

师:你答对了一半。这人是男的还是女的?

生1:男的。

生2:女的。

师:谜底是——(出示:每)

生:每。

师:"🐚"的中下部"毋"是母亲的"母",是一个跪坐着的女人(🐚)两手放在身前形状,两点是母亲的乳房;"🐚"上的"十"是母亲头上戴着的装饰品,比如簪子,楷书把装饰品写成了"⺆",部件规范叫"卧人"。请读"卧人"。(生读两遍)"每"最早的意思是——

生:母亲。

师：陆地上大多数的河流都流入了海洋，就像投入到母亲的怀抱，所以老祖宗就用"氵"流到"每"的身边造出了——

生："海"字。

师："海"就像母亲的怀抱接纳了每一条流进来的江河，于是形成了巨大的水域，地球大部分是海洋，占地球面积约71%。我们生活在美丽的海边，大海为我们做了哪些好事呢？

生众：提供盐，我们可以游泳，海洋有大轮船带我们旅行……

师：是呀，海洋为我们做了许多好事，她像母亲一样，非常无私，把一切都奉献给了我们。

■ **评析**：由"泉"到"洋"，是水由小到大的汇聚过程，教学巧妙利用这一自然现象，将有关的字设计成一个识字系统，再配上图、简笔画，使学生系统地学习大自然的这一常识，也系统地掌握了这些字的形音义，感知到了汉字的系统规律。■

## 三、写"江、海"二字

师：现在我们写"江、海"2个字。先观察，它们的相同点是什么？

生：都有三点水。

师："氵"要怎么写才好看呢？（生思考）"氵"要写成圆弧形，第二个点要往外挪一些，如果三个点写成上下一条线，就像这个 江 （出示），好看吗？

生：不好看。

师：更主要的是，第二点往外挪一些，就给第三笔的提留出了位置，好让提能够向右上方去写右旁的第一笔，这样写使前后笔相照应。所以把"氵"写成圆弧形，既顺手又好看。现在，请把小手举起来，跟着老师书空一遍。（生书空）

■ **评析**：写三点水，第二笔向左挪出一些，有个弧度，不仅是为了好看，更是为了给"提"向右上方的第三笔留出空间，这就是前后笔照应衔接的笔顺原理之一。这样指导写字，符合楷书的笔画笔顺关系，也使识记字形与写好字形有机融为一体。■

师：再看"海"字。谁想说说？

生："母"的中间一横要压在横中线上。

师：嗯，是的。想想笔顺，为什么"海"字最后三笔要写成点、横、点呢？（生

思考）

师：我们写一写就知道了，跟老师书空。（生书空）如果先横后两点，写快了，两点就容易连在一起成为一竖,这样,字就不规范了。所以笔顺必须是点、横、点，两个点不会连在一起而写得很清楚——明白了这个笔顺原因了吗？

生：明白了！

师：请大家拿出写字本写这两个字。（生写生字，师巡视。全班展示交流写字）

■ **评析**："母"字的笔顺容易写错，教师让学生在试写中理解此字的笔顺道理，使学生学到了书写汉字学知识，增添了学习汉字的兴趣，改变了学生死记笔顺、机械练写的传统学法。■

师：下面是描述水旅行的一首儿歌。我们来读一读。（出示儿歌，师生合作读，拍手读）

> 泉水、泉水，哪里去？
> 我要流进小溪里。
> 溪水、溪水，哪里去？
> 我要流进江河里。
> 江水、河水，哪里去？
> 我们流进海洋里。

师：小小的一滴水，汇集成小溪，流进江河，来到海洋——它不断地变大，是不是很神奇呀？

■ **评析**：用刚学的生字阅读二年级语文课本的儿歌，在语言情景中理解和巩固所学新字，组合得好，学习效率更高。■

## 四、学"浆"字

师：生活中还有一些变化了的水，（出示豆浆图）这是什么？

生：豆浆。

师：（给"浆"注音，生拼读）浆是一种比较浓的液体，所以也就用水表意。除了豆浆，你还知道什么浆？

生：绿豆浆、红豆浆。

师：呵呵，这还是豆浆啊。（出示血浆图、糖浆图、两人在泥浆里玩耍图）这是医院用的——

生：血浆。

师：这是小朋友喜欢的——

生：糖浆。

师：看这两个人在哪里玩？

生：泥浆。

师：把三个词各读两遍。（生读）

■ **评析**：结合生活学字，学生容易理解字的形义。■

## 五、学"泰、溢"中变形的"水"

师：（出示：泰）"水"字可是会变化的哦！仔细看"泰"字，"水"字藏在哪？

生：藏在下面。

师：你的眼睛真亮！谁能分析小篆"𩃬"（出示）。

生1：上部像个"大"字。

师：对，"大"就像一个正面的人。下部呢？

生2：大的下面是两只手。

生3：两只手中间是"水"。

师：三个部件合起来表示什么意思呢？

生4：像一个人在捧水。

师：（做动作）对，是一个人用双手捧起水来洗澡。后来楷书把"大"和"双手"粘合为"夫"形，可是，下部的"水"为何写成"氺"呢？（生在桌面上书写体验）

师：楷书字体有一个知识叫"避重捺"。"泰"的上部"夫"已经有了捺，所以下部"水"的捺就要写成长点变成"氺"。这样写会使整个"泰"字显得有变化而好看。

■ **评析**：培养学生科学的自主识字能力，为终身学习打好基础，是比提高识字效率更高的教学目标。这个教学环节，老师引导学生一步步地分析"泰"字的各

个部件，就是在培养小学生科学识字的能力。■

师："泰"字中上部黏合在一起成了"夫"，像是"三人"的组合，这个部件在哪里见过？

生：春天的"春"就有这个部件。

师：所以，这个部件的名称是——

生：春字头。

师：对，可是春字头在"春"和"泰"的字里能表意吗？

生：不能。

师：能表音吗？

生：不能。

师：对这些既不能表音，也不能表意的部件，科学的叫法是"记号"。跟我读。（生读）

师：从"春"和"泰"我们知道了，汉字的偏旁除了有形旁、声旁，还有既不表音、也不表意的"记号"。汉字里的记号还有不少，以后我们识字多了就慢慢会掌握。

师：咦，小朋友们，当你全身臭烘烘的，洗完澡是什么感觉？

生：舒服、干净。

师：对，洗完澡后很舒服，全身通畅，所以"泰"就有了亨通的意思，也就有了平安、安定的意思，有个成语就是"国泰民安"。（生读）

■ **评析**：先溯源分析"泰"原是会意字，再结合楷书"泰""春"的春字头，讲授楷书的记号知识，最后结合儿童洗澡理解"泰"的引申义。教学前后照应，章法有度。■

师（出示：☵）"水"再继续变身，它藏在哪里？

生：它藏在上面。

师：怎么藏的？

生：把"⺡"横着写了。

师：对，这是楷书"益"字，（板书：益）就是把"水"字横着写了。（指"益"）怎么读？

生：（会读者）yì。

师："溢"下部是什么？

生：是器皿。

师：看"溢"字就知道，"水"很多，从器皿上溢出来了。后来"益"引申表示好、好处的意思，那么，水从器皿流出来的意思用什么字表达呢？我们的老祖宗很聪明，在"益"字旁再加三点水变成"溢"，（板书：溢）用来表示本来的意思。比如我们煮牛奶，锅里沸腾了，牛奶就从锅里——

生：溢出来了。

师：煮汤时，锅里沸腾了，汤就从锅里——

生：溢出来。

师：用哪个字？

生：用三点水的"溢"。

师：我们读读"益"和"溢"。（生读）

 评析："溢"是"益"的分化字，理解二字的源流关系，显然比分别教的效率高，错别字现象也会极大减少。这就是汉字学知识在识字教育科学化中的重要作用。■

## 六、巩固识字

师：[出示：泉 溪 奚 江 河 海（每）洋 浆 泰 溢 益]刚才我们认识了这么多字，再来读读记住它们吧。（个别读、全班读）

## 七、拓展"氵"的字

师：生活中，你们还认识哪些带有"氵"的字？

生：叶涵的"涵"。

师：你从同学名字中认识的。

生：我的姓"沈"，还有洪睿宁的"洪"。

师：你真棒。还有吗？

生：洗澡、游泳、涨潮、波涛汹涌都有三点水。

师：好厉害，掌声在哪里啊，给她鼓励鼓励……她连续说了好几个字呢，真棒。

师：老师整理出了本册学过的带有水的字，读一读吧。（出示）（生读）

  洗（洗澡）  沙（沙滩）  游（游泳）  流（流水）

  漂（漂流）  清（清水）  深（深海）  没（淹没）

师：课外也有很多"水"字朋友，我们一起来读读。（出示）（生读）

  湖（湖水）  汁（果汁）  泡（水泡）  泪（眼泪）

  满（满出）  汽（汽水）  洞（山洞）  滴（水滴）

师：（指黑板）小朋友们，看看这些字，你发现了什么？

生：这些字都和水有关。

师：是呀，它们都是"水"字家族的成员。

■ **评析**：结合学生身边的事物拓展学习"水"字家族的字，进一步发挥汉字系统的作用。可能有些字学生学了很快会忘，但是，这些字在生活中常见，再现时学生就容易理解和识记了。■

## 八、教学"冫"部首及"冰、凉、冷、冻、减、冲"

师：（出示冰块图）看，河面渐冷，水就凝结成了冰。（出示：冫）这是一块——

生：冰。

师："冰"的左旁是什么？

生：两点水。

师：也叫冰字旁，表示"冰"嘛。谁给"冰"字组词？

生众：冰块、冰淇淋、结冰、冰棒、冰冻、冰天雪地。

师：（出示：凉 冷 冻）请看这三个字。（生读）

师：它们都有什么旁？

生：冰字旁。

师：为什么都有冰字旁？

生：跟冰有关系。

师：谁能说得具体些？

生：它们都和冷、凉有关。

师：对，它们都和冰凉、寒冷有关。请为每一个字说一句话。

生1：寒冷的冬天，我们喜欢躲在被窝里。

生2：妈妈说："你再不来吃饭，饭菜就凉了。"

生3：冬天很冷，人不穿棉衣会冻死的。

师：你这一句里包括了"冷"和"冻"两个字，真棒！这是谁教给你的？

生3：妈妈教的。

师：这三个字带有冰字旁，说明跟凉、冷、寒都有关。那是不是有"冫"的字都表示寒冷？

生：是。

师：（出示：减 冲）看这两个字，与冰冷有关吗？（生沉默）

师（出示水杯倒水图）这是一杯水，"减"表示水慢慢减少了，跟寒冷有关系吗？

生：没有。

师（出示水流冲击图）"冲"是指水流从上往下冲击，跟寒冷有关吗？（生摇头）

师："冫"在这两个字里表音吗？

生：不表音。

师："冫"既不表意也不表音，它是——

生：记号。

师：对，你们学得真快！其实，这两个字的部首原本是"氵"，跟水有关，但是，由于这些字常用，人们为了书写简便，就简化成"冫"了。同学们可要记住哦！

 **评析**："冫"与"氵"虽差一"点"，义却不同。特别是曾经"氵"旁的一些字简化为"冫"旁，更增加了学生理解字义、识记字形的难度。所以这节课在教学"氵"时专设"冫"旁及带"冫"的字的内容，既帮助学生区分了两个部件的形义，也加深了对"记号"的理解。■

## 九、总　结

师：今天，我们知道了水从小水滴汇集到大海的过程，学习了很多"水"字朋友和冰字旁朋友。这两个字族里还有很多成员，希望你们在生活和学习中继续认识它们。现在下课！

## 总评

《义务教育语文课程标准》（2011年版）附录4"识字、写字教学基本字表"认为所列300字"构形简单，重现率高，其中的大多数能成为其他字的结构成分。先学这些字，有利于打好识字、写字的基础，有利于发展识字、写字能力，提高学习效率"。该字表有水部的有字6个（水、海、河、江、没、洗）。国家教育部和国家语委办2009年发布的《现代常用字部件及部件名称规范》指出，在3500个常用字中，"水"及变形部件构字数共达261个："水"构字9个，如"冰、泉、踏"；"氵"构字204个，如"江、阔、梁"；"氺"构字15个，如"泰、暴、录"；"⺀"构字3个即"益、溢、隘"；"冫"部件构字30个，如"次、准、减"。因此，学生尽早学习"水"系统的字很有必要。部件"冫"与"氵"形近，并且"冫"部中有些字原本就属"氵"部，借此机会比较、理解两部件及构字上的异同，意义超越单纯地学习系统识字。

此课因遵循了汉字的表意规律和系统规律，不仅识字量大（学18个字、写2个字），而且知识量也很大，包括"水"的几种变形、字义解析、组词造句、诵读儿歌、记号字符、汉字分析方法、笔画笔顺原理、启发思维等，可谓内容纷繁。但由于设计巧妙，教学用水滴汇集海洋的旅程为经，串起各知识点，再横向展开，形成有序化、逻辑化的网状结构，再用通俗的语言，甚至配以古文字、图片、动作演示等形式，帮助学生愉快轻松地理解学习，反而使此教例显得层次清晰，简洁明了，体现出了执教者深入学习的精神和浅出表达的功力。

（林玉环、林睿：福建省厦门市思明区前埔北区小学/李彦敏：福建省集美大学教师教育学院）

# 9 科学归纳汉字　提高复习效率
## ——人教版第一学期期末识字归类复习

执教 / 唐玲　　指导 / 金文伟　　评析 / 白森泉

本文发表于《小学语文教学·人物》2014 年 3 期，有修改。

（适用于一年级上学期）

### 序　评

以往一年级上学期期末识字复习，学生主要靠死记字形，不仅累，而且效率不高。此次复习，唐老师依据汉字构形的系统规律，将本学期生字归为不同的系统，使学生组团记忆，既获得了好的效果，也培养了学生归纳总结的能力。

1. 运用汉字科学区别"公—工、有—友、时—石—十—识、力—立、夜—叶—业、半—伴、坐—座"等同音异形异义字；不误写"人—入、本—木、小—少"等形近字。
2. 能在语境中正确运用上面所列同音异形字。

### 一、开门见山，明确内容

师：同学们，通过一个学期的学习，我们已经学了 400 多个字了，在这些字中，有些字音同却形不同，叫"同音异形字"；有些字的形很像，叫——

生：形近字。

师：这节课，我们一起来区分并记住这两类字。

### 二、同音异形，区别有术

**1. "公"和"工"的区别**

师：（出示：公　工）我们迎接第一组字，它们是——

生：公和工。

师：你们看，（出示：☒）很早的时候，"公"字下面是一个"口"，表示器皿。在学习数字的时候，老师说过，"八"最早表示把东西分成两份，"公"就表示平分器皿中的东西。谁能用"公"组词呢？

生众：公平、公园……

师：后来"公"下面的器皿形状逐渐演变成了"厶"形。请同学们书空。（生书空）

师：（出示：☒）再请同学们看看这幅图，猜猜是什么字？

生：工。

师：你是怎么猜到的？

生：它的形状和"工"字很像。

师：是呀，这就是早期的工匠师傅用的一件多功能工具。工具的一头是可以握住也可以用来箍东西的圈，它可以用来量长度和画线，还可以用来撬东西和锤东西，非常方便。后来金文写作"工"（出示），楷书写作"工"。平时同学们在上美术课时，用工具来制作东西叫作——

生：做手工。

师：对啦，"手工"就是靠手的技能做出的工作。区别了这两个字，我们做填空游戏，两个汉字填空应该填哪个呢？（出示）

工　公

（　）园　（　）人　（　）正　（　）作

■ **评析**：根据儿童的认知心理特点，识字复习时将学生容易搞错的同音异形字归为一类，培养学生的归纳思维能力，再两两对比，以形义差异引起学生注意，理解形异原因在于"义"异，便于学生掌握两字的形音义。解析过后及时做练习，在语境中运用，以提高复习效率。■

### 2. "有"和"友"的区别

生：（师出示：有　友）有和友。

师：（出示：☒）这是什么字？

生：我知道，是"友"字。

师：谁会分析？

生：朋友的"友"字就是两只右手相叠。楷书将上面"又"的笔画变为一横一撇——

老师教过。

师：再看"有"字,上面的一横一撇表示什么?

生：是"又"字,右手的意思。

师：下面是——

生：肉,合起来表示手拎着肉。

师：我们知道了"友""有"上部相同,下部的偏旁不同表示意思不同。请同学们填空:(出示题目)

我（　）一个好朋（　）。

■ **评析**："有""友"二字,学生一般会认,写时却容易混淆,为此,老师专门讲清楚二字的形义差别,学生理解了就基本上不会错了。■

### 3. "时"和"识"的区别

师：(出示:时　识)很久以前,祖先们在白天活动,利用太阳的早出晚落来掌握时间。所以"时"就是——

生：日字旁。

师：右旁是"寸","寸"指我们手腕的寸口,很短。所以,"时"就有"一寸光阴一寸金"的说法,表示——

生：时间很宝贵。

师：再看"识"字,"识"的偏旁——

生：言字旁。

师：用言字旁,表示此人善于言谈,知道得很多。"认识"就有知道的意思。把这两个稍微难的字掌握了,我们就能用下面四个汉字准确填空了。

生1：秋天是丰收的好（时）节。

生2：她不认（识）这个人。

生3：哥哥今年（十）岁了。

生4：马路边有一块大（石）头。

### 4. "叶"和"夜"的区别

师：(出示:叶　夜)"叶"右边是"十",表示叶子很多。"夜"比较难,右下部分是"夕"字再加捺,"夕"表示——

生：晚上。

师:"夕"有两个意思,一个是日落的时候,指黄昏;另一个是晚上,在"夜"字中"夕"表示——

生:晚上。

师:对,现在谁来填空?

生1:秋天,树上的(叶)子开始落了。

生2:妈妈今天要上(夜)班。

师:什么叫夜班?

生:就是晚上上的班。

师:那白天上的班叫——

生:白班。

师:早晨上的班叫——

生:早班。

■ **评析**:一年级学生已有一定识字量,也有了一定的逻辑思维能力,由"晚班"拓展出"白班、早班",做简单的归类练习;分析同音异形字时,适当给学生联系已知知识的扩词机会,不仅增加了识字量和词汇量,还促进了思维发展。■

**5. "半"和"伴"的区别**

师:(出示:半 伴)刚才我们说了,"八"表示——

生:把东西分两份。

师:(出示:半)把"八"和"牛"字放在一起,是什么意思?

生:把牛分成两半。

师:"牛"从中间分开,就成了"半"个。不过,楷书的"半"与金文字形有什么不同?

生:"八"变成了"倒八"形,"牛"角的一撇也没有了。

师:好,我们给"半"加一个单立人,就变成——

生:伴。

师:"半"加单人旁,表示关系很好的人在一起,比如班里的每个同学都是你的——

生:小伙伴。

师:我们也给这两个字填空。

生1:他是我的小伙(伴)。

生2:苹果分给你一(半)。

■ **评析**：培养学生自主识字是识字教学的目标之一，由"八"到"公"到"半"再到"伴"，老师引导学生根据汉字系统层层深入地分析字形，既便于学生联想识记，也传授了科学的识字方法，是一举数得的教学策略。■

#### 6. "坐"和"座"的区别

师：（出示：坐 座）这两个字在用的时候特别容易出错。谁先分析"坐"字？

生："坐"是两"人"坐在"土"堆上。

师：对，所以这是一个表示动作的字。谁能给它找朋友？

生众：坐下、坐好、排排坐。

师：再看"座"字，它多了一个广字头。广字头表示——

生：宽敞的房屋。

师：对，"座"就表示房屋里面供人坐的位子，也就是座位。我们教室里，小朋友都有自己的——

生：座位。

师：谁能正确地运用这两个字说一句话呢？

生1：我家门前有一座桥。

生2：我坐在位置上。

生3：坐汽车时要主动给老爷爷让座位。

师：好，这一句话中出现了两个"zuò"，谁能说说分别是哪两个字？

生："坐汽车"的"坐"没有广字头，"让座位"的"座"有广字头。

师：一个是表示动作的词，另一个是表示物体名称的词。

#### 7. "他""她""它"的区别

师：（出示：他 她 它）谁能给大家解释"他"和"她"有什么不同？

生：单立人的是男生的"他"，女字旁的是女生的"她"。

师：对呀，男生和女生都有自己的"tā"，那么动物要用哪一个呢？（生摇头）

师：你们看，（板书：ᘓ）这个字像什么？

生：像一个鱼钩。

师：如果它表示一种动物的话，你们觉得像什么动物呢？

生：蛇。

师：对，这是一条蛇的形状，圆脑袋，弯身子。后来写作"它"，用来表示人类以外的动物和事物。而表示蛇的字，就加"虫"旁造"蛇"字来表示。谁想用这三个字填空？

生：（他）是我爸爸。小白兔真可爱，我很喜欢（它）。（她）是我奶奶。

## 三、对比形近字，区分形差异

**1. "人"和"入"的区别**

师：我们的汉字特别神奇，有些字长得很像，跟双胞胎似的，这类字我们叫它"形近字"。瞧，它们来了。

师：（出示：人 入）这两个字有什么不同？

生："人"字的捺要写在撇的中间，"入"字的捺要从撇的上面写。

师：（出示：𠆢）这个字像手臂前伸侧面站立的人形，后来偏旁写作"亻"，单字写作"人"。"入"字呢？（出示：入）

生：看起来就像是一个箭头的样子。

师：古文字像箭头的形状，用尖头表示容易进入的意思。后来楷书写作"入"。同学们写的时候要注意什么？

生：要注意第二笔的捺盖住右边的撇。

师：谁能给"入"找朋友？

生：进入、出入。

师：你还组了一对反义词呀，真行！下面填空该怎么选呢？

生：公园的（入）口有很多（人）。

■ **点评**：让学生自己发现形近字的不同点及原因，进而发现写字要点，使学生在理解中识字写字，可培养学生观察问题和运用语言的能力。■

**2. "木"和"本"的区别**

生：（师出示：木 本）木和本。

师：（出示：木）我们知道这是"木"，为什么"木"字下面加一横就变成"本"呢？"本"和"木"有什么关系呀？

生：木头可以做成本子。

师：（笑）不对，你们看，（出示：本）在"木"下面加个圆点，用来表示树的根，树靠根从土壤中汲取营养。后来人们把圆点写成一横，就成了"本"。

### 3. "小"和"少"的区别

师：（出示：小 少）这两个字很简单，（出示：小）"小"表示像沙粒一样小的东西，（出示：少）"少"字就是在"小"上多加一点，表示数量不多。不过，它们俩虽然形义相近，写法却不同，写"少"的时候，"小"字的地方变得小了，竖钩就要写成竖，不然的话，笔画就显得拥挤，看起来乱。

### 4. "几"和"儿"的区别

师：（出示：几 儿）这两个字有什么不同？

生："几"的第二笔是横折弯钩，"儿"的第二笔是竖弯钩。

师：我们现在用"几"来表示数的多少，读"jǐ"，比如"几个""几天""几人"。但是"几"也读"jī"，古代表示矮桌。这个矮桌许多小朋友家里也有。

生：是什么？茶几？

师：是的，"几"最早表示像茶几那样的矮桌，我们看甲骨文"冗"（板书），是不是像矮桌呢？因此到现在我们还一直沿用这个词。

师："儿"字为什么没有封口呢？看甲骨文"⺃"（板书），原来，是小孩子刚长牙张口笑的可爱样子，表示年纪还小。所以"儿"字不封口。

■ **评析**："小"和"少"的形义关系还比较复杂，"几"和"幾"原本是两个字，规范简化时用"几"表示两字。唐老师对一年级学生不讲汉字学的知识，只通俗简要地解析清楚形近字的关键点，体现了汉字学应用于小学语文教学时适时适度的教学原则。■

### 5. "毛"和"手"的区别

师：（出示：毛 手）这两个字只有哪一笔不同？

生："毛"是竖弯钩，"手"是竖钩。

师：（出示：毛）"毛"是动植物体毛形状，（出示：手）"手"像五指张开的样子。对比以后，同学们发现了什么？

生："毛"字和"手"字中间的一笔方向不一样。"毛"字朝右边，"手"字朝左边，做左偏旁写作"扌"，也是竖钩向左边。

■ **评析**："毛""手"易混淆，在于学生不知二者的形义关系，用溯源法结合楷书笔画，分析比较"毛"与"手"的字形，加强视觉感，使之深刻记忆。注意：有人认为"手"的竖钩是"弯钩"，国家语言工作委员会在1997年发布的《现代汉

语通用字笔顺规范》规定为"竖钩"。■

### 四、练习书写

师：（出示：木 本 毛 手）请大家观察这4个字，拿出生字本一个字写两遍。做到"三个一"，还要注意"头正、肩平、脚着地"。同时要注意笔画笔顺。写的时候"撇、捺"要像"滑滑梯"一样舒展开。（生书写）

师：哪位小朋友愿意展示自己写的字？

师：（点评生字）"木"的撇捺要从横和竖的交点出发，不能从竖的中间写出来。"本"字的下面一横不要漏，这是树木的根，我们不能忘本哦。"毛"字的最后一笔写得再舒展些，这样就更好看了。

■ **评析**：练习写字，《义务教育语文课程标准》建议：小学"要在每天的语文课中安排10分钟，在教师指导下随堂练习，做到天天练"。在理解汉字构形道理的基础上写字，讲解书写知识，重视写字姿势，发挥评价的正向引导作用，虽写四个字，但其书写规律，足以"反三"——这才是真正的长效。■

### 总　评

　　温儒敏、巢宗祺教授主编的《义务教育语文课程标准（2011年版）解读》一书在论述识字教学时指出："提倡汉字科学与认知心理科学同时进入课堂……汉字的本体结构是有规律的，用科学去激发兴趣，以有规律的思维训练为前提去探索如何生动活泼和减轻负担……"该课复习25个字、写字4个，扩词若干，教学效率比较高。但教法上，唐老师并不是让学生反复死记，也未乱编汉字故事来帮助记忆，而是依据汉字学，将容易混淆的字分为同音异形字和形近字大两类，依类两两对比解析，突出其差异，说明其原理，以科学引起学生识字兴趣（这节课，学生始终保持着浓厚的学习兴趣），培养学生的思维能力。因此，这是一节值得推荐的汉字复习课。

（唐玲、白森泉：福建省厦门市海沧区东瑶小学）

## ❿ 表示书写、打猎的"又"
——部首"又、彐(⺕)、聿、隶、斗、父"系统

执教 / 李冬梅（特级教师）　　指导 / 金文伟　骆恭进　评析 / 刘香芹（特级教师）

此课展示于 2016 年 1 月 5 日"福建省泉州市丰泽区小学语文名师工作室教学研讨暨课题活动"，授课对象是丰泽区第二实验小学一年级某班学生。

（适用于一年级上学期）

### 教学目标

1. 认识"又"系统中的"又、彐(⺕)、聿、隶、斗、父"等部首及构形的相关字"尹、君、聿、建、律、隶、逮、取、虐（疟）"等。
2. 引导发现汉字因义构形的特点，领会汉字构形的系统性规律，学习科学分析汉字的方法，初步形成独立识字的能力。
3. 正确书写"尹、扫、父"3 个字，理解笔形、笔顺原理。

### 教学过程

#### 一、复习"又"

师：[课前板书课题：表示书写、打猎（liè）的"又"]同学们好！今天我们学习（指板书）——

生：表示书写、打猎的"又"。

师：孩子们，还记得"又"最早表示什么吗？

生：（举起右手）右手。

师：对，（板书：⺈）它像手的——

生：拇指、食指和中指，向下伸展的一笔像人的手臂。

师：为什么只用这三个手指表示呢？

生：因为这三个手指平时用得最多。

生：古人经常用"三"表示多，三个手指代表五指。

师：是啊，后来，汉字演变，把中指和拇指写成了——

生：横撇。

师：食指和手臂就变成了——

生：捺。

师：这样，就写成了——

生：又。

师："又"用来表示——

生：人的右手。

师：所以读作——

生：yòu。

师："又"做意符时表示——

生：手、手的动作。

师：今天，我们请它再露一手，教给我们新的知识。

■ **评析**：" 又"字是其部首系统的字源。复习"又"的形音义既巩固了旧知，为学习新知做好铺垫，强调了今天要学习的新知与"又"这个旧知的联系，使学生潜移默化地建立起知识系统观。■

## 二、学习"彐"部首及部中字

师：孩子们，甲骨文"又"演变到古隶书做偏旁时，有的写成了"⇒"（板书），到楷书就写成了"⇒""彐"（板书）这两个形状了。你能说出带有这两个部件的字吗？

生众：雪、扫、当、寻、急、妇、归、事、争、肃、君……

师：你们识的字真不少啊！那么，"彐"读什么音呢？

生：yòu。

师：（出示：妇 归 扫）读读这三个字。（生读）

师：知道吗？这三个字中的"彐"并不表示"手"，（出示：帚）它们是"帚"字的简化形。（出示：  ）这是"帚"的金文，像笤帚，上部是帚毛，下部是帚柄，中部是把帚毛和帚柄捆扎在一起的护手。"妇、归、扫"繁体写作"婦、歸、掃"，它们很有意思："掃"，手持帚表示洒扫；"婦"，女持帚表示做家务；"歸"，指女人嫁到丈夫家拿着扫帚做家务。现在"帚"单用不简化,在这三个字中简化写作"彐"。

师:(出示:当)"当"下面的这一部件是怎么来的呢?(出示:當)你看,这是"当"的繁体字,写成草书逐渐演变,(出示：當 當 當 當 當 當 當)"当"是草书楷化演变而来的。

师:所以呀,"彐"在这些字中既不表音,又不表意,只是个构字符号,叫"记号"。(生读两遍)你们现在知道了,"又"可以变成"彐",但是,"彐"都是"又"变的吗?

生:不是。

师:所以"彐"还能读"yòu"吗?(生摇头)"彐"读"jì",请读。(生读)

师:那么,表示手的"又"你们能在其他的字中找到吗?

生:(根据自己经验)雪。

师:对。(出示:雪)这是"雪"的小篆体,上部是"雨",下部是"彗","彐"上面是大扫帚,"彗"是手拿扫帚形,是彗星的"彗",彗星又叫什么?

生:扫帚星。

师:对,不过,"彗"在"雪"字里简化了,看看简省了哪个部件。

生:把"彐"上面的扫帚简省了。

师:对,为什么简省了扫帚而保留了"彐"?

生:扫雪要用手。

师:说得好!汉字就是表意文字,留下手,"雪"字表意就明确。再看"急"字:下面是"心",是意符;上部原本是"及",是音符。请看金文"及",(出示:及)像什么?

生:像一只手(又)从后面抓住一个人。

师:可是在楷书"急"里,"及"写成了"刍","又"统一变成了"彐"。再看"寻"字,谁来分析?

生:上面是"彐",下部是"寸"……

师:"寸"的意思——

生:也是手。

师:对,"彐"和"寸"都是手,合起来表示成人张开双臂的长度,(演示动作)古代八尺为一寻,后来表示寻找的意思。不错,你们不仅能找到这些字中的

"又",还能分析出一点道理了,真了不起!在表示书写的字中,"又"的学问就更大了,想学习吗?

生:想。

师:好,我们一起去拜访它们。

■ **评析**:记号字是一年级学习汉字的一个难点。这一环节教学设计巧妙,依照思维顺进习惯,先复习了"又"的形音义及其做意符时表示手或手的动作,当学生们以为"彐"仅是"又"的变形时,话锋一转,引出"彐"为简化记号的字符,再说明楷书"彐"是"又""帚""당"演变的同形部件,在识字时要认真辨析。这样,既有顺接,也有波澜,给人印象深刻,避免了学生混淆"彐"作为记号和意符的情况,可谓一举两得。■

## 三、表示书写的"又"

**1."尹"**

师:(出示:)这是金文,是哪个字?(生表示不知道)

师:(出示:尹)yǐn。(生读)

师:再仔细观察,谁能分析它的意思?

生众:手拿东西,手拿一根棍。

师:(演示右手执笔形)字形是手拿——

生:笔。

师:对,是用笔批文书,说明他有管理的权力,本义就是管理、治理。后来引申为古代官职。比如:管理一个县的人是谁?

生:县长。

师:对,古代称"县尹"(出示)。(生读)

师:你们知道包青天吗?他在开封当市长,(生思考)有句歌词是:开封有个包青天,铁面无私辨忠奸……开封的市长在宋朝就叫"府尹"(出示)。(生读)

**2."君"**

师:孩子们,在"尹"下面加个"口",是什么字呢?(出示:君)

生:君。

师:"口"一般表示什么意思?

生：说话。

师：这里表示发号施令。古时候，一个既能批文书，又能发命令的是什么人呢？（生思考）当然是最高统治者了。

生：君王、国君、君主。（师板书）

师：读读这些词。（生读）

师：君王的地位至高无上，倍受尊敬。于是，"君"就渐渐地引申为对人的尊称。比如，古代时妻子称丈夫为——

生：夫君。

师：也表示对人的敬称。你们在哪些诗句中读到过"君"？

生：杜甫的《江南逢李龟年》："正是江南好风景，落花时节又逢君。"

生：王翰的《凉州词》："醉卧沙场君莫笑……"

生：王维的《送元二使安西》："劝君更尽一杯酒……"

生：高适的《别董大》："莫愁前路无知己，天下谁人不识君。"

师：真好，这里的"君"都是"您"的意思。

**3. "聿"及部中字**

师：接下来看看这两个字，（出示：書 畫）认识吗？

生："书、画"的繁体字。

师：你们怎么认识的？

生：我们学书法时老师教的。

师：这两个字有相同的地方吗？

生：上部分相同。

师：（出示：聿）是的，它读"yù"，甲骨文写成"", 像——

生：像右手拿着笔。

生：这个字跟"尹"字很像啊。

师：是的，跟"尹"字基本一样，只是"聿"字的一竖更像笔，就表示"聿"是指——

生：笔。

师：是啊，就像刚才的那两个字："书"就是用笔写字，"画"就是用笔画画。后来，古人就在"聿"上面加个竹字头，变成"筆"，这是"笔"的繁体字。"笔"字怎么分析？

生：竹字头是毛笔杆，下面的"毛"是笔毛。

师：对，"笔"是一个会意字。再看"聿"字，你们还在哪些字中见过"聿"呢？

生：建，福建的"建"。

■ **评析**：现在的孩子见多识广，除了课堂，还通过各种媒体，如电视、广告等大量识字。"書、畫"虽是繁体字，但部分孩子学过书法，而且之前学古诗《画》时老师也讲过。此环节引导学生从"書、畫"中分析出"聿"，再配合形象的古文字理解，"聿"的形义不仅通俗易懂了，其部中字的形义关系也就不难理解了。■

（1）"建"

师："建"下部的"廴"，我们称它为"建字底"，它的大名读"yǐn"，就是引长的意思。它由"彳"（chì）产生，（板书：彳）"彳"是道路的意思，把"彳"的最后一笔向右拉长（出示：廴），表示走长路，引申为长久的意思。建立一种规章制度是要长期使用的，所以用"廴"表示长期。"建"的意思本来是用笔建立长期使用的规章制度，后来表示建筑。

师：你能给"建"组词吗？

生：建立、建筑、建设、福建……

师：是啊，比如：建房子，建的房子是要长期住的，所以用"廴"。

■ **评析**："建"是福建孩子的常见字，但是其形义学生却不知。为了帮助学生理解透彻，由之前学过的部首"彳"顺带迁移拓展学习部首"廴"，不仅化难为易，也使学生较好地理解了"建"字形义关系。■

（2）"律"

师：（出示：律）这个字读——

生：lǜ，纪律的"律"。

师：读的时候注意到了"聿"跟"律"在读音上的关系吗？

生：它们的韵母相同。

师：对，说明"聿"是"律"的——

生：音符，提示读音。

师："彳"表示走在路上，"律"的本义就是沿着、遵循，引申表示约束、纪律、法律、规律。（出示：纪律 法律 规律）读一读。（生读）用"纪律"说一句话。（生说）

师：[出示：尹 君 书（書）画（畫）笔 聿 建] 刚才我们探究了"又"表示书

写中的笔和执笔的意思，读读这些字。

■ **评析**：学生因为掌握了"又"的形音义这一源头知识，了解了"ヨ""ヨ"是"又"演变来的，以此为基础再来学习"尹、君、聿"等貌似难以接受的字就易如反掌了。这就是系统学习的高效性。从课堂看，学生不仅能找出字中表示书写的"又"，还能依据字形分析字义，师生、生生互动自然，相关知识的学习水到渠成。■

## 四、表示打猎的"又"

**1."隶、逮"**

师：古人还经常打猎，因此，"又"也表示一些打猎的部首和字。我们来看看。

师：（出示：）认出了这个字的哪个部件？

生：右边是"又"。

师：左下部件是什么？

生：是拿着的什么东西吧？

师：这字是一只"ㄋ"（手）抓住动物尾巴"木"，表示抓到、捕获的意思，是金文"隶"字，最早读"dài"，后来古人另造了"逮"字表示捕获的意思。（出示：逮捕 猫逮老鼠）注意，"逮"在"逮捕"中读四声，其他表示捉的意思时读三声。

生：（齐读）逮（dài），逮捕；逮（dǎi），猫逮老鼠。

师："隶"也就分化出来了，读"lì"，指打仗捉来的俘虏，古代的俘虏经常被当作——奴隶。（出示：奴隶）由于奴隶受奴隶主控制，"隶"又用来表示附属、属于，这叫"隶属"（出示），像我们一年级六班归学校管理，我们就说一年级六班隶属学校。（出示：隶书）隶书是汉字的一种形体。读读这几个词。（生读）

■ **评析**：形象的古文字使学生一看就能分析出字义，老师再顺势讲解。不管是具象生动的"隶"（dài）"逮"（dǎi）还是抽象的"隶"（lì）都迎刃而解。■

**2."取"**

师：在古代，捕获到猎物或者抓到俘虏，就要割下他（它）们的左耳，作为立功的凭证。于是，就产生了一个会意字，是什么字呢？

生：取。

师：真聪明！后来，"取"就表示用手拿，比如，拿书我们可以说——

生：取书。

师：到银行把存进去的钱拿出来叫——

生：取钱。

### 3. "父"及部中字

师：孩子们，古人捕获到的猎物宰杀后，由谁来分配呢？

生：男主人。

师：（出示： ） 这个字的"又"在哪呢？

生：在字的右边。

师：这是什么字，表示什么意思？

生：这个字像手拿什么东西。

师：这是父亲的"父"字。最初部落里成年男子用石斧宰杀猎物后分配，后来"父"就成了家长的象征，（出示：父亲）就是"父亲"。引申表示对男性长辈的尊称，比如，爸爸的爸爸叫——

生：祖父。

师：爸爸的哥哥叫——

生：伯父。

师：爸爸叫妈妈的父亲为——

生：（想了想）岳父。

师："父"还能产生不少字呢。你能说出哪些？

生众：爷、爸、爹、斧、釜。（师板书这些字）

师：你们认识"釜"字？

生：《七步诗》里"豆在釜中泣"的"釜"字。

师："父"在"爷、爸、爹"中起什么作用？

生：表示男性长辈，是意符。

师："父"有没有做音符的字？

生：在"斧、釜"里做音符。

师：把这些字读一读。（生读）

■ **评析**：将"取""父"放在古代狩猎生活的故事情节中来学习，孩子很容易根据已经知道的知识分析出字的构形并理解字义，得来全不费工夫。老师再通过举

例子，讲解字的本义及引申义，拓展学习"父"部中的一串字，可谓轻松高效！■

## 4."斗"（鬥）

师：古人也有表示两个人打斗的字，（出示：𩰋）这是甲骨文，瞧，一个人出手向右，一个人出手向左，像两个人头发怒张、双手互相殴打的形状。后来楷书繁体写作"鬥"（板书）。你能猜到这是个什么字吗？

生：斗（dòu）。

师：是的，就是现在的"斗"字，本义就是争斗、搏斗。可是，"鬥"为什么要简化写成"斗"呢？想知道吗？

生：想。

师：（出示：門）这是"门"的繁体字，是不是长得很像"鬥"字？

生：是。

师：所以啊，古时候就经常有人把"鬥"写成"門"。如"闹"本应写作"鬧"，却写成了"閙"。后来"門"简化为"门"，就把"鬥"也简化成"门"了，"闹"也就成了门字旁。不过，这里的"门"还能表意吗？

生：不能了。

师："门"就成了——

生：记号。

师："鬥"单独写也就产生"鬦"字（板书），草书再写成"𪢮"（板书），于是简化为了"斗"。谁给"斗"字组词？

生众：战斗、斗争、斗牛、斗鸡、斗嘴。

师：谁会说四个字的成语？

生众：斗智斗勇、争奇斗艳。

■ **评析**：学习"斗"（鬥）字，主要是通过古今对照，结合图形帮助学生理解"鬥"的形义关系，辨析繁体"鬥""門"二字，理解"闹"的"门"为记号、"鬥"简化为"斗"的原因。■

## 5."虐、疟"

师：（出示：虐 nüè）观察和分析这个字。

生："虍"表示虎头吧？"⼹"跟"⺕"是相反的，这个部件表示老虎爪子的什么呢？

师:"虐"是老虎"打猎"中的一个场景。"⺻"是反爪,在"虐"中表示老虎猎到动物后,不马上吃掉,而是把猎物拖出去又用反爪抓回来地玩弄,猎物被折磨得半死后再吃掉,这就是"虐待"(出示)。所以人们经常用"虐待"表示手段残忍,读。(生读)

师:你知道2015年中国获诺贝尔奖的药学家是谁吗?

生:屠呦呦。

师:屠呦呦发现了什么而获国际大奖?

生:(个别学生)青蒿素,是抗疟疾药。

师:对,(出示:疟)这是疟疾的"疟"字,原来写作"瘧"(板书),看看"瘧"跟"虐"字有什么不同。

生:"瘧"就是给"虐"字加"疒"字旁,表示一种病。

师:"瘧"表示人得了这种病,就像被老虎用爪子折磨猎物一样的痛苦,这就是疟疾。而且这种病传播得非常快,会祸及成千上万人的性命。"瘧"字简化为"疟",简省了——

生:简省了"虍"。

师:对。"疟"简省了虎头,但是留下的反爪"⺻"同样表示了疟疾病对人的折磨。屠呦呦因为发现了治疗疟疾的青蒿素,挽救了成千上万人的生命,所以获得了这项国际殊荣。

■ **评析**:这两个字的学习安排巧妙,字形里既包含一个"又"的变式反爪"⺻",又刚好结合了2015年一条科技要闻。老师先放手让学生分析,再解析"虐"的字理,再由此及彼学习"疟",体现了知识的迁移和文化的整合。■

师:孩子们,今天我们一起探究学习了《表示写字、打猎的"又"》,认识了"又"字构成的几个部首和字,增长了不少知识。

■ **评析**:学习"表示打猎的'又'"这一环节,有些字对一年级孩子可能有难度,但有了前面三个环节的学习做基础,学习的层层深入,反使孩子们思维活跃,学得兴致盎然。实践证明,学习内容的难易不能仅凭教师的感觉判断。孩子的学习兴趣一旦被学习内容所吸引,探究的欲望就会被激发出来,理解力和潜能就会超常地发挥。■

表示书写、打猎的"又"

## 五、理解中书写

师：现在写写这三个字。（出示：尹 扫 父）

师：（范写：尹）"彐"中间有"撇"穿过时，中间一横要向右边出头，"尹"的整个字就匀称了。（范写：扫）"扌"第三笔为什么向右上方提起呢？

生：为了书写右旁的第一笔，这是笔顺的连续性。

师："父"中"又"的中指变成"父"字右上的点。（生写，互相提醒，点赞）

■ **评析**：指导书写的三个字很有代表性。既构形简单，又包含笔形、笔顺的知识。教师根据书写汉字学指导，让学生不仅知其然，而且知其所以然。这样教学久而久之，学生便能自己观察，寻找规律，规范书写。■

### 总 评

"又"变形的"彐"（⇒）组成了"聿、隶、斗（鬥）、父"等合体部首的系统，此课根据这个系统设计。这样的识字课在一年级教学的意义不仅仅是提高识字效率，更在于尽快尽早地让学生认识汉字构形的系统规律。学生一旦认识到汉字是个大系统，部首也是成系统的，识字的能力将迅速提升（公开课中学生出色的表现就是极具说服力的实证），学习汉字也就会由串成网。当学生的知识有了架构，形成了网络就会牢固地内化为一种素养——学生在后续的学习中就会去联系、思辨、推理……而不是一字一字地堆砌或等待教师一口一口地喂。

（李冬梅、骆恭进：福建省泉州市丰泽区第二实验小学 / 刘香芹：福建省泉州市教育科学研究所）

我们的系统识字课

## ⑪ "羊"的构字系统

执教／张舒琪  指导／叶秀萍 林佩菱 金文伟  评析／金文伟 林佩菱

此课2015年4月16日展示于福建省福州市鼓楼区进修学校语文教师岗位培训班，授课对象是鼓楼区井大小学一年级（1）班学生。2015年12月4日又在福建省厦门市曾营小学为云南省安宁市窦敏名师工作室考察团展示此课。本文发表于《小学语文教学》（会刊）2016年1期，有修改。

（适用于一年级下学期）

### 教学目标

1. 遵循汉字科学，引导学生掌握"羊"字在构字系统中做音符、意符、记号的作用，领会汉字构形规律，激发识字兴趣，培养科学识字能力。
2. 正确书写"洋、羔、差"3个字，理解和掌握笔形、笔顺原理。

### 教学过程

#### 一、探究导入

师：同学们，你们知道，在十二生肖里排名第八的是谁？（生回答：羊）

师：（贴羊图）（板书：羊）我们自古以来就喜欢羊的温顺、善良，还用"羊"字造了许多有趣的字。

师：（贴：样 美）你们看，这两个字都带有"羊"，一起读两遍。（生读）

师：请你读读这个字——"样"，（生读）再读读红色偏旁的——"羊"。（生读）你有什么发现？

生："羊"和"样"的读音很像。

师：是啊，"羊"提示了"样"的读音，是"样"的音符。（贴：音符）再看看"美"字，"羊"提示"美"的读音了吗？（生回答：没有）

师："美"是什么意思？

生：好看，美丽。

师：（出示：🐏）"美"字下部的"大"，表示——（生回答：一个大人）

师："大"的上面是什么？

生：（观察后）是羊角。

师：对，古代的大人为什么要把羊角戴在头上呢？

生：头上戴羊角很美。

师：对，"羊"在这里表示什么意思呢？

生：表示美的意思。

师：很对，所以"羊"在"美"字里是——（生回答：意符）对，和"大"组成了"美"字。（贴：意符）

■ **评析**：这是一节小学一年级上学期的系统识字课。汉字学家王宁教授认为："汉字教育的目的，最重要的是通过教学过程让学生产生对表意汉字构造特点和使用规则的感受。"此课导入直奔这个教学目标，引导学生探究"羊"在构字中做音符、意符的作用，为下面层层展开的汉字构形知识奠定了基础。■

## 二、"羊"做音符

师：你们还知道哪些字里也有"羊"字？（生回答）

师：你们知道的可真不少啊。老师也补充几个。（"音符"后贴：痒 氧 详 翔 洋 祥）

师：读一读，你们发现了什么？

生：这些字和"羊"的读音很像，"羊"是这些字的音符。

师：对，再读读想想，"羊"在这些字里表音有什么不同？

生：海洋的"洋"和"羊"读音一样；痒、氧和"羊"声调不同；祥、翔、详和"羊"的韵母、声调一样，声母不一样，但是读音很像。

师：你们的发现很正确，祝贺你们！但是怎么区分它们的字义呢？

生：它们的另一个部件不一样。

师：你说的是它们的意符不一样。我们可以根据意符的意思来区别它们的字义。（出示：①痒 ②氧 ③详 ④翔 ⑤洋 ⑥祥）请你们选一选，填一填。

- 这是一片蓝色的海（　　）。
- 人们每天都需要大量的（　　）气。
- 我被蚊子叮了，好（　　）啊！

- 鸟儿在天空飞（　　）。
- 小明把事情的经过说得很（　　）细。
- 我祝大家羊年吉（　　）如意。

生1：海洋的"洋"是5号字，因为海洋里有许多的水。

师：原来"氵"帮助你知道了"洋"的意思。

生2：氧气的"氧"是2号字。氧是一种气体，所以含部件"气"。

生3："痒"是"疒"，"痒"让人不舒服，像生病似的，所以是1号字。

生4：鸟儿有羽毛才能飞翔，所以飞翔的"翔"有羽字旁。

生5：吉祥的"祥"是6号字。

师："祥"还没有学过，你怎么就认识了？

生：我在红包袋上见过，也在春联上见过。

师：祥是人人都喜欢的字哟！你们知道原因吗？（生摇头）这个字的"礻"是"示"字的变形写法。"示"（板书）是象形字，是人们祭拜祖先或神灵时的供桌，上面短横是贡品。人们向上天祈求什么呢？

生众：可能祈求全家人身体健康，祈求发大财，祈求小朋友学习成绩好……

师：这些都是人们美好的愿望，都"吉祥如意"着呢。

师：咦，小朋友们对"详"字没把握，不敢说。老师帮你们。"详细"就是用语言把事情说得清清楚楚。你们认为，详细的"详"是哪个字？

生：言字旁的"详"。

■ 评析："羊"做音符的几种现象，引导学生用已有的拼音知识去观察和分析，巧妙地将拼音运用与识字学习融为一体，培养了学生形音义统一识字的意识。对同音字、音近字，教师重点引导学生分析意符来辨明其形义关系，既预防了这些字的误用，也使学生进一步领会到意音字（形声字）的特点。■

## 三、"羊"做意符

师：我们已经知道"羊"能做音符，提示字的——（生回答：读音）也能做意符，表示——（生回答：字的意思）我们看看这几个字。（"意符"后贴：咩 羚 羔 美 善）

师：在这些字里，"羊"都是做意符，提示字的意思，大家根据拼音读一读。（生读

## "羊"的构字系统

师：（出示：咩咩叫 羚羊 羊羔 羡慕 善良）我把这些字放入词语中，请一个小老师带读。

师："咩"是什么动物的叫声？（生回答：羊的叫声）

师：从这个字里能看出来吗？

生："咩"字里有个"羊"，口字旁表示从嘴里发出声音。

师：对，"羊"做意符帮助我们理解"咩"的意思，还帮助我们记住了字形。这个方法真好。我们也用这个方法学学其他字吧！

生：羚羊是羊的一种，所以"羚"字也用"羊"做意符，"令"是音符。

生："羔"字很有意思，"羊"在上，"火"在下，应该是在烤羊肉吧。

师：是在烤羊肉。烤的是大羊还是小羊？（生回答：小羊）

师：为什么？

生："羔"就是小羊的意思。

师：对，再看"羡"字，上部羊表示香喷喷的食物。看到美食，很多人就会——

生：流口水。

师：找找"羡"字哪个意符表示口水。（生回答：两点水）

师：对，"羡"字的"冫"以前写作"氵"，表示口水，现在简化了；右边的"欠"表示一个人张大嘴巴。你们能把"羡"字三个意符联系起来，分析出"羡"的意思吗？

生：一个人看见香喷喷的食物，馋得张大嘴巴流口水。

师：对，"羡"的意思就是希望得到，"羡慕"也是这个意思。大家读。

生：老师，我知道"善"表示善良。老祖宗用"羊"造"善"字，是不是告诉我们要像羊一样善良、温柔？

师：同学们认为是不是？（生回答：是）

生：可是，"善"字为什么要有"口"字呢？

师：问得好！（出示：䯽）大家看，"善"字最初下部是两个"言"字，表示多说话，多说什么话呢？

生：要多说像羊一样温柔的话、吉祥的话。

师：对，多说温柔吉祥的话，多说好话，多做好事，这就是"善"。后来，古文字"䯽"就简化成一个"口"的"善"了。

师：我们把刚刚认识的字再读一读，边读边想，"羊"在不同的字里起什么作用。（生读）

■ **评析**：科学的汉字教学，既要符合汉字构形规律和演变情况，也要符合学情。构意明确的字，如"咩、羚"，放手让学生运用所学知识去分析、识记；形义变化较大、学生不易理解的字，如"善"，则采用溯源法帮助学生理解该字的形义关系。这样，学生就会因理解而产生了探究汉字的兴趣，也由此培养了自主识字的能力。■

## 四、"羊"做记号

师：老师还有三个带有"羊"的字，（出示：着 差 盖）一起读读。（生读）

师：大家想想，"羊"在这三个字里还做音符提示读音吗？（生回答：不是）

师：表示这三个字的意思吗？（生不语）不着急，我们用组词的方式来理解。（生组词）

师："着"表示正在进行的动作，跟"羊"的意思有关系吗？（生回答：没有）

师："差"字呢？"盖"字呢？

生：都跟"羊"的意思没关系。

师：在这三个字里，"羊"既不能当音符，也不能做意符，只起到一个标记的作用，我们叫作"记号"。我们念两遍。（生读）

■ **评析**：记号、半记号字符在现代汉语常用字中的比例超过了三分之一。"记号"指汉字中既不能表音，也不能表意的字符。由于它们与字音、字义都没有关系，不便于分析，也就不便于理解，因而使教学难度增大，成为当代识字教学研究亟待解决的一个难题。但在此课，由于教师在前面的环节有效地帮助学生理解了音符、意符的概念，再使学生理解"记号"字符，也就水到渠成了——这是此课教学最为成功之处。■

## 五、书写指导

师：同学们，这节课学的字里都有"羊"，可是，"羊"的写法都一样吗？

生：（观察）这些字中的"羊"，有的最后一笔是竖，有的竖变成了竖撇，还有的没有了尾巴。

师：根据你们的发现，我们把这些字重新排队：（出示）

羊：洋 痒 氧 样 详 祥 咩 善

⺷：羚 翔 着 差

𦍌：美 羔 羡 盖

师："羊"做部件时为什么有这些变形呢？它们有共同的原因，也有特别的原因。我们今天写"羔""差""洋"三个字，先分析每个字的"羊"变形的原因，明白了再写，就不用死记硬背这些字的笔画笔顺了。

师：看"羔"字。大家想想，上部"羊"的竖往下写，会怎么样？

生：会碰到下面的"灬"。

师：这样写，下部分就会显得比较乱，所以"羊尾巴"就不能——（生回答：不能写出头）

师：那么，我们在写"美、羡、盖"字时，"羊尾巴"也不能——（生回答：不能写出头）羊尾巴既然省去了变成"𦍌"，笔顺就要变，（范写并讲笔顺）最后两笔先写竖，再写横，用横拦住竖，竖就不会下来了。

师：小朋友再想想，"差"的"羊"为什么把竖写成"丿"？

生：把下面部分让出来了。

师：不是，"差"的下部跟"左"字一样，所以就按照"左"字的写法了。（范写）

师："洋"字的"羊"笔画为什么没改变？

生："羊"是右偏旁，不影响左偏旁，笔画就不用变化。（生练写）

 **评析**：笔画、笔形、笔顺教学一直是写字教学的难点。笔画为何要变形？笔顺为何这样排序？极少有教师能给学生讲明道理，这就使学生对笔画、笔形、笔顺基本上处于机械摹写、死记硬背中。此课以"羊"为例说明，使学生在理解中书写，不仅容易掌握所写字的间架结构和笔顺，而且能进一步体会到汉字蕴含的文化和智慧。

## 六、小 结

师：孩子们，今天我们重新认识了"羊"字。"羊"在构字中，既做音符，又做意符，还可以做记号。同时，"羊"的笔画变形，让书写更顺畅更美观。汉字还有更多的秘密等着你们去探索。

## 总 评

这是一节构思精巧的示范课。

1. 专门解说"羊"的构字系统，将汉字文化与身边生活相结合，科学性和趣味性融为一体，使一年级小学生愉快地在汉字中探究，学到了与"羊"字系统有关的一些汉字和知识。

2. 利用汉字构形的系统特点，以"羊"为构字系统，达到"举一形而统众形"（段玉裁语）的以简驭繁的教学效果，极大地提高了识字效率。

3. 教学环节简明有序。现代汉字的构形字符分为三种：意符、音符、记号，本课结构也就结合学情依序为：教音符、教意符、教记号，最后教笔形笔顺。虽然四部分各有横向展开的一批生字和汉字知识，但应归为四个小知识体系，使教学内容既相互独立又紧密相连，既层层推进又环环相扣，有条不紊，清晰简约，不仅便于小学生有序地理解和学习，也能潜移默化地培养他们先后有序、点面联系的思维方法。

4. 根据学情安排每个汉字及知识的教法。学生能自学的知识自学，自学有点难度的由老师引导学，自学难度太大的由老师教。这种根据学情适当调整的教法，张弛有度，不断提升学生的学习兴趣，体现了学生为主体、教师为主导的教育观念，培养了学生学习识字方法、自主学习的能力，促进了学生的思维发展。

要强调的是，本课的教学设计是以教师的汉字学知识为基础的。内容决定形式。试想，教师如果不清楚"羊"构形的系统性，没掌握现代汉字三种字符（意符、音符、记号）的知识，怎么能够设计出这样一节完全符合汉字规律的系统识字课呢？所以，掌握汉字学有关知识是识字教育科学化的基础，也是设计一节识字好课的前提。

（张舒琪、叶秀萍、林佩菱：福建省厦门市集美区曾营小学）

## ⑫ 会变身的"亻"
——部首"亻、人、欠、身、勹、尸、比"系统

执教 / 吴友钧　　指导 / 金文伟　刘香芹（特级教师）　　评析 / 刘香芹

此课 2015 年 4 月 16 日展示于福建省福州市鼓楼区进修学校语文教师岗位培训班，授课对象是鼓楼区井大小学一年级（2）班学生。

（适用于一年级下学期）

### 教学目标

1. 区分形声字的声旁、形旁，学习科学分析汉字的方法，逐步形成独立识字的能力。
2. 学习掌握"亻"部首系统的"亻、人、欠、身、勹、尸、比"7 个部首和部中 18 个生字。
3. 学写"欠、勻、批、尿"4 个字。

### 教学过程

#### 一、谈话导入，重温"亻"

师：同学们，今天我们上一堂有趣的识字课，感受汉字特别的魅力。（出示：亻）先看这个部首，它的名字叫什么？表示什么意思？

生：这个部首是单人旁，表示一个人。

师：是的，单人旁在甲骨文写成这样（出示：𠂉），像一个侧面站立的人。所以，有"亻"做偏旁的字，意思通常和——

生：人、人的动作、人做的事情有关。

师：说得真好！从一年级开学到现在，我们已经认识不少有"亻"的字，你们记得哪些字？

生：（交流后，师出示：做　你　他　体　什　们　借　伙　伴……）什么的"什"和人有关系吗？

师："什"这个字还有一个读音是"shí"，最早的意思是十个为一个集体，比如古

代军队里十个人就称为"什",所以意思也和"人"有关系。后来这个字就引申表示多样的、各种各样的意思。(出示糖罐图)小朋友们看:这个罐子里装着各种各样的糖果,叫作什么糖?

生:什锦糖。

师:对,这里的"什"就表示各种各样的意思。

■ **评析**:"亻"部首学生在一年级上学期学过,已熟悉,但带有"亻"的字都和人有关系吗?和人有什么关系呢?学生并不都清楚。通过复习旧知和问答,引发学生去思考,不懂就问,教学的意义就非同一般了。■

师:这个"亻"字有点儿淘气,做偏旁时,它经常写成"亻",但在有些字中却写成了"人",同学们知道哪些含有"人"部件的字呢?

生:会、全、金……

师:(出示:闪开 观众 囚犯 哈欠)你们看,这些字也含有"人"字。请一位小老师带大家读一读。(一生带读)

师:这些字的意思和人有关吗?你是怎么看出来的?

生:"闪"表示一个人躲在门里面,"囚"表示一个人被关在房间里,"观众"的"众"表示很多人,"欠"字——不知道。

师:"欠"和人有关系吗?你们想一想,打哈欠时,人的动作是怎样的?

生:张大了嘴巴,头抬得很高。

师:(出示:𣉢)看,这是甲骨文的"欠",你们看出了什么?

生:下面是一个人跪坐着,上面是他张大嘴巴打哈欠。

师:真棒!不过,"欠"演变到小篆时写成这样了,(出示:𣣋)最上面一横表示打哈欠出的气,下面是人和张开的大嘴。它像不像同学刚才说的动作?

生:像。(全班读词语)

■ **评析**:引导学生认识到"亻"在有些字中所处位置不同,表示人的动作或所做事情就不同。引导学生尝试分析汉字时遇到问题,教师的解惑就会显得尤为重要。■

师:同学们,是不是所有含有"人"的字意思都和人有关呢?我们来看这几个字:
(出示:雨伞 仓库 宿舍,加点字变红)(生拼读词语)

师：这些字都有"人"字形，但是意思和人有关系吗？

生："伞"字上面的人就像雨伞的伞面，下面是伞柄和伞架。

师：说得真好！"伞"是一个象形字。那么"仓""舍"这两个字呢？（生摇头，表示不懂）

师：（出示：仓）"仓"的甲骨文也是一个象形字。大家观察一下，这个字的"人"字形是仓库的什么地方？

生：是仓库的屋顶。

师：对，"仓"的"人"字形是仓库的屋顶，中间是仓库的门，下面就是仓库门口的础石。

师：（出示：舍）再来看看小篆"舍"字，像一幅图画，你们自己能看懂吗？

生："舍"也表示房屋的意思，上面的"人"字就是屋顶，中间是门。

师：说对了一部分。这个字是会意字，上部是"亼"，读"jí"，这里是屋顶形，中间是房子的木柱，下面是房屋的台基。三个部分合起来表示简易的客房。

师：以上这些字中虽然都有"人"字形，但是读音、意思和人没有关系。这个"人"字真有趣，有时和人的意思有关，有时和人的意思一点儿关系都没有，所以，我们学习汉字时，要联系字的读音、字形和字义来学习哦！

■ **评析**：学习就是要在无疑处生疑。这一环节教学，教师从学生熟悉的"亻"引导到不同形状的"人"，再到几个"人"形却都不表示人，让学生在一个个惊喜的发现中学到了丰富的汉字知识，更学会了思考。■

## 二、学习部首"身"

师：同学们，刚才我们知道了"亻"和这个"人"字的作用。不过，这个"亻"还会变身呢！大家来看看两幅图，（出示：亻人 身）大家发现了什么？

生：前面的字是一个人，后面的"亻"肚子很大。

师：对！"身"就是一个孕妇的形状，如果妈妈肚子里有了小宝宝就可以说妈妈有"身子"了。原来"身"字就是一个变身的"亻"呢！（出示：躲 躯 躬 躺）大家看这几个字，请一个同学来拼一拼，其他同学想一想，这几个字在读音上有什么秘密？（指名拼读）

生：前面三个字的读音都躲在这个字的右边。

师：其实，最后一个字的读音也躲在这个字里。"躺"字右边的字读"shàng"，它和"躺"字韵母相同，像这样在一个字中表示读音的部件，我们称它是这个字的声旁。

师：那么，这些字和人有没有关系呢？（出示：躲藏　身躯　鞠躬　躺下）全班一起拼读一遍，说说看，它们和人有什么关系？

生1："躲藏"的意思是把身体藏起来，让别人找不到。

生2："身躯"的意思是身体。

生3："躺下"是身体躺了下来，它们都和身体有关。

生4："鞠躬"是弯腰，也是身体的动作。

师：同学们通过观察已经发现了，上面出示的字含有"身"的字意思也和人有关。在这些字中，"身"表示这个字的意思，所以我们称它为这个字的形旁；"朵""区""弓""尚"提示字的读音，我们称它为声旁。同学们遇到不认识的字可以试着用这个字的声旁猜测它的读音，用形旁来推测它的意思，这是识字的一个好办法！

■ **评析**：此环节教学引起学生极大兴趣，原来"身"字是一个肚里怀着小宝宝的妈妈形象。"身"也是"亻"系统中的一个部首，明白了"身"的形义，一系列带有"身"的字就容易理解了。学生在发现字音秘密，尝试分析字形与字义关系的同时，就是在学习运用科学的方法独立识字。■

### 三、学习部首"勹"

师：这个"亻"还会怎么变身呢？你们看，（出示：勹）这也是一个部首，同学们在哪个字里见过这个部首？

生：包。

师：是的，这个部首也读作"bāo"。它的金文写作"𠃌"（出示），这是伸出很长的手臂，左上是三个指头。这是什么动作呢？（动作演示）是一个人弯曲着身体，伸长手臂抱着东西的样子。所以它也和人的身体有关。

师："勹"部首里，有这么一个字，（出示：匀 yún）（全班拼读）"匀"是什么意思？我们来看这个字的古文字，这对我们理解这个字的形义关系有帮助。（出示：𠃌）这个字中"勹"表示弯曲着手臂包裹着东西，中间两点表示将包里的东西分成两部分,后来这两个点在楷书里就写成了点和提。所以"勻"的意思就是把东西一分为二。

师:再来看一个字,(出示:均 jūn)(全班拼读)这个字比"勻"多了一个——(生回答:提土旁)提土旁是这个字的形旁,右边"勻"是声旁,所以它们的读音很相近。"均"最早的意思就是把一片土地平整一番,不要有的低有的高。再后来,"均"和"勻"就组成了"均勻"这个词,表示平均,每一部分都一样大小的意思。

生:(拼读词语)均勻。

师:用汉字科学的方法来分析汉字,理解起来就容易而且有趣了!

■ **评析:** "勻"这个部首学生虽在书包的"包"中见过,但不知它的音义。教师通过溯源讲解、演示,使学生理解了"勻"的形音义关系,印象深刻,再引导学习"勻""均""均勻"等生字词,水到渠成。一年级学生理解了"均勻""平均"的意思,对其后续的学习很重要,对学习数学等其他学科也有很大帮助。■

## 四、学习部首"尸""比"

**1. 学习"尸"及部中字**

师:其实,"亻"的变身法还不止上面这几种呢!(出示: )这个字像什么?

生:像一个坐着的人。

师:对,这也是个"人",最早的意思是古人祭祀时,选个人代替神灵、祖先坐着接受祭拜。这个接受大家祭拜的人就称为"尸"。后来小篆就写成"𡰣"(出示),再后来,楷书写成"尸"。所以,"尸"字也是"亻"的一种变形,很多含有"尸"的字意思都和人有关。

师:(出示)请看这几个古文字和楷体字,大家分析分析它们是

尾 尿 屁 屎

怎么对应的?你是怎么看出来的?(学习小组讨论后指名学生交流)

■ **评析:** 汉字里藏着祖先的智慧和我们中华博大精深的文化。一个简单的"尸"字,原来是一个端坐的人的侧视形,又与祭祀文化有关。通过古今文字对照,平时生活中常说的这些与人体密切相关的字在学生面前变得生动起来。■

## 2. 学习"比"及部中字

师：这几个字真有意思！学习起来真有趣！其中,老师要特别讲一讲这个"屁"字,这个字的部首是"尸",表示人,里面是一个"比"字,是声旁。其实"比"字也是"亻"的变身哩！

师：请看,（出示：𣪘）（并请两名学生上台来并肩站在一起）你们理解这个字吗？

生：理解了,就是我两个人站在一起,就像在"比一比"。

师：这就是"比"的由来,它表示两个人肩并着肩站在一起,后来这个字就引申出了比较的意思,"比一比"这个词就是这么引申来的。

师：（出示：庇护 屁股 毕业 批评）这些字都含有"比"。（全班拼读）这些字中,"比"字是做声旁,还是做形旁,你能看出来吗？

生：它们都做声旁,因为这些字的读音都和"比"很相近。

师：是的,"比"这个字在汉字中通常是做声旁,做形旁的比较少。上面这四个字中,有两个字特别像,容易混淆。大家找找看。（出示：庇 屁）怎样区分它们才容易记住呢？

生：它们都有一个"比",但前面字的部首是"广",后面字的部首是"尸"。

师：分析得很对。可为什么一个字是"广",一个字是"尸"呢？（生不知道）

师："庇"是个形声字,"比"字做声旁,"广"做形旁。在汉字中,"广"是从"宀"产生出来的。"宀"是什么意思呢？

生：是宝盖头,表示房子。

师：对。我们看看"宀"的古文字形。（出示：𠆢）这是金文的"宀",像个什么？

生：像房子。

师：（出示：𠂇）金文这个字跟"𠆢"有何不同。

生：房子右面的墙没有了。

师：对。"𠂇"是金文的"广",上面的屋脊写成了一点。房屋右面的墙拆了,就表示简易的大房子。所以"庇护"的意思就是像躲进大房子一样被保护、遮蔽了。而"屁"因为和身体有关,所以它的部首就是"尸"了。

师：同学们理解了部首的意思再记汉字,就不容易混淆了。

■ **评析**：由"屁"字引出"比"这个"人"系统中的部首,体现了执教者设计的匠心,再通过图文溯源展示,"比"的形音义一目了然。由"比"带出的一串字都是"比"做声旁的形声字,此时引导学生发现、尝试运用形声字特点分析字的形音义(包括"广"义),既是对新知的巩固,也是对方法的内化。

## 五、巩固和写字

师:今天我们学习了和"亻"有关的几个部首——"亻、身、尸、比",还学习了含有这些部首的新字,更重要的是还学习了分析汉字的声旁、形旁的方法。(出示本课所学生字词)我们把这些生字词再读一读,在我们的脑海里巩固一下。先和你的同桌互相读一读,如果你还不会读,可以请同桌帮忙,也可以请老师帮忙。

师:老师来检查一下同学们是不是都会了。(师指名学生认读生字词)

师:接下来我们学习写几个含有这些部首的字:"欠、匀、批、尿"。(师指导书写)(生书写,每个字写3遍)

■ **评析**:此环节教师引导学生及时复习本课所学新知,将所认生字词再次呈现、认读、记忆,符合记忆规律。书写的4个生字是日常生活中使用频率较高的常用字,通过书写加强了学生对"欠、勹、比、尸"部首的理解。■

## 总 评

汉字有比较严密的系统,汉字部首是其系统之一。我们遵循汉字学揭示的汉字构形规律,并将其运用到识字写字教学当中,引导学生将零散的一个个部首、一个个汉字串起来,做到了系统识字。不过,本课的更大特色是让知识形成架构,把方法变成能力。

"架构"是计算机软件系统设计术语,之所以说本课教学使学生的汉字知识形成了架构,是因为教学设计不仅将"亻"系统中的各个组件(不同位置、不同形状、不同含义的"人")梳理得清楚,而且将"亻"这个大系统与诸多组件之间纵横交错的关系,也通过比较学习与"亻"相关的部首及其部中字,讲解得深入浅出。这就使学生头脑中的识字知识有了框架结构,形成了知识网。这样的知识才是牢固的、有用的,学生一旦掌握,随时可以提取运用。如果识字教学能够通过这样一节节系统识字课来完成，相信学生对汉字这个大系统一定会有整体的认识。

　　这节识字课的主要目标并不是教几个部首，认几个生字词，而是教给学生科学分析汉字的方法，逐步形成独立识字的能力。吴老师在落实这一目标时，采取了与教知识截然不同的方法，她通过提问题引导学生思考、观察，引导学生运用已学知识方法讲解。这就使识字方法的教学直接内化为学生的识字能力，从而纠正了将方法错当成知识点的教法。

（吴友钧：福建省泉州师范学院附属小学/刘香芹：福建省泉州市教育科学研究所）

# ⑬ "虫"字家族

执教／肖明英　指导／金文伟　刘香芹（特级教师）　骆嫩寒　评析／刘香芹

此课2015年1月22日展示于福建省泉州市"小学语文学科教研基地校研讨会暨'基于汉字科学的小学识字写字教学研究'课题研讨会"泉州市第三实验小学承办。

（适用于一年级上学期）

### 教学目标

1. 学习运用形声构字法分析字，培养科学分析汉字和独立识字的能力。
2. 学习"虫"做偏旁的"蜻、蜓、蝴、蝶、蚊、蝉、蝙、蝠、蜈、蚣、蚯、蚓、蜘、蛛、蝌、蚪、螃、蟹、虹"19个字，复习"蜜、蜂、蚂、蚁、蛇、福、幅、珠"8个字，拓展识记"畐、富、副、邱、松、傍"6个字。
3. 会写"虫、虹"2个字。

### 教学过程

## 一、回忆故事，儿歌导入

**1. 齐读儿歌《写字很有用》**

**写字很有用**

　　蜜蜂用树叶，写信给蚂蚁。咬了三个洞，表示"我想你"。

　　蚂蚁接到信，看了半点钟，也咬三个洞，表示"看不懂"。

　　蚂蚁和蜜蜂，商量大事情："赶快学写字，写字很有用。"

师：儿歌讲的是谁的故事？

生：蜜蜂和蚂蚁的故事。

**2. 出示蜜蜂、蚂蚁的图片**

师：它们俩意识到写字的重要性后，开始认真学写字了。蜜蜂学的时候，发现了
　　一个秘密，急忙写信给蚂蚁。

■ **评析**：上课伊始，回忆学过的儿歌《写字很有用》，既复习了旧知，又通过二"虫"通信的故事激发了学生识字写字的兴趣，自然地导入"虫"部字的学习。■

## 二、演变字形，探究"虫"字

**1. 解析"虫"字**

师：猜猜这是什么字？（出示：）

生：钩子的"钩"。

师：样子有点像，但是不对，接着猜。（出示：）。

生：蛇。

师：嗯，原来指蛇。渐渐地，它又变成了这样——（出示：）

生：胃。

师：哈哈，想象力真丰富，还是不对。

生：我觉得还是像"蛇"字。

师：你确定？接着变，现在你们肯定知道是什么了。（出示：）

生：（齐喊）虫！

师：老祖宗最初写"虫"字，脑袋尖尖、身子长长、弯弯曲曲，长得像什么？（生回答：蛇）"虫"最初指的就是蛇，后来，泛指动物中形体比较微小的，或者像蛇的动物，如飞蛾、瓢虫、蛙、蚌……谁能给"虫"字组词？

生：虫子、昆虫、飞虫、毛毛虫……

师：词汇真不少！

**2. 书写"虫"字**

师：观察"虫"字在田字格中的位置，怎样写才漂亮？

生1："口"要写得扁一些。

生2：中间的竖要写在竖中线上。

师：观察得真仔细，伸出小手先跟老师书空"虫"。（强调为了写最后一笔"点"，第五笔"横"必须斜上去）再拿出田格本和笔，认真地写一个"虫"字。写字要做到"三个一"。（生写字，师巡视后评价）

■ **评析**：出示"虫"字的演变过程，使学生兴趣盎然地猜字，接着讲解"虫"的形音义，让学生充分感受汉字如画表意的独特魅力，激发学生的学习兴趣和热情，同时为下面学生系统学习"虫"做偏旁的字做好铺垫。

## 三、形声结合，趣学汉字

**1. 重温形声构字法**

师：原来蜜蜂给蚂蚁的信上，写的是"虫"字。（贴：蜜蜂 蚂蚁）观察这四个字，有什么发现？

生：都有"虫"字。

师：它们都是"虫"字家族的成员。（板书课题："虫"字家族）"虫"在这些字里表示什么？

生：表示和虫有关。

师：蓝色部分的字会读吗？（"蜜蜂、蚂蚁"的声旁变成蓝色）

生：蚂蚁的"蚂"字右边部分读"mǎ"，蚂蚁的"蚁"字右边部分读"yǐ"。

师：另外两个字听老师读，"mì fēng"，有什么发现？

生：蓝色字的读音跟整个字的读音很像。

师：你真厉害！这部分字的读音和整个字的读音相同或相似，是这些字的声旁，提示字的读音。另一部分"虫"是形旁，表示字的意思。像这样有形旁又有声旁的字，我们之前接触过，叫作——

生：形声字。

 **评析**：此环节通过熟字复习归纳形声字特点，既是为下面引导学生运用形声构字法科学识字做铺垫，也是对教师之前识字教学的反馈。此环节证明：小学一年级孩子不仅能够理解形声字，而且能够分析形声字。

**2. 借助形旁，识字比拼**

师：知道"虫"字家族的其他成员吗？今天，咱们来个大比拼：一、二组为蚂蚁小队，三、四组为蜜蜂小队，看看哪个队的小朋友认识的"虫"字成员多！

蚂蚁小队：青蛙的"蛙"。

蜜蜂小队："蝴蝶"两个字都是。

蚂蚁小队：龙虾的"虾"。

蜜蜂小队：蚊子的"蚊"。

蚂蚁小队：彩虹的"虹"。

蜜蜂小队："蜈蚣"两个字都是。

蚂蚁小队：蛾、蜻、蜓……

蜜蜂小队：蛋、蚜、蝗……

师：比赛真精彩，把掌声送给自己，也送给对手。

■ **评析**：从这个"大比拼"可以看出，入学不到一个学期的孩子已经在阅读和生活中认识了大量汉字。也说明，我们的孩子是爱学习，喜欢识字写字的。只要老师给他们一个支点，他们就有可能撬动地球！■

## 3. 巧用声旁，自主学习

（1）学习"蜻蜓、蝴蝶、蚊、蝉、蝙蝠"

师：蜜蜂和蚂蚁已经行动起来了，各自去寻找"虫"字家族的成员。看看，蜜蜂带来的新伙伴你们都认识吗？（出示：蜻蜓 蝴蝶 蚊 蝉）

生："蜻蜓、蝴蝶、蚊"这几个字我都认识！

生：最后一个字读"chán"，就是知了。

师：这几个字里有没有形声字呢？

生：有，"蚊"字就是，左边的"虫"是形旁，右边也读"wén"，是声旁。

师：你能用形声字的构字法学习，真棒！

生："蜻"和"蝴"也是形声字，我认识右边的部分也读"qīng"和"hú"。

师：你是怎么认识这两个字的？

生："蜻"右边是青蛙的"青"，我听妈妈讲故事时认识的。"蝴"右边是二胡的"胡"，二胡是一种乐器。

生："蝉"右边是"单"，单数的"单"，做声旁。

师：你们真是个爱学习的好孩子！听听这几个字右偏旁的读音。（生跟读）

生：它们都是形声字。

师：是的，这些形声字都是左形右声。（请生带读生字）

师：其实呀，蜜蜂还带来了位小伙伴，你们先猜猜它是谁？（出示谜语"小动物，真稀奇，两只翅膀像层皮，白天躲在洞穴里，夜晚出来吃东西"）

生：是蝙蝠。

师：你是猜谜小能手，当小老师带大家读。（出示：蝙蝠 biān fú）

师："蝙蝠"这两个字的右偏旁会读吗？

生："蝙"的右边读"biǎn"。

师：对，"蝙"是形声字。其实"蝠"也是形声字，它的声旁该怎么读呢？

生：是读"fú"吗？

师：对，"畐"最初是象形字"🍶"（出示），像酒坛子似的容器。现在这个字已经不单独做字，只做偏旁。在蝙蝠的"蝠"中，"畐"做声旁。但是在幸福的"福"字里，就不同了，"示"以前是神主祭台的意思，这里表示祭神，而"畐"，既做声旁，又表示用酒祭祀的意思，以求鬼神保佑，如我们常说的"赐福""祈福"。

师：大家在哪经常看到"福"字？

生：门上。

师：是的，春节，家家户户贴"福"字祈求福运到来。带有"畐"的字你还知道哪些？

生：老师，一幅画的"幅"。

师："幅"是形声字，我们认过的，你能说说吗？

生："巾"是形旁，表示跟布有关，"畐"是声旁。

师：对，"幅"本义指布帛的宽度，后来引申指宽度，如"幅度"，也做布或者用布做成的东西、字画等的量词。比如，还可以说"一幅窗帘"。

生：富，丰富的"富"。

师：真了不起！上面的宝盖儿指——

生：房屋。

师：下面的"畐"是——

生：酒坛子。

师：有住有吃，还有酒喝，表示生活——

生：很富足。

生：副班长的"副"。

师："副"由"畐"和"刂"组成，"刂"表示剖开，"副"就是把一件物品一剖为二。副班长的"副"在这里表示第二位的、辅助的，跟"正"相区别。

师：同学们知道这么多有"畐"做部件的字，我们把这几个字再读一读：畐、富、幅、副。（生读）

■ **评析**：认读"虫"旁的字已不成问题，进而引导学生掌握识字方法，培养独立识字能力。肖老师采取先放后扶的策略，能自学的就放手让学生自己分析，学不了的教师再教。而且教师的教也是从大处着眼，小处入手，由此及彼。所以通过此环节教学学生不仅认识了"虫"旁的字，还小试牛刀运用形声字特点来自主识字，更通过蝙蝠的"蝠"拓展认识了"畐"系统的3个字。可谓一箭三雕！■

（2）学习"蜈蚣、蚯蚓、蜘蛛、蝌蚪、螃蟹"

师：蜜蜂很有收获，蚂蚁也不甘示弱，瞧——（出示：蜈蚣 蚯蚓 蜘蛛 蝌蚪 螃蟹）

师：小朋友们帮蚂蚁看看，它找来的是"虫"字家族的成员吗？

生：是。

师：（引导发现）它们不仅是"虫"字家族的成员，而且是形声字呢！根据形声字的构字特点，和同桌一起，试着分析这些字的读音。（同桌之间研究分析后请生读，贴字卡）

生：蜈蚣。

师：你是怎么知道它们的读音的？

生：它们是形声字，我知道右偏旁读"wú"和"gōng"。

师：真会动脑筋！（省略学生部分反馈）

师：螃蟹的"蟹"字的形旁藏在哪儿？

生：在下面。

师：上面"解"是多音字，读"jiě"和"jiè"，也读"xiè"，构字做声旁都用这个读音，所以"蟹"读"xiè"，是个上声下形的字。

■ **评析**：有了上一环节的指导与尝试，学生运用类推方法，自主学习就轻松了。教师只需在学生遇到困难处，如变式的"蟹"字，点拨一下即可。■

师：继续考考大家，在蚂蚁找来的这些字中，你们能像蝙蝠的"蝠"字那样，根据其中一个字的声旁说出你认识的带有这个声旁的形声字吗？（小组讨论后汇报）

生：邱老师的"邱"，是右耳旁！

师：能在生活中识字，真了不起！

生：小露珠的"珠"是王字旁。

师：怎么认识的？

生：《早操》这一课中有这个字。

师：能学以致用，很好。不过，"珠"的左旁不是"王"，是"玉"省去一点，表示玉或珍贵的物品。"珠"是珍珠，很宝贵，所以，用玉旁表意。

生：松树的"松"。

生：傍晚的"傍"。

师：形声字就是这样奇妙，了解它，就能认识更多的字。读一读新认识的字：邱、松、傍。（生读）

■ **评析**：此环节看似与上面蝙蝠的"蝠"拓展识字相同，实则大不同：上一环节是教师引导，这一环节却是完全放开由学生自己拓展，让学生成为学习的主人。其实，这对教师是一大考验，如果教师没有汉字学的知识和充分的准备，是不敢放开的，因为学生的生成难以预测。但是，肖老师不仅做了，而且做得很好，令人佩服。如，学生由蜘蛛的"蛛"想到"珠"，但分析时将玉旁说成王字旁。从呈现的新字可见教师没有预设到学生会说这个字，但教师能从容地追问，肯定学生，并针对错误及时纠正，科学讲解，使学生已知的错误变成有效的学习资源。■

## 四、趣读儿歌，巩固识字

### 1. 趣读《虫儿歌》

师：蜜蜂和蚂蚁认识了"虫"字家族的这么多成员，高兴得唱起了儿歌：（领读、自由读、拍节奏读）

#### 虫儿歌

蝉儿树上叫不停，蝙蝠倒挂吃蚊蝇。

蝌蚪池中游得欢，蜈蚣草丛比爬行。

蜻蜓半空展翅膀，蝴蝶花间捉迷藏。

螃蟹水中斗小虾，蚯蚓土里造新房。

蜘蛛房前勤结网，青蛙田间捉虫忙。

"虫"字家族真热闹，欢天喜地把歌唱。

### 2. 归类游戏

师：这一高兴啊，蜜蜂和蚂蚁精心地组织了一次"虫"字家族大聚会，地点就定在风景迷人的公园。大家看看小动物们适合在哪个位置。（请部分学生把黑板上的动物词卡归类：天上飞的、地上爬的、水中游的。师顺势画简笔画，生加动作读这三类词语）

■ **评析**：识字、写字是阅读和写作的基础，所以，此处让学生趣读儿歌，是识字与阅读相结合，是学以致用，是在运用中巩固；分类贴词既让学生在游戏中复习了新字，又促进了学生逻辑思维的发展。■

## 五、析形索义，课外延伸

**1. 解析"虹"字**

师：虫字家族里还有一位特殊的朋友，你们瞧。（出示：虹）

师：你们见过彩虹吗？它出现在哪里？

生：见过，雨过天晴的时候，挂在天空上。

师：虹是动物吗？

生：不是。

师：可"虹"为什么是虫字旁呢？想一想。

生：它长得像虫子。

师：有点意思，刚才我们猜"虫"字时，知道了"虫"最早指的是什么？

生：蛇。

师：哈，这就对了。（出示：文→ 虹 → 虹 → 虹）古人认为"虹"像蛇形，所以在两端各加了一个蛇头，后来把"虹"变为形声字，"虫"是形旁，"工"是声旁。

师：（出示彩虹图）看图，能用"彩虹"说一句话吗？

生1：雨过天晴，有一道彩虹高高挂在天空。

生2：天上有一道美丽的彩虹，像一座七彩桥。

师：还能用上比喻句，真了不起！

**2. 书写"虹"字**

师："虹"是一个什么结构的字？

生：左右结构。

师：写"虹"字左边的虫旁与写"虫"字有什么不一样？

生：虫字旁变得更瘦了。

师：小眼睛真亮！拿出笔和本子，跟老师写一个"虹"字。"虹"是左右结构的字，"虫"和"工"字都要写得瘦长一些。"工"字起笔横与"虫"的横折对齐。好，写两个"虹"字。（生写字，师巡视、评价）

师：在"虫"字家族中，像"虹"这样是虫旁却不是虫的字还有一些，只要弄清字形与字义关系，你会发现"虫"字家族里更多的秘密。

 评析："虹"字形有"虫"而义非虫，这现象值得探究。小学低年级处于学习的"扶床学步"阶段，如果我们注意挖掘汉字形义之间固有的趣味因素，不仅可以活跃学习气氛，还能激发学生进一步探析汉字形义关系的兴趣。只要学生对学习汉字保持浓厚的兴趣，学好汉字就不会是难事。

## 六、复习总结，布置作业

师：这节课上，我们是不是发现汉字特别有趣？咱们一起读读这节课新认识的字。（出示本课所学生字词，生齐读）

生：蜻蜓、蝴蝶、蚊、蝉、蝙蝠、蜈蚣、蚯蚓、蜘蛛、蝌蚪、螃蟹、虹、畐、富、副、邱、松、傍。

师：这回蜜蜂和蚂蚁算是长见识了，不过它们认识的只是"虫"字大家族中的一小部分，它们还将继续了解"虫"字家族的秘密，课后我们再继续探究吧！

### 总 评

此课简约而不简单，小小的"虫"旁系统识字，不仅演绎出一个"虫"字大家族，而且带出一个个小系统。细品此课，获诸多启示：

1. 小学一年级学生一入学就完全可以科学系统地识字。曾几何时，有些专家学者认为幼儿不宜过早识字，甚至认为小学低年级学生不宜讲字理。岂不知，社会在不断进步，人也在不断发展，现代儿童已远非几十年前的孩子，相比我们的童年，他们信息量丰富，见识广博，从小学入学开始就引导其运用汉字学来识字完全可行。此课例就是很好的实证。此为第一学期的学生，课例显示，学生不仅懂得什么是形声字（当然，不是掌握概念，而是在认识形声字中理解），还会在教师引导下运用形声构字方法自主识字、拓展识字。

2. 运用汉字学系统识字可以促进学生的思维发展。运用汉字学引导学生系统识字，使学生认识到汉字是个大系统，汉字系统的构形逻辑性也促进了学生的思维发展。如，学生由"蜜蜂""蚂蚁"就会联想到一串有"虫"旁的字；知道蝙蝠的"蝠"就能推演出"福、富、幅、副"；懂得由蚯蚓的"蚯"联想出"邱"，由蜘蛛的"蛛"联想到"珠"。这个过程不仅将知识建构起联系，也促进了学生的思维发展。从学生给"虫"旁生字词准确分类也可看出，学生经过这一课的学习，思维水平得到了提高。

3. 系统识字与读写结合可使教学增效。本课例是教师依据教材、学情等资源开发设计的课，在确定系统识字教学目标的同时充分考虑到识字与阅读紧密结合。入课时所读儿歌是教材中的资源，课中趣读儿歌则是教师根据网上资料自行改编为"随字读文"的阅读材料。综观整个教学流程，教师设计的"阅读引出熟字—熟字带出新字—阅读巩固新字"的思路，使系统识字与"随字读文"的阅读相结合。学习"虹"字时，要求学生用"彩虹"造句是识写结合。总之，识用结合，不仅可以及时复习所学，还能增强系统识字的效果。本课教学，学生复习了8个已认熟字，认识了19个带"虫"旁的字，拓展识字6个，真可谓高效！

（肖明英、骆嫩寒：福建省泉州市第三实验小学／刘香芹：福建省泉州市教育科学研究所）

## 14 千变万化的"又"
——部首"又、支、攴(攵)、殳"系统

执教 / 叶秀萍    指导、评析 / 金文伟

此课2014年3月5日展示于福建省厦门市集美小学承办的福建省教育厅普教室基地校教研活动,授课对象是厦门市曾营小学一年级某班学生。

(适用于一年级下学期)

### 教学目标

1. 运用汉字学知识,系统学习"又"字系列偏旁"又、彐、ナ、廾(六)、攴(攵)、支、殳"的形音义关系和相关字,体会汉字的表意性和系统性,学习分析汉字的方法,促进思维发展。
2. 根据汉字形义系统关系,复习带有"又"义偏旁的字"左、右、友、事、开"等字,学习"有、取、争、灰、弄、兵、敲、鼓、殴、教、改"等生字。

### 教学过程

#### 一、复习"扌"旁导入"又"字

师:同学们,今天我们一起游览"手的王国"。国王有令,要进入"手的王国"必须会念这首《手指儿歌》。(出示儿歌)

生:(念并做动作)一根手指点点,两根手指剪剪,三根手指弯弯,四根手指插插,五根手指拍拍,我的小手最能干。

师:(出示:手指 插插 拍拍)大家再读读儿歌里这三个词,你发现了什么?

生1:"指、插、拍"三个字都带有"扌"。

生2:这三个字表示的意思是和手或手相关的动作。

师:"扌"是"手"做左偏旁时的变形写法。"手"写成"扌",把最后一笔写成提,是为了顺势向右上方写右偏旁的第一笔,这样运笔前后照应,就会写得快和顺畅,这是笔顺的一个道理。不过,"手"是金文的写法,比金文更早的甲骨

文表示手的不是这个字，是什么字呢？

生：是"又"字，老师以前教过。

师：对，是"又"字。（板书：又）你们的记性真好！"又"虽然表示手，却特别聪明能干，就跟孙悟空一样，不但自己能千变万化，而且还会变出其他跟手有关的部首。现在我们就去"手的王国"看看。

■ **评析**：复习"手"旁，理解"扌"形，温故知新，引出"又"字——娱乐开篇，内容相连，以"手"统领，教法自然。■

## 二、"又"的自身变化

**1. "又"与"彐、𠂇、廾（六）"的形音义关系**

师：来到"手的王国"大门口，[出示：又 彐 𠂇 廾（六）]四个朋友来热情地迎接我们了，快跟它们打打招呼吧！谁来叫叫它们的名字？

生：又……（其他三个偏旁都叫不出名字）

师：（出示拼音）借助拼音，我们叫叫它们的名字——

生：（自由拼读）彐 yòu，𠂇 zuǒ，廾（六）gǒng。

师：我们光知道这些偏旁的名称还不够，还应该知道它们的意思。谁能猜到它们的意思？

生：应该是左手右手的意思吧。

师：能具体说说理由吗？

生："彐"的读音让我想到了右手，"𠂇"的读音让我想到了左手，"廾（六）"嗯——我猜不到了。

生：它们都住在"手的王国"，肯定和手有关。

师：你们的猜想很大胆，也很有道理。

■ **评析**：猜，并不是无根据地瞎猜，而是利用汉字形音义的关系，引导学生根据偏旁的形和音分析推导偏旁的义。识字教育科学化，不仅要培养学生自主识字的能力，还要培养学生的逻辑思维能力。在这个教学环节，学生果然"猜"得有根有据，证明了一年级学生已经具备了一定的逻辑思辨能力，也证明了科学识字具有促进学生思辨能力发展的重要作用。■

师：现在老师来揭晓答案。（出示：⺕）这是"又"的甲骨文，请大家举起右手比出"⺕"的样子——你们发现了什么？

生：这是右手。

师：对。

生：这个"⺕"把大拇指、食指、中指和手臂画出来了。

师：你体会得真好。还有什么发现？

生：我们的手指有五根，为什么只画了三根手指？

师：问得好！老祖宗认为这三根手指干的活最多，就选它们当代表来表示五根手指。如果把五根手指都画出来，写起来就烦琐了。

生：原来是这样，老祖宗真聪明。那左手是不是写得相反呢？

师：（出示：ナ）这也是甲骨文表示手的字，大家看看用那只手比比合适呢？

生：用左手。（用左手比）

师：这个字是——

生：左手。也是三根手指代表五根手指。

师：你真聪明！（出示：ナ⺕）大家再看看这个字，发现了什么？

生：（两手比画着）是左右两只手。

师：是的！"ナ⺕"后来楷书写作"廾、六"，你们发现什么啦？

生：甲骨文跟现在字的样子相差太多了。

生：是呀，好像一点关系都没有。

师：你们的发现很有价值，你们看——（演示课件并讲解"又、彐、ナ、廾（六）"的演变过程）

⺕→彐→又(yòu)    ナ→ナ→ナ(zuǒ)    ナ⺕→廾→廾六(gōng)

师：我们这样看左右手的字区分得很清楚，可是，老祖宗认为区分得这样细太麻烦，就在单用时，"又、彐"不单指右手，"ナ"也不光指左手了，它们混用都表示手。

■ **评析**：汉字组合成一个大系统，字与字之间的构形逻辑性很强。本环节利用字与字之间的构形关系，引导学生由浅入深、由单字到多字地观察、分析、理解，不仅能培养学生的观察和分析能力，也使他们初步体会到汉字构形系统的逻辑关系，促进了思维发展。

**2. 复习有"又、彐、ナ、廾（六）"偏旁的字**

师：（出示配图文字：左手 右手 朋友 家务事 开门）读读这些词，结合图片观察标红的字"左、右、友、事、开"，所表示的意思跟手或手的动作有关吗？

生："左手、右手"当然是手。

师：我们平常说的"左边"指的是——

生：我们左手这边。

师："右边"指的是——

生：我们的右手方向。

师：你们会做哪些家务事？

生众：扫地、擦桌子、洗碗筷……

师：你们会做这么多的家务？小手真能干。做事要用手，发现"事"字里面的"手"了吗？

生："事"下部的"彐"就是。

生：我来说"友"字，是两个好朋友在握手，所以有"ナ"和"又"。

师："友"字的"ナ"是左手还是右手？

生：两人握手，当然是右手啦。

师：分析得好，朋友见面时会亲切握手，快乐时会击掌庆祝，不只这样，当你忘带铅笔的时候——

生：朋友就把铅笔递给我。

师：当你摔倒在地时，朋友——

生：伸出手来扶起我。

师：当你伤心痛哭的时候，朋友——

生：帮我擦眼泪，安慰我。

师：是啊，朋友在你困难的时候会伸出援助之手，怪不得"友"是由两个表示手的偏旁组成的。

生：我知道这个"开"为什么有"廾"，因为开门要双手合作。

师：以前的门都有门闩，像图上画的那样。"开"上面的横表示门闩。你的小手还会开什么呢？

生众：开窗、开电视、开自行车。

生：不对，是骑自行车。

生：开飞机……的门。（全班哄笑）

……

■ **评析**：复习的这些字，学生初学时老师没有解析过，这里引导学生分析，由于学生已经知道了字义，就更容易做到形音义结合理解。这显然不是一般的复习生字，而是引导学生深入理解汉字，在实践中掌握分析汉字的方法，并为下个环节引导学生自己分析生字打好基础。■

**3. 学习有"又、⺕、𠂇、廾（六）"偏旁的生字**

师：（出示配图文字：争抢 火山灰 士兵 取钱 有肉 摆弄）请一个小老师带大家读读这些字和词。（一生带读，全班跟读）

师："争、取、灰、有、兵、弄"这几个字有"又、⺕、𠂇、廾（六）"等偏旁，大家来分析，这些字的意思都跟手有关吗？

生："争"就是两个人在争东西，都要把东西拉到自己这边。

师：那你在"争"字里发现了手吗？

生："争"中间有"⺕"。

师：你说"争"是"两个人都要把东西拉到自己这边"，那就应该有两只手啊。（生摸头表示没有看出来）

■ **评析**：在识字中培养一年级学生的逻辑思维能力。妙！■

师：（出示：）大家看，这是甲骨文的"争"字，下部是"又"，上部是"爫"，也是人的手形，音"zhǎo"，口语读"zhuǎ"；中间长线条表示木棍，所以甲骨文"争"像上下两只手在争拉一根木棍。后来楷书写作"争"，"爫"变成了"⺈"，棍棒写作"亅"，不过，这里的棍棒已经泛指各种物品了。

■ **评析**：我们教的是现代汉字，溯源古文字的目的是帮助理解楷书字体，所以教学最后还是要落实到楷体字的解析。■

生：我来分析"取"字。取钱要用手，所以"取"有"又"字旁。

师：你的小手还会取什么？

生众：取报纸、取牛奶、取作业本……

师："取"字左旁为什么是"耳"呢？原来，老祖宗在集体打猎时，谁打到一只野兽就把它的左耳割下来，再接着打猎。打猎结束后，就用左耳的数量来计算功劳。

生1：我分析"灰"字，"灰"是手拿火。

生2："灰"是手拿烧过的火。

生3：火烧完留下的粉末就是"灰"。

师：你们分析得真好！灰就是用"广"拿"火"，火不烫手，就说明是火烧完后的"灰"。像灰的颜色，我们叫它——

生：灰色。

生："有"就是手中提着肉。

师：是的，肉在古代是很宝贵的，谁有肉，谁就是富有的。所以"有"带有肉月旁。

生：我说"兵"。"兵"的下部是"六"，"兵"就是双手握着枪准备打仗。

师："兵"上部是"斤"，"斤"是大斧头，可以做武器。所以"兵"就是双手挥着大斧头。"兵"最早指兵器，后来指士兵。

生："弄"就是老爷爷在用放大镜看石头。

师："弄"字上部的"王"表示玉石，"弄"就是——

生：用放大镜看玉石。

师：其实，"弄"的意思就是双手玩玉石。眼睛好不用放大镜也可以玩的。不过，"弄"现在不单指玩玉了——你的小手会弄些什么？

生众：弄脏、弄坏、弄好。

师：（出示：没有 水兵 弄好 灰色 有事 争取 士兵 摆弄）我们开火车读这些词。

■ **评析**：识字教学中继续培养学生主动识字的愿望与独立识字的能力，为他们的终身发展打基础。学生依据刚学的"又"的知识与分析方法先自主学习新字，然后在教师的纠正补充中掌握生字，提高识字的能力。当然，我们所说的分析汉字的方法，是指科学的识字方法，即符合汉字科学的方法，而不是随意解析汉字的方法。■

### 三、"又"变出的"支、攴（攵）、殳"等部首

师：（出示金蛋图）"手的王国"里有几个大金蛋等着大家来敲，金蛋里可都藏着

宝贝哦。你想拿什么工具来敲?

生众：用石头砸，用棍子敲，用锤子，用炸弹。(全班笑)

师：那金蛋和宝贝就全炸碎了。不过,我们的"又"字可能干了,它不但自身会变化,也能变出敲金蛋的各种工具。(出示配图文字：敲鼓 殴打 教育 改正)"支、殳、攴（攵）"都有一个相同的偏旁,是——

生：又。

师：说明这些偏旁都跟什么有关?

生：跟手或手的动作有关。

师："支 zhī"是手拿竹枝、树枝,"攴（攵）pū"是手拿棍棒,"殳 shū"是手拿武器。请大家看图分析生字。

生："敲鼓"要用木棍,所以两个字带有"攴""支"。

师：是的,敲大鼓用粗木棒,敲小鼓用细木棍或竹枝。

生："殴打"是拿武器打人——是什么武器呢?

■ **评析**：学生的探究心使他观察得仔细。这一问考验着教师的汉字功底。此课情节发展有起有伏,教师和学生的才情在此尽情发挥。■

师：(出示: ) 这是甲骨文的"殳"字,是手持长柄兵器的形状,表示兵器。

生："殴"表示凶狠地打人,所以用"殳"做偏旁。

师：用兵器凶狠地打人主要是在战场上。如果生活中发生这样的事,就要马上报警。

生：教育的"教"是大人用棍子打小孩。

师：(指图)这两个小朋友为什么挨打?

生众：玩游戏不做作业、考试不及格、不听大人的话……

师：当你做错事,爸爸妈妈也打你吗?

生：打。

师：打哪里?

生众：打手心、打背、打屁股。

师：爸妈打你的目的是——

生：要我们改正错误。

师：（出示：🖋）甲骨文"教"，就是大人用棍子敲打小孩，让他明白道理，成为懂事、孝顺的好孩子。（出示：🖋）甲骨文"改"，左旁是一个孩子撅起屁股跪着的样子，"改"就是用棍棒打孩子的屁股，让他改正错误的意思。小朋友们，你们喜欢这样的教育方式吗？

生：不喜欢。

师：为什么？

生众：会痛，太可怕了，太残忍了。

师：大家都不喜欢棍棒教育，如果不小心犯了错，大人提醒一下能马上改正吗？

生：能！

师：接下来，我们敲金蛋。你们想用哪个工具敲金蛋？（生众说纷纭）你们选什么工具都可以，不过啊，（金蛋出现词语：敲打 殴打 打鼓 教师 教育 改过）谁读准了金蛋上的词才可以敲蛋，金蛋就会蹦出大奖。（生练读，玩"敲金蛋"游戏）

■ **评析**：由敲金蛋引出敲蛋工具，再引出"又""变出"的三个部首，引领学生分析三部首的形，联系生活理解三部首的义，最后让学生读准词语后选合适的工具敲金蛋，引导学生复习掌握好三部首和相关字词。教学设计有条不紊，环环相扣，教学过程行云流水，不露凿痕，显出教师的艺术匠心。■

## 四、巩固识字成果

师："又"字今天给我们变出了这么多的偏旁和部首，你们是不是学晕了？

生：没有！

师：那我们来试试看。（学生一一叫出"又、彐、ナ、廾（六）、攴（攵）、支、殳"偏旁和部首名称）

师："又"变的偏旁和部首还有很多，我们下节课再继续学习。"手的王国"国王要用热气球送你们回家。读准气球筐上的字（气球筐上出现的字：取、弄、灰、争、改、教、殴、事、敲、鼓）并组词，你就可以坐上热气球了。（学生回答得都很出色）

师：大家都坐上热气球了，跟国王说再见啦！

## 总　评

　　该教例设计巧妙。"又"的部首系统构字量大应该尽早学好，但因其形变多样而不易掌握。此课以"又"的"千变万化"来激起一年级小学生的好奇心和探索心，引导学生先学会"又"的自身变形，再掌握"又"变出的其他部首偏旁，教学结构层次分明，逻辑性强，流畅自然。更难得的是，该课的教学目标不光是运用汉字系统以提高识字效率，更主要的是要给学生树立汉字是科学系统的观念，传授科学分析汉字的方法，培养独立识字的能力，促进逻辑思维的发展。所以教学中教师一直引导学生认真观察，勇于猜想，严谨分析，使学生几方面的能力都得到了有效提高。

（叶秀萍：福建省厦门市集美区曾营小学）

我们的系统识字课

## ⑮ 含义丰富的"彡"
——部首"彡、长（镸、長）、髟"系统

执教 / 骆恭进　指导 / 金文伟　刘香芹（特级教师）　李冬梅（特级教师）　评析 / 刘香芹

此课2015年4月23日展示于福建省福州市鼓楼区进修学校语文教师岗位培训班，授课对象是鼓楼区井大小学一年级（4）班学生。

（适用于一年级下学期）

### 教学目标

1. 形音义结合，系统分析和识记"彡、长（镸、長）、髟"3个表示纹路、毛发的部件及相关生字，理解音符、意符及其构字作用，学习科学分析汉字的方法。
2. 规范书写"衫、形、须"3个字。

### 教学过程

#### 一、课前交流

师：同学们好！今天到福州鼓楼区与大家一起学习生字，我特别高兴。说到"鼓楼区"，我想问大家一个小问题：鼓楼区的"鼓"字为什么这样写？（出示：鼓）

（生摇头表示不知）

师：我们今天就一块认识认识。（出示：🥁）请看，这是什么？

生：鼓。

师：我们看"鼓"的小篆体，（出示：壴）象形字、楷书写成"壴"，（出示：壴 zhù）上部的"士"是鼓的装饰物，中间的"口"是鼓面，下部的一横是鼓的底座，所以写这一点一撇时不能超出底横。

师：但这只是鼓的左偏旁，（出示：　）请看这是什么？

生：那是手拿鼓槌。

师：对，手拿鼓槌，古文字是怎么写的呢？请看，（出示：　）上面"个"是竹枝，下面"彐"是什么？

生：（边比出打鼓的动作边说）是手。

师：太棒了。这是右手的形状，用三根指头代表五根指头。楷书写成——

生："又"字

师：（出示：支）这个字是——（生回答：支）

师：把"壴"和"支"合起来就成了——（生回答：鼓）

师：这种把两个或两个以上的字组合起来表示新的意思的字，我们叫它会意字，（出示：会意字）一起读。（生读）

■ **评析：**"鼓"字对福州鼓楼区的孩子们来说是再熟悉不过了。"为什么这么写"却是孩子们从没想过的。这一问，便激起了学生的好奇心，更引发了他们的求知欲，也启发了孩子们今后多关注身边的汉字知识。教学通过图文对照，师生互动，学生既知道了"鼓"的字理，还了解了会意字，为下面的学习做好了铺垫。■

## 二、谈话导入，引出"彡"

师：今天，骆老师要跟大家一起学的是——（指课题）一起读。

生：含义丰富的……（生多数读不出，有几位学生大声读成"三撇"）

师：不急，有同学读成"三撇"。这是以前的叫法，教育部规范叫它——（板书：shān）（生拼读）

师：好，再读一下课题吧！（生读）

■ **评析：**科学识字应从规范名称开始。"彡"在《现代常用字部件及部件名称规范》（教育部国家语委会于2009年3月发布，7月1日试行）中名称已注音为"shān"，但绝大部分教师不知道，仍教"三撇"。规范名称不仅有助于学生了解部件的形音义，更利于他们理解由该部件构成汉字的形音义。■

## 三、"彡"做音符

师：同学们，有两个汉字带这个部件，而且读音跟它一样。（出示：衫 shān）

生：衬衫的"衫"。

师：这个字是什么部首？

生：衣字旁。

师：说明它跟什么有关系啊？

生：跟衣服有关系。

师：厉害。（出示：杉 shān）这又是什么字？

生：杉（shān）。

师：对，组个词。（生回答：杉树）

师：这两个字都有"彡"，表示了这两个字的——（生回答：读音）

师：部件表示字的读音的，我们叫它"音符"，（板书：音符）一起读。（生读）

■ **评析**：学生知道了"彡"的规范读音，再结合常见字"衫"和"杉"明白了"彡"的表音作用，学到了"音符"——这个教学环节设计得妙。■

## 四、"彡"做意符

师：其实啊，"彡"更多的是在构字中表示意思，做意符，（板书：意符）一起读。（生读）"彡"做意符表示哪些不同的意思呢？谁能说出一些带"彡"的字？

生众：色彩的"彩"、形、影、须。

师：（贴：彩 形 影 须）同学们知道得还真不少。

■ **评析**："彡"做意符含义丰富，怎样让学生更容易掌握呢？学生在校学习或在生活中认识了一些带"彡"的字，但并不清楚"彡"在字中的意思，从学生已识字中讲起，学生就比较容易理解和掌握。■

### 1."彡"表示光影

师：我们看看"影"字。大家想想，太阳（画太阳）照着我们人或者事物时（画人），就会出现影子（画阴影纹）。在这个字中，"彡"表示什么？

生：影子。

师：古人经常用"三"表示多。"彡"用三撇表示很多的阴影纹，所以，用"彡"表示影子，是不是很形象呢？（生回答：是）

师：谁能给"影"字组词？

生众：电影、阴影、影子、倒影。

师：对了，影子倒映在水面上，是不是也像这样的三撇啊？（生回答：对）

■ **评析**：教学"彡"做意符，从学生熟知的"影"字讲起，再板画简笔画，使"影"的阴影纹"彡"生动形象。学生了解了"影"的形音义关系，书写时就不会将"彡"丢掉了。■

## 2."彡"表示花纹

师：再看这个字（指：彩），这里的"彡"表示什么意思？

生1：彩虹是一道一道的，它也表示一道一道的色彩。

生2：彩虹就是七种颜色，很好看。

师：彩笔描绘出来的那些图画也是彩色花纹的，所以，这个"彡"表示很美丽的条纹。一起读"彩"字。（生读）

师：再看"形"字的"彡"跟"彩"的"彡"表示的意思一样吗？

生3：应该是表示形状吧。

生4：我觉得是形状的影子。

师：哎呀，你真有想象力啊。事物是不是都有一个外轮廓？这个轮廓就是勾画这个物体的线条和花纹。明白了吧？读"形"这个字。（生读）

师：下面再看一个字，它的"彡"表示比较特别的线条和花纹。（出示：修）读——

生：xiū。

师：对，"修"的音符在哪里？（生观察而说不出）

师：（出示：攸 yōu）一起读。（生读）

师：这个字提示"修"的读音。听一听，"攸"跟"修"在读音上有哪些是一样的？

生：它们的韵母相同，都是"iu"。

师：对。这是用韵母提示读音的音符。再读读"修"字，也学习"攸"字。（生读）

师："修"的最早意思是什么呢？大家想一想：有的妈妈爱漂亮，出门之前要化妆修修眉——见过吗？

生：见过。

师：她是怎么修眉的呢？

生：她会拿眉笔描几笔。

师：描描眉，修出形来。描这几笔条纹就是"修"字的——

生：彡。

师：对，所以"修"就是修饰，让事物变得更漂亮。我们买了新房子住之前先做

什么？（生回答：装修）

师：对，装修得漂亮点，就住得舒适。所以，"修"字的"彡"表示勾画美丽的线条或纹路，使事物更加美丽。现在我们理解了，"彡"是"修"字的——

生：意符。

师：再读读"修"字。（生读）

■ **评析**：学生越小，想象力越丰富。他们知道了"彡"表示阴影纹时，教师稍加引导，就能结合字义和熟悉的事物猜测、想象出"彡"在"彩""形""修"中表示的意思，尽管表达得不准确。此时，教师的点拨、讲解作用就凸显出来。■

### 3."彡"表示声响

师：我们知道了"彡"的几个意思，它还有其他意思吗？请看这幅图，也藏着一个意思哦！（出示: ）这图左边是鼓，右边是什么呢？

生：敲鼓发出的声音。

师：什么样的声音？

生："嘭嘭"的声音。

师：是的，三道斜画，表示鼓发出的"嘭嘭"声，字就写成"彭"，它跟鼓一样也是个——

生：会意字。

师：后来，"彭"主要用作姓氏，人们就加了一个意符表示声音，（出示：嘭）加的是什么？

生：口字旁。

师：是的。"嘭"字读两遍。"嘭"中的"彭"这时变成了——（生回答：音符）"彭"做音符的字还有几个。（出示：澎 péng）一起读。（生读）

师：认真看，它加了什么偏旁？

生：加了三点水，说明跟水有关。

师："澎"的本义是水浪拍打的声音。再看这个字。（出示：膨）

生：是肉月旁，跟身体有关系。

师：对，"膨"的意思是什么膨起来？来，大家深吸一口气，把肚子胀起来了，"膨"的意思是指——

生：肚子膨胀起来。

师：我们小结："嘭、澎、膨"三字都是"彭"做音符。汉字系统神奇吧？

■ **评析**：此教学环节通过看图引导学生认识"彡"在"彭"中表示击鼓声，再通过换偏旁、明意思等方法系统认识了"彭"做音符的3个字，从另一个角度展示了汉字的系统性。■

**4."彡"表示须发**

师：（出示老者长须图）这位老爷爷有什么特别的地方？

生：长胡须。

师：是的，胡须很长。（出示：须）"须"的"页"表示头部，哪个部分表示胡须？

生：彡。

■ **评析**：学到此，学生对"彡"表示须发已经不难理解，看图就明白。■

## 五、部首"镸"与"髟"

**1."镸"**

师：有一个字也跟毛发有关，（出示：长）一起读。（生读）

师：（出示：長）这是它的繁体字，见过吗？（生摇头）

师：繁体"長"已经简化为"长"，我们为什么还要学它呢？因为它还在用作偏旁。大家能看出"長"的什么地方像毛发？

生：是不是上面的三横？

师：我们看看是不是这样。（出示：）哪个地方像头发呀？（老者的头发也变红，"長"的上部也变红）看，像不像？

生：像。

师："长"最早就指长发，后来引申为长短的"长"。"長"是繁体字，现在虽不单独用了，但仍用在一些字里。比如——（出示：套）

生：套，手套。

师：能分析"套"的构成吗？

生："套"上面是"大"，下面……（不知）

师：是繁体"長"的变形。"大""镸"合起来表示又大又长的东西。想一想：手套是不是比手要大一点、长一点，手才能进去？

生：是。

师：我们的外套是不是比我们的身子大一点、长一点？所以"套"的意思就是罩住物体的东西，注意"套"下部"长"的三笔——竖提、撇、捺变成了——

生：撇折、点。

师："镸"为什么要变形呢？为了书写的方便和美观。（指：长 镸）一起读两遍。（生读）

■ **评析**：教育部、国家语委发布的《汉字部首表》和《GB13000.1字符集汉字部首归部规范》自2009年5月1日实施。《汉字部首表》规定了汉字的部首及其使用规则，主部首201个，另设附形部首100个，其中，"长"是主部首，"长、镸"是附形部首。"镸""彡"构成的"髟"也是主部首，由此看出，学好"镸"是学好"髟""套"等的基础。■

## 2. 部首"髟"与部中字

师：部首"镸"与"彡"结合，组成了——（出示：髟 biāo）（生读）

师："髟"左边是——

生：长，是长短的"长"。

师：右边的"彡"表示什么？

生：（观察）刚才"须"的"彡"是胡须，这是不是还表示胡须？

师："彡"这里表示头发，与"镸"合起来表示长发的意思。

■ **评析**：先依次学习了"彡"和"镸"的形音义，再学习掌握"髟"这个合体部首的形音义就水到渠成了。同时，"髟"也是个会意字，在这里又可以巩固学生对会意字的掌握。识字教学这样的梯度和层次，正是系统识字科学性的体现。■

### （1）"鬓"

师：有一首诗当中就藏着一个带有"髟"的字，（出示《回乡偶书》）（生读）

师：带有"髟"的字是——（生回答：鬓）

师：太好了，说明这个字跟什么有关啊？

生：跟头发有关。

师：鬓在我们头上哪个位置啊？

生：我觉得是头顶。

师：不对，是这里（手指鬓角），我们的眼角到耳朵之间的这一部分。古人不理头发，他们认为头发是父母给的，理发是对父母的不孝，所以他们的头发都很长。人老了，鬓角的头发往往先白，因此，诗中就说——

生：鬓毛衰。

■ **评析**：小学一年级下学期的学生学习"彡"部的字有一定难度，教学就先从学生会读的古诗《回乡偶书》的"鬓"字入手，让学生联系自己的知识积累，从认识身体部位起步，增加了趣味性，降低了学习难度。■

**（2）"彡"部其他字**

师：（出示：髻 鬟 鬃）这些字都跟什么有关？

生：都跟长头发有关系。

师：（指：髻）"髻"的上部是"彡"，下部是"吉"，表示这个字的读音，（出示：发髻 jì）读。（生读）发髻是什么？

生：我觉得发髻是戴在头上装饰的那种。

师：不是装饰，就是头发。（有女生盘着髻）这位同学请你站起来。大家看，把长头发扎起来盘在脑后或者头顶，就叫"髻"。古时候是这样子的。（出示髻的图片）

生：那不是男生吗？

师：是的，古时候不分男女都不理发，头发长了怎么办？盘在头上，这就叫"髻"，多读几遍。（生读）

师：有的女子爱漂亮，盘头发还盘得很有艺术性呢。请看，（出示鬟的图片）有什么不一样吗？

生1：加了一些装饰。

生2：她头发上有一些很像泡泡的东西。

生3：我妈妈的头发卷起来也是这样的，它那里有窟窿。

师：有窟窿，呵呵，这个同学说得很形象，有窟窿叫什么呢？环形发髻。这个字比较复杂，（出示：鬟 huán）下部"睘"（huán），是音符。上部"彡"，表示——

生：长头发。

师：所以"鬟"就是盘在头上的环形发髻，读两遍。（生读）

师：（出示：鬃）这个字是不是也跟毛发有关系啊？谁能用这个字组词呢？

生：鬃毛。

师：真棒。见过鬃毛吗？

生：就是马的鬃毛。

师：马的鬃毛也叫马鬃。（出示马鬃图片及词语）马鬃在马的什么位置？

生：在尾巴那边。

师：再想想，刚才我们说"髟"跟哪里的毛发有关？

生：跟头发有关。

师：那么马鬃应该在哪个位置？

生：在头上。

师：对，（指图片中马鬃部分）这就是"鬃"，不单马有鬃毛，狮子、猪也有鬃毛。（生惊喜状）我们学汉字，掌握一个部件，就能学到跟这个部件有关的一串字。再读"鬓、鬃、髻、鬟"。（生读）

■ **评析**：学了"髟"部的"鬓"字，再由此及彼学习"髻、鬟、鬃"，做到了知识的迁移。■

## 六、规范写字

**1. 示范指导**

师：（出示带田字格的"衫、形、须"）现在我们写这三个字。这三个字都是什么结构？

生：左右结构。

师：写"衫"字要注意什么？

生：左边是衣字旁，不要少写了一点。

师：（范写：衫）还要注意：写"彡"时，第一撇写完，第二撇的起笔要从第一撇的中间对下来写；第三笔撇对着第二撇的起笔点下面写，写长一点。我们先书空。（生书空）写"形"字参考"衫"的写法。写"须"字要注意什么？

生：三撇写在左边。

师：是的，"彡"做左偏旁时，要写小一点，第三撇不能写长，因为写笔顺就是前后笔之间要走最短的路线，才能很快地写出下一笔。现在，请大家一个字写一遍。（生练习写，师巡视指导）

**2. 反馈点评**

师：（出示学生写的字）这位同学的"须"写得最好，做到了三个撇在字的左边时要写短。"衫"的"衤"旁写对了，很好！右边的"彡"的第二撇没有从第一撇的中部起笔，笔画就往右边斜过去了。"形"字的"彡"也是这个问题。

师：（出示学生写的字）第二位同学就写得好一点了，他写的"衫、形"中"彡"的第二撇，符合"彡"的写法。请大家再写一遍。

■ **评析**：写字指导多是要从整体结构入手，引导学生分析各部件，便于学生记忆，但有时也要一笔一笔地分析笔画，便于写好部件。很多学生写"彡"的后两撇会向右斜去，字写得很难看。教师重点指导写好"彡"的第二、第三笔。教法上，教师先范写，既让学生看清楚记忆后再书写，也纠正了学生写字时看一眼写一笔的不良习惯。练习后有针对性地点评，是对学生书写的进一步指导。■

### 七、总　结

师：今天我们学了含义丰富的"彡"，知道了它可以做音符，有"衫、杉"字，更多是做意符，表示影子、线条花纹、声响，还表示毛发，是不是含义丰富呢？

### 总　评

这是一节高效的一年级科学识字课。高效表现在：不仅系统学习了"彡""镸""髟"3个部件及关系，知道了"彡"做音符、做意符的丰富含义，还复习了这些部件系统中的3个熟字、认识了15个生字（含"長"）。科学表现在：识字写字教学遵循汉字科学，所学识字写字知识均符合国家语委会发布的相关规范；教学环节设计符合儿童认知规律。整个学习环节遵循"熟字引入—读字析形—释义组词（或讲解新知）—再读巩固"的步骤。这一过程由浅入深，循序渐进，渗透着学法指导，以提高学生独立识字能力。教学时教师把重点放在"析形"和"释义"上，通过借助图片、溯源古文字、联系生活实际、现场演示等方式突破了难点，使一年级学生在感受汉字的丰厚文化中认识到汉字的独特魅力，为其后续学习奠定坚实的基础。

（骆恭进、李冬梅：福建省泉州市丰泽区第二实验小学／刘香芹：福建省泉州市教育科学研究所）

## 16 "又"来露一手
——部首"又、支(攴)、支、殳、皮"系统

执教 / 薛燕琴　指导 / 金文伟　杨秀萍　翁秀娟　评析 / 杨秀萍　金文伟

此课 2015 年 10 月 13 日展示于福建省福清市城关片课题"汉字学在小学语文教学中的应用研究"教研活动，瑞亭小学承办，城关片 18 所小学的语文教师代表参与了此活动。

（适用于二年级上学期）

### 教学目标

1. 遵循汉字学，学习"又"构成的"取、叉"2个字和部首"又、支(攴)、支、殳、皮"，理解汉字的系统规律，学习汉字分析方法。
2. 理解"又"在构形中做记号的知识。
3. 书写"皮、支、故"3个字，体会笔顺原理，规范书写笔画。

### 教学过程

#### 一、激发好奇，揭示课题

师：同学们，咱们的汉字可有意思了！知道最早表示手的是什么字吗？

生：是"手"字。

师："手"是金文才有的，比金文还早的甲骨文呢？（生摇头）

师：是"又"字。（生好奇）知道"又"为什么这样写吗？（生摇头）

师：（出示：）这是甲骨文的"又"字，像右手的形状，表示右手，三个线条从下往上是大拇指、食指和中指，用三根手指代表五指，向下的长线条是手臂。这个右手形后来楷书写成"又"。

生：老师，"又"现在还表示"手"吗？

师：单字早已不再表示"手"了，在构字时经常表示手和其他意思。所以，"又"的本领可大了，这节课我们就请"又"来露一手，好不好？

生：好！

师：（出示课题："又"来露一手）请大家把课题读两遍。（生读）

师：谁知道，"'又'来露一手"是什么意思？

生：就是它要展示本领。

师：什么本领呢？（生摇头）好，今天我们就来看看"又"到底给我们露哪一手。

**评析：**《义务教育语文课程标准》指出："语文教学应该激发学生的学习兴趣，要让学生对学习汉字有浓厚的兴趣。"导入环节对所教汉字不断设疑，以激发学生的好奇心和探索汉字奥秘的兴趣，为教学营造了良好的氛围。

## 二、"又"做意符、记号

### 1. 做意符

师："又"首先给我们露的一手就是在构字中做意符，表示手的动作。请看,（出示：交叉 chā 拿取 qǔ）读。（生读）

师："取"和"叉"跟手的动作有关吗？

生：（交流后）有关，"取"是拿的意思，拿东西要用手；"叉"应该是十个手指交叉在一起，不是也要用手吗？

师：你很聪明，一下子就分析出来了。我们先学"叉"，请大家把两手十指交叉。（生十指交叉，体会"交叉"的意思）

师："叉"的"又"字是手，"叉"的一点是手指间加进另一根手指，所以"叉"是手指交错的意思，引申为有分杈的器具。（出示图片和词语：鱼叉 钢叉）

生：鱼叉、钢叉。

师："取"字从耳从又，表示古人捕获野兽或战俘后，用割取左耳的方法来计功。"又"在这些字中都是表示字的意思，所以把它叫作意符，也叫——

生：形旁。

### 2. 做记号

师：你们还知道哪些带有"又"字旁的字呢？

生众：（交流）对、鸡、难、欢、戏。

师：大家分析看看，"又"在这些字里表示读音吗？

生：不表音。

师：表示字的意思吗？

生：（思考后）不表示意思。

师：对，"又"在这些字中既不表音，也不表意，所以是记号。

■ **评析**：汉字经过上千年的演变，不少字符不能表意和表音，而变成了记号。记号是学生理解和识字的难点。但这个环节，先使学生理解"又"在构字中的意符（形旁）作用，再让学生经过比较，自然理解了记号。■

## 三、分析构形，探索规律

师：我们已经知道，学好一个部首就能轻松学好一串生字。"又"要再给我们露一手的是，它不仅构字能力强，还能造出很多部首，形成了一个"又"的部首系统。我们掌握了这个构形系统，就能很快掌握带有"又"的很多部首，轻松掌握很多字。所以今天老师也借着学习"又"的部首系统，教给大家一种学习汉字的好方法，叫"系统学习法"。这是根据汉字的构字系统来提高汉字学习效率的好方法。[出示：支（攵）殳 攴 皮]

师："攴"读"pū"。（出示： ）

师：这幅图像什么？

生：人的右手握着一根木棍。

师：是的。"攴"的下部"又"是手，上部是分叉的木棍，合起来表示手持棍、槌或带杈棍敲打。"攴"有一个我们常见的形声字，谁能猜到？（生一时想不起来）请同学们拿笔在桌子上敲一敲。（生敲桌子）

生：哦，敲。

师："敲"就是手拿着棍子击打物体。这是形声字，谁能根据形声构字法记住"敲"字？

生："敲"左旁的"高"提示读音，右旁的"攴"表示字意。

师：很好，形声构字法是汉字构形的一个方法，学习汉字会经常用到。

■ **评析**：遵循汉字学的教学，必然要运用汉字学的术语，如形声字、象形字、意符、记号。教学将理论与实例相结合，运用这些术语帮助学生理解字的构形原理，学生也因此轻松理解了这些术语的含义，相辅相成，相得益彰。■

师："攴"在楷书里更多的是变形。（出示：夂）

生：反文旁。

师：反文旁是俗称，跟文没有关系。"攴"为什么会变成"夂"呢？原来呀，楷书为了写得快，就把"攴"的竖横写成了撇横，成了"夂"，不过，"夂"仍然读"pū"，意思仍然是——

生：敲打。

师：你们知道哪些有反文旁的字？

生众：教、牧、故、放。

师：这些字跟手拿着棍子敲打有关吗？（出示古人拿棍子打孩子、牧羊人持棍放牧、古人持械操作、岳飞被流放等图画）请大家结合这些图理解这几个字。

生众："教"是用棍子打孩子，表示管教的意思；"牧"是人用棍子打不听指挥的牛羊；"放"是岳飞被刀枪剑棍押着流放。

师：同学们有些字分析得很好。为了帮助大家更好地理解这些字的意思，老师先把同学们分析得比较准确的字，解释给大家参考。（出示）

- "教"古人认为棍棒之下出孝子。
- "牧"是手拿棍棒牧牛（羊），本义是放牧牲畜。
- "放"从"方"表示远方，从"夂"表示官兵手拿棍棒押解人流放远方，引申为到一定的时间停止，如"放学""放假"。

师："故"字大家都觉得难，我们先分析偏旁。"故"的左旁是——

生：古。

师："古"是什么意思？

生："古"就是古代的意思。

师：古代也就是很久以前的意思。"故"的右旁是——

生："夂"，手拿棍子敲打。

师："夂"在这里表示手拿工具做事。"古"和"夂"合起来就表示——

生：古人做的事情。

■ **评析**：部首的表意作用很明显。老师引导学生理解"又"在构字中的作用，进而分析合体部首"攴"，揭示汉字的构形系统规律，并循循引导学生学习分析字的方法，扎扎实实地培养学生自主识字的能力。■

师：我请同学们接着分析下面三个部首。（出示： ）谁能从这四个古文字中看出"支"（zhī）"殳"（shū）"皮"（pí）这三个字？

生：（观察）我找到了：" "是"支"字，" "是"殳"字，" "是"皮"字。

师：非常正确。你真厉害，给你点赞。你是怎么分析出来的？

生："支"和"殳"的古文字跟楷书对比，就可以看出来了，"皮"是猜的。

师：能看出来就很不简单了。不过还要学会分析，会分析能提高我们的智力。很多同学有《汉字教学常用字形义解析》这本书，有些同学还看得津津有味。现在老师出几道思考题，要求同学们结合这本书，分组讨论"殳""支""皮"三个字的构形原理。老师相信你们的聪明才智能发现它们的构形密码。（出示）

支：

- 分析" "。
- 找出有"支"旁的字。
- 分析"鼓"字构形。

殳：

- 分析" "。
- 分析"殴"字构形。

皮：

- 看图分析" "，"皮"字是怎么演变来的？"皮"的每个笔画代表什么？
- 分析"皱"字构形。

参考内容：

（　）的本义是树木、竹子的枝条。（　）字也做音符，如（　）、（　）。（　）是左右结构，左旁"壴"表示鼓，右旁（　）表示打鼓。

（　）字主要做偏旁。本义是手持兵器，引申为古代兵器名。（　）是左右结构的字，左旁是"区 qū"，这里读"ōu"，（　）表示手拿着铁器等凶器打人，容易造成伤害。

（　）字做意符，表示皮肤，如（　）字，"皮"的本义是用手剥取兽皮，引申指动物的皮肤和植物表面的一层组织。

师：第一组同学研究第一题，第二组同学研究第二题，第三组同学研究第三题。

（生分组研究讨论6分钟，师巡视，相机参与讨论）

师：刚才各组都认真研究了各自的思考题，应该都有了自己研究的成果，现在请各组派一名代表汇报你们的研究成果。

生：我是第一组的代表，我们的答案是："支"读"zhī"，最早是手拿树枝的形状，小篆改为手拿半根竹枝。本义是树木、竹子的枝条。在合体字中可以做音符，比如"技、吱"；也做音符兼意符，比如"枝、肢、翅"；也可只做意符，比如"鼓"，"支"是手拿树枝打鼓的意思，左旁"壴"（zhù），是鼓。

生：我是第二组的代表，我们的答案是："殳"读"shū"，是手拿长柄兵器的形状，本义是手持兵器，引申为古代兵器名。"殳"现在主要做偏旁，做意符，也做音符。"殴"是左右结构的字，左旁是"区"（ōu），"殴"表示手拿着刀棍等器具打人，一般会造成很大的伤害。

生：我是第三组的代表，我们的答案是："皮"读"pí"，本义是用手剥取兽皮，引申指动物的皮肤和植物表面的一层组织。"皮"做意符表示皮肤的意思，比如"皱"；做音符多，比如"披、被、破、坡、疲"。"皱"是形声字，左声右形。

师：非常棒，你们用自备的字典——《汉字教学常用字形义解析》查解析，结合老师提供的资料思考分析。自主学习加合作就应该这样，目标一致，方法多样。

■ **评析**：教是为了不教，"授鱼"不如"授渔"。这一环节在传授学生分析汉字构形方法的同时，指导学生学查字书，研讨汉字构形问题，使学生学而时习之。参考答案虽多照搬字书，但低段学生由此开始了查字书学字词的实践，掌握自学加讨论的方法，由此走上了独立识字的道路。■

## 四、点拨指导，规范书写

### 1. 指导书写

师：(出示：皮 支 故)这三个字的异同点有哪些？怎样写规范呢？请同学们发表自己的看法。

生1：这三个字都含有一个"又"旁。

生2：它们的结构不一样，"皮"是半包围结构，"支"是上下结构，"故"是左右结构。

生3："皮"书写的时候，要特别注意笔顺，一笔横钩，二笔撇，三笔竖，接着写"又"才比较顺。

师：你能注意到笔顺，了不起！

生：" 故 " 字写 " 攵 " 时横与撇不能连着写，是两笔写成的。

师：提醒得好，对部件就应该像你这样细心观察。

**2. 练习写字**

师：（用投影机在田字格上示范笔顺并讲解笔画的避让、紧凑、穿插等技巧）现在请大家拿出生字练习本将上面三个字各写三遍。注意写字和握笔的姿势。（生练写，老师边巡视边纠正个别学生的书写错误）

### 五、拓展延伸，激励自学

师：" 又 " 家族的成员还不少呢。你们还想认识这个家族的其他成员吗？

生：想。

师：那就课后看看 " 又 " 字还能构成哪些字，其中哪些 " 又 " 跟 " 手 " 有关。看谁本领高，找得多找得准，在下次的课堂上请给大家讲解生字。

■ **评析**：教师将学生课内学到的科学识字方法，迁移延伸到课后，既巩固了学生所学的知识与方法，又培养了学生自主探究的能力。期许 " 在下次的课堂上请给大家讲解 "，进一步激起学生自学的兴趣，为以后师生互动的课堂打下基础。■

## 总 评

本课是前面解析 " 又 " 部首系统课的继续。由于学习主体是二年级学生，本课增加了学生依据字书自学的环节，把培养学生自主识字能力落实到了实处。这就通过实践使学生体会到：一是识字要遵循汉字学揭示的汉字构形规律（为此，选择了比较合适的解析汉字的书）；二是要掌握字的形音义并明白三者的相互关系，要掌握字音和字形，更要理解字义，因为汉字是表意文字；三是汉字具有的系统性，科学解析一个字，不仅有利于掌握该系统的多个字，也容易使学生认识学到汉字构形中蕴含的巨大智慧，促进其思维发展。

本节课教学运用了形式多样的教学方法，如看图分析、合作讨论、讲练结合、导辅并用、多媒体辅助教学，激发了学生的识字兴趣，活跃了课堂气氛，提高了课堂的效率。

（薛燕琴、杨秀萍、翁秀娟：福建省福州市福清市瑞享小学）

## 17 巧识"卩"旁系统字
——部首"卩、欠、右'阝'(邑)"系统

执教 / 林佩菱　　指导 / 金文伟　叶秀萍　　评析 / 金文伟

此课2014年10月展示于浙江省杭州市"千课万人"全国小学语文大型教学研讨观摩活动。

（适用于二年级上学期）

### 教学目标

1. 学习"卩"部首系统"卩、欠、右'阝'(邑)"三部首的形义关系及其部中字。
2. 揭示该系统偏旁、字之间构形的纵横关系，培养系统地识字能力。

### 一、系统识字

**1. 认识偏旁"卩"及相关字**

师：小朋友们，这节课，我们将在一个偏旁朋友的带领下识字。

师：（出示：卩）这个偏旁你们认识吗？

生：单耳旁。

师：它的形状像耳朵，难怪叫它单耳旁。但它有个大名，读作"jié"，我们国家教育部在2009年就规定要叫这个部件的大名了。（生读三遍）

师：（出示：节　爷　疖）如果你觉得"卩"这个大名不好记，就想想这三个字，它们的偏旁都有"卩"。读一读，你发现了什么？

生：我发现这三个字的读音和"卩"很像。

师：是的，"卩"做音符提示了这三个字的读音。"疖"是形声字，找一找哪部分是意符，跟字的意思有关。猜一猜"疖"字的意思。

生：我猜它的意符是病字旁。"疖"可能是种病。

师：（出示疖子图片）"疖"是一种皮肤病，长了疖子可疼了，我们平时可要注意皮肤卫生。

■ **评析**：学生早就先入为主地认为"卩"是单耳旁，如果通过重新死记来纠正他们的读音，难度比较大。于是教师以"节、疖、爷"为例来说明"卩"的音符作用，学生因此容易理解而记住"卩"音，并明白这三个字的构字方式，可谓一举多得。■

师：（出示：却 印 即）"卩"在这三个字里却做意符，提示三个字的意思，你知道"卩"的意思吗？（生摇头）

师："卩"是象形字，（板书：♀）这是甲骨文"卩"，是一个人——看出他这是什么姿势吗？

生：跪坐着的姿势。

师：是的，（出示：♀）就像这样，慢慢地，"♀"字就变成了现在这样"卩"（板书）。古时候，我们的祖先习惯这样坐，和我们现在的坐法不一样。他们跪坐着聊天、看书，想象一下，他们还做什么事也是跪坐着的？

生：写字、吃饭、喝茶……都是跪坐着的。

师：是呀，祖先们生活中很多时候都是跪坐着的，所以聪明的祖先们就用"卩"来表示跪着的人。（出示：即 印）请大家看古字猜一猜，"即、印"中的"卩"就是人在干什么呢？

生：我看古文字的"即"像有一个人跪坐着，他面前好像有一个火锅。

师：你观察得真仔细，想象力真丰富呀！（出示： ）从"即"字看，人靠近了食物，吃了吗？什么时候吃？

生：还没吃，他快吃了。

师："即"最早的意思就是靠近，由准备吃东西引申为将要。（出示：即将）这个词上学期学过了，就在一句天气谚语中——（出示：蜻蜓低飞江湖畔，即将有雨在眼前）下雨了吗？

生：还没下，快要下了。

师：谁给大家说说"即将"的意思？

生："即将"就表示马上、就要的意思。

师：（指：♀）"印"字中也有跪坐的人，他很不好受，谁看出来了？

生：左上好像是一只手在按着这个人的头，不让他站起来，只能跪着。

师：观察得真仔细。请把这两个偏旁合起来猜这个字的意思，"印"表示这个动作——按。这是一方印章,要怎样才能在纸上留下痕迹呢?

生:要按压。

师:"印章"这个名字就是这么来的。给"印"组几个词吧!

生:打印、脚印、印刷、复印、印象……(师板书)

师:你觉得哪些词表示按、压留下痕迹?

生:脚印是脚踩了才有脚印,印刷也需要按压才能在纸上留下痕迹……

师:你看过、听过、做过的事会在你的脑海里留下痕迹,叫作——"印象"。(生齐读,积累词语)

■ **评析**:由学生比较熟悉的生活来推导"即""印"的本义和引申义,在学字词中促进了学生的思维发展。■

师:"即、印"中的"卩"表示的是跪坐的人。跪坐是身体哪个部分的动作?

生:是腿的动作。

师:(出示:却)"却"中的"卩"表示腿脚动作的意思。(做后退动作)这个动作就是"却",什么意思?

生:人往后退。

师:"却"的本义就是后退,(出示:退却)我们来认识这个新词。现在,"却"又有了别的意思、别的用法了。不过,只要你记住了"却"最早的意思是——

生:后退。

师:哪部分表示腿的动作?

生:卩。

师:你只要记住"却"的右偏旁是"卩",而不是别的,这样就不会把它写错了。

师:刚才我们跟着偏旁"卩"复习了"节、爷、即、却",新认识了"疖、印"。我们知道偏旁"卩"在有的字里当音符,像"节、爷、疖",在有的字里做意符,如"却、印、即"。

**2. 认识"欠"及相关字**

师:老师教你们做个简单的放松动作吧。(板书:打哈欠)(生伸懒腰打哈欠)感觉如何?

生:感觉很放松,很舒服。

师:大家看看"欠"的古文字是什么样子。(板书:𣢆)

生：我看这个字下部是"卩"，上部是大嘴，合起来像是一个跪坐的人张大嘴巴打哈欠。

师：我们认的、写的"欠"是现代楷体，哪部分像张大的嘴巴？哪部分表示人？

生：上部分的"⺈"就像张大的嘴巴，下部的"人"当然就表示人喽！

师："欠"字是不是简单又好记？

■ **评析**：联系自身、结合古文字理解楷书，"欠"字内涵就学得多了。■

师：你们注意到了吗，打哈欠时，嘴巴是——

生：张大的。

师：嘴里还会呼出——

生：呼出气。

师：发出——

生：发出声音。

师：生活中人们有好多动作就像打哈欠一样张大嘴巴、呼出气、发出声音，所以祖先们就用"欠"字做意符造了许多字，让"欠"帮助表示字的意思。（出示：吹气 唱歌 欢笑）我们来做做这些动作吧！（生做相应的动作）

师：谁知道"歌、吹、欢"为什么是欠字旁？

生："吹"表示用嘴使劲出气，还能吹出声音，吹口哨。

生：唱歌时要张嘴，要发出声音，所以"歌"是欠字旁。

■ **评析**：很多学生常把"歌"的右旁写成"攵"，听了这个故事，理解了"歌"字为何是"欠"，错字现象就会大量减少。■

生：你看我，欢笑时会咧开嘴，还会发出笑声，所以"欢"有欠字旁。

师：你们说得都对。用这样的方法，我们再认识两个新朋友。（出示：欣赏 歇一歇）

生1："欣"是意音字，"斤"做音符，"欠"是意符。

生2：欣赏美景时我会"哇"的一声，嘴巴张大还发出声音，所以"欣"是欠字旁。

师：你们和他想的一样吗？来，看几张图片。（出示几张美景图。生赞叹"哇"）请欣赏最后一张。（出示小猫脸被吐司片套住图。众生大笑）

生：我知道了，欣赏时不但会发出"哇"声，还会笑，所以"欣"有欠字旁。

师：大家说得对。"欣"和"欢"的意思差不多，表示快乐、开心。观赏美好的事物时心情总是欢乐的。"歇"为什么也是欠字旁呢？（生思考）人在什么情况下需要歇？

生：累了就想歇一歇。

师：做个表示累的动作。（生打哈欠、喘气、呼气）有答案了吗？

生：有答案了。（生复习"欠"相关字、词）

■ **评析**：学生常将合体字右旁的"欠"与"攵"相混写错，很多教师为纠正错写而费神苦恼。林老师教学方法很巧，引导学生联系生活结合字词理解了"欠"的形义关系，自己分析意符"欠"，相信他们今后就不会写错了。■

**3. 认识"邑"和"右阝"**

师：（板书右"阝"）它叫什么？

生：右耳旁、右耳刀。

师：为什么这样叫它？

生：（笑）因为它长得像耳朵，长得像刀。

师：这个偏旁的意思跟耳朵、刀有关系吗？

生：应该和"阝"一样，意思跟耳朵、刀都没关系。

师：大家越学越聪明了。其实右"阝"是由这个字变化来的，（板书：邑）"邑"是什么意思？我们再请古文字帮忙。（板书：𠁽）这是甲骨文的"邑"。你看明白了吗？

生：下面是"卩"就是跪坐的人，上部是"口"吧？

师：上部是大口框，大口框是什么意思？

生：是不是大嘴巴的意思？

师：不是，（贴许多房子的图片）这些是人们居住的房子，大家聚住在一起（画大方块圈住）形成一个区域，大口框"囗"是"围"的意思，"卩"用跪坐的人表示安居乐业。这就是"邑"的意思，表示人们的聚居区。小篆写作"𨚔"（板书），楷书写作"邑"（板书），做右偏旁写作"阝"，为了区别"左'阝'"（阜）而称作"右邑"。带右"阝"的字意思大都跟地域、地名、城镇、国家有关系。记住这点很重要哦！

师：（出示：都 部 郊 那 邓 郑 邻）这是我们已经学过的带有右"阝"的字，谁来当当小老师，说说这些字为什么有右"阝"。

生1："都"还有个读音"dū"，比如"首都"，首都北京是大城市，所以有右"阝"。

生2：郊外离热闹的城市远一点，也是地方。

生3：人们的房子离得近，就是邻居，所以"邻"有右"阝"。

生4：司令部里有房子，部队很大，有房子有很多士兵……

师：最早把一定范围内的人家叫"部"，现在的意思有变化，你们用得对。对于其他字，你们有不清楚想问的吗？

生："邓、郑"为什么有右"阝"？

师："邓、郑"本是古代诸侯国的名称，现在还有邓州、郑州这些大小城市呢，后来也用作了姓。你认识姓"邓、郑"的人吗？

生：邓小平、郑成功。

师："那"在古时候读"nuó"，是一个比较偏远的小国名。后来读"nà"，指比较远的地方或者人，如那里、那边、那人。

## 二、总　结

师：这节课我们先认识了偏旁"卩"，知道"卩"的意思是——

生：跪坐的人。

师：我们在"卩"的带领下认识了两个跟它有关的部首"欠、阝"，"欠"表示的是——

生：打哈欠，张大嘴巴，发出声音，呼出气。

师：右"阝"表示的是——

生：城市、地方、国家。

师：我们还认识了带这三个偏旁的字，知道它们大多时候当意符，提示字的意思。记牢了偏旁的意思，字就容易认了，也记得牢了。

## 三、写字指导

师：（出示：却　欣　邻）要写好带这些偏旁的字，首先得把偏旁写好。"卩"的笔顺是怎样的？先写竖再写横折钩，还是先写横折钩？笔顺，就是为了写得快，更顺畅。同学们用指头在桌上写写试试。

生：应该先写横折钩再写竖，这样写比较顺畅。

师：看老师写，先写横折钩，钩由下往左上钩起，就可以顺势从上往下写竖了。这样写字就顺了。那"阝"的笔顺应该是怎样的,大家再写写试试。

生:先写横折弯钩再写竖。(生写,师相机指导)

■ **评析**:"阝"的第一笔是什么,老师先请同学们带着问题自己写写试试,然后再总结,使学生由感性到理性地领会笔形与笔顺的关系,加深对楷体字构形的理解。■

## 总 评

"阝""夂""右'阝'(邑)"是国家颁布的201个部首中的三个,也是构字量较大的偏旁,学生应该掌握这三个部首的知识。可能是教育界担心学生不好理解的缘故,"阝"和"右'阝'"早已据形教成了"耳刀"。儿童先入为主,纠正则难。学生因不知道"夂"字形义关系,易与"攵"混淆。如何让学生在轻松愉快的学习中自然而然地掌握这三个部首?本教例的成功启示我们:

1. 教师应先弄懂这三个部首的知识和相互间的关系。教师学习汉字学明白了,"阝"既是部首,也是构成"夂""右'阝'"的偏旁。明白了"阝",就容易掌握"夂""右'阝'"了。如果教师没有掌握这些知识,就不可能上出这样的课。

2. 巧妙地让学生比较容易地掌握本系统知识,体现了教师的艺术匠心。教师根据汉字音义构形的特点,遵循汉字科学解析三个部首,让学生紧贴生活实际地理解字形字义,使学生仿佛感到这些部首、这些字就是身边事,既好理解,又感亲切,自然而然地掌握了。

3. 识字教育还有促进学生思维发展的作用。汉字是一个科学系统,具有严密的逻辑性。这节课老师不是直接给学生灌输什么,而是循着三个部首的形义逻辑关系,启发、引导学生根据已知条件去积极思索,兴致盎然地从"阝"一步步探讨出"夂""右'阝'"和各相关字的知识,由此提高思维能力。

(林佩菱、叶秀萍:福建省厦门市集美区曾营小学)

## 18 同课异构：汉字中的不同"房屋"
——部首"宀、广、厂、穴"系统

### 教例一

**执教／林玉环　　指导／金文伟　林睿（正高级教师）　　评析／林睿**

此课2015年4月23日展示于福建省福州市鼓楼区进修学校语文教师岗位培训班，授课对象是鼓楼区井大小学一年级（3）班学生。

（适用于一年级下学期）

### 教学目标

1. 学习科学分析汉字的方法，培养自主识字的能力。
2. 分析和掌握"宀、穴、广、厂"4个表示房屋的部首及部中字22个。
3. 学会写"字、床、穴"3个字。

### 教学过程

#### 一、学习"宀"部首及部中字

**1. "宀"**

师：（出示：宀）小朋友们，你们认识这个部首吗？

生：宝盖头。

师：谁知道宝盖头代表什么意思？（生不清楚）

师：（出示：⌂）这个甲骨文像什么？

生：像房屋。

师：是的，就是房屋。上部是房顶，两竖是墙壁。为了书写简便，楷书就把这间房子写成"宀"。

**2. "家"**

师：（出示：⌂）请仔细看看房屋里有什么。

生：有一头猪。

师：对，不过，"猪"横着写太占地方了，甲骨文（出示：🐖）就让猪立起来了。这个字是——

生：家。

师："豕"（shǐ）是猪的象形字。为什么"家"要用猪来表示呢？原来，在家畜中，猪生的宝宝最多，所以老祖宗就用猪来寄托家里人丁兴旺的愿望。

**3."宽"**

师：（出示：宽）认识这个字吗？（生回答：宽）上部"宀"表示什么？（生回答：房屋）

师："宀"在"宽"里表达字的意思，我们就称它为意符，（板书：意符）也叫形旁。"宽"表示房子宽大。（出示：苋）"宽"下部这个字读什么呢？读"xiàn"，（生跟读）苋菜是一种蔬菜，你们跟着家长买菜时看看苋菜是什么样子的，好吗？

师："宽""苋"两个字的读音，哪里一样？

生：韵母一样，它们都有"an"。

师：是的，韵母一样，"苋"在"宽"字里提示读音，我们称它为音符，（板书：音符）也叫声旁。所以"宽"是一个——

生：形声字。

师：也叫意音字。现在请同学们给"宽"组词。（生组词）

**4."完"**

师：（出示：完）现在，我们都很幸福，不仅房屋宽敞，而且很完美。一起来看这个"完"字。"宀"表示什么？

生：房屋。

师：对。"完"的本义指房子修建得完美，后来引申指完整、完全、完好。"完"的下部是什么字？（生回答：元）"元"跟"完"是什么关系？读一读。

生：（读后）"完"跟"元"的韵母一样，"元"是"完"的音符。"完"也是意音字。

**5."寒"**

师：同学们都有温暖、舒适的家，但在古代，有些人很穷，住房条件很差，经常受冻。（出示：🏠）看，这图上画的是什么？

生：一个人在屋子里冻得发抖。

师：是的，屋里很冷，地上都结了两大块冰，这个人只好在房屋里给身上裹着草来取暖，古文字写作"⛺"（出示），屋子里站着一个人，四周是取暖的草，下面两横是冰。后来楷书写作"寒"，上部的"宀"和下部的两横还能表示意思，中间的草和人黏合在一块，变成"𡗗"形——它还能做意符表意吗？（生回答：不能）能表音吗？

生：不能，它们原来就不表音。

师：对，这种既不能表音也不能表意的部件，叫作记号。"𡗗"中的"𡗗"形已经成为部件，叫作"寒字腰"。（生读）

**6."灾、宝、字"**

师：（出示：灾 宝 字）小朋友们，读读这三个字。（生读）谁能大胆地分析这些字？

生："字"，房子里有小孩。

师：真行，你已经会运用意符来分析字的意思了，而且分析得非常接近。不过，准确的解释应该是在房子里生养小孩。孩子长大后会再生孩子，子子孙孙一直延续下去。汉字也是这样啊，你看，我们以前学过的一个字，这个字就衍生出了另一个字，字和字组合又变成一个新字，这汉字的繁衍跟子孙繁衍很相同，所以老祖宗就用本来表示生养孩子的"字"来表示汉字。看，我们中国的汉字是不是很神奇呀。

生："灾"，屋内着火了，表示火灾。

师：现在这个字不仅仅表示火灾，还指所有的灾难，比如——

生众：水灾、旱灾、地震灾害、股灾。（众生笑）

生："宝"，屋内藏着玉，表示这块玉特别珍贵。

师：用屋内的玉表示家中的玉石是宝贝。小朋友们，你们家中的"宝"是什么呀？

生：是我们。

师：对，你们就是爸爸妈妈的"宝贝"。好，谁能给其中任一个字组词？（生组词，师出示"文字、火灾、宝贝"等词）

■ **评析**：从"宀"入手，引导学生认识部首"宀"及部中字"家、宽、完、寒、灾、宝、字"，系统、高效。教师还鼓励学生大胆分析字，据形识义，并适时引导学生认识意符、音符和记号，体现了教学的科学性、逻辑性和趣味性。■

## 二、学习"广"部首及部中字

**1. "广"**

师：刚才我们认识的这些字，都和房屋有关。（出示： ）看看这一组字有什么变化。

生：（观察后）"介"是房屋，去掉了右面墙就成了"𠆢"，"广"——不知道。

师：说得不错。"𠆢"是"介"去掉了一面墙的房屋，表示简易的大房子。演变成"广"，是人们为了书写简便，把上部的屋脊写成点，两侧的屋顶写成横。楷书写成"广"。

**2. "廊"**

师：（出示走廊图）看，这是我们教室门前的走廊，这是一个怎样的房子呢？

生：就是有一个屋顶下有一面墙的走廊。

师：（出示：廊）"廊"字的"广"表示什么意思？

生：表示少了一面墙的大房子，就是走廊。

师：对，走廊就是一面有墙，另一面没有墙，所以"广"是意符。"廊"下部是"郎"，见过这个字吗？

生：见过，是新郎的"郎"。

师：对，这个字读"láng"，与走廊的"廊"是什么关系呢？

生：提示"廊"的读音，是音符。

**3. "库、庞、底"**

师：（出示：库 庞 底）这三个字跟房子有什么关系呢？请同桌之间研究交流，猜猜它们的意思。研究好了给全班同学介绍你们的研究成果。（生介绍，师补充）

生："库"，是大房间里有车，是车库的意思。

师："库"在古代是储藏战车、兵器的地方，如"车库"，后来指储存东西的地方，如"仓库""书库"。

生："庞"，大房子里有一条龙，表示房子很大。

师：有道理，龙是一种很大的动物，房子要特别大才能容得下它，所以"庞"的本义是高大的房屋，后来引申为高大，如"庞然大物"。很久以前有一种庞然大物，是什么呀？

生：恐龙。

生："底",是不是指房子的下面?

师："底"里的"氐"也读"dǐ",这里做音符,提示读音。"底"指大房屋最下面的部分,从上面到下面,就是到了尽头,所以引申为尽头或末尾,如:这个月的最后几天叫——(生回答:月底),这年的最后一段时间叫——(生回答:年底)

师:掌握了意符,你们一下子就能把字的意思基本说准确,太厉害了。

### 4. "鹿、唐、康"

师:是不是带有"广"的字都和房屋有关呢?这可不一定哦。汉字在演变过程中,有些字符会发生变化,如果全凭着意符来猜字,有些字就会猜错的。(出示:鹿 lù 唐 táng 康 kāng)我们看看这三个字。谁来当小老师带读?(生带读)

师:你们知道这几个字中"广"的意思吗?我们请甲骨文来帮忙。(出示:鹿 唐 康)

师:"鹿",甲骨文就是一只鹿的形状,有角、头、身、足、短尾,是独体字,是部件,不能把它拆分成"广""㠯""比"三个部件。"鹿"也是一个部首,我们查字典不要到"广"部首找"鹿"字哦。

师:"唐",甲骨文下部是"口",上部像一个铃铛,合起来表示说话像敲钟一样响亮。不要误会哦,这不是赞美他的声音响亮,而是批评他说的话都是大话、空话,如荒唐(之言)。"唐"也用作朝代名,是——(生回答:唐朝)

师:"康",甲骨文上部也是一个铃铛,下部四点表示铃铛摇动时发出的声音。摇的铃声很好听,所以用来表示安乐,如安康、康乐。

师:有了古文字帮忙,我们是不是很容易理解楷体字了呢?虽然这几个字带有"广",但都跟房屋没有关。注意:"鹿"是部首字,而"唐""康"都归到"广"部首里了,"广"是不表意的记号。同学们要科学地理解哦!

## 三、学习"厂"部首及部中字

### 1. "厂"

师:(出示:厂)很多同学分不清"厂"和"广",你能分清楚吗?

生:"厂"比"广"少一点。

师:为什么要少一点呢?"厂"表示什么意思呢?(生不知)

师:我们还是请古文字来帮助理解吧。(出示:厂 → 厂 厂)同学们,请仔细观察,这两边的字有什么不同?

生：左边是"广"，表示简易的大房屋，这一点是指屋脊。右边这个——像是山崖。

师：对，是山崖，下部凹进去的地方，有人就居住在里面。做部首读"hǎn"。（生读）一般表示山崖、房屋的意思。

■ 评析：部首"厂"音"hǎn"，在"雁、彦、颜"等字中有表音的作用。学生掌握了其读音，就容易理解这些字的形音关系。■

**2."厅、厨、雁、原"**

师：[出示：带图片的"厅（大厅）、厨（厨房）、雁（大雁）、原（平原）"]我们来读读这几个词。（生读）

师：小朋友们，哪些字和房屋有关？哪些字和山崖有关？（"厅、厨"与房屋有关，学生容易理解，重点理解"雁"和"原"）

师："雁"，"厂"是山崖，右下部是"隹"，你们猜猜，"隹"像什么？是鸟，（出示：）"隹"的四横是鸟的翎毛。"隹"是意符，表示它是一种鸟。这种鸟是候鸟，秋天飞到南方过冬，春天就飞到北方生活，在长途飞行的时候会排成人字形，所以这个字还有个部件"亻"——这是一种什么鸟呀？（生回答：大雁）大雁在旅途中飞到天黑了，就常在岩崖下休息。"雁"字的"厂"不但表示岩崖的意思，还提示读音——读读"厂"（hǎn）跟"雁"（yàn），有什么关系？

生：韵母相同，都是"an"。

师：所以，"厂"在雁字里，既是意符也是音符。

师：再看"原"字。（出示：𠪳→原）

生："原"字跟水有关系。

师：是的，"原"指山崖下有一股泉水流出，本义指水源，后来加"氵"写作"源"。泉水在流的过程中慢慢地汇集在一起，形成一个很大的平面，于是引申为宽广平坦的地方。谁能根据"原"的这个意思组词呢？

生：平原、草原。

## 四、学习"穴"部首及部中字

**1."穴"**

师：（出示：𠂉）很久很久以前，有的人住在山崖下，有的人住在——（生回答：山洞里）看，"穴"就是像岩洞的字，上部两个突出的方块是岩洞上的石块。

后来楷书写作"穴"（板书），读"xué"。（生跟读）"穴"跟"宀"比较像，人们就称为穴宝盖（生跟读）。"穴"的意思是——

生：岩洞。

**2. "窗"**

师：（出示：窗）这是什么字呀？（生回答：窗）"窗"跟"穴"有什么关系呢？（生表示不知）原来呀，岩洞里很黑，聪明的古人就在洞顶上开了个天窗，用来透光和出气。后来有了房屋，窗就安到墙壁上了。谁能给"窗"组词？

生众：窗户、窗子、门窗、窗帘……

**3. "帘"**

师：对，窗帘。窗户上有时透着刺眼的阳光，我们用什么东西遮住呀？（生回答：窗帘）（出示：帘）这是什么字？（生回答：帘）"帘"下部是"巾"，表示窗帘是用织品做的，"穴"表示门窗。谁能给"帘"组词？

生：窗帘、门帘。

**4. "突"**

师：（板书：突）这个字读——（生回答：tū）这个字下部是什么字？

生："犬"，就是狗。

师："突"表示一只犬突然从洞里窜出来，会吓人一大跳的。"突"就是——

生：突然的意思。

**5. "穿"**

师：（出示：穿）我们来看看这个字，有"穴"有"牙"，谁来大胆地猜猜，它表示什么意思？（生猜）

师：古人认为，老鼠是用尖牙打洞的，就用"牙"字在洞穴中表示穿通的意思。想想我们生活中有哪些跟"穿"字有关的事情。

生：穿衣服。

师：对，穿衣服要穿过袖子。

生：穿鞋。

师：穿鞋子时要把脚穿进鞋子里。有时候我们的衣服破了，妈妈缝衣服前要先干吗呀？（生回答：穿针引线）袖子、鞋、针眼都是洞，也就是穴，所以都叫作"穿"。

师：（总结）你们看（指板书），这些带有"穴"的字都和——

生：都和洞有关。

■ **评析：**《义务教育语文课程标准》在教学建议中指出，识字教学要注意儿童心理特点，并结合生活经验。本课教学生字词，尽量结合学生的生活，如厅、厨、窗帘，或用字义去理解生活用词，如廊、库、窗、穿。将识字与生活结合起来，有效地提高了学生的识字敏感度，进一步激发了学生识字学词的兴趣。■

## 五、教写生字：字、床、穴

师：（出示：字 床 穴）今天，我们认识了很多跟房屋有关的字。我们来写写这三个字，看谁能写得工整，写得漂亮。（师指导生写字）

■ **评析：**《义务教育语文课程标准》附录4"识字、写字基本字表"有"字、床"二字和"宀、厂"两个部首，因而本课先学先写。写"穴""宀"有相互对比的作用，能加深理解和记忆。■

## 六、复习巩固

师：今天，我们认识了很多与房屋有关的字。房屋对我们人类来说是非常重要的，所以老祖宗造出这么多与房屋有关的字。学习中，同学们能积极动脑，根据意符大胆猜字，真的很棒。学习要及时复习，现在我们用今天认识的所有汉字建一座漂亮的"房屋"，好吗？（领全班认读后开火车读，请读对的同学上来"建造房子"，并形成板书）

汉字中的不同"房屋"

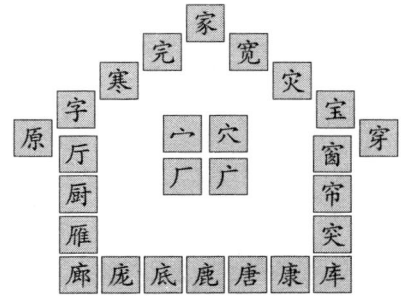

■ **评析**：学生在一这节课上学习了"房屋"系统的 4 个部首和 22 个生字，效率很高。但正因为识字量大，及时复习加以巩固就显得甚为重要。复习环节以"读对了"为"建造房屋"的"资格"，再次激起学生的识字兴趣。■

## 总 评

本节课，教师没有采用一般低年段教师常用的小游戏或是"生字宝宝"等方法，而是运用汉字学，依据汉字的构字规律进行教学，将看似枯燥抽象的汉字符号与生动直观的图画建立联系，使学生将汉字的形与义紧密联系起来。在理解和兴趣浓厚的基础上，学生形象地理解并掌握了"房屋"系统的 4 个部首和 22 个生字，识其形，知其音，明其义，充分彰显了系统化识字教学的科学、高效，更浸染着汉字文化的芬芳。这节课证明了识字教学绝不应是机械重复，也不应是随意解读，而应依据汉字本身的规律和学生认知的规律，以科学的方法教给学生科学的知识，用科学激发兴趣，这样的兴趣才是持久有效的。

（林睿、林玉环：福建省厦门市思明区前埔北区小学）

## 教例二

执教 / 李清燕　　指导 / 金文伟　刘香芹（特级教师）　　评析 / 刘香芹

此课 2015 年 4 月 20 日展示于福建省泉州市级公开课，惠安县黄塘中心小学承办。

（适用于一年级下学期）

### 教学目标

1. 在学习科学分析汉字方法过程中增强识字兴趣，理解会意兼形声的构字方法。逐步形成自主识字的能力。

2. 系统学习"宀、穴、广、厂"4个表示房屋的部首和一些部中字。
3. 规范书写"宝、完、穴、空"4个字。

**教学过程**

### 一、回忆儿歌，激趣导入

师：今天，我们上一节有趣的识字课（指板书）——神奇的"房屋"（生齐读课题）。同学们，还记得我们学过的这首儿歌吗？（出示《我的家》）一起读。（学生深情地朗诵）

师："家"是一座神奇的房屋，里面藏着什么呢？我们进去看看吧！

■ **评析**：复习儿歌《我的家》，创设识字情境，引出"房屋"，为下面分析"家"、学习"宀"做好铺垫。■

### 二、探究"家"，学"宀"部首及部中字

**1. "宀"表示房屋**

师：（播放"家"的演变动画片）"家"是会意字，上部的"宀"表示房屋，下部的"豕"是猪，猪的繁殖率很高，古人就用来表示家里人丁兴旺的愿望。谁能给"家"字组词或说句子？（生发言）

师："家"上部的部首"宀"叫作——

生：宝盖头

师：表示什么意思呢？

生：（多不知）表示房屋。

师：对，你太棒了！（出示：宀）这是甲骨文，象形字，读"mián"，（生跟读）是古代的一种房屋形状，上部的三角形是屋顶，两边是墙。现在写作"宀"，只做部件，也叫宝盖头。带有"宀"的字，意思一般都和房屋有关。小朋友们，你们还知道哪些带有"宀"的字吗？

生众：宝、安、它、室、字、完、宵……（生边说边带读）（师将字卡分类贴在黑板上。一类是会意字：家、宝、安；一类是形声字：完、宵、客。旁边板书：它、室、字）

■ **评析**："宀"部的字，学生经过一学期的学习已经认识了很多，但"宀"的形音义学生并不清楚。从熟字"家"中分析出部首"宀"，自然贴切，并引出新知。■

**2. "宀"部字分析**

师：小朋友们，你们知道老师为什么把"它、室、字"三个字写在另一边吗？（生思考，不知）

师：这三个字比较特殊。我们先分析"它"字。"它"不是会意字，也不是形声字，跟房屋没有关系。"它"原本是个象形字，（出示：🝆）这是小篆"它"，像一条头大身弯的蛇，本义是蛇，后来楷书写成"它"，看一看，楷书中"宀"是蛇的——

生：蛇头。

师：对。后来，"它"字被借去表示除了人之外的事物。那么，蛇用什么字来表示呢？（板书：蛇）

生：（观察"蛇"字）给"它"加个"虫"字就是"蛇"字。

师：对，汉字里有很多合体字就是通过这种加偏旁的方式造出来的。请读"它—蛇"。（生读两遍）

■ **评析**：学生已认的"宀"部字中，"它"是个另类，教师将这个记号字（字形与字的音义无关）巧妙地板书在会意字和形声字的旁边，并引发学生思考到愤悱状态时再讲解，十分有效。■

师：还有"室"和"字"两个字，我们要先会分析会意字和形声字后才能分析好它们。我们先分析这组会意字，它们都有"宀"，都和房屋有关。谁能说说它们构形的意思？

■ **评析**：引导学生分析字，练出能力。■

生1："宝"，家中玉石是宝贝。

生2："安"，一个女子静坐在屋里，表示安居、安宁。

师：现在来分析这组形声字。

生1："宵"，形旁"宀"，表示房屋，"肖"提示读音。房屋是夜晚人休息的地方，所以"宵"表示夜晚。

生2："完"，形旁"宀"，表示房屋，"元"提示读音。本义是房屋建好了，完好无缺。后来引申为完整、完成、终结等意思。

生3："客"，形旁"宀"，表示房屋，"各"提示读音。本义是来宾，就是客人。后来又引申指顾客、旅客、乘客……

师：同学们真棒，会分析会意字和形声字了。我们现在来看看"字"和"室"，它们是会意字还是形声字？

生：（观察）是形声字，上部都是"宀"，表示房屋，"字"的声旁是"子"，"室"的声旁是"至"。

师：它们的声旁能表意吗？（生茫然）

师："室"，下部是——

生：（个别学生）至。

师：对，是"至"（zhì）。（生读）"至"的意思是到，给"至"加声旁"刂"就变成"到"字。"室"，上部"宀"，下部"至"，表示到了房屋里，表示这里是住房，引申指房屋，如教室、阅览室。

师：再看"字"字，这是文化信息很浓的字。"字"，屋里有"子"，表示在房屋里哺育孩子，本义就是生养孩子。为什么又有了"文字"的说法呢？原来，生养孩子就有繁殖的意思，古人认为，汉字的合体字——会意字、形声字，都是由两个以上的独体字组成的，就像是独体字生养的孩子，于是就把这些合体字比喻为"字"。注意：文字的"文"在古代指独体字，"字"指合体字。现在都叫文字。

生：噢，汉字原来还有这样的故事。

师：我们一起来总结"室"和"字"的构形："室""字"中的"至""子"是不是声旁？

生：是声旁。

师：是不是表意的形旁？

生：也是表意的形旁。

师：所以，"室"和"字"是"会意兼形声字"（板书）。请跟我读。（生读）

■ **评析**：识字教学的高标准不是识字效率，而是培养学生独立识字的能力。因此，识字教学的过程就是教给学生科学识字方法的过程，而学会正确科学地分析汉字又是首要的。这一环节李老师分析"室、字"，引发学生思考，接着放手让学生分析会意字和形声字，教师适时补充，然后再引导学生来分析"室、字"，得出"会意兼形声字"的结论。学生不仅明白了概念，更学会了科学分析汉字的方法，锻炼了能力。■

## 三、学"穴"部首及部中字

师：我们现在住房屋，可是在很久以前，人类还不会建房子的时候，他们又是住在哪里的呢？

生众：（猜说）他们住在草窝里，应该住在山洞里。

师：我们从汉字里可以知道。（出示洞穴图）看，人类曾经住过像这样的土室或岩洞，这住处叫"穴"，（出示：穴）这是金文"穴"，两个"口"形表示洞穴顶部的石块。"穴"的本义是土室或岩洞，引申指动物的巢，比如老虎的巢叫——

生：虎穴。

师：蚂蚁的巢呢？

生：蚁穴。

师："穴"是洞，也引申指人体的穴位，我们做眼保健操时都按了哪些穴位呢？

生：四白穴、睛明穴……

师：（出示：洞穴 穴位 虎穴）请读。（生读）

师：请同学们观察，"穴"字和"宀"有什么不同？

生："穴"有撇和捺，就是岩洞顶上的石褶。"穴"在字的上部时，叫它穴宝盖。

师：（出示：窗）"窗"字也带有"穴"，你知道为什么吗？（生猜说）

师：古人比较早的时候是把窗子开在屋顶上，我们现在把窗开在——

生：墙壁上。

师：我们是用什么把窗户遮起来呢？

生：用窗帘。（出示：帘）（生读）

师：你们知道哪些带有"穴"的字？（生说，师补充）

师：带有"穴"的字还有很多，比如这三个字（出示：突 tū 穿 chuān 空 kōng），认识它们吗？（指生带读）

师：你们能根据汉字的构形方法解析这三个字吗？（生分析并组词，师补充）"突"，是会意字，用"穴"和"犬"表示狗从洞穴中猛然冲出来，引申为忽然、突然。"穿",会意字,古人认为老鼠是用牙齿穿洞的,本义是穿通,引申为通过。"空",形声字,"穴"表意,"工"提示读音,本义是窟窿,引申指没有内容。

■ **评析**:学生认识"宀"部之后,对比学习部首"穴"就容易了。引导学生再次分析"穴"部中的常见字,在实践中巩固学法,促进了能力的转化。■

### 四、指导写字

**1."宝、完"**

师:现在我们来写"宀"部和"穴"部的字各两个。

师:我们先看"宝、完"(出示带田字格的"宝、完"),大家有什么发现吗?

生:它们都有宝盖头。

生:"宝"字下部是"玉"不是"王",表示玉石是家里的宝贝。

生:"完"字下部是"元",就是元旦的"元",做声旁,写字时不要少了短横。

师:对,理解了汉字构形就不会写错了。

师:(范写"宝",边念口诀)宝盖头坐中央,写垂点,微微斜,横钩钩锋向字心,横画间隔要匀称。(生跟着书空)

师:我们再来写"完"字。(范写)横和撇偏左写,竖弯钩要右出。(生书空)

**2."穴、空"**

师:好,我们再来看"穴""空"(出示带田字格的"穴、空")。请仔细观察"穴、空"在田字格中的位置,稍后请你们来说说怎样才能写好。(生书写四字,师适时指导略)

■ **评析**:学了"宀""穴"部及其部中字,及时指导书写,既加强了记忆,又变换了学习形式。同时落实了课标"每天语文课上10分钟书写"的要求。■

### 五、学"广、厂"部首及部中字

师:小朋友们,刚才我们学习了"宀"和"穴"部首,这是两个表示不同房屋的部首。汉字中还有几个表示不同房屋的部首,想学吗?

生：想！

师：请看，（出示：𠆢）这是金文，是楷书的哪个部首？（生猜）

师：（出示：广）这个字读什么？

生：读"guǎng"。

师："广"做部首表示什么意思，知道吗？（生摇头）如果我们知道了"广"是怎么产生的，就理解它的意思了。（出示：𠆢）我们刚才学的这个古文字读什么？是什么意思？

生：读"mián"，是古代一种房屋的形状。

师：把"𠆢"的右边墙去掉，成了什么形状？

生：成了刚才的形状（指：𠆢）。

师：那我们现在是不是就好理解"𠆢"的形义了？原来这是有屋顶而少了墙的简易大房屋。后来写成了"广"，读"yǎn"。

生：老师，这个字也读"guǎng"啊！

师：是的，"广"单独用是繁体字"廣"的简化字，读音"guǎng"。做部首时读"yǎn"，也可以读"guǎng"。

师：还有个表示房屋的部首，古文字写作"𠂆 厂"（板书），读作"hǎn"，（生跟读）是山崖的形状，它的"崖"下可以住人，它在很多字里也表示房屋的意思。由于它和"广"长得太像了，古人也经常搞混了。

生：老师，"厂"也读"chǎng"，怎么区分呢？

师："厂"（chǎng）是繁体字"廠"的简化字，所以单用作字时读"chǎng"，表示工厂。但是做部首、部件时最好读"hǎn"，因为它是一些字的声旁，如雁、彦、颜，读"hǎn"就容易理解这些字的形音义了。

■ 评析："广、厂"作为表示不同房屋的部首，与"宀、穴"同步学习，既好理解，又省时高效。■

师：接下来，我们学习有广字头和厂字头的几个字。（出示词语，"庄、库、庙、厢、厕、厨"标红）

cūn zhuāng　　cāng kù　　sì miào
村　庄　　　　仓　库　　　寺　庙
chē xiāng　　cè suǒ　　chú fáng
车　厢　　　　厕　所　　　厨　房

师：请同学们先读读这些词语，不认识的字可以借助拼音读。（生认读）

师：你们发现红色的字有什么特点吗？

生：第一行都有部首"广"，第二行都有部首"厂"。

师：对了，它们分别属于广部或厂部。（板书：广 厂）

师：我们请出这些字吧！（生选出：庄 库 庙 厢 厕 厨）

师：这些字和房屋有关吗？你能用我们学过的汉字构形的方法来分析它们吗？

生：仓库的"库"，是大房子里有车，应该是车库的意思。

师：你分析得对。"库"的本义就是古时存放战车的车库。后来引申指存放其他各种物品的处所。比如，存放很多物品的处所，我们叫它——

生：仓库、库房。

生：村庄的"庄"的"广"表示房子，房子下面有"土"，表示房子是用土做出来的。

师：你很有想法。不过，分析得不是很正确。"庄"字从"广"从"土"，用有房屋有土地来表示村庄。

师：大家看看"庙"字，它和房屋有关吗？（引导看图片）

生："庙"和房屋有关。寺庙里也有房屋。

师：是呀，寺庙也是一间特别的房屋。"庙"最早是供奉和祭祀祖先的处所，比如宗庙、祖庙。"庙"字里的"由"字，表示供奉和祭祀祖先是为了不忘根由。

师：我们解析了三个字，这三个字里的每个部件都表示意思，这三个字的构字方式是——

生：会意字。

师：现在，再看"厢、厕、厨"三个字，它们也和房屋有关吗？

生1：火车的车厢一节一节的，就像一间一间的房子。

生2：厕所是在房屋里的。

生3：厨房也是一间房屋。

师：你们说得太棒了！这说明，三个字的"厂"都表示——

生：房屋的意思。

师：归纳得真好！"厢、厕、厨"都是形声字，不过，三个字的声旁我们还没有学过，以后会学到的。我们先记住这三个字吧！（生每个词读两遍）

■ **评析**：老师继续引导学生科学分析"广、厂"部中常用字，并由"庄、库、庙"

我们的系统识字课

的学习进一步巩固会意字的科学分析方法。"厢、厕、厨"三个形声字的声旁学生尚未学习,老师采取暂缓方式,充分考虑了学生的学习基础,体现了学段特点及学习的延续性。■

## 六、复习巩固,延续探究

师:从古至今,房屋对我们人类来说都是很重要的,因此老祖宗就造出了这些与房屋相关的字。现在我们再按照刚才学的"宀""穴""广""厂"四个部首的顺序,把它们的部中字,分类再复习一遍。(师生复习)以后当我们看到带有这四个部件的字时,就要先想想这些字是不是跟房屋有关,会不会有什么有趣的故事。表示房屋的部件还有一些,我们以后继续学习和探究。

此课例有两点值得借鉴:

1. 遵循汉字系统性特点教学。汉字不仅字成系统,部首也有系统。系统学习部首,使学生所学汉字形成知识树,不仅可以保持记忆,而且有利于学生思维发展。学生已识不少带有"宀、穴、广、厂"的字,但如果教师不讲解其形音义关系,学生就不知道这些部首表示不同的房屋。明白了部首的形义关系,就容易理解和记忆其部中字。

2. 注重学生独立识字能力的培养。"学习独立识字"是第一学段识字写字的目标之一,李老师在教学中大胆放手引导学生独立分析字形义关系,让学生在试错中不断掌握方法,形成能力,为终身自主学习打下基础。

(李清燕:福建省泉州市惠安县黄塘中心小学/刘香芹:福建省泉州市教育科学研究所)

# 2

## 识字与阅读

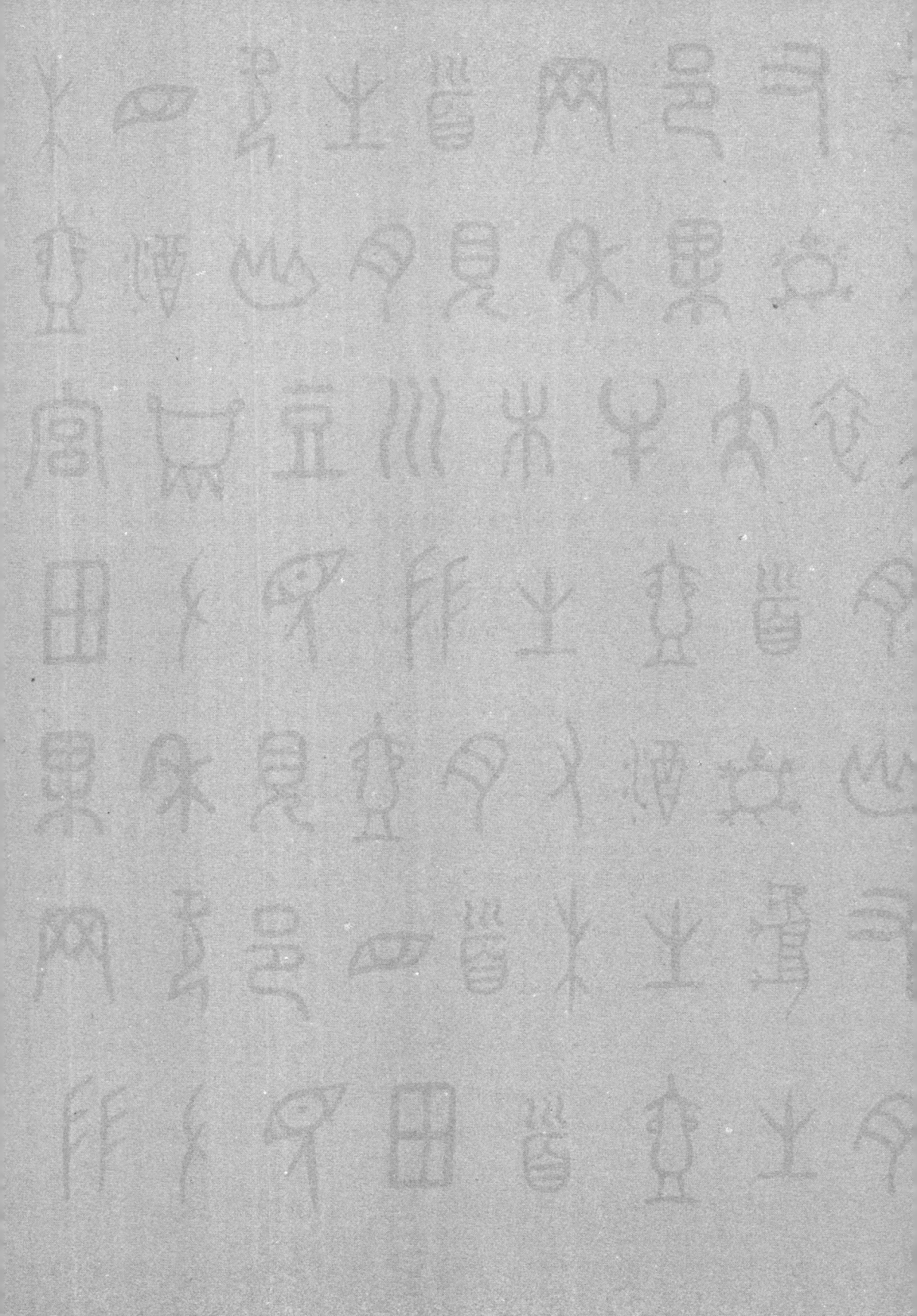

# 19 循科学随文识字 促高效系统整合
## ——人教版第一册《比一比》

> 执教／苏渶　　指导／金文伟　吴金红　　评析／吴金红
>
> 此课2014年11月27日展示于福建省厦门市级"一上学期完成'识字写字教学基本字表'研究"期中教研活动，集美小学承办。

### 教学目标

1. 认识"杏、桃、苹、黄、猫、红、边、多、少、群、颗、堆"12个生字，会写"小、少"2个字，掌握"亅"笔形和"扌"部件，掌握笔形笔顺知识。
2. 遵循汉字构形的系统规律，复习"艹""木"部的字；学习"木"系统"榕、枝、根、杆、柱、材、桌、李"等生字，学习"玉"系统"班、玩、全"等生字。
3. 掌握"多—少""大—小"两组反义词。掌握量词"群、颗、棵、堆"，能正确使用一些量词。
4. 正确、流利地朗读课文。

### 教学过程

#### 一、观图识物，组团学词

师：（出示课文插图）小朋友们瞧，这户农家小院多漂亮呀！小院里都有什么呀？（引导学生按顺序观察，识别小院里的物品）（出示：小鸟　苹果　红枣　花猫　桃子　鸭子　杏子　黄牛）

师：谁会读这些词语？（请学生读，重点提示后鼻音的字：苹、杏、黄）你们读得很正确。你们能把这些词语分成两类吗？（引导学生把词语分为水果和动物两类）

师：真聪明！请看大屏幕，这是我们今天要学习的生字，谁会读这些字？（请三名学生读认识的字）

师：哪些字是你陌生的？

生：上面"木"下面"口"的那个字。

师：谁会读这个字呢？

生：杏，x-ìng → xìng。

师：对，这个字是"杏"。学习生字，我们要学会先分析理解，再多认几遍的方法。大家看，"杏"的上面是什么字？

生：木。

师：（板书：木）为什么有"木"字呢？

生：杏长在杏树上，所以"杏"要有"木"字。

师："杏"下部的"口"表示什么？

生：表示吃杏子吧？（众生笑）

师：不是。"杏"下部的"口"，是"向"字的省简写法，就是把"向"的外部笔画去掉，只保留了"口"。"向"在"杏"字中用声母提示读音，大家读读"杏"和"向"的拼音，声母是不是相同？

生：（试读）是的，原来这个"口"不表示吃的意思啊。（众生笑）

师：再找找，这些字中还有哪个字有"木"旁呢？

生：桃。

师：对，"木"在"杏""桃"字中做部件，有什么不一样？

生："木"在字上方，书写时要写得扁一些；"木"做左偏旁，要把"捺"改成"点"。

师：（板书：木）我们学过很多带有木字旁的字，（出示：桥 松 树 机 棵）哪位小老师带大家复习？其他同学跟读。（小老师带读）

师：带"木"的生字一般跟什么有关？

生众：树木。

师：（出示榕树图片）你认识这种树吗？

生：是榕树吗？

师：是的。（出示：榕树）（生认读生字"榕"及词语）

师："榕"的右旁"容"也读"róng"，容易的"容"。看，这棵榕树长得又高又大，它向四面展开的是什么？

生：树枝。

师：（出示：树枝）榕树能长得如此高大，是因为它的树根深深地扎在土里。（出示：树根）读。（生读）

师：带"木"部件的生字还有很多，看大屏幕上的图片，请说出图上画了什么。（出示木材、柱子、笔杆的图片）

生1：第一幅图画的是木材。

生2：第二幅图画的是柱子，第三幅图画的是铅笔的笔杆。

师：小朋友们观察得真仔细，请大家跟老师读这几个生字和词语。（生跟读）

师：请小朋友仔细观察，这三个生字都有一个共同点，谁发现了？

生：这些字都有木字旁，它们有一个共同的特点，都是形声字。

师：你真棒！（出示：形声字）我们来认一认这些字右边的声旁，这些声旁字谁认识？（生自由发言）

师：这些字的右旁都可以提示字的——

生：读音。

师："木"还可以做字的上偏旁。（出示：杏）这个字大家都认识了，它读作——

生：xìng。

师：（出示李子图）这是什么水果？

生：李子。

师：（出示：李lǐ）全班读。（生拼读）

师："李"还用作人的姓，请班里姓李的小朋友站起来和大家打个招呼。

师：小朋友们，"木"可厉害了，它可以做字的左偏旁、上偏旁，还可以做字的下偏旁。请看，（出示：朵）读。（生读）

师：（出示桌子图）这幅图画的是——

生：桌子。

师：桌子一般是用什么做的？

生：木头。

师：所以"桌"下部也有个"木"。谁能用"桌"组词？（生组词后，齐读"桌子、书桌"——积累词汇）

师：（指：条）大家还记得这个字吗？

生：记得，读"tiáo"。

师：（指：朩）老师考考你们，谁还记得这个字？

生：木。

师："木"怎么变成这样了？

生：它放在字的下面，变形了。

师：你们把学过的知识记牢了，真棒！老师再教你们，"木"在字下部，有的把竖改成竖钩，这样，撇和捺就要改写成短撇和点。（板书：朩）

■ **评析**：上课伊始，老师充分利用课文语境，引导学生有序观察，有序表达，在语境中轻松认识"猫、杏、桃、苹、红"等生字。这些教学内容，很多老师采用的是游戏复现生字、反复读课文、翻来覆去地认字、扩词等方法，费时费力，师生都累。苏老师却运用汉字规律，引导学生自主发现表意偏旁"木"的构字作用。首先，复习巩固"桥、松、树、机、棵"等熟字，强化"木"的意符作用。其次，以"榕树"为认知基点，归类认识本册教材要求会认的400字（以下简称"400字"）之外的"榕、李、枝、根"4个生字，理解树及其各部分名称的字多以"木"为意符。再次，拓展认识"材、柱、杆、桌"4个"400字"之外的生字。此时，善于举一反三的同学发现，这组字都跟木的功用有关。最后，总结"木"系统的字。这个教学设计基于文本而超越文本，转承勾连，整合课内外的字成为一个系统，提高了识字效率，也传授了系统识字的方法。■

师：这些生字中，有一个字特别有意思，（指：黄）读作——

生：huáng。

师：（出示玉佩图和"黊、黄"）请看图片和字，猜猜"黄"的本义是什么。

生：表示金黄的"黄"。

师：你认为表示一种颜色——黄色？请大家看图片，它指黄色的什么？

生：它指的是黄色的玉佩。

师：对，"黄"的本义是一种玉佩，玉佩有黄色的，所以引申指黄色。看看古文字"黊"，玉佩在字的哪里？

生1：在下面两点。

生2：不对，应该是中间。

师：是的，这中间的"田"就是玉佩，（"田"变黄色）下部的两根线条是佩玉的两条穗。请再看，这"黄"的中间是"田"字吗？

生：不是，是"由"。

师："由"中间的"丨"表示什么呢？

生：绑玉的绳子。

师：（指图片和古汉字）绳子要伸到上面（"丨"变紫色）去的部分是系扣。所以，黄字的中间是"由"不是"田"。谁能用"黄"组词？（生组词）

师：（出示：黄色 黄牛）读。（生读，积累词汇）

师：我们已经学了很多带有"艹"的生字，学而时习之，我们来复习，看是不是还记得。（出示生字）

生：草、苗、蓝、花、苏、茄、菜、英、芽。

■ **评析**：识字既把握整体，也把握部件笔画，才是科学识字。为使学生容易理解"黄"的形义关系，教师用图片、小篆体解析"黄"字，其中强调"黄"中间是"由"不是"田"，笔画"丨"表示系玉的绳子，解决了该字的易错难点，进而讲解字的本义、引申义，在扩词学习中理解巩固了字义。■

## 二、学文识字，理解量词

师：小院里的动物和水果，有的大，有的小，有的多，有的少，课文是一首童谣，专门把它们"比一比"。请小朋友们读课文，看看课文是怎么比一比的。（生自由读课文）

师：你读懂了什么？

生：课文把树下的黄牛和小猫比一比。

师：比什么呢？

生：比大小。

师：你真会读书！

生：课文把鸭子和小鸟比，鸭子比较多，小鸟比较少。

师：你把话说得很完整。

生：课文把苹果和枣来比一比，苹果大，枣小。

师：你们读得挺好。我们也来比一比，看谁能把词语补充完整。[出示黄牛、猫的图片以及"一（　）黄牛 一（　）猫"]

生：一（头）黄牛，一（只）猫。

师：回答正确，请大家跟他一起读。（生读）（出示：一个大，一个小，一头黄牛一只猫）（生读）[出示苹果、枣的图片以及"一（　）苹果 一（　）枣"]

师：谁把词语补充完整？

生：一（个）苹果，一（颗）枣。

师："颗"读"kē"，是我们今天要学的生字，右边的字读"yè"，"页"做偏旁表示人的头部。"颗"本义是小头，引申就指小而圆的东西；做量词时，用于小的圆形或粒状的东西。课文说的是一颗——（生齐答：枣）还可以说一颗什么？

生1：一颗樱桃。

生2：一棵树。

师："树"用这个"颗"表示吗？

生：不是，应该是木字旁的。

师：（板书：棵）"木"旁跟树木有关，"棵"做树木的量词，当然是木字旁了。刚学的"颗"（板书）做量词用于什么？

生：小的、圆的、沙粒形状的东西。

师：谁接着用"一颗"说一说？

生1：一颗草莓。

生2：一颗种子。

生3：一颗葡萄。

师：小朋友说得真多！请看图，我们还可以说一颗——（依次出示黄豆、纽扣、星星、珍珠的图片）（学生看图读短语）

师：（指珍珠图片）这颗珍珠真美呀！你们认识"珍珠"这两个字的左偏旁吗？

生：是"王"。

师：你答对了一半，这个字读作"yù"，做左偏旁时简省了点。（板书：王）

师："王"加一点变成什么字？（给"王"字加一点）

生：玉。

师：对，"王"是不做左偏旁的，做左偏旁的是"玉"省去了点，最后一笔横写成提，所以叫作"斜玉旁"。（板书：𤣩）请跟我读。（生读）

师：知道"玉"做左偏旁时，为什么最后一横要改成提吗？

生：是为了避让吧？

师：这可不是为了避让，向右上方提起，是为了顺势写右边的第一笔。比如写"珍"，是不是向右上方提起，正好写右边的撇？

生：（书空体会）是的。

师：带有斜玉旁的字大多跟玉或者像玉的东西有关，也表示珍贵、美好等意思。

珍珠就是一种珍贵的、漂亮美好的东西。（出示：班 玩）这两个字也有斜玉旁，会读吗？

生：会读。就是班级的"班"，玩具的"玩"。

师：会分析吗？为什么都有斜玉旁呢？（生摇头）

师："班"的中间"丿"是什么呢？（板书：丿）这是什么字？（生不知）

师：大家看像一把什么？

生：像一把刀。

师：对，"刀"做偏旁有的写成"刂"（板书），"班"中"丿"就是"刂"的变形。"班"的两旁"玨"（jué）（板书）是"玉"，中间是"刀"，表示用刀把玉分为两部分，后来引申表示学校的班级。小朋友来上小学，学校就把大家分到了各个班。

师：再看"玩"，谁还认得右边的字？

生：是"元"。

师：真棒，"玩"跟玉有什么关系呢？（生答不上）

师：想想，"玩"字表示玩什么？

生：玩玉。

师：对，你真会动脑筋！"玩"的本义就是玩玉，后来也表示玩其他的东西。"玉"旁也在一些字的下部，（出示：全）这是什么字？

生：全。

师："全"的本义是一块完整的玉，后来引申指全部。

■ **评析**："班、玩、全"是《义务教育语文课程标准》附录4推荐的先学先写的300字（以下简称"300字"）里的字，"珍珠"是"400字"之外的字，苏老师运用"玉"的构字系统拓展识字，引导学生思考为什么"王"成了"玉"，"王"做左旁笔形会不同？在分析、比较、书写练习中，学生体会到了汉字的表意性、系统性、书写中简省、笔形、笔顺的关系与变化规律。这样教学，学生自然而然地掌握了生字，习得了识字方法，形成了识字能力。■

师：学会了生字，理解了字义，大家就会把句子读得更好。请男生和女生比赛，看谁读得更好。（男生、女生分别读第二句话）

师：（出示一群鸭子、一只鸟、一堆杏子、一个桃的图片）请看图，说一说图上画了什么。（根据学生发言出示数量词组）

生：一群鸭子，一只鸟，一堆杏子，一个桃。（师出示：一群鸭子 一堆杏子）

师：（指：群）这个字读"qún"，它本来指羊群，所以右旁用"羊"表意，羊喜欢群聚，就引申指聚集在一起的人或物。多少鸭子才能算是"一群"呀？

生：很多。

师：没错，（指：堆）这个生字读作——（生齐读：duī）它的左旁叫提土旁。（出示：扌）"堆"的本义是土堆，所以用提土旁，现在我们把放在一起的东西也称为"堆"。谁还能说说有关"一群""一堆"的短语？（众生说短语）

师：（出示有一群鸭子和一堆杏子、一只鸟和一个桃的图片）谁来比一比？

生1：鸭子多，鸟少。

生2：杏子比较多，桃子比较少。

师：小朋友们观察得真仔细。我们可以说，图上的东西——

生：一边多，一边少。

师：（出示：少）猜一猜，老祖宗写的这是什么字？

生：少。

师：猜对了。老祖宗用沙粒样的三四个小点或小竖点表示细小、微小的东西。"少"和"小"本来是一个字，后来为了区分，就把三点的字表示"小"，四点的表示"少"。

### 三、理解笔顺，规范写字

师：（出示：小 少）仔细观察，写这两个字要注意什么？

生："小"的第一笔是竖钩，"少"的第一笔是竖。（这两个笔画变红色）

师："小"的第一笔是竖钩，钩起是为了顺势接写左边的点；"少"的第一笔是竖，不是竖钩，由于下部还有一撇，笔顺规定，"小"做上偏旁时，因空间变小，竖钩要改为竖，如果勾上去了，会显得拥挤杂乱而不好认。（生练习书写）

■ **评析**：指导写字环节，老师引导学生发现"少"和"小"的细微区别，进而说明有差别的原因。一拨一引，一写一认，学生于无疑处生疑，在困惑中开朗，遂懂得了汉字一笔一画中巧蕴着匠心，更激起探索汉字的兴趣，树立科学识字的观念，提高自主识字的能力。■

**四、复习再读，字文相融**

师：(出示所学生字，学生开火车认读)这节课我们学习了《比一比》这篇课文，比较了量词的不同意思，理解了这几个形旁的变化，收获真大呀！我们再读一读课文，比一比动物和水果的大小、多少，把巩固识字与读好课文结合在一起。(生齐读课文)

识字教学遵循汉字的表意规律和系统规律，培养学生科学、自主识字的能力，提高识字教学效率，是这节课的成功之处。

《比一比》是随文识字课，教师解析单字注重形音义的关系，讲清字义，甚至讲清楚字的本义、引申义，突出字的表意性。并且，整体教学设计上更注重了汉字的系统性。教师以"木"为系统，学习本课生字"杏、桃"，复习熟字"桥、松、树、机、棵"，拓展教学"400字"外的"榕、枝、根、材、柱、杆、李、桌"等8个生字，识字量相当大。但因做到系统识字，小学生不但容易理解和掌握，而且学习兴趣很高，识字效率很高，充分展现了遵循汉字学，遵循认知规律教学的效果，展现了汉字教育自然伴随的人文美和知性美。该课教学逻辑严密，张弛有度，有旁逸斜出之举，无横生枝蔓之感，对提高随文识字的教学效率具有启发作用。

(苏瑛、吴金红：福建省厦门市集美小学)

## ⑳ 有趣的会意字
—— 人教版第一册《日月明》

执教 / 胡丽绶　　指导 / 金文伟　　叶秀萍　　罗秋菊　　评析 / 林佩菱　　金文伟

此课 2014 年 11 月 27 日展示于福建省厦门市级"一上学期完成'识字写字教学基本字表'研究"期中教研活动，集美小学承办。

**教学目标**

1. 学习会意构字法，解析"明、尘、尖、比、北、化"等 13 个会意字，培养初步解析会意字的能力，提高识字效率。
2. 规范书写"力、手、水"3 个字。
3. 正确朗读韵文。

**教学过程**

### 一、解"字"导入，巧做铺垫

师：(出示：字) 同学们，认识这个字吗？

生：字。

师：看一看，"字"由哪两个部件组成？

生："字"由"宀"（mián）和"子"组成。

师：对，"字"最早指在房屋里哺育小孩。孩子长成大人，又生出小孩，这样一代又一代，家族的人就越来越多。汉字也是这样，字和字组合，就又产生了新的字。慢慢地，我们汉字家族的成员也就——

生：越来越多了。

师：所以，老祖先就把本来表示哺育小孩意思的"字"用来表示汉字。

■ **评析**：先分析"字"的形义关系，说明本义、比喻引申义，为下面学习会意字知识巧做铺垫。■

## 二、析"明"解"男",归纳总结

师:我们再认识一些像这样有趣的字,(出示:明)你们发现了什么?

生:我发现"明"由"日"和"月"组成,它的意思跟日月有关。

生:太阳发光,月亮也有光,"明"应该是光明的意思。

师:你们真聪明,不但一下子就说出了"明"的意思,而且说得很清楚。"明"由两个字组成,表示新的意思,我们把这样的字叫作会意字。(出示:会意字)(生读两遍)

师:(出示:男)(生读)这个会意字由哪两个字组成?

生:我知道,由"田"和"力"组成。

师:你真行,想一想,古人为什么用"田"和"力"表示"男"呢?

生:我想,在田里出力干活的是男人,所以用这两个字表示"男"吧?

师:说得有点道理。(出示:)同学们看看图,看出了什么?

生:我看到"田"里有一个工具。

师:这是耕田用的工具,叫作"耒"(lěi)。"耒"最初是象形字,写作""(板书),后来楷书写成"力",就不象形了。用"耒"耕田要花大力气。男人和女人谁更有力气?

生:男人。

师:古时候,女人一般在家里劳动,男人在田里耕种,于是,古人就把"田"和"力"组合成"男"字。这样组合的字叫——

生1:会意字。

生2:会意字真有意思。

师:回想一下,我们刚才是怎么学会"明"和"男"的?

生:先找出它们是由哪几个字组成的,再想这几个字组合成新字要表示什么意思。

师:没错,古人很聪明,用这样的方法造了很多字。你们也很聪明,发现了会意字的秘密。

■ **评析**:教学要符合学情。我们根据该班入学时的识字摸底得知,大多数孩子已会认"明""男"二字,所以引导学生分析这两个字,归纳出会意构字法,为下一步激励学生运用此法学习生字打好基础。■

# 三、演绎推理，自学实践

**1. 分析"尘、尖、灭"**

师：(出示：尘 尖 灭 休 看)请大家用会意构字法来分析这几个字。要求先观察、思考，再把你们的思考互相说一说。(生先自学，后四人小组交流)

生："尘"是由"小"和"土"组成的。灰尘就是很小很小的土。

师：同学们，你们见过尘吗？

生1：我见过尘。有时候我在马路边，汽车很快地开过去，扬起很大的尘土，使我的眼睛都睁不开。

生2：我妈妈扫地的时候就有灰尘飞起来。

师：(出示：灰尘 尘土)请读。(生读)有个字跟"尘"比较像。

生：是"尖"。它是由"小"和"大"组成的。

师：对呀。"尖"是什么样子？

生：(比画形状)上小下大。

师：呵呵，你把"尖"的样子都比画出来了！笔盒里有尖尖的东西，找一找。

生：(打开笔盒)我找到了，笔尖。

师：没错，像这样上小下大的形状，就叫"尖"。你还见过哪些东西是尖的？

生众：针尖、刀尖、箭头、仙人掌的刺、钉子……

师：同学们真会观察。很多字都是老祖宗仔细观察事物后造的。

生：老师，我知道"灭"是由"一"和"火"组成的。

师：这一横是数字"一"吗？

生：不是，是一盆水，浇在火上，火就灭了。

师：对，这一横可能表示的是灭火的水。不过，如果是油锅着火了，可不能用水灭，怎样灭呢？

生：我见过妈妈用锅盖盖住着火的油锅，再掀开时火已经灭了。

师：所以，这一横也可能是锅盖。别的东西着火了，还有什么办法灭火？

生众：可以用灭火器，用木棍拍打，可以用湿布盖……

师：灭火的方法可真多，这一横就代表所有能灭火的东西。

■ **评析**：学而时习之，让学生运用刚学的会意字知识，联系生活来分析会意字，更容易激发学生自主识字的兴趣，促进思维发展。■

**2. 分析"休、看"**

生："休"就是一个人在树下休息。"木"是树。

师：对，"休"就像一幅画，（出示：　）"亻"靠着树，表示休息。

师："看"字是由哪两个字构成的？

生："看"的下面是"目"，上面部分我不知道。

师：上部是"手"，不过，变形了，竖钩变成了撇。知道为什么要变吗？

生：不知道。

师：（老师做孙悟空远望动作）大家知道孙悟空为什么把手横放在眼睛上面吗？

生：他用手遮挡刺眼的光线，可以看得更远更清楚。

师：是的，大家都试试看。（生做动作）

师：老祖宗把"看"的"手"的竖钩改成一撇，成为"手"，就像横放在眼睛上了，而且两个部件的搭配也显得协调、美观。

■ 评析："休""看"这类会意字，也称合体象形字。"休"字易懂，毋庸赘言，教师详略搭配，重点教"看"，引导学生通过动作模仿理解"看"的字理和笔画变形原因，增加了汉字知识的趣味性。■

**3. 分析"鲜"**

生："鲜"是由"鱼"和"羊"组成的。"鲜"的意思是鱼和羊很新鲜。

师：你的想法跟许多人一样，还有更多的人认为鱼和羊做在一起味道最鲜美，于是把"鲜"当成了会意字。其实，"鲜"是形声字，形旁是"鱼"，指一种鱼；声旁本来是"羴"（shān）（出示），三个"羊"表示羊膻味很重，后来书写时简化成一个"羊"字。猜一猜，"鲜"指什么样的鱼？

生：味道鲜美的鱼。

师：不对，"鲜"指活鱼，新鲜的鱼。新鲜的鱼味道美，于是引申指味道鲜美。

■ 评析："鲜"字，汉字学早就指出是形声字，却依然被很多人误解为会意字，教材也是这样。本课采用科学解释，既为传授科学的汉字知识，也为培养学生不迷信教材，敢于质疑的精神。■

**4. 接龙游戏，巩固识字**

## 三、组块识字，拓展知识

**1. 学习"林、森"**

师：同学们，根据会意构形法来识字，既记住了字形，又明白了字义，是不是轻松有趣呢？

生：是。

师：刚才我们认识的会意字是由几个字构成的？

生：两个字。

师：两个字相同吗？

生：不相同。

师：对。这是"非同形字组成的会意字"，（生读）"非"的意思就是不。我们再看这两个字（出示：林 森），它们读"lín""sēn"。（生读）这两个字有什么特别的地方吗？

生：它们都是由相同的字组成，一个是双木"林"，"森"是由三个"木"组成的。

师：对，这是"同形重复的会意字"。（生读）

师：三个"木"表示什么？

生：森林里的树很多。

师：没错，古人经常用"三"表示数量多，三"木"组成"森"，就比双木"林"的树——

生：多很多。

师：所以，会意字并不一定就是两个字组成的，也会有三个字、四个字，甚至很多字组成的。

**2. 学习"众、从、比、北、化"**

师：（出示：众）再看，三个"人"组成的字读——

生：zhòng。

师："众"是什么意思呢？

生：很多很多人。

师：对，请用"众"组词吧！

生众：观众、听众、大众……

师："大众"指很多人，它也是个汽车品牌名称。你知道汽车公司为什么要取这个名吗？

生：它想要很多人去买他的车、开他的车，这样他们就能赚很多很多钱。

师：对，"大众"这个名称取得真好！（出示：从）"从"由几个"人"组成？

生：两个"人"。

师："从"跟"林"可不一样。"林"指很多树，"从"就只有两个人。（出示：从）

生：一个人在前面走，一个人在后面跟。

师：是呀，"从"的意思就是跟着。"人"字还会变化。我们先读读这三个字。（出示：比 bǐ 北 běi 化 huà）（生读）

师：这三个字里都藏了两个"人"，你们看出来了吗？

生：我看到"化"字左边是"亻"，其他的我看不出来。

师：你们呢？（生摇头）

师：（出示： ）仔细观察，各图中两人的动作、位置有什么不同？

生："比"就是两个肩并肩的人。

师：肩并肩就是并列，肩并肩挨得近就好比较，"比"就有了比较的意思。比一比，图上这两人谁高谁矮？（生比较后回答）

生："北"字是两个人背靠着背。

师："北"字最初指脊背，可是，表示北方的"北"字一直没有，后来就把这个"北"字借去表示方向的"北"了。请给"北"组词。

生众：北方、北极、北京、东北……

师："北"表示方向后，表示脊背该用什么字呢？（生摇头）

师：你们先摸摸脊背有没有一层肉啊？

生：有。

师：聪明的古人就在"北"字下面加一个肉月旁，组成"背"，表示脊背。

生："化"字是一人站着，一人倒立。

师：这两个人好像在玩杂耍，旋转变化，所以"化"有变的意思。（生用"化"组词）

师：汉字可真神奇，"亻"的动作、位置不同，字形就不同，意思也就不一样了。考考你们。两人一前一后——

生：从。

师：两人一立一倒——

生：化。

师：两人肩并肩——

生：比。

师：两人背靠背——

生：北。

师：同学们，这节课我们认识了这么多会意字，现在请你们打开书本第97页，读一读，把这些字记在脑海里吧。（生读）

■ **评析**："林、森、从、众、比、北、化"都是同形重复会意字，其中"比、北、化"3个字的"亻"的楷体变形大，不易看出，教师采用溯源古文字，甚至用图画的方法帮助学生理解，使学生继续在理解中学习，因而保持着浓厚的学习兴趣。其中，又将"从、比、北、化"4个字组成一个系统，利用结构重组规律避免了死记硬背，在轻松愉快的学习中提高了识字效率，增长了会意字知识。■

## 四、指导书写，理解笔顺

师：（出示带田字格汉字"力、手、水"）同学们，仔细观察这三个字，有哪些地方需要提醒大家的？（生说师补充）

师：谁来说说"力"的笔顺？

生："力"字先写"𠃌"，再写"丿"。

师：先写"丿"行吗？

生：不知道。

师：你们写写看。

生：（书空，感受）"力"先写"𠃌"，钩由下往左上勾起后，正好从上面起笔写"丿"，如果先写"丿"，跟第二笔没有连接，写得就不顺畅了。

师：对，汉字的笔顺是有道理的，每笔之间要尽量做到前后照应。按照笔顺写，字就写得快，写得好看。

师："水"的书写也是如此，谁来说说"水"的笔顺？（生说，师范写；生书空"水"，唱笔画；学生书写，师展评）

■ **评析**：写字掌握笔顺原理，字就容易写得快而好。可惜，多年来，很多老师不

明笔顺道理，小学生就只好死记硬背，机械摹写笔顺笔形，增加了识字写字负担，妨碍了写字的效率。教师应该掌握笔顺知识。■

## 总　评

　　1.本课较好地落实了教学目标，使学生在掌握会意构形知识的同时，初步掌握分析会意字的方法；提高识字效率的同时，初步培养自主识字的意识和能力。

　　2.本课根据会意字的不同特点巧妙布局，先讲解单字，再讲系统组块的字；先分析归纳出知识，再用此知识分析新字。这样由浅入深，由单字到系统，由学知识到学方法，整个教学是一个不断学习、不断实践、不断探索、不断提高的过程，学生的学习能力和思维能力也就在这个过程中不断地得到锻炼和提高。这既符合汉字学习的规律，也符合儿童心理认知规律，所以学生始终保持着浓厚的学习兴趣。

　　3.识字教学要遵循汉字学，这是科学识字的基础。由于汉字学知识普及不够，会意字难免被曲解流传，即使教材也未能免除。本课纠正了教材对"鲜"的不科学解释，既传授了科学的汉字知识，也培养了学生的科学精神。这是最值得肯定的。

（胡丽缎、叶秀萍、罗秋菊、林佩菱：福建省厦门市集美区曾营小学）

## 21 随文识字中的系统识字
——人教版第二册《识字5》

执教／张旭莹　　指导／金文伟　刘香芹（特级教师）　　评析／金文伟　刘香芹

此课2014年4月展示于浙江省杭州市"千课万人"全国小学语文大型教学研讨观摩活动。

### 教学目标

1. 学习"隹、艮、酉"等偏旁，认识教材内的"跟、团、量、谁、及、攻、遇、凉、最、怕、尊"11个生字，根据部首系统拓展认识"雀、雁、狠、恨、付、守、请、清、情、晴"10个字；书写"谁、跟"2个字，理解笔顺知识。
2. 理解偏旁与字的形音义关系，体会形声字、会意字的特点，培养乐学汉字的情趣，学习识字的科学方法。
3. 用多种形式朗读谜语，结合押韵，体会诗歌的节奏美和音韵美。

### 教学过程

#### 一、课前交流

师：同学们，先自我介绍，我姓张，你们就叫我——

生：张老师。

师：真好听！我们先猜个迷，你们住在杭州，谁知道"州"是什么意思？（生茫然不知）

师：我来自一个美丽的城市，它的名字跟你们杭州只差一个字，它就是福建泉州。我们看视频了解泉州。（播放泉州视频，出示：泉州）泉州是个海滨城市，你能从"泉州"二字中找到"水"吗？

生1："泉"字下部有水，这泉是从地下流出的涓涓清水啊！

生2："州"里有个"川"字。

师：(板书：巛)这是"川"的古文字，像河流；(板书：州)这是"州"的古文字，由"川"变来的，三个圈就像水中小岛，"州"就是水中陆地的意思。现在，知道"州"的意思了吗？

生：知道了。

师：早就听说咱们班的同学既聪明又好学，今后多注意身边的汉字是什么意思，我们的语文就会学得更快更好！好，现在上课！

■ **评析**：猜谜解字选"州"字，既为导入教学，又指导学生结合生活识字，还介绍了老师的家乡，一石三鸟。■

## 二、导入新课

师：同学们，猜字谜可以开发我们的智力，还能让我们感受汉字的魅力。这节课，我们学习《识字5》，(板书课题)一边猜字谜一边学汉字。(出示字谜宫)看，我们来到了"字谜宫"，想进去看看吗？大家念咒语——

生：芝麻开门吧！

## 三、识字猜谜，朗读感悟

### 1. 谜语1

**（1）检查预习**

师：课前借助拼音预习了吗？我们试读一遍第一则谜语。(生读)在这则谜面中，有四个生字，(出示：跟 团 量 谁)请读。(生读，师相机纠正)

师：嗯，预习得不错，但了解了它们的构字原理，才算真正掌握了。

**（2）由"谁、推"拓展"隹"系统字**

师：老师有则简单的谜语，猜猜是哪个字——"半夜有人敲门，你来问一声……" (生思考，出示：谁)

生：是"谁"。

师："谁"是翘舌音，读一遍。(生读)(出示：推)它俩比较像，看看哪儿不同。

生：一个言字旁，一个提手旁。

师：为什么会不一样呢？

生：问"谁"要说话，"推"要用手。

师：是的，"讠"和"扌"都表示字义。两个字哪里相同呢？

生：它们的右偏旁相同，都是……

师：都是"隹"。跟我读——zhuī。（生读）

师：（出示：隹 住）同学们，这是"隹"，这是"住"，仔细看看，它们有什么不同？

生："住"的右旁是"主"，提示"住"的读音。"隹"——

师："隹"字为什么是四横呢？我们看，（出示：）这是金文"隹"，看它像什么？

生：像鸟。

师：（出示鸟图）对，就像一只侧着身子的鸟。原来，"隹"是象形字，是鸟的形象，四横是鸟的翎毛。再读"zhuī"。（生读）同学们，你们在"谁""推"两个字上发现了什么吗？

生：老师，"谁"和"推"跟鸟没有关系啊，字中怎么会有"隹"呀？

师：问得好，你们听，"谁、推、隹"，发现了什么？

生：它们的读音相近。

师：对，原来啊，"隹"提示"谁"和"推"的读音，"隹"就是——

生：声旁。

师："讠"和"扌"表示字义，叫——

生：形旁。

师：像这样由形旁和声旁两部分组成的字就叫——

生：形声字。

■ **评析**：一年级第二学期的学生已经听说过形声字，但是不一定会用于分析生字。老师借着教"谁""推"两个字的机会，引导学生不断观察、思考和分析，不仅让学生掌握了"隹"字，而且提高了他们的学习能力。■

① "谁"

师：我们来书空"谁"字。先写"讠"，再写"隹"，撇、竖，竖要落在竖中线上，接着写点、三横、一竖、再一横。注意，横与横之间的距离要相当。（生写"谁"字）

② "雀、雁"

师：大家认得哪些带有"隹"的字呢？（生罗列）"隹"组合的字可真多啊！不过，这"隹"字会变化，它会做声旁，在有些字中却做形旁，表示字义。（出示：雀）比如这个"雀"字，上部是——

生：是"少"。

师：那下部是——

生：（观察）是"隹"。

师：那么，"雀"的上部应该是——

生：是"小"。

师：对。我们分析字，可要把字的各个偏旁都看准确了，不然就会分析错了。"雀"是由哪些偏旁构成的？

生："小""隹"。

师："小""隹"合起来就是——

生："小隹"就是小鸟，就是"雀"。

师：对，"雀"就指体形小的鸟，像山雀、麻雀……

生：老师，孔雀为什么是大鸟？

师：问得好，"孔"的意思很多，其中就有大的意思，所以，孔雀就是"大隹"，明白了吗？

■ 评析：把"雀"字上部偏旁理解为"少"，是错解汉字的一种现象。教师不直接解析，而是让学生"把字的各个偏旁都看准确"，是为了培养学生科学分析汉字的好习惯。从这个环节也可以看出，理解是举一反三的基础。汉字汉语是科学体系，具有严密的逻辑性。学生理解了"雀"的意思，就能在课堂上依据逻辑推理提出"孔雀"名称的问题。教师只有理解了相关的字词知识，才能简要准确地解答学生的提问。所以，师生掌握汉字汉语科学相关知识，不仅提升了语文素养，还促进了思维的发展。■

师：再看大雁的"雁"字，外部是"厂"，"厂"单独成字时读——

生：chǎng。

师：可是做偏旁要读作"hǎn"，做"雁"的声旁。我们读读"厂"（hǎn）和"雁"，比较它们的读音有哪些相同的地方。

生：（读而体会）它们的韵母都是"an"。

师：所以"厂"（hǎn）是"雁"的声旁。"厂"本来的意思是岩崖，下面可以住人，大雁是候鸟，秋天飞到南方，春天飞回北方，长途飞行，夜晚休息时常常在岩崖下，既可以挡风，又可以防备野兽从背后偷袭。所以，"厂"在"雁"字里不仅表音，而且——

生：表意。

师：这叫表音兼表意，读。（生读两遍）

师：再看"雁"字里面是"亻"加"隹"，表示雁是一种排成人字形的鸟。

■ **评析**："厂"作为"廠"的简化字读"chǎng"，做偏旁依旧保留着古音"hǎn"，并提示着"雁（贗）、彦（颜、谚）"等字的读音。把"厂"的有关知识教给学生，可以帮助他们在理解中系统识字。■

### （3）由"跟"学习"艮"系统字

师：（出示：跟）谁能分析"跟"字？

生："跟"的左边是"足"，表示跟着要用脚；右边——不知道。

师："跟"的本义是脚后跟，所以是足字旁，引申为跟着。右旁"艮"读"gèn"，是前鼻音，跟我读两遍。（生读）你们读"艮"时发现了什么？

生："艮"提示了"跟"的读音，也是前鼻音，所以是声旁！

师：这说明"跟"字是——

生：形声字。

师："艮"是什么意思呢？看，（出示： ）这是金文"艮"，下部是——（生回答：一个人），上部是——（生回答：眼睛），"艮"像一个人生气地瞪大眼睛的样子，就像老师这样。（侧身做生气瞪眼状）

① "很"

师：（出示：很）这个字读——（生回答：hěn）"很"的左旁是什么意思？（生不知）左旁"彳"念"chì"，表示道路，走在路上；右旁是——（生回答：艮）对，"彳"和"艮"合起来表示人走在路上瞪大眼睛看路，（师演）说明这条路很难走，要很小心，这样就引申出"很"的意思。

② "恨"

师：（出示：恨）这个字读"hèn"，左旁"忄"，说明这个字跟——

生：跟人的心思有关。

师：右旁"艮"表示什么意思呢？人一生气就容易瞪眼睛，咱们来演一演。（师生模仿生气样）哎哟，这位小朋友凶巴巴的，眼睛瞪得老大，心中充满了恨意……这就是"恨"，读。（生读）平时可不要这样哦，会变丑的！

③ "狠"

师：（出示：狠）再看这个"狠"字。联系反犬旁和"艮"想一想，它是什么意思？

生：这只犬瞪大眼睛，表示生气了，恶狠狠地看着什么东西。

师：犬生气是什么样的呢？谁来演一演？（生演）看这位同学，龇牙咧嘴、恶狠狠地瞪着我，真像一只发怒的狼狗，样子凶狠极了，真是天生的好演员啊！这个字就是——

生：凶狠的"狠"。

师：（指：很 恨 狠）这三个字老师没有教你们就已经会读了，真了不起！我们不仅要会认，还要会分析哦。我们对这三个字做个总结。"艮"在三个字里都——

生：表示意思。

师：再读读这三个字，发现什么了吗？

生：三个字的韵母都是"en"，跟"艮"的韵母一样。

师：说明"艮"在这三个字里，除了表意还——（生回答：表音）。说明"艮"在这三个字中表意兼——

生：表意兼表音。

师：所以，这三个字既是形声字，也是会意字，我们把这样构成的字叫作形声兼会意字。（生读两遍）好，我们再把"很、恨、狠"三个字读一遍，体会"艮"的作用。（生读）

■ 评析：学生在教师教之前已通过各种方式认识了不少字，即"不是零起点"。但是，他们对许多字的字义、构形知识并不清楚。教师根据学情，补上有关知识，这才是科学的汉字教育，才能说学生学会了这些字。■

（4）读谜面，猜谜底

师：认了这么多字，增长了不少学问，我们从有趣的汉字回到谜语。（出示：一个人，两个人，一个在前两个跟。团结起来力量大，人多谁也不离群）谜面像诗，第一、二、四行的最后一个字叫"韵脚"，都是前鼻音，这叫"押韵"。诗歌押韵，读起来就朗朗上口，特有韵味。我们再读一遍谜语，体会押韵，韵脚要读清晰。（生读得不够好，师指导）同学们，朗读可不能拖腔拉调的，前鼻音要读得清亮一些才好听。（范读）大家再读一遍。（生再读，进步明显）

师：谜底是什么呢？

生：众。

师：为什么是"众"字呢？

生："众"是三个"人"组成的，"一个人，两个人，一个在前两个跟"，就是"众"。

师：有道理，不过，"众"只指三个人吗？（生回答：不是）是几个人？（生不知）"三"在中国传统文化里经常表示多的意思，"众"就是许多人，许多人聚在一起齐心协力就容易把事情做好，这就是"团结"。谜面"团结起来力量大，人多谁也不离群"，这两句提示了谜底的字义。（出示：团 量）把这两个字读两遍。

■ 评析：猜谜不仅有趣，还有逻辑推理，能促进思维发展。学生虽然说出了谜底，也要再问个为什么，引导学生说出其逻辑关系。■

## 2. 谜语2

**（1）读谜语，认生字**

师：你们真聪明！我们来打开"字谜宫"的第二扇门——念魔咒吧！

生：芝麻开门吧！

师：（出示：左边绿，右边红，左右相遇起凉风。绿的喜欢及时雨，红的最怕水来攻）同学们先读一遍。（生读）（出示：遇 凉 及 最 怕 攻）看，这六个生字，谁预习得好，能当小老师带大家读两遍吗？（众生举手，师选二生带读）

师：大家记住这六个生字了吗？好，老师考考你们。抢答开始！（师指生字，生抢读）

师：读得不错。我们要读好这则谜语，我想请一名男生和一名女生来合作读，谁来？注意，这则谜语也押韵，韵脚是后鼻音，后鼻音的发音要饱满而有力度。（男女生读，配合默契）

师：全班的男女生一起合作读，要注意韵脚，跟我读：红，风，攻。（生读）现在，我给你们打拍子，注意节奏"左边绿，右边红"，1，2，3，读！（生读）男女对调，再来一遍，起！

**（2）猜谜底，说猜法**

师：读得真好听！这则谜语也是四句，根据谜面想一想，谜底就在话里藏。第一句是说这个字的结构是——

生：是左右结构，由两个字组成，左边的是绿色的，右边的是红色的。

师：第二句告诉我们什么时候刮凉风？

生：秋天，与秋有关。

师：是不是秋天的"秋"呢？我们往下读，第三句是——

生：绿的喜欢及时雨。

师："及时雨"是什么意思？（生都说不准确）

师：我们先分析"及"字。（出示：  ）看这张图，画的什么？

生：一只手抓住了一个人。

师：对，（出示：  ）这是金文"及"，一只手抓住了一个人，表示追上、赶上的意思。后来字形不断演变（出示：  ），成了现在的"及"。那么，"及时"的意思是什么？就是赶上了时间，来得正是时候。"及时雨"呢？就是下得正是时候的雨。谜语里说谁喜欢及时雨呢？（生回答：禾苗）

■ **评析**："及时雨"是很多学生理解的难点。本环节先教学生明白"及"，"及时雨"就容易理解了。■

师：这则谜语的第四句是——

生：红的最怕水来攻。

师："攻"是什么意思？

生：攻打，进攻。

师："攻"是形声字，左旁"工"提示读音，右旁是"攵"，反文旁读"pū"。（带生读两遍）（板书：攵）这是"攵"的古文字，上部是一根带叉的棍棒，下部"又"是一只手，合起来是手拿着棍棒打；楷书把带权棍棒写成了撇和横。（生书空摹写）

师：谁最怕水来攻？

生：火。

师：同学们，你们真聪明，顺利闯过第二关，掌声鼓励自己！

**3. 谜语3**

师：我们进入第三关，念咒语！（出示："言"来相互尊重，"心"至令人感动，"日"出万里无云，"水"到纯净透明）这则字谜，我想请一名同学和我配合读，推荐最厉害的！其他同学听他读得怎么样。（师生互读）同学们，读得好听吗？

生：好听。

师：你们也想读吗？

生：想读。

师：我们把生字都读准了，字词意思都理解了，就会读得更好听。

■ **评析**：教师朗读出艺术美，会激发学生的朗读欲。■

**（1）析字读谜语**

①解析"尊、酉、酋、寸"字

师："'言'来互相尊重"，有个"尊"字。（出示：尊）"尊"为什么能表示尊重呢？原来，"尊"上部是"酋"（qiú），"酋"下部是"酉"（yǒu），（出示：酉）这是金文"酉"，像什么？

生：酒。

师：猜对了一半。"酉"是象形字，像酒坛子。酒坛子要装酒，"酉"字哪一笔表示酒水呀？

生：中间一横。

师：对，写"酉"时，这一横千万不能丢了。"酉"是酒坛子，如果里面装的是好酒，浓浓的酒香就会冒出来（课件演示），酒香怎么表示呢？在"酉"上加一点一撇写成"酋"。手把好酒敬献人，就是尊敬的"尊"。咦，手在哪呢？老师告诉你们，就是"尊"下部的"寸"。"寸"指手腕下一寸之处（演示），中医切脉的地方叫作"寸口"，所以"寸"就表示手和小臂。看，（出示：付）左旁单立人，右旁一个"寸"，就是付钱的"付"字;（出示：守）"宀"是房屋，下部是"寸"，"守"是用手防卫房屋。"尊"，上"酋"下"寸"表示——

生：手捧好酒敬献给人。

师：我们把"尊"字再读两遍，一边读一边做敬酒的动作，看谁做得好。（生边读边做敬酒动作）你们做得真好。

■ **评析**：可以想到学生理解了"尊"的字形义后，边读边做动作的快乐情景。■

师：再看，"至"是什么意思？

生：来到。

师：对，"至"就是到，"到"是"至"加声旁"刂"（dāo）（板书："至"加"刂"）。请读"至""到"两个字。（生读）

师：理解了字词的意思，你们对这则谜语就能理解得更好。所以，读书，一定要先

理解每个字词的意思。请大家一起朗读两遍。（生读得流利，效果比较好）

■ **评析**："尊、酉、酋、寸"是汉字里的一个小系统。学生理解了字词义后读课文，就会逐渐体悟到汉字汉语相融一体的关系，朗读效果也自然更好。■

②猜谜语，学"青"系统字

师：这则谜语的谜底是什么呢？

生：青。

师：为什么是"青"呢？（众生答，老师帮助整理）

请：与人交际"说""请"字，互相尊重有礼貌。

情：有"心"才有真感"情"。

晴："日"出万里"晴"空。

清："水""清"纯净透明。

（2）小结

师：是啊，这四个字都有一个"青"字，谜底就是"青"。这个"青"可是交友高手，能跟许多偏旁结成新字，我们就是抓住这个特点猜出谜底。看，"请、情、晴、清"的读音相同，声调不同，这四个字也都是——

生：形声字。

  **四、指导书写**

师：同学们，动手又动脑，生字记得牢。现在，我们来动动手，写写字。（出示：跟 恨 堆 推）

师：请看"跟"字，"足"做偏旁，笔画就变形了——最后两笔"撇、捺"变成了"竖、提"。（课件演示）"𧾷"为什么要变形呢？（生回答：为了谦让）谦让是一个原因，不错，更重要的原因是足字旁最后一笔向右上方提，顺势去写右偏旁的第一笔，这样写字才能写得又快又好。这就是笔顺的作用。绝大部分字的左偏旁，最后一笔都要向右上提去。

师：来，举起小手，我们一起写"跟"字，先写"𧾷"，上面一个"口"，接着写竖、横、竖、提，写提后顺势向上写横折、横、横、竖提，撇要稍小，捺要舒展。

师：同学们，写字要会举一反三。今天我们要写两组字，一组是"谁"和"推"，另一组是"跟"和"恨"。在动笔之前，请大家先静心读帖，把字的偏旁都看

准确。要用心揣摩书写笔画，特别注意标注的提示，并记在心里。（学生安静地观察半分钟后练习书写）

■ **评析：**静心读帖，先理解"足"做左偏旁时变形为"𧾷"是写右偏旁的第一笔所致，这就将识字与写字结合成一个系统，学生的错字会因此而减少，写字的质量会因此而提高。■

## 总　评

　　王宁教授指出：表意性和系统性是汉字规律中最重要的两个规律。本课是随文阅读识字，教师却根据本课要求会认、会写字的特点，归为不同的系统，由生字分别引出偏旁"隹""艮""酉""寸"，解析形音义，学习识字法，再带出各系统中的其他字，最后结合读谜语、猜谜语等方法，加强理解，巩固识字。这样教学，遵循汉语汉字规律，做到了系统识字、写字，并与理解谜语融为一体。这节课上，小学生猜字谜、读谜语、学习科学分析法，兴趣盎然到下课。

（张旭莹：福建省泉州市第二实验小学 / 刘香芹：福建省泉州市教育科学研究所）

## 22 教字词，更教方法
——人教版第二册《识字6》

执教 / 林佩菱　　指导 / 金文伟　　评析 / 吴金红

本文发表于《小学语文教学·会刊》2014年第1期，有修改。

### 教学目标

1. 结合象形、形声构字法，科学高效地识记"海、鸥"等14个生字，掌握部首"页"的形与义，拓展学习"顶、额、颊"等字，从中培养学生分析汉字的能力，达到科学自主识字的目标。
2. 感知数量词的正确性、形象性、多样性及其用法。
3. 学写"竹、沙、海"3个字，根据象形字的特点写好"竹"字，理解"氵"的笔形笔顺，感受汉字的形体美。
4. 创设情境，图文结合，引导学生正确、流利地朗读课文。

### 教学过程

#### 一、初读课文，借助古汉字，趣识象形字

师：同学们，我们已经认识了一些象形字，今天再认识一个，（出示： ）猜一猜，这是甲骨文的什么字？

生1：是"林"字。

生2：是"竹"字。

师：（出示：竹）（生齐读）这个"竹"字哪些笔画像竹叶？

生："丿"和"一"。

师：哪些笔画像笔直的竹竿？

生："丨"和"亅"。

师：小手举起来，跟老师书空"竹"字。（生书空，唱笔画）

师：看"竹"字变样了，变成一个部首竹字头。（出示：𥫗）

师：它跟另一个字组成了一个新字。（出示：竿）

生：竿。

师："竿"字是竹字头，一看到竹字头，就知道这个字的意思一定和什么有关。

生：跟竹子有关。

师：没错。（出示竹子、竹竿的图片）竹子去掉枝叶，剩下中间笔直的部分就称为"竹竿"。这样的字多有趣呀，有的部件提示字的意思，有的部件提示字的读音，这样的字就称为——

生：形声字。

师：我们运用这个方法能认识更多的形声字。

■ **评析**：古文字形象性强，教师稍加点拨，学生便能认识更多的甲骨文、金文、小篆。这个教学环节，借助甲骨文和实物图片，复习熟字"竹"，引导学生关注每个笔画，帮助学生正确书写"竹"字，并形象地感受"竹"到"⺮"的变化，体会生字"竿"的字义与"⺮"的关系，循序渐进，由易到难，使学生形象、立体地感知象形字、形声字的构字特点，初步感受汉字构成的系统性，认识汉字部首的表意功能。■

## 二、举一反三，系统识记形声字

师：（出示：海鸥 沙滩 小溪 军舰 帆船 秧苗 稻田 铜号 红领巾）请小老师带读新词语。（生读，师纠正读音）这些词语中藏着很多形声字哦！同学们找一找，用上学习形声字的方法认识这些字。

生：我教大家认识"领"，带领的"领"。这个字是形声字，左旁的"令"和"领"的读音有关，右边的"页"应该——跟字义有关吧？

师：老师帮帮你。（出示：）像什么呀？

生：像人。

师：对，看，下部是人的身子，上部突出人的大头；后来它的样子就变了，（出示：页 页）但是意思没有变，"页"表示人的——

生：脑袋。

师：摸摸你的红领巾是戴在哪儿的。（示意）这儿是我们的领子，想想"领"跟头有什么关系。

生：“领”就在头下面脖子的位置。
师：所以它带有页字旁。接下来林老师介绍几个带页字旁的字。（出示卡通人物图及标示"头顶、额头、脸颊"）大家一起摸一摸这些部位。你发现了什么？
生：头顶、额头、脸颊都在头上，所以"顶、额、颊"都是页字旁。

■ **评析**：讲解古文字"页"，学生感知到了字的形义联系，进而学习"领、顶、额、颊"，达到了"举一形而统众形"的效果。■

生：沙滩在水边，沙滩上也有水，所以"滩"有"氵"。右边是"难"，和"滩"的读音有关系。
师：你说得好。你还知道三点水家族里的哪些字？
生：江、河、海、溪、沙、洗。
师：它们都跟水有关。
生：我发现"秧"的右边部分和英雄的"英"的下半部是一样的。
师：（板书：英）一样有个"央"字。"秧"和"英"的读音很接近，"央"是它们共同的声旁。"秧"左偏旁是什么呀？
生：禾字旁。
师：看，"稻"字也是禾字旁。你能用"秧""稻"组词吗？
生：秧苗、插秧、稻田、水稻。
师：秧苗、水稻都长在哪儿？
生：长在田里。
师：（出示秧苗、水稻的图片）这就是秧苗，这一块田种着水稻，叫作——
生：稻田。
师：带有禾字旁的字跟什么有关？
生：跟田里的庄稼有关。
师：对。
生：我发现"铜"和黑洞的"洞"右边都是"同"，"同"提醒我们读音。"铜"左边部分是金字旁，金字旁表示金、铁等金属。
师：对。（出示铜号图）这就是铜号，它就是用金属铜做的。
生：我教大家认识"帆"，右边的"凡"跟"帆"的读音有关系，左边的"巾"——
师：帆船你见过吗？

生：见过。

师：帆船有什么特点？

生：它挂着一块布。

师：看老师画帆船。（板画）你们告诉我，哪个是"帆"？（生比画）

师：嗯，这就是"帆"，一块大大的布。来看这个"帆"字，哪一部分表示大大的布？

生：左边部分的"巾"吧。

师：对，"巾"就表示那块大大的布！风吹着帆布，帆船就能跑得快。（画：军舰）它也是帆船吗？

生：它不是帆船，因为没有帆布，它是军舰。

师：看这个"舰"字，它也是形声字哦！

生：林老师说过"舟"就是船，军舰是船的一种，所以是舟字旁。右边的"见"和"舰"的读音有关。

师：小朋友们，刚才我们运用形声字的构字法认识了一些字，以后坚持这么识字，你就会发现汉字更多的有趣知识。

师：生字朋友去郊游。我们来给它们排排队，点点名吧！（依次出示生词卡片，生齐读）

■ **评析**：含"氵、舟、禾、钅"的字的意思可能跟什么有关呢？林老师通过画图、图片，引导学生去发现规律，形象直观，有趣高效，使课堂活动充满了发现学习的快乐。在学习"海、滩、溪"这三个生字的同时，又复习了"江、河、洗"等熟字。带"氵"的字系统复现，强化了学生对"氵"作为形旁时的表示意义的认识。■

## 三、创设情境学习数量词

师：它们要去郊游了，你们去不去？

生：去。

师：这么多少先队员，我们就可以这么说——（出示：一群少先队员）（生齐读）

师：（出示：一群"红领巾"）"红领巾"加上引号，是指胸前的红领巾吗？

生：不是，是指少先队员。

师：对，红领巾是少先队员的标志，所以又可以称少先队员为"红领巾"。一群"红领巾"就是指——

生：一群少先队员。

师：去郊游可以带这些吃的喝的。（出示牛奶、面包、饼干的图片）这么多的东西，我们能不能说"一群食物"？

生：（笑）不能。

师：像"一群"这样的词就叫作数量词，"群"的本义是指羊群，它做量词的时候，只能用在动物和人身上。数量词用错了，就会闹笑话。但是，有些事物可以用同样的量词。（出示队旗、镜子、锣的图片）大家一起说一说。

生：一面队旗，一面镜子，一面锣。

师：仔细看看，为什么这几样东西都可以用"一面"呢？

生：因为它们都是平平的。

师：是的，我们去郊游，这三样东西中带什么合适呢？

生：我要带队旗。

师：我们是少先队员，外出活动就应该带上队旗。（出示：一面队旗）（生齐读）

师：还带什么呀？（出示：一把铜号）

生：一把铜号。

师：为什么带一把铜号呢？

生：拿起铜号一吹，同学们听到响亮的号声就赶快跑回来集合了。

师：没错，铜号作用大。（全班齐唱《去郊游》）

师：（出示海景图）小朋友们，我们来到了海边。你们看见了什么？请你们把汉字朋友送过去。（请4名学生上台分别找到"海鸥""军舰""帆船""海滩"的生词卡片贴于对应的图边）

师：一起来读读。（生读）

师：再请一名同学，把合适的数量词加上去。（生上台将数量词贴在对应的词语旁）

师：他这样加对不对？

生：对。

师：我们一起来读一读。

生：一艘军舰，一只海鸥，一条帆船，一片海滩。

师：你真行呀，把数量词都用对了！军舰、帆船都是船，为什么量词用得不一样？

生：因为军舰比较大，帆船比较小。大的船用"一艘"，小的船用"一条"。

师：考考大家，轮船、小木船用什么数量词合适？

生：一艘轮船，一条小木船。

师：为什么呢？

生：大的船用"一艘"，小的船用"一条"。

师：用得对。你到海边的沙滩玩什么？

生：我最喜欢堆沙堡、捉螃蟹、捡贝壳、追着浪花跑。

师：多好玩呀！沙滩上到处都有欢笑，就可以说是——（出示：一片欢笑）

生：一片欢笑。

师：天上的海鸥看到了、听到了什么？用上这些词语说一说。

生1：海鸥看到了一群"红领巾"来到沙滩上。

生2：一面队旗在风中飘扬。

生3：有个小朋友手握一把铜号。

生4：小朋友们玩得很开心，沙滩上一片欢笑。

■ **评析**：此环节结合孩子的心理，创设话题情境，每次说话练习都让学生正确运用数量词。如比较"艘"和"条"的不同用法，领悟"片"的用法，使学生学有所用，学以致用，也使整个教学过程浑然天成。■

师：离开了沙滩，我们来到了农村。（出示：一畦秧苗 一块稻田）有什么不明白的吗？

生：林老师，什么是"一畦秧苗"？

师：不懂就问，你的学习方法真好。（演示）这样就叫作"一畦"。

师：（出示鱼塘图）这是什么呀？

生：是鱼塘。

师：鱼塘要用什么数量词？

生：一方鱼塘。

师：你预习的时候就记住了，对吧？（生点头）鱼塘为什么用数量词"一方"？

生：因为鱼塘四四方方。

师：你说对了。古时候，圆水池称为"池"，方的称为"塘"。这养鱼的池子是方的，所以叫——

生：一方鱼塘。（生齐读第二节韵文）

■ **评析**："圆的为池，方的为塘"，古人用字就是这么讲究。很多人以为，池和塘是同义词，彼此不用分，这是不对的。本环节借助图片帮学生把"哇""方"与实物联系起来，形象鲜明，理解深刻。■

师：（出示公园图）最后我们来到了公园。你看到了什么？
生：我看到了一道小溪，一孔石桥，一竿翠竹，一群飞鸟。
师：我考考你们，这儿有两张图片，一孔石桥说的是哪张图片上的石桥？
生：第二张。
师：为什么呢？
生：第二张图片上的桥是用石头造的。
师：第一张图片上的也是石桥呀，老师提醒你注意桥的形状。
生：哦，第二张图片上的桥洞是半圆的，桥洞倒映在水里，水里也有一个半圆的桥洞，合起来就像个大圆圈。
师："孔"是圆的，这样的石桥就可以说是"一孔"。另外这张图上的石桥，用"一孔"不合适，用哪个量词合适些？
生：一座石桥。
师：没错，（出示各式石桥的图片）一座石桥可以说这几种石桥，但是一孔石桥只能说这种有半圆桥洞的石桥。
师：刚才我们去了那么多地方，欣赏了美丽的景色，也学到了一篇有趣的课文。现在我们一起把它读一遍。（生齐读课文）
师：这篇小文章实在有意思，不但教了我们一些数量词的用法，还带我们欣赏了海边、农村以及公园的美丽风光，大家再美美地读一遍吧！（生读）

■ **评析**：图片弥补了学生生活经验的不足，借助"孔"的形象性，引导学生对比，明白了量词"孔"和"座"用于"桥"时的区别。■

## 四、指导写字，感受汉字形体美

师：大家读得多起劲呀！接下来是写字时间，（出示：海 沙）这两个字认识吧？
生：认识，"海""沙"。
师：它们的部首是——

生：三点水。

师：对，带"氵"的字以前写过吗？

生：写过，"洗""河"。

师："氵"怎样写才漂亮？

生："氵"的外侧一定要是一道美丽的弧线才好看。

师：对，知道"氵"的第二个点为什么要左移一些吗？

生：为了好看。

师：不全是这样。"氵"的最后一笔要向右上方提起，顺势去写右偏旁的第一笔，"氵"的第二点左移一些，主要是为了给第三笔腾出地方，便于第三笔提起来。当然，这样写也就漂亮了。好，小手举起来，边写边念顺口溜。（范写，生书空）

生：一点左到右，二点靠着左，三提尾对点，弧线真好看！

师："海"字右边是个"每"字。（范写"每"）还记得老师说过的"母"上的"⺈"像什么吗？

生：像母亲头上美丽的头饰。

师：写"母"字，最后三笔的笔顺是点、横、点，如果写成横、点、点，两个点写快了，就容易连成一竖，字就不规范了，也不好认了。发现了吗？"母"的横是"每"字中最长的横。泉水、溪水、河水、江水最后都流入大海，这说明"海"的意思是——

生：河流的母亲。

师：再看看"沙"字，它长得有点瘦，注意右旁"少"字，第二个点方向改变了，怎么写？

生：向右斜着写。

师：对，它斜着写，把位置让给撇了。接下来小朋友们练习写"海、沙、竹"这3个字，把它们写得规范又美观。（生写生字，师巡视指导）

汉字是形音义的统一体，蕴含着以图形为基础的形象思维功能和以结构为基础的逻辑思维功能。这节识字课，抓住汉字的这一特点，培养了"语言文字运用"的能力。教学从"汉字的构件"出发，溯源分析字形，引导学生破译汉字的形义密码，感受汉字的象形美、意蕴美；再结合生活实际，使学生联系周边事物，以文字或语言诉诸表达，感受数量词表意的精确性、形象性、多样性；最后通过细致的对比分析、示范书写，引导学生发现汉字的书写规律，感知汉字的笔意，体会汉字的结构美。

  本课的突出特点是：识字教学不仅要提高识字效率，还要传授学生分析汉字和使用词语的方法，培养语言文字学习和运用的能力，为学生的终身学习打好基础。该课就是在努力落实这个观念。比如教师不仅教形声构字法，而且学以致用，马上引领学生分析形声字，培养学生分析汉字的能力。讲解量词知识，接着就让学生多分析多练习。识字学词在分析理解中练习，在练习运用中巩固，提高的是学生自主学习的能力，追求的是语文教学的更高目标。

（林佩菱：福建省厦门市集美区曾营小学／吴金红：福建省厦门市集美小学）

## 23 溯源识字　促进阅读理解
——人教版第二册《识字8》

执教、评析／叶秀萍　　指导／金文伟

本文发表在《小学语文》2010年1-2合刊"寒假备课专辑",有修改。

### 教学目标

1. 运用汉字溯源法,引导学生认识"雁、初、眉、斗、即、寒"6个生字,会写"北、南"2个字。
2. 在理解字义的基础上,正确、流利地朗读课文,初步感受和体会谚语的美。

### 教学过程

#### 一、猜谜导入,激趣学"雁"

师:小朋友们,今天叶老师给大家带来了一个非常有意思的字谜,你们想猜吗?

生:想。

师:听好啦——不识字,把字排,秋天去,冬天来。

生:大雁。

师:对了,就是大雁。这个"雁"字,是我们这堂课要学的生字之一,把它正确地读两遍吧!(生读)

师:说说你是怎么记住它的。

生:一个"厂"字,两个"单立人",还有一个"主"字多一横。

师:你真有办法!想知道我们的老祖宗是怎样造这个字的吗?(出示: )这是金文"隹"(zhuī),像什么?

生:鸟。

师:"雁"字从"隹",表示大雁是鸟类;大雁在天空中有时会排成"人"字,所以老祖宗就在"隹"的前边加上"亻";"厂"的字形是山崖,原来大雁飞累了,喜欢躲到山崖下休息,既避风保暖,又可防备敌人从背后偷袭。我们理解了

"雁"的各个部件,再看看"雁"字,是不是特别有意思呀?

生:是,那个"厂"字原来是山崖的形状啊!

师:老祖宗造字都是有道理的。今天呀,老师要和小朋友们共同游览奇妙的汉字王国,去认识更多的汉字。(生齐读课题:识字8)

■ **设计意图**:提前把课文中的某些学习难度大的字教给学生,可以分散课中生字过于集中的压力。"雁"字构形稍显复杂,学生若简单地用加一加、减一减、换一换的方法来识记,对各偏旁的构字作用不理解,仍属死记硬背,识记的效果就会事倍功半。讲清楚"雁"字的字理,能使学生直观地理解该字的形义关系,降低识记难度,使学生既了解了大雁的习性,又拓宽了知识面。■

## 二、结合语境,溯源识字

**1. "初"**

师:(出示:初三初四峨眉月,十五十六月团圆。句中"初""眉"变红)请说说你会怎么去记住它们。

生:我用"加一加"的方法,一个衣字旁,加上一个"刀"字,就是"初"。

师:呀,你的方法挺有趣!"初"是衣字旁,它跟衣服有关吗?(出示剪刀裁衣图)看,这幅图说明了"初"是用剪刀裁剪一块布,这是做一件衣服的开始,所以"初"字有"衤"有"刀"。后来,"初"用来指许多事情的开始。比如过年时的正月初一、初二、初三……初十。

师:(若学生说出初十一)(出示日历图)你们看看这图,有"初十一"吗?初一到初十,是一个月开始的前十天,把"初"放在数字前面表示。后来的二十天,就不再用"初"了,而是直接用数字。到了二十以后,用"廿"来表示二十,就更方便了。课文提到的"初三、初四"指的就是每个月开始的第三天、第四天。大家再想想,这是哪种日历的说法呀?(出示:农历)

生:农历。(齐读两遍)

师:是的,我们的老祖宗从四千多年前就开始用农历来计算日子了,太了不起了,我们再把"农历"读两遍。(生读)

师:除了表示日历,这个"初"还用在哪些地方表示开始呢?

生众:初中、初始、和好如初、初期、如梦初醒、初来乍到……

■ **设计意图**：学生易把"初"字的"衤"错写成"礻"，这是不了解"初"字与衣有着直接关系，讲清楚"初"的字理，学生立刻就能明白。"初三、初四表示什么"的问题，现在的小学生比较难懂，借助"初"的本义，配合观察日历表，学生就容易理解了。■

**2. "眉"**

师：（出示：眉）大家猜这是什么字？并说说理由。（生发言）"眉"字既表示了眉毛的位置是在眼睛之上，又表示了眉头的形状。课文中说到一个词——

生：娥眉。

师：（出示蜡笔小新、大耳朵图图、仙女姐姐三人图）谁的眉毛是娥眉？为什么？注意这个"娥"字有女字旁，说明这个"娥眉"是谁长的？

生：女孩子。

师：呵呵，猜对了。娥眉专指女孩子弯弯细细的眉毛，又叫柳叶眉。男孩们，快快欣赏你旁边女孩的娥眉吧！（生互相观察女同学的眉）

师：课文中说"娥眉月"，是什么形状的月亮呢？你可以结合"娥眉"的理解来说一说吗？

生：就是像娥眉一样细细的、弯弯的月亮。

师：月亮可会变了，有时又是圆溜溜的，所以称之为"月团圆"。我们齐读这句谚语。（生齐读）

师：老师也来读一读：初三初四月团圆，十五十六娥眉月。

生：错了，错了！

师：为什么不能这么读呢？

生：因为是初三、初四的时候月亮才像娥眉一样细细弯弯的，到十五、十六的时候月亮都是圆圆的了，所以老师读错了。

师：哦，果然是这样。谢谢同学们给我指出来，我这就改正：初三初四娥眉月，十五十六月团圆。

师：（出示农历与月亮变化的关系图）原来农历是我们的老祖宗根据月亮的变化来编排的，怪不得初三、初四时是娥眉月，十五、十六时是月团圆。当然还有初一、初二、廿九、三十，但那时的月亮细得肉眼看不见。（生再次齐读）

■ **设计意图**："眉"字既表示了眉毛的位置是在眼睛之上，又表示了眉头的形状。溯源"眉"字的金文字形，帮学生认准了"眉"字上部的正确写法。用低年级学生喜闻乐见的人物造型，帮助学生理解"娥眉"的意思，增强学生的学习兴趣。

**3．"斗"**

师：（出示：朝看太阳辨西东，夜望北斗知北南）"斗"字你是怎么记住的？
生：我用的是"减一减"的方法，"科"字减去"禾"旁就是"斗"字。
师：这样记也不错，看看老师怎样记。（出示：斗）看一看，你看明白了什么？
生："勺（斗）"的形状就是一把勺子。
师：天上也有一把勺子，这把勺子的口指着北方。（出示北斗七星图）如果晚上迷路了，你可以找谁帮忙？
生：我可以找北斗星帮忙，看它的勺口指哪个方向，哪个方向就是北方。
师：真聪明！让我们一起来读一读这两个短句。
生：朝看太阳辨西东，夜望北斗知北南！
师：后半句的意思我们知道了，前半句呢？（生疑惑）
师：还记得一年级上学期学到的一首儿歌吗？"早晨起来，面向太阳——"
生：前面是东，后面是西，左面是北，右面是南。
师：你会背了，转过身去，望着后面的老师，自信地背一背吧！（生齐背）
师：白天要是迷路了，记得找太阳公公帮忙呀！这句谚语太有用了，让我们把它记下来吧！

■ **设计意图**：实物展示与汉字溯源相结合的方法，使学生容易理解"斗"和"北斗"的意思，记住字形。■

### 三、创设情境，联想识字

**1．"即"**

师：（出示：即）这是甲骨文"即"字，你能猜到老祖宗造"即"字的意思吗？
生1：有个人钓了一条鱼。
生2：一个人跪下来，前面是条鱼。
师：（出示：）现在谁再来说说"即"的意思。
生：一个人跪在一个锅前面，锅里有鱼肉。
师：这锅里不仅有鱼肉，还有其他的菜，香喷喷的，跪着的这个人闻着，忍不住——

生：想大吃一顿。

师：你们再仔细看看，古时候的人是怎么坐的？

生：是跪着的。

师：是呀，古人习惯于跪坐，就是坐在自己的脚后跟上吃饭、读书、开会、聊天等，日本、韩国人至今还保留着跪坐的习惯。

师：你们知道"卩"叫什么旁吗？

生：单耳刀。

师：学了"即"字，你还认为"卩"跟刀有关吗？

生：没有关系。

师："卩"的真名是"jié"，表示什么意思？

生：表示跪坐的人。

■ **设计意图**：现在称偏旁"卩"为"单耳刀"，容易让学生顾名思义而产生歧义。运用汉字溯源法可正本清源，让学生了解"卩"实指"人屈膝跪坐的样子"，读音"jié"，"节、疖、爷"就是以"卩"为声旁。这样，以后学生再遇上带"卩"的字，就能举一反三了。■

师：这个跪坐的人靠近这锅美味，准备大吃一顿，开始吃了没有？

生：还没。

师：所以"即"的本义就是凑近装满食物的锅，准备吃东西，后来表示快要、将要。"即将"就是这个意思。谚语中有句话说"即将有雨在眼前"，意思是——

生1：雨快下下来了。

生2：快要下雨了。

师：谁用"即将"说句话。

生1：春雨来了，花儿即将开了。

生2：五一节过去了，六一节即将来到。

■ **评析**："即"的甲骨文是跪坐的人面对食器（皂）形，会意字。溯源此字，学生即可明白"即"的本义是凑近去吃东西，后引申为快要、将要。■

## 2."寒"

师：谁会用"寒"组词？

生：寒冷、寒冰、大寒、饥寒、严寒……

师：听了这些词，我都冷得发抖了。(出示寒冬破茅屋图)寒冬腊月，天寒地冻，大雪还在飘着，寒风还在呼啸，住在屋子里的人会怎样？

生：烧火取暖，穿上厚厚的衣服，躲在被窝里……

师：寒冷是种感觉，老祖宗是怎样把这种感觉表达出来的呢？（出示：）这是金文"寒"字。"宀"是房屋，中间是"亻"和他的脚，人前后左右的"屮"是草，下部的两短横是冰。大家想想，屋里的地上结冰了，房屋里该有多冷啊！人的脚踩在地上，身上该有多冷啊！人蜷缩在结了冰的房屋内，身上裹着很多草——这就是古文字"寒"。后来，汉字逐渐笔画化了，楷书"寒"字仍保留了"宀""冫"字形，却用三横两竖一撇一捺表示人和御寒的草。

■ **设计意图：**"寒"的形义蕴含着丰富的信息。溯源"寒"字，帮学生建立了字形字义之间的联系，同时也揭示了先民们生活的情形。■

## 四、分析字形，指导写字

**1."北"**

师：大家仔细观察"北"字，有什么要提醒大家的？

生1："北"的第二笔是横，不是点。

生2：第三笔是提，不是横。

师：平时我们写字都是从左到右，为什么"北"要先写竖呢？（生不知）

师：因为横、提与竖是相接的，不能写成相离或相交，所以竖是关键笔画，把它写好了，横和提的位置也就清楚了。先写第三笔提是为了顺势接写右边部件的撇。

师：再观察每个笔画在田字格的位置。

生：第一笔在竖中线偏左一些，第二笔在横中线上。

**2."南"**

师：大家仔细观察"南"字，有什么要提醒大家的。

生："南"的第二笔是竖，不是撇。

生："南"里面是"¥"不是"羊"。

师：（范写"南"字）"南"第二笔是竖，但要写得向左斜一点，好接写第三笔竖，也使整个字不显得死板。（学生练写，后组织展评）

（叶秀萍：福建省厦门市集美区曾营小学）

## 24 在"快乐"中识字和阅读
——人教版第二册《快乐的节日》

> 设计、执教 / 伍明珠　　指导 / 金文伟　吴鹭梅
>
> 本文发表于《小学语文》2010年1-2合刊，有修改。

### 教学目标

1. 遵循汉字学，激发识字兴趣，感受汉字文化，培养运用多种科学识字方法的能力。
2. 学习"羽、祝、祖、贺、吹、敬、度、丰、希、国、理、由、勇、敢"14个生字，会写"快、乐"2个字。
3. 体悟写字规律。
4. 在配乐朗读中，感受这首诗歌优美的语言，培养学生的想象力。

### 教学过程

#### 一、情景导入

师：（板书：节日）同学们，你们喜欢节日吗？（生回答：喜欢）

师：过节时你的心情是怎样的？

生：高兴的、快乐的。（师板书：快乐的）

■ **设计意图**：唤起学生生活经验，拉近学生与文本的距离。■

师："快乐的节日"不仅是今天的课题，也是一首好听的歌曲名，把它当作歌曲名来读，谁来读？（学生1读课题，声音较小，没有表现出快乐的情绪）

师：咬字很清楚，如果声音响亮一些，就能表达出你快乐的心情了！谁再来读？（学生2读，声音响亮，表现出快乐之情）

师：老师和同学们感受到你的快乐了。全班一起读。（全班齐读课题）

■ **设计意图**：让学生读出课题的味道，奠定课文的情感基调。■

**二、初读课文**

师：老师要用一种特别的方式快乐地读这篇课文，大家想听吗？（生回答：想）

师：老师有个要求：请同学们当个富有想象力的小听众，听老师朗读时，看看你的眼前仿佛出现了怎样的画面。

师：（在《快乐的节日》乐曲中朗读）在老师的朗读中，你的眼前仿佛出现了怎样的画面？

生1：我看到了绿色的草坪、五颜六色的鲜花。

生2：我看到了一群"红领巾"在欢快地奔跑。

……

师：是啊，就像春游时我们来到植物园，看到百花盛开、万物生长的美好景象，我们小朋友也像这春天一样，生机勃勃，天天向上。

■ **设计意图**：在教师的配乐朗读中，抓住学生的注意力培养学生的想象力；在汇报交流中，锻炼学生的口头表达能力，同时不露痕迹地使学生初步了解课文大概内容。■

师：同学们，这么美的课文，你们想不想像老师那样美美地、欢快地读一读？

师：老师要求你们：第一，试着读准字音，读通句子；第二，用你喜欢的方式把课文中的生字画出来。（生自由读课文，老师巡看辅导）

**三、学习生字**

**1. "羽"**

师：同学们，我们神奇的汉字，起源于图画，"羽"就是一个象形字。（出示鸟羽毛图，再出示：）这是甲骨文"羽"，像两片羽毛叠加在一起的形状。跟老师读。（生读）

■ **设计意图**：图文并茂，适应一年级学生以形象思维为主的学习特点，增强学生的识字兴趣，加深其印象。■

**2. "祝""祖"与"礻"部首**

师：同学们，你们看，每个汉字都像我们小朋友一样有一个成长的过程，"祝"字在古时候是这样的（出示：祝 福 祝），前面两个是古文字，在人们的长期使用中，逐渐演变成后面的楷体。

师：从古文字中，我们看到"祝"字左边是"礻"，表示一张祭祀祖先的桌子；右边的"兄"，是一个跪坐着的人张着口祈祷。整个字就是跪着祭祀祖先，祈求祖先保佑的情景。后来，这个跪坐的"人"，在楷书中写成"儿"了。

■ **设计意图**：在演示中培养学生的观察能力、想象能力，提高学生的思维能力，不露痕迹地向学生渗透科学的汉字学习方法。■

师：带有"礻"的字很多与祭祀祈求祝福、纪念祖先有关。我们今天的生字中有一位就是"祝"的兄弟，它是"祖"。

师："祝"和"祖"不仅字形长得像，读音也很接近，谁来当小老师带大家用组词的方式读一读？

生：祝，祝贺；祖，祖国。（全班跟读）

师："祖"的右偏旁是"且"，大家想象一下，它像不像我们去祭扫烈士墓看到的高高的——（做手势引导）

生：英雄纪念碑。

师：（出示纪念碑图）这个英雄纪念碑表达了我们对先烈的缅怀之情，先烈们为人民的幸福贡献了自己宝贵的生命。不过，"且"字产生的时候是象形字，像纪念祖先的牌位形。（出示牌位图）

师：除了"祖"，你还知道哪些字也是"祝"的兄弟？

生："祺"，我的名字。（该同学名"吕祺"）

师：（板书：祺）父母为什么给你取"祺"这个名字？

生：妈妈说"祺"是吉祥的意思。

师：是啊，这个名字寄托了爸爸妈妈对你的祝福，它带有"礻"。带有"礻"的字还有——

生众：福、礼、视……（师依次竖写在"祺"字下方。注：竖排写符合记忆规律）

师：你们认识的字真多！

■ **设计意图**：以部首分类，归纳梳理，符合汉字构字规律，能充分利用汉字的象形、会意、形声等特点帮助学生记忆，并有利于培养学生的识字能力，引起识字兴趣;联系学生的生活经验讲授汉字,既能引起低年级学生的学习兴趣,又有助于培养学生从生活中学习和学以致用的学习品质。

**3. "礻""衤"辨析**

师:在我们的偏旁中,有一个偏旁和"礻"长得很像,它是——

生:衣字旁。

师:对。"衣"做左偏旁时写作"衤"。(出示: 　　　　　衣 衤)这是衣字旁的字形演变。可以从图形演变上跟"礻"比较,辨别这两个形近偏旁的不同。

生:"衤"比"礻"多了一点。

师:多的这一点是什么?

生:是衣服袖子。

师:对,是衣服袖子,所以,带有"衤"的字都跟——

生:跟衣服或服饰有关。

师:请说出带有"衤"的字。

生:被、裤、裙……(师依次竖排板书)

■ **设计意图**:"礻""衤"形近,学生常写错,用溯源"礻"和"衤"的古文字形比较分析,帮助学生理解和区别,达到有效记忆。■

**4. "贺"**

师:同学们,"祝"有一位好朋友,它们相遇就会组成一个词语,这位朋友是——

生:祝贺的"贺"。

师:对,就是"贺"。一起读"祝贺"。(生读)如果你考试取得了好成绩,家人会怎样祝贺你?

生:妈妈会表扬我,还会奖励我礼物呢。

师:妈妈送你的礼物对你来说就像宝"贝"一样,它包含着妈妈对你的期望,妈妈希望你不要骄傲,要继续"加"油,所以"贺"上部是"加",下部是宝贝的"贝"。

师:我们的汉字多有意思啊!一个字就可能是一个故事,一种情怀呢!

■ **设计意图**:"贺"字一般解析为形声字,从"贝","加"声,也有汉字研究者认为"加"兼表相加之意。为便于学生理解,这里采取此说。■

## 四、学生合作，自主识字

师：（总结学法）同学们，刚才我们运用汉字学知识，分析了字形，理解了字义，掌握了"羽、祝、贺、祖"四个生字。现在你们能不能用这种方法自己学习课文的其他生字？（出示：吹 敬 敢 度 国 希 丰 理 由 勇）

师：给大家一些时间自主学习，等会儿你们要将学会的字与大家分享，同时也向大家请教还没学会的字，好吗？（四人一小组合作学习生字）

■ **设计意图**：让学生运用刚学的方法自主学习，学以致用，充分发挥学生的主体性，并检验学生的学习效果。■

师：请各小组同学讨论学习这十个字的音形义。（师巡堂指导，随后学生自主发言，交流识字成果）

1. "吹"

生："吹"是翘舌音，字形由"口"和"欠"组成，带有口字旁，表示用"口"吹气。

师：你能按音形义的顺序解释"吹"，真有条理！能从偏旁上判断字义，你真会学习，给他掌声！（全班鼓掌）

师：其实"吹"的右边"欠"也是个表意偏旁呢。它表示什么意思呢？（展示： ）这是"欠"字的演变过程。甲骨文"欠"字就像人张大嘴打哈欠的样子。带有"欠"的字大多和张口出气的意思有关，如唱歌的"歌"，就是张大嘴巴放声唱。"吹"字由"口"和"欠"组成，就是用嘴巴吹气。

■ **设计意图**：在互动中，老师注意对学生的回答给予适当的补充纠正，完善学生的认识，避免学生随意解析汉字。运用图示法让学生认识偏旁"欠"，扩展讲解"歌"，培养学生举一反三的识字能力。■

2. "度"

生：我学会了"度"的音和形，（拼读"度"）"度"是广字头，里边是"甘"和"又"组成的。

师：请再看看，"度"字里面是"甘"字吗？

生：噢，是"甘"去掉里面的一横。

师：对啦，那么"度"是什么意思？从字形上你能猜出它的大概意思吗？

生："度"里面有个"又"。我们学过"又"是右手的形状，所以"度"应该和手有关。

师：你把学过的知识记得真牢，掌声送给你！（出示：✋ ㇌ ㇌）这是"又"字的演变，"又"原是右手形，所以许多带有"又"的字和手有关。古时候人们为了方便，经常用手臂来测量长度，（做用手臂测量讲台的手势）所以用"又"来表示"度"的义，请给"度"组词。

生众：长度、度量、度假、欢度。

■ **设计意图**：整合新旧知识之间的联系，充分利用汉字的系统性，使学生能实现最大限度的学习迁移，学习效果加速度地提高。以下字例设计意图同此。■

3. "敬"

生：我学会了"敬"，"敬"是后鼻音。

师：你带全班读读"敬"。

生：敬，尊敬。（全班跟读）

师：再说说"敬"的字形。

生："敬"由一个草字头加"句"和"攵"组成。

师：你用拆分部件的方法记住了"敬"的字形，真好。那么"敬"带有"攵"表示是什么意思呢？我们在《识字5》中学"攻"字的时候，知道了"攵"和什么有关？

生：和"手"有关。

师：对，（复习）"攵"本写作"攴"（板书），读"pū"，（出示：🖐）从图示可以看出是手持带杈的棍棒形，楷书变形写作"攵"，所以"攵"和手有关。

师：我们用握手、拱手等方式表示对人的尊敬。（做动作）少先队员行队礼，叫——（生回答：敬礼）

4. "敢"

师：勇敢的"敢"也带有"攵"，你是怎样理解它的字义的呢？

生："攵"表示手持棍棒做武器，人就勇"敢"了！

师：说得合情合理！

5. "国"

师：在《识字5》中我们学过一个带有"囗"（wéi）的字是——（生回答：团）

师：还记得"囗"表示什么意思吗？

生："囗"是围字框。

师：带有"囗"的字多和围绕有关。

生："国"用偏旁"囗"，说明围起来的辽阔大地是我们的祖国。

师：好，能再说一些带有"囗"的字吗？（生回答）

■ **设计意图**：在新知识的学习中不断巩固旧知识，新旧知识不断建构联系，使学生逐渐建构起汉字的偏旁系统。■

师：同学们，刚才我们用"读准字音、分析字形、根据字形理解字义"的识字方法自主学习了"吹、度、敬、敢、国"这5个生字。大家真棒！

■ **设计意图**：及时总结学法。■

### 6."希"

师：奖励大家欣赏两幅图画。（出示篱笆、麻布的图片）谁来说说图上画了什么？

生：第一幅是篱笆，第二幅是麻布。

师：哇，你知道的真多！篱笆是用竹子做成的，你看，篱笆是密密的还是稀稀疏疏的呢？（生回答：稀稀疏疏的）

师：会观察，了不起！（出示：爻）这是"希"的古文字，我们知道"希"的下部是"巾"，上部"爻"像什么呢？

生：稀疏的篱笆。

师：真聪明，那下部的"巾"像什么呢？（生回答：麻布）

师：有汉字学家认为，"希"从"爻"从"巾"，表示麻布织得像篱笆一样稀疏。由此引申出稀疏、稀少之意；东西少了就希望多一些，于是就引申出希望、希冀等意思。一起读读这些词。（出示：希求 希望 希冀）

### 7."丰"

师：谁接着给大家说说怎么识记"丰"字？

生：老师，我是用编顺口溜的方法记"丰"字的：三横插一竖。

师：（板书：王）你这个顺口溜也可能是个"王"字哦。不够准确，能再改改吗？

生：一竖串三横。

师：这个顺口溜比较准确地解说了字形。不过，"丰"字为什么这样写呢？（生摇头）"丰"的甲骨文是"丰"（板书），像植物生长得茂盛形状，表示茂盛、丰满的意思。后来这个字逐渐演变成小篆""（板书），楷书"丰"。"丰"的笔画挺简单，内容还是很丰富的。

■ **设计意图**：""希""丰"字让学生自己研读难度太大，就由老师出示图片，溯源古文字，调动学生的生活储备，引导学生理解字形字义，并培养学生的观察能力。■

### 8."理、由、勇"

生："理"的右部是"里"字，所以这个字念"lǐ"。"田"字出了头就是理由的"由"。

师："由"字为什么要出头呢？原来，"由"上的短竖表示走入"田"的路，经由的意思。后来"由"引申表示缘由、由于、理由这些意思。（出示：缘由 由于 理由）

师：我们现在用"理"来组词，除了"理由"，还能组什么词呢？（生回答：理想）

师：你的理想是什么？

生1：当一名科学家。

生2：当个像姚明那样的运动员。

师：要实现理想，就要"勇敢"地挑战困难、战胜困难！（出示：勇敢）

生：勇敢。

师：请同学们打开课本，找出"勇敢"这个词在课文中的位置。我们一起来读这一段。

生：感谢亲爱的祖国，让我们自由地成长，我们像小鸟一样，等身上的羽毛长得丰满，就勇敢地向着天空飞翔，飞向我们的理想。

■ **设计意图**：遵循汉字学讲解字，引导学生通过结合课文内容组词的方法识字积累词汇。■

## 五、巩固识字，全班配乐读课文

师：同学们，我们又和许多生字交上了朋友，大家想不想伴着优美的音乐，把整篇课文完整地读一读？（生回答：想）

师：为了能够读得更流畅更好听，我们先来复习巩固刚学的生字。（带学生读生字卡片后全班配乐朗读）

## 六、写　字

师：同学们，刚才的朗读，读出了你们的快乐。现在我们来写写"快乐"两个字。谁先说说写"快"字要注意什么？

生1："快"是竖心旁，笔顺是点、点、竖，不能写错了。

生2：第二笔点要比第一笔点略高一些，这样就离长竖近一些。

师：你真细心！第二笔的点为什么要跟长竖近一些？

生：可以写得快。

师：对，笔程短，写得快，这就是楷书讲究笔顺最重要的原因。

生：右边不要写成"央"字。

师：对，右旁不是"央"是"夬"，读"guài"，是"快"的声旁。写"夬"，横折要有折角，折向里收，不然这个字就显得很呆板。

师：仔细看老师写"乐"字。第一笔是横撇，不是竖撇；第二笔是竖折，不是撇折；第三笔竖勾压竖中线，勾起来顺势写左边的短撇，再对称地写右边的点。请同学们伸出手来，跟老师书空。（生写字，师巡视指导）

■ **设计意图**：教师指导学生观察写字要点，体悟笔顺原理，逐渐掌握书写规律。■

## 七、结课语

师：同学们，这节课，我们遵循汉字学，愉快地学习了14个生字，读了这篇优美的课文，写了"快乐"两个字，现在老师要祝同学们：生活快乐，学习快乐，每天都是——（指课题）

生：快乐的节日！

■ **设计意图**：扣住课题，在总结学法和学习收获中结课，加深学生对刚学知识的印象，一课一得，学有所得。■

（伍明珠：福建省泉州市侨星中心小学 / 吴鹭梅：福建省厦门市思明区前埔南区小学）

## 25 走进"青"字家族
——苏教版第二册《识字8》

执教 / 胡月明　　指导 / 金文伟　　评析 / 阮平春（特级教师）

### 教学目标

1. 正确认读本课的11个生字,拓展认识"青"系统7个字,规范书写"情、晴、睛"3个字。
2. 学习新部首"忄"、形声构字法,半意符半记号字和科学分析汉字的方法,培养自主识字的能力和在生活中识字的良好习惯。
3. 正确、流利地朗读课文。

### 教学过程

## 一、温故知新,导入新课

**1. 学习"忄"部首**

师：（出示：氵 虫 日 忄 讠 目）这些部首能帮助我们高效识字。认得它们吗？

生：三点水、虫字旁、日字旁、竖心旁、言字旁、目字旁。

师：课文中红色字体是要学习的两个新部首：一个是"目"……

生：老师,目字旁我们早就知道了,表示眼睛。

师：对,这个部首我们上学期就认得它了,"目"表示——（生回答：眼睛）另一个是——（生回答：竖心旁）你也知道它的名字,真棒！一起读两遍。（生读）知道"忄"表示的意思吗？

生："忄"表示与心——（生迟疑不确定）

师：你们不太确定竖心旁是不是和心有关,对吧？我们就一起来看看竖心旁是怎么演变来的。（出示：→心→忄）

生：（恍然大悟）哦,"忄"其实是"心"演变来的,它应该表示与心情有关。

师：对,不过这个部首的笔顺容易写错,请伸出手跟我一起书空。

师：（范写，生跟着书空）左点低，右点高，长竖贴着右点靠。先写两点，右点写高是为了最近距离地写竖，顺应笔势，这样写才能又快又好。请大家拿出笔在生字本上写两个"忄"。

**2. 重温"青"字**

师：（出示：青）这个字大家一定不陌生吧。（生读：青）我们在一年级上册《小河与青草》中学过，记得它是怎么构形的吗？

生："青"是会意字，上边本来是"生"，表示小草刚从土里长出来，后来，把弯弯的一笔拉直变成了横。（师出示：屮 生 青）"青"下面本来是"丹"字，表示颜色，合起来表示像春天刚刚长出的小草那样的绿色。

师：你说得很好！谁还记得为什么下面的"丹"要改成"月"呢？

生：老师，我记得上个学期你好像说过，"丹"在上下结构时要写得扁一些，就把点写成横，可以少占空间，不显得乱。另外，为了把它和"月"区分开，要把第一笔撇改成竖。

师：你也说得很好！我们要注意的是，"丹"在字的下部时，把点改成横以节省空间和不显得乱这一书写原则，也适用于其他一些字。这样书写出的字就清晰好认，也美观。"青"原本表示绿色，比如——

生1：青草、青菜、青山绿水……

生2：还有青蛙。

师：有时也表示黑色。比如：青丝，就是——

生：黑发。

**3. 新课任务**

师：今天，我们要走进"青"字家族，去认识这个家族的成员。（板书课题：走进"青"字家族）（生读）

■ **评析**：科学施教的标志之一是以学定教，顺学而教。学习新部首，教师对于学生已经掌握的"目"，选择不教，对学生不理解的"忄"则选择精讲。这样以学定教，科学高效。由于受从左到右的笔顺规则影响，学生书写"忄"时，笔顺极易写错。教师讲清规则——"顺应笔势，字才写得又快又好"，使学生对书写不再是机械摹写，而是知其所以然，有效地培养了学生良好的书写习惯。适当地复习"青"字形的知识，为后面"青"系字的教学做好铺垫，体现了温故与知新的学习关系。■

## 二、学文识字，发现规律

**1. 学生自由练读**

师："青"和我们学过的几个部首交朋友，就组成了几个可爱的汉字。现在，请大家轻轻打开课本第81页，同桌之间，一个读，一个听。同桌读得好，请夸夸他；读得不对，请帮助他。（同桌互读，师巡视辅导）

**2. 检查生字认读情况（略）**

**3. 发现规律，区别字形**

师：这些字词，小朋友们读得非常好，现在请同学们仔细观察这6个字，（出示：清 请 晴 情 蜻 睛）你发现了什么？

生1：我发现它们都带有一个"青"字，都是左右结构。

生2：我发现他们的读音很相似。

师：怎么个相似法，说说看——

生："清、请、晴、情、蜻"的读音接近，只是声调不同。

师：你观察得很细致！是的，这6个字都是左右结构，右边的"青"提示字的读音，是它的声旁，也叫音符；左边是形旁，表示字的意思，也叫意符。像这样由一个音符和一个意符组成的字，我们叫它形声字，也叫意音字。

师：这些字长得很像，读音也很接近，你有什么好办法区分他们吗？

生：可以根据形旁区别它们。比如：三点水的是"清"，因为与水有关；言字旁的是"请"，是用语言请别人坐下；蜻蜓是昆虫，所以是虫字旁；"晴"天有太阳，所以是日字旁；目就是眼睛，目字旁的就是眼睛的"睛"。

师：有道理，那还有一个事情的"情"为什么是"忄"？

生：（略思考）因为事情做得好不好，影响心情，所以与心情有关，是竖心旁。

师：呵呵，你是这么理解的呀！你很聪明，懂得用形声字的方法来学习这些生字，这就不容易混淆。我们把掌声送给他。

师：老师也有一个好办法学好这些字，想知道我的好办法吗？（生回答：想）我把字编成了儿歌，请看。（出示）

　　　　　　　太阳出来天放晴，加个目字大眼睛，
　　　　　　　_____清，_____蜻蜓，
　　　　　　　_____请，_____情。

师：不过儿歌我没有编完，同学们能帮帮老师吗？
生：（兴奋）能。（师生合作续编儿歌）

　　　　　　　小河流水甜又清，消灭蚊虫有蜻蜓，
　　　　　　　语言文明要说请，人人都有好心情。

师：怎么样，编成儿歌，现在是不是记得更牢了？
生：（意犹未尽）是。
师：我们是利用形声字的什么偏旁记住这些字的？
生：（思考后）利用形旁记住的，形旁表意，我们知道了不同的形旁和这些字的意思就记住了这些字。

■ **评析**：汉字学家王宁教授认为：汉字的教学目的更重要的是通过教学过程让学生产生对表意文字构造特点和使用规则的感受。形声字是汉字的主体，7000个现代通用汉字中，形声字有3975个，所占比例约为56.7%，了解其构形方法，教会学生掌握意符，并举一反三，不仅能大大提高识字效率，还使学生学到了科学识字的方法。本环节，教师引导学生认真观察"青"为声旁的系列字，大胆把"音符""意符"这些概念教给一年级第二学期的孩子们，让他们自主发现形声字构形方法，并以师生合作编儿歌的方式实践识字教学，加强理解和识记，提高了学生的系统识字能力，也训练了学生的思维能力。■

**4. 巩固练习：送字宝宝回家（略）**
**5. 拓展识记**
师："青"字很喜欢交朋友，它还会和哪些部首交朋友组成什么字？
生：我知道，"青"和"女"组成"婧"，我们班的陈婧就是这个"婧"。
师：你很会观察！"婧"是女字旁，说明——
生：（脱口而出）和女生有关。
师：是的，这个"婧"本义指有才能的女子，后来引申也指苗条美貌的女子。可不，我们班的陈婧就是一名既能干又美貌的女生。
生：我知道"青"加米字旁就是"精"，精神的"精"。
师：是的，可是精神的"精"和"米"有什么关系呢？
生：人吃了大米就有精神了。（众笑）
师：大家别笑，"精"字最早还真和大米有关，它本义是指挑选出来的优质大米，

"米"是意符,大家明白了吗?同学们还知道"青"字家族的哪些字?

师:(出示:倩 猜 静 靓 氰)这些也是"青"家族的字,认得吗?

生:我认得"猜、静、倩",其他的不知道。

师:你是怎么认识这三个字的?

生1:图书馆的墙壁上挂着一个"静"字,我就记住了。

生2:"猜"是猜谜语的"猜",我在书上看过。

生3:"倩",我姐姐的名字里就有。

师:"处处留心皆学问"呀,大家要向这几位同学学习,留心生活,就会在生活中识字。"倩"有"亻",说明——

生:"倩",应该和人有关。可是,是什么意思呢?

师:"倩"本是男子的美称,古代一些男子的名字就有"倩"字。后来词义变化了,表示美丽,用来形容女子,有个词叫"倩影",指的就是女子美丽的身影。有些人不明白"倩"的意思,说成"美丽的倩影",这样说对吗?

生:不对,"倩影"就是美丽的身影,再说"美丽的倩影"就变成美丽的美丽的身影。(生一脸严肃认真地推理。众笑,鼓掌)

师:所以,咱们得好好学汉字,理解字形更要掌握字义,不然要闹笑话的。

■ **评析**:这节正是语言文字运用的教学,效果好的前提是教师应该具备语言文字的知识。■

师:接着说,"猜",反犬旁,和狗有关吗?(生摇头不知)"猜"本义指狗警觉而多疑,引申为怀疑、不信任,比如猜疑,又引申为推想、推测,比如猜谜语、猜测等。右边的"青"在古代是表音的声旁,可是,现在还能表音吗?你们试着读读看。

生:不能表音。

师:像这样不能表音表意的字符,叫作记号。请同学们读两遍。(生读)我们把"猜"字,叫作半意符半记号字。同学们再读两遍。(生读)

■ **评析**:"记号"指汉字中既不能表音也不能表意的字符,在3500个常用字中,记号字、半记号字就有1279个,比例高达36.54%。记号字跟音义失去了联系,成为半理据字和无理据字,给汉字教学增添了难度,一直是识字教学的一大难点。

233

本课教学，教师先引导学生理解了意音字的音符、意符，再理解半意符半记号字，使教学水到渠成，为教学记号字做了有效的探索。■

师：（指：氰 靓）这两个字认识吗？

生：（稍顿，指"氰"）我认识这个字，妈妈告诉我有一种奶粉有毒，因为里面有——

生众：（数生恍然大悟，脱口喊出）三聚氰胺。

师：是的，三聚氰胺就是这个"氰"。"氰"是一种化合物，毒性很大，燃烧时还会发出刺鼻的气味，所以上面是"气"。三聚氰胺可把小宝宝们害惨了，希望各有关部门严查问题奶，让孩子们喝上放心奶。

师：（指：靓）这是多音字，一个读音是"jìng"，"青"是音符，右边的"见"指被皇帝召见。被皇帝召见，大臣们要穿戴得怎么样啊？

生众：要穿戴得漂亮，要穿戴得合适……

师：对，要穿戴得好看得体，所以，"靓"后来就引申表示妆饰、打扮，又表示漂亮，所以在方言里，又读作"liàng"。比如，对面走来一位漂亮的大姐姐，我们就可以说："哇，靓女！"（众大笑）

■ **评析**：《义务教育语文课程标准》在"实施建议"中特别强调：识字教学要注意儿童心理特点，将学生熟识的语言因素作为主要材料，结合学生的生活经验，引导他们利用各种机会主动识字，力求识用结合。这节教学，在学生掌握本课青字旁的形声字后，教师引导学生联系生活，多渠道地认识其他带有"青"的字，形音义结合，学一字、带一串，识记字形，更知字义，识字效果显著。■

师：我们已经认识了"青"字家族的很多字，"青"在大部分字里做音符，有些做记号，咱们能不能给这些字归归类？（师生合作，将"青"系统字归类如下，读两遍）

音符：情、请、蜻、晴、睛、清、婧、精、静、靓、氰

记号：猜

师：归类学习，可以使我们理解得更清楚。同学们回家后可以翻翻字典或者请教爸爸妈妈，认识"青"字家族更多的成员。

**6. 观察课文插图，朗读韵文（略）**

■ **评析**：美国心理学家米勒曾提出组块记忆的概念，他认为对信息进行组织，

使其成为组块,会扩大该系统的容量,增加记忆效果。本课教师依据汉字的系统性,发挥偏旁部首"举一形而统众形"的系统性作用,先科学解析偏旁部首,比如先解析"青"的形音义,再识记该家族里更多的字,将这些字统为一个组块,既利用了汉字的系统化特点,又遵循了心理学的记忆规律,使学生系统学习提高了识字量,也提高了科学识字的能力。■

## 三、扎实指导,规范书写

**1、指导写字:晴、情、睛**

师:请大家认真观察这三个字,想想怎样写好它们。

生1:这三个字都是左窄右宽。

生2:"青"单个儿写的时候比较胖,但是在左右结构的字里要写得瘦一些,给左边的部首让地盘。

师:非常好,这就是我们常说的汉字书写中的避让原则,避让中还要注意一些笔画的穿插搭配,比如写"情""青"的第三笔横要穿插到竖心旁的右点下,这样搭配才和谐好看。(范写"情")"晴"和"睛"的写法和"情"差不多,请大家对照田字格写,每个字写两遍。

**2、学生书写**

(师提示正确的写字和握笔姿势,写完一个,对照例字看一看,然后再写一个)

**3、作业展评**

(要点:三个字都是左窄右宽,"青"下部第一笔变成竖,"情"字右部的第三笔横要穿插到竖心旁下)

■ **评析**:2011年版《义务教育语文课程标准》在写字教学建议中,新增添了一条关键性的内容:"第一、第二、第三学段,要在每天的语文课中安排10分钟,在教师指导下的随堂练习,做到天天练。"本课教学很好地落实了这一理念,教师重点指导"情"的书写,示范书写,讲解笔画的避让、紧凑、穿插等技巧,引导学生举一反三,自主写字,掌握书写技巧,培养良好的书写习惯,并潜移默化地渗透了汉字的文化内涵。■

(胡月明、阮平春:福建省宁德市蕉城区实验小学)

## 26 科学识字与诗歌学习水乳交融

——人教版第三册《"红领巾"真好》

执教 / 林佩菱　　指导 / 金文伟　叶秀萍　吴金红　　评析 / 肖俊宇（正高级教师）

此课获"全国第九届青年教师阅读教学观摩活动"特等奖（2012年11月厦门），多家刊物发表该课录。本文有修改。

### 序　评

该课文是一首清新优美的儿童诗，全诗共三节，每节结构基本相同，均采用拟人手法，以问答形式，层层推进，向小读者展示了一幅幅人与自然和谐相处的画面。

本课教学特点有两点：一是以二年级学生已有的识字能力为基点，强调运用汉字学以科学识字，有效激发了学生探究汉字密码的兴趣，提高了学生自主识字的能力。二是根据儿童诗的教学特点，在充分挖掘学生生活经验的基础上，引导学生整体感知，在情境中理解、积累新词；采用多形式、有情趣、有画面的读文方式，感受儿童诗的情趣和韵味，体会小鸟的活泼可爱，感受"红领巾"的快乐与自豪。

本课教学在美文美景的熏陶下，激发了孩子们学习语言文字的兴趣，激起了"爱护鸟类，保护自然"的情感。

### 教学目标

1. 运用意音（形声）构字法学习生字7个，迁移学法拓展认识生字8个，借助古代象形字理解生字2个，培养学生科学的自主识字、写字能力。
2. 规范书写"领、捉、跃、蹦"4个字，掌握笔顺笔形有关知识。
3. 正确流畅、有情趣地朗诵课文，体会诗歌的音韵美、小鸟的活泼可爱，感受"红领巾"爱鸟护鸟的快乐与自豪。

## 一、课题导入，温故知新

师：今天我们学习一首诗歌，请齐读课题。

生："红领巾"真好。

师："领"是熟字朋友，大家是怎么记住它的呢？

生："领"是意音字，"令"是音符，"页"是意符。"页"表示人的脖子到脑袋这部分。

师：说得对，有"页"旁的字就表示从脖子到脑袋的有关部位。我们摸一摸、认一认这些部位。（出示：顶 额 颊 项 颈）"项"指哪个部位？

生：脖子。

师：脖子的前面还是后面？（生有指前面的，有指后面的）

师：项链的"项"就是这个字。你们看，项链是戴在脖子前面还是后面？（手比画前面）有这样戴项链的吗？

生：戴在后面。

师：那么"项"指脖子的后面还是前面？

生：后面。

生：老师，脖子的前面叫什么？

师：古代叫"颈"，（板书：颈）看看，是不是也有"页"旁？

生：是。

师：有个成语叫"刎颈之交"，割的是脖子的哪个部位？（在"颈"前写"刎"，"颈"之后写"之交"，手在脖前比画）理解了吗？

师：不过，这是古人比较早的解释，后来"颈"也指整个脖子了，比如长颈鹿。好了，你们知道"领"指人的哪个部位吗？你的衣服领子包围着的是什么？（比画整个脖子）

师：对，整个脖子就是"领"。请举起小手，跟老师一起书空"领"字。左右结构，左边"令"，先写撇，捺要避让右偏旁，改成了——

生：点。（师红笔标注）

师：右边是"页"，最后一笔也是点（红笔标注），不能写成捺，因为捺要写得舒展，可是"页"字留给最后一笔的地方太小了，捺要舒展出去的话，整个字的搭

配就不协调了,所以要写成点。请同学们用手指头在桌上再写一遍。(生写)

师:这篇课文大家都预习了吗?

生:预习了。

师:预习的情况怎么样呢?我们一边学习一边检查好吗?

生:好。

师:课题上的"红领巾"加了双引号,指谁呢?

生:少先队员。

师:是谁夸少先队员呢?

生:小鸟。(师贴小鸟图)

师:嗯,预习得不错!我们继续。

■ **评析**:本课要求会认的8个生字、会正确书写的8个字中,意音字有13个。先以熟字"领"为例,重温意音构字法,相机以意符"页"进行联系拓展,系统引出"顶、额、颊、项、颈"等字,这是遵循汉字规律,展现了"以一驭类"的神奇魅力;再以"项链""衣领"等学生熟悉的事物以及成语"刎颈之交"唤起学生的生活经验,加之信手的动作演示,既让识字教学与学生熟识事物融合,精确理解"项""颈""领"的古今字义异同,又极大地激发了学生的学习兴趣,让课堂充满情趣,给学生留下了深刻的印象;最后,巧妙传授"领"字中"令""页"笔形变化的原理,奠定了把字写好写美的基础。此外,课题双引号的相机点拨,也体现了顺势而为、因材施教的教育理念。■

## 二、随文识字,学字明文

师:你们预习时把生字新词读准了吗?小鸟想听听。(出示:崭新 鸟巢 蓬松 扑棱棱 活跃 木牌 叽叽喳喳 蹦蹦跳跳)(生读师纠正,借机了解学情)

师:"叽叽喳喳"这个词表示鸟儿的叫声,第二个"叽"读轻声。(师范读,生跟读,再指名读)

师:我们当快乐的小鸟,和朋友们打招呼:叽叽喳喳。

生:叽叽喳喳。

师:和身边的伙伴说悄悄话——

生:叽叽喳喳。

师：（出示：蹦蹦跳跳）这个词，第二个"蹦"也要读轻声。齐读。
生：蹦蹦跳跳。
师：两个词一起读。（生读）多好听啊！

■ **评析**：受方言音影响，南方学生普遍读不好AABB式词语，而这两个词语又能很好地体现小鸟的快乐、可爱，因此教师着力指导学生感受叠音词的读音特点，根据学情安排了详略得当的教学。教师不仅教、示范读，还让学生在多种形式、反复练读中读准读好。教师教得扎实，学生读中有收获。■

师：现在，我们学习诗歌的第一节。这节诗藏着三个意音字新朋友，有谁呀？
生：叽、喳、蓬。
师：（贴：叽 喳）它们是怎样构成的呢？
生1："叽"的"口"是意符，表示跟嘴巴有关；"几"是音符，提示读音。
生2："喳"也是，"口"是意符，"查"是音符。
师：说得对，"查"还读作"zhā"。老祖宗还造了一些表示声音的意音字，也用口字旁。（出示：喵 吱 呱）想一想，它们应该怎么读？
生：miāo、zhī、guā。
师：读对了，你们是怎么知道的？
生：这三个字的右边部分都是音符，提示读音。
师：说得真好！你能用意音构字法来帮助识字，掌声送给他。
师：做个游戏——我问你们答。小猫小猫怎么叫？
生：小猫小猫"喵喵"叫。
师：老鼠老鼠怎么叫？
生：老鼠老鼠"吱吱"叫。
师：青蛙青蛙怎么唱？
生：青蛙青蛙"呱呱"唱。

■ **评析**：类比拓展，"学一个，带一串"。由"叽""喳"到"喵""吱""呱"是一次成功的学法迁移运用，从学生学习情况看，效果极佳，不仅增加了识字量，还迁移了意音字的学习方法，使识字更加自主科学。把象声词的拓展放到具体语境中，既体现年级特点，又增强语文学习的兴趣。■

师：玩过游戏我们继续学习。（出示：蓬）它也是个有趣的意音字。

生：蓬。

师：谁能用刚才的方法教大家认识"蓬"？

生：带"艹"的字一般和植物有关，"逢"字提示读音。

师："逢"是怎么提示读音的？

生："逢"和"蓬"的韵母都是"eng"，读音很像。

师：大家读读，是不是这样？（生读，点头）

师：对，这是用韵母提示读音。那么，"蓬"是什么意思呢？（出示蓬草图）原先指的就是这种草，长得松松散散的，所以叫"蓬草"。（生读两遍）

师：（出示小鸟羽毛蓬松图）看，小鸟睡了一夜醒来了，羽毛有些松散，就可以说是——

生：蓬松的羽毛。

师：你们还见过蓬松的什么呀？

生1：蓬松的头发。

生2：蓬松的棉花。

师：（出示头发、棉花蓬松的图片）大家看，他们说的就是这样。（出示草堆、小兔的图片）老师用图画帮助你也说一说。

生：蓬松的草堆、蓬松的兔毛。

师：图片上的叔叔头发蓬乱，怎么处理？

生：他得用梳子梳梳头。

师：这可以说成"梳理蓬乱的头发"。（生读）

师：小鸟的羽毛蓬松、有点乱，怎么办呢？

生：要梳理蓬松的羽毛。

师：小鸟也用梳子吗？

生：不，小鸟把嘴当梳子，把羽毛梳理整齐。

师：这叫作"梳理蓬松的羽毛"。（生读）

师：梳理过羽毛的小鸟看起来怎样？（出示图）

生：很帅气、变精神了，更讨人喜欢了。

■ **评析**：这里，鉴于学生生活经验的不足，对"蓬松"的词义较难准确把握，教学"蓬"字，教师巧妙地由意符到事物，由事物连接发音、连接音符；又由"蓬松"联系"梳理"，由"梳理"联想"精神"，继而由"精神"感悟小鸟的可爱、美丽与快乐。把字音、字义、事物及诗意完美融合，可谓独具匠心而又不着痕迹，显出教学之艺术。∎

师：听了你们的夸奖，小鸟可快乐啦！清晨，小鸟都很快乐。（板书：快乐）

师：（出示第一节诗）你们能读出小鸟的快乐吗？（生读）

师：读得还不错。老师有一个提醒，大家看（"鸟、跳、毛"变红），请先把这几行末尾的红字响亮地读一读，你们有什么发现？（生自由练读）

生：这三个字的韵母都是"ao"。

师：嗯，诗歌讲究押韵，句末押韵的字叫韵脚。这首诗押"ao"韵，朗读诗歌时要把韵脚读得清晰响亮一些，还要读出轻重、快慢的变化，这样就能读出诗歌的音乐性。（范读第一节，生鼓掌）

师：谁愿意像老师这样试试？（生读）

师：这次老师建议你们加上表情和动作，可能更有意思。自己试试，读给同桌听。（生自由读）

师：你们读得多快乐啊。现在，森林里也越来越热闹了，听，（播放音频）你仿佛看到了什么？

生1：我仿佛看见了小鸟在自由自在地飞。

生2：我仿佛看见了小鸟在树上跳舞。

生3：我仿佛听见了小鸟扑翅膀的声音。

生4：我听到鸟儿在欢唱。

师：对，这就是诗歌第二节的情景。（出示：扑棱棱）清晨的森林多热闹呀，这个词表示的就是鸟扑翅膀的声音，大家读。（生读）

师：把这个词再连读两遍，边读边学鸟儿扑翅膀。（生读并做动作）

生：老师，"扑棱棱"表示声音，"棱"为什么是木字旁？

师：你真会观察和思考。"棱"最早的读音是"léng"，指的是木板的夹角，（比画讲台的棱角）所以就是——（生回答：木字旁）后来借用这个字表示声音，就跟木板没关系了，读作"lēng"。全班齐读。（生读）

师：有很多鸟会捉害虫，看看这几只鸟，（出示各种鸟类的图片）你们认识吗？

生：啄木鸟、黄鹂、燕子、喜鹊、杜鹃。

师：你最喜欢谁，就把它的名字加进诗歌里夸夸它。

生：清晨，林中谁最活跃？是机灵的杜鹃，扑棱棱，飞来飞去，捕捉害虫，保护翠绿的树苗。

师：这是一只工作认真的杜鹃，掌声送给他。

生：清晨，林中谁最活跃？是机灵的黄鹂，扑棱棱，飞来飞去，捕捉害虫，保护翠绿的树苗。

师：你还喜欢谁？也这样说给同桌听。（生自由交流）

师：这样的小鸟还有许多，它们从这棵树飞到那棵树，害虫捉了一只又一只，真活跃呀！（板书：活跃）

师：小朋友们，刚才你们发言积极，也是活跃的表现。（出示第二节诗）现在老师请活跃的小朋友一起来读一读第二节，注意红色的韵脚。（生齐读）

师：能背下来吗？试一试。（生背诵）

师：这么快乐、活跃的小鸟，你们喜欢吗？

生：喜欢。

■ **评析**：诗歌教学，应教出诗歌的特点、学出诗歌的特点。诗歌的特点体现在形式方面，如提行、分节、押韵、平仄、对偶；体现在内容方面，如瑰丽的想象、美好的意境、生动的形象、曼妙的情趣。二年级的学生已读过不少儿童诗歌，在此讲授押韵，是自然而然的。诵读诗歌，读出、读好韵脚，诗歌的味道就出来了——至少出来一半。这里，教师恰到好处地处理了押韵的朗读，利用二年级小朋友活泼可爱的特点，加上适当的"表情和动作"，让他们在快乐的朗读中体会小鸟的快乐、勤劳与"红领巾"的"真好"。这一设计既无"不及"又不"过度"，体现了诗歌区别于其他文体的朗读特点，是儿童诗教学的一大创新创造，值得借鉴。此外，"扑棱棱"的意符及读词的教学也颇具特色，效果良好。■

师：诗里的"红领巾"也喜欢小鸟。自己读读第三节，想想"红领巾"们为小鸟做了些什么。（生自由读）

生1："红领巾"为小鸟做了鸟巢。

生2：还放上了崭新的木牌，不让别人伤害小鸟。

师：（出示：崭新的木牌 鸟巢）看看三个汉字新朋友："崭"，也是意音字。找找它的音符和意符。

生：下面的"斩"是音符，上面的"山"是意符，表示"崭"跟山有关。

师：跟山有什么关系？（生思考，无人举手）"崭"的本义指山很高又险峻，后来就引申出了非常、极的意思。所以"崭新"就是——

生：非常新，极新。

师：（出示：牌）你见过哪些牌？

生众：木牌、扑克牌、门牌、车牌。

师：（出示各种牌）发现了吗？各种牌有个共同点，都是扁扁的、薄薄的，老祖宗造"牌"字时就透露了这个秘密，是哪一部分？

生：片。

师：（出示：木→𣎳 片→片）看，这是——（生回答：木）怎么啦？（生回答：被斧头劈开）对，劈成一半就是"片"，"片"的字形就是这么来的，后来就引申指薄薄的木片。以后你们见到像"牌"一样带片字旁的字就能大概知道它的意思了。

师：老师再给你们介绍一个像画儿一样的字，（出示：🌳→巢→巢）你们看字和画像不像？

生1：古文字"巢"上面像三只小鸟，中间像鸟窝，下面的"木"就是树。

生2：楷书"巢"上面多像三只小鸟的脑袋瓜，真可爱！

师：小鸟们可能在做什么？

生1：可能在等爸爸妈妈来喂食。

生2：可能在呼唤爸爸妈妈。

生3：它们好像在唱歌。

师：我们老祖宗造的字多有意思啊，让我们仿佛看到了在高高的树上有个小鸟的家，巢里露出了三只伸着脑袋瓜的小鸟。小鸟那么弱小，那么可爱，我们可要——

生：保护它。

师：对，我们还要用木牌上的字提醒淘气的孩子——

生：请爱护小鸟！

师：提醒拿枪的猎人——

生：请爱护小鸟！

师：提醒全人类——

生：请爱护小鸟！

师：小鸟看到"红领巾"们这么爱护它们，（板书：爱护）高兴地在枝头高唱——

生："红领巾"真好！

师：少先队员做了好事，我们用朗读来夸夸他们吧！（出示第三节诗）先找韵脚。

生：早上的"早"，鸟巢的"巢"，小鸟的"鸟"和真好的"好"。

师：谁先来夸他们呢？（个别读、全班齐读第三节）

师：刚才我们学了三节诗，现在连起来读全文。（师生合作读全文）

师：这节课，我们认识了这么多意音字、象形字，小鸟叼来了字卡，我们再来读一读。

生：叽、喳、喵、吱、呱、顶、额、颊、项、颈、蓬、棱、崭、牌、巢。

■ **评析**：本节诗歌共出现"崭、牌、巢"三个要求会认的字，其中"崭、牌"是意音字，在教学中通过实例继续有意识地给学生讲清各常见意符的来源、类属意义，进一步讲授意符的常识。尤其是"牌"字的教学，形象、直观，直抵学生心灵深处。"巢"的楷体已不是独体字，在古文字里却是象形字，教学中图文结合，凸显了象形字从图形到文字的有趣演变过程，使汉字在学生眼中不再是毫无生命的方块符号，而是栩栩如生的图画；不再是干巴巴的笔画组合，而是流畅的线条挥画。"巢"字形象地将雏鸟在巢中盼母归的画面展示在学生面前，学生对幼鸟的怜爱之情、争做"爱鸟护鸟小卫士"的情怀油然而生，这既很好地辨明了难记字，又帮助理解了课文，真正做到了一举两得。语文课程的基本特点是工具性与人文性的统一。如何在教学汉字与阅读中潜移默化地进行人文性教育，体现教育的熏陶性——尤其是人文性强的课文，避免上成思想品德课——考验着语文教师的专业智慧。该课教法把汉字与阅读、把汉字与生活有机统一，是相机渗透人文教育的成功教例。■

## 三、发现规律，规范书写

师：接下来，我们写字。（出示：捉 蹦 跃）发现了吗，这三个字都有哪个偏旁？

生：都有"足"。

师：没错。"捉"是手的动作，怎么也有"足"字呢？

科学识字与诗歌学习水乳交融

生：" 捉 " 还要靠脚跑，所以有 " 足 " 字。

师：是啊，脚跑得快才能捉得住。举起小手，咱们一起写写 " 捉 " 字。左窄右宽，左边是——（生回答：提手旁）右边是 " 足 "，" 足 " 的捺要写得舒展。（师范写，生书空）

师：再看看 " 跃 " 字，给 " 跃 " 组组词吧。

生众：活跃、跳跃、飞跃。

师：" 跃 " 的偏旁是——（生回答：足）右边是——

生：像 " 天 " 字，但是第一笔是撇。

师：这个字读 " 夭 "（yāo），（出示：犬→夭）看甲骨文的 " 夭 " 像什么？

生：像一个人甩开双臂，歪着脑袋跑。

师：楷书 " 夭 " 的哪一笔表示歪着的脑袋呀？

生：第一笔撇。

师：对，所以别把 " 夭 " 字写成 " 天 " 了。小手举起来，咱们再写写 " 跃 " 字。要注意，" 足 " 当左偏旁时，捺改成了提，知道为什么吗？（生回答：避让）不完全是，最主要的是，由左下往右上一提就顺势写右偏旁的第一笔了，这样写起字来快而且顺畅。（范写）" 跃 " 的最后两笔撇捺底部要平，字才稳当呢。

师：再看 " 蹦 "，这个字的笔画多，一不小心就写大了，甚至把田字格 " 撑破 " 了。怎么办，有什么好主意？

生：把每个偏旁写小一点，横竖都写短一点；把上面的 " 山 " 写得扁一些，下部 " 朋 " 的两个 " 月 " 要靠得近一些，才不会把字写得太大。（师范写，生跟着写）

师：现在我们练习写 " 领、捉、跃、蹦 " 四个字。提醒大家，写字时要做到 " 头正肩平身直足安 "，拿笔时要做到 " 三个一 "。写字时要经常提醒自己保持正确的写字姿势。（生写师点评）

■ **评析**：有不少学生受 " 𧾷 " " 足 " 互相负迁移影响而写错，尤其是学了 " 𧾷 " 后把 " 捉 " 错写成 " 扌𧾷 "。这里，选择这三个字一同教写，在直观对比中使学生精确理解到 " 捉、蹦、跃 " 三字的相同点和差异处，有效降低了错误率。■

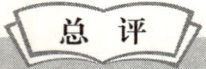

就总体而言，这课设计巧妙，加上林老师有比较扎实的汉字学基础知识，使此课能够根据儿童的认知特点与思维水平，把汉字学与小学低年级的识字教学巧妙融合，科学的识字与儿童诗的朗读、理解与感悟巧妙融合，上出了这节汉字学知识与儿童诗特点有机结合、相得益彰的好课。

（林佩菱、叶秀萍：福建省厦门市曾营小学／吴金红：福建省厦门市集美小学／肖俊宇：福建省厦门市教育科学研究院）

## 27 思接千载 字悟乾坤
——人教版第四册《玲玲的画》

> 执教／吴金红　　指导／叶秀萍　金文伟
>
> 本文发表于《小学教学设计·语文》2014年第5期，有修改。

### 教学目标

1. 引导学生运用形声、会意构字法系统识字，掌握科学的识字方法；会认"玲、详、幅、奖、催、叭、脏、筋"8个生字，拓展认识一批形声字；规范书写"肯、脑、筋"3个字。
2. 正确、流利、有感情地朗读课文，读出人物对话的语气和表情；感悟和积累词句。

### 教学过程

#### 一、揭题析字，知识迁移，系统识字

1. 揭题，板书课题。

2. 指导书写"玲"字。让学生运用已知偏旁"王"，交流识记"玲"的方法：王字旁的科学叫法是斜玉旁，是"玲"的形旁，提示"玲"的字义与玉有关。"玲"是象声词，本义是玉石等相击的清脆声。"玲"是后鼻音，"令"做声旁。

3. 引导学生知识迁移，学习"翎、羚、聆"。

（1）猜一猜这些生字怎么读，它们的字音跟什么有关。

小结："翎、羚、聆"都读"líng"，"令"提示这些字的读音，是它们的声旁。

（2）猜一猜，它们的字义跟什么有关。

小结："翎毛"是指鸟翅膀和尾巴上的长而硬的羽毛，如雁翎、野鸡翎、孔雀翎等，"羽"是"翎"的形旁；羚羊是羊的一种，"羊"是"羚"的形旁；"聆听"是集中精力认真地听的意思，"耳"是"聆"的形旁。这些形旁提示了字义。

■ **设计意图：**"翎、羚、聆"虽不是本课生字，但与形声字"玲"的构成方式相同，

启发学生举一反三，自主分析和掌握"翎、羚、聆"的音形义。■

## 二、检查预习，归类识字，总结规律

1. 说说这篇课文讲了一件什么事。

2. 课件出示生字，检查生字词掌握情况，伺机说文解字。

（1）指名读，注意随时正音：前鼻音——筋，后鼻音——详、玲、奖、脏，平舌音——催、脏，多音字——脏。

（2）在形声字"玲、详、幅、奖、催、叭、脏"的旁边出示它们的声旁"令、羊、畐、将、崔、八、庄"；比一比，读一读，引导学生发现生字与它的声旁读音相同或相近之处。

■ **设计意图：** 引导学生发现本课8个生字，除"筋"外，都是形声字。通过字形解析，借助声旁，既能记住生字的读音、字形，理解字义，又产生了字与字的类比联想，温故知新。■

## 三、结合语境，探究识字，学会运用

（一）学习第一段

1. 认"幅"。

（1）"幅"的声旁是"畐"（fú），形旁"巾"表示布帛的宽度。"幅"指有一定宽度、有一定面积的东西。

（2）看图说数量词：一幅花布、一幅地图、一幅画、一幅书法作品。

（3）"畐"也可做形旁，原写作"𠂤"，是酒坛子的象形，如"副"。

（4）出示"副"的古文字" "，并解析："副"原来指把酒坛子里的酒分成两部分，所以有剖分、分开之义。

（5）结合"副"的意思，联系生活实际，说说"副"做量词的用法。例：一副（　　）。

2. 认"详"。

（1）根据"详"的形旁"言"，猜想"详"的意思。引导学生观察"言"的甲骨文"　"，发现它是张口伸舌讲话的象形，后来当偏旁时简化为"讠"。所以，

"详"的本义是审议，就是很认真地讨论，进而引申为详细、详尽。

（2）指名学生根据自己的理解，表演"端详"。借助表演，理解"端详"的意思。

3. 指导学生有感情地朗读。

■ **设计意图**：学生在形近字、同音字方面常写错别字，原因是不知道这些字的构字理据。这个环节，专门讲解清楚"副""幅"的形音义的关系，使所学汉字真正成为形音义的统一。这样，"读准字音，记住字义，准确运用"就容易做到了。■

（二）学习第二段

1. 联系生活，说一说你曾经被谁催过，是怎样催的。

2. 练习朗读，读出爸爸催促的语气。

（三）学习第三段

1. 认"叭"。

（1）"叭"的形旁是"口"，原指双唇开合发出的声音。现场模拟水彩笔掉到纸上发出的声音，指名叭是个象声词。

（2）交流其他带口字旁的象声词，如：呼呼、哈哈、呜呜、呱呱、叽叽……并做拟声游戏。例如，师："北风北风怎么吹？"生："呼——呼——"

2. 看课文插图，理解"哇"字，引导学生体会玲玲此时的心情。指导有感情地朗读。

3. 小结：读到象声词的时候，能让你仿佛听到了那个声音，很形象生动。咱们写作文也可以学着用象声词。

■ **设计意图**：教一字，带一串。学生不仅多认识了以"口"为形旁的象声词，还通过运用感悟了象声词的作用和用法。操千曲而后晓声，观千剑而后识器。长此以往，学生的自主识字能力将很快提高。■

## 四、感悟文理，归类比较，指导写字

1. 出示句子：好多事情并不像我们想象的那么糟。只要肯动脑筋，坏事往往能变成好事。让学生谈谈课文中的"好事""坏事"指的是什么，并说说自己对这句话的理解。

2. 课件出示生字"肯、脑、筋"，观察生字，体会笔意。

（1）月字旁小篆写作""，是肌肉纹理的象形，所从字的字义大都与肌肉或身体器官有关。

（2）"肯"原指附在骨头上的肉，后来引申为许可、愿意。

（3）"筋"是会意字，指身体内像竹子那样能勒东西的有力的肉，如牛筋、脚筋、蹄筋、脑筋、青筋；也指像筋一样的东西，如橡皮筋、钢筋、叶筋。

（4）引导学生发现并小结会意字的构字特点。

2. 仔细观察字形，领悟"月"在不同位置的写法。

3. 师范写，生书空。

4. 生描红，临写；师巡视指导。

## 五、作业

1. 熟读课文。

2. 感悟生活，细心寻找生活中把坏事变好事的例子。

（吴金红：福建省厦门市集美小学 / 叶秀萍：福建省厦门市集美区曾营小学）

## 28 扎扎实实识字　简简单单学文
### ——北师大版第四册《为中华崛起而读书》

| 执教／骆嫩寒　　指导／金文伟　刘香芹（特级教师）　　评析／金文伟 |

> 此课 2014 年 5 月展示于第二届福建省"汉字学在小学语文教学中的应用研究"研讨会。本文发表于《小学语文教学·人物》2013 年 3 期，有修改。

**教学目标**

1. 认识本课 13 个生字，规范书写 3 个生字，培养学生多种科学的识字能力。
2. 正确、流利、有感情地朗读课文，理解"崛起、环顾四周、郑重"等词语的意思，积累四字词语。
3. 理清"为中华崛起而读书"的字面意思，感受少年周恩来的博大胸怀和远大志向，树立为国家繁荣和民族振兴而读书的精神。

**一、谈话导入，揭示课题**

**1. 板书课题，理解"崛起"**

师：100 多年前，有位伟人，从小立下一个读书志向——请看老师写课题。（板书课题，生齐读）

师："崛"是什么意思？看部首猜字义，可能和什么有关？

生：与山有关……

师：对，指山峰高起、突起。"中华崛起"的意思是——

生：中华像山一样高高挺起。

师：嗯，也就是中国强大。那课题"为中华崛起而读书"的意思就是——

生：为了祖国强大而读书。

师：其实，100 多年前，这位孩子的原话是这样的（出示：为中华之崛起而读书）。

师：有什么不一样？

生：多了个"之"。

师：对，这是100多年前人们的讲话习惯，"之"在古代汉语中可有学问呢，大家努力学习，以后就会明白的。

■ **评析**："之"在"为中华之崛起而读书"有取消句子主谓独立性的作用，但这个古汉语语法知识，二年级学生难以理解，老师就先引起学生的好奇和探索意识，留待以后学习解决。■

**2. 交流资料，了解周恩来**

师：说这句话的孩子是——（生回答：周恩来）

师："恩"与咱们学过的什么字长得很像？

生：和"思"长得像，它们都有"心"。

师：不一样的是——

生："思"的上面是"田"，"恩"的上面是"因"。

师：（出示：囚）这是"因"的古文字，像什么？一个大人躺在席子上，四肢舒展。身下有席子，所以舒服，"因"就有了原因的意思；下面是"心"，表示获得成功或得到帮助后心里要想到原因；"因"是前鼻音，做声旁，所以"恩"也是前鼻音。请同学们读两遍，再给"恩"组词。（生读）

生众：恩情、感恩、恩惠……

师：周恩来是什么人，知道吗？

生：新中国的第一任总理。

师：你是怎么知道的？

生：看书知道的。

师：对，他有很多很多感人的故事。今天我们走进他的童年，了解发生在他13岁时的故事。

■ **评析**：揭题中解析"崛"，引导学生根据部首"山"猜字义——"像山一样高高挺起"，培养学生科学解析生字的意识。"恩"与"思"形近，学生易错。采用形象、直观的溯源分析法，使学生理解深刻，可以有效预防错别字。■

## 二、初读感知，学词识字

**1. 慢速范读，圈画生字**

师：打开书本，听老师读课文，边听边圈出自己读得不好的字词。

**2. 同桌合作读，纠正字音**

师：同桌小朋友合作读读，把字音读准。还要认真听别人读，读错了帮帮他。

■ **评析**：本文故事距今时间较远，书面语较多，不好读，故采用教师慢速范读、学生听读圈画生字的办法，帮助学生读准字音；而后鼓励同桌互读，既有效、全面地检查了读书效果，又培养了合作精神。■

**3. 读长句，积累四字词语**

师：有几个长句子，不好读，谁愿意再试试？（出示三个长句，指名三人分别读）

- 他**环顾四周**，看到一位浓眉大眼的小同学正在**若有所思**，就走过去，亲切地说："小同学，你也说说。"
- **话音刚落**，老校长**浑身一振**，大声说："好！这话讲得好！"
- 很快，"周恩来"这个名字和"为中华崛起而读书"在全校师生中**传播开来**。

师：（指向句中的四字词语）这几个新词不好读，请小老师带大家一起读。（生带读）

师：（出示：顾）有表示字义的部分吗？试着分析这个字。

生："页"是形旁，表字义，与头有关。"顾"的意思是回头看。

师：那"环顾四周"就是——（生回答：向四周看）

师：请大家做做"环顾四周"的动作。（生做动作）

师：汉字中，还有很多含"页"的字，能说说吗？

生众：顶、颗、领、须……

师：老师这里也有几个带有"页"的字，（出示：项 颈 顺 须 颗）齐读。（生读）

师：课文中像"环顾四周"这样的四字词语很多，丁丁冬冬送给我们一把金钥匙，（出示课后作业）课后把词语抄下来，试着在说话和写作时用。

**4. 多种形式，科学识字**

师：（出示：模范）请你当小老师带大家读。（生带读）"模"由哪几部分组成？

生：左边"木"是形旁，表示意思和木有关；右边的"莫"是声旁，表示读音和"莫"相同或相近。

师：是的，"模"是形声字，形旁表字义、声旁表字音。（出示：纷 振 钦）这些也是形声字，能找出形旁和声旁吗？

生："纷"的形旁是"纟"，声旁是"分"；"振"的形旁是"扌"，声旁是"辰"；"钦"的形旁是——

师：（重点点拨"钦"）"钦"比较特殊，是左声右形。左边的"钅"（金）表字音，这就是说，现代汉字的部首并不都是表意的，这与古代的表意部首是不同的。右边的"欠"表意，表示什么意思呢？

生：跟"人"有关吧？"欠"字下面是"人"字。

师：分析得有道理，但是不全面。（出示：𣣓）这是甲骨文，请看像什么？

生：像坐着的人张着嘴巴打哈欠。

师：对，"欠"的本义就是打哈欠。但是，在"钦"字里，表示嘴张得大，表示口气很大——古代谁说话口气最大呀？（生回答：皇上）

师：对，所以，皇帝亲自说的话、做的事就叫"钦"，比如钦定、钦赐、钦差大臣、钦点，后来就有了钦敬、仰慕的意思。瞧，根据汉字学学习生字，就可以比较轻松地掌握形音义。把生字送回词语中再读读。（生读词语）

师："佩"，也是生字，不好记。我们看，它由"亻、凡、巾"三个偏旁组成，"凡"的点变成横，还记得古汉字"凡"表示什么意思吗？

生：盘形饰品。

师：对，"佩"指人在衣带上系着盘形饰品，这样的人都是有地位的，引申为敬佩、佩服。所以，"钦佩"也就是——（生回答：敬佩）

师：（出示：期待）"待"有表示字义的偏旁吗？

生："彳"，音"chì"，与道路、行路有关。

师：为等后面的人而暂停走路就叫"待"，期待的"待"就有等的意思。"待"字有不少兄弟姐妹，长得很像，一不小心就会认错哦。（出示：持 诗 特）谁能用形旁表义的方法，记住它们？

生："持"形旁是"扌"，表示与手有关的动作，如主持；"诗"的形旁是"讠"，意思和语言、说话有关；"特"形旁"牛"……（生不清楚）

师："特"本义是公牛，公牛凶猛，后来就有了突出、特别的意思。

师：咱们的汉字可真神奇呀，学一个字，可以带出一个家族来呢，更神奇的是同一个字在不同环境有不同的读音。（出示"要"及"yāo""yào"两个读音），给多音字组词。

■ **评析**：以"模"为例，复习形声字的构字方式，巩固形声字的识字方法，进而引导学生自主分析形声字"纷、振、钦"，找出各自的形旁和声旁，达到举一反三的效果。教学由扶到放，使学生进一步理解到汉字的奥妙，汉字在孩子眼中不再是死板的符号，而是有内在联系的有趣故事。■

## 三、自主学文，读中感悟

**1. 全文引读，梳理内容**

师：孩子们，你们通过自己的努力把难读的字、词、句都读准了，真不简单。老师要和小朋友们合作读课文，认真听老师的提示，才能接着往下读哦。（全文引读）

**2. 默读2—4段，思考问题**

师：读了课文，我们知道魏校长和同学们在谈论这个问题（出示：请告诉我，你们为什么要来读书呢？），同学们怎么回答？请再默读课文2—4段，边读边思考。

**3. 交流反馈，品读重点句**

师：同学们是怎样回答的，你找到哪些句子？

（生交流三个句子："为了家父而读书。""为了光耀门楣而读书。""为中华崛起而读书。"）

师：家父指——（生回答：父亲）

师：什么是"光耀门楣"？请解析"楣"。

生：左边"木"是形旁，表示和树木有关；右边的"眉"是声旁，表示读音。

师："楣"是形声兼会意字,（板书：形声兼会意字）右边的"眉"表音也表意。（出示门楣图片）如果把这扇门看成眼睛，那门框上的横木像不像眉毛呢？所以"楣"本义指门框上的横木，后来引申为门第、家族。"光耀门楣"就是荣耀门第，为自己家族争面子。请读一遍：形声兼会意字。（生读）

师：周恩来为什么要为祖国的强大而读书呢？我们得去看看当时的中国是什么样的。（播放视频，讲述故事）请同学们再读周恩来的话。（生齐读，表情严肃）

师：老师再告诉你一个故事。（播放视频，讲述故事）100多年前，八国联军侵略中国。在沈阳、东北，很多地方都成了外国人的地盘。中国的土地上中国人却没有地方住，少年的周恩来不明白为什么，问伯父。伯父告诉他，因为中国贫穷落后，所以别人才会来欺负我们。请你们再读这句话。（生再次齐读句子，表情凝重）

师：老师看到了你们的表情非常严肃。用文中的一个词形容，就是——

生：郑重。

■ **评析**：本环节先是教师引读全文，以问题提示学生梳理课文内容；再找出句子比较，理解"为中华崛起而读书"的志向难能可贵；最后通过补充资料，再现当时情境，使学生身临其境，激发感情朗读。其中"楣"的解析，将识字与阅读融为一体，促进了阅读的深刻理解。这层层递进式的指导使文本的语言内化为了学生的语文素养。■

## 四、联系实际，拓展延伸

师：经过认真严肃地思考，年仅13岁的周恩来树立了远大的志向——为中华崛起而读书。他为祖国的崛起贡献了毕生的精力。100多年后的今天，中国真正崛起了；100多年后的今天，请告诉我，你们为什么要来这儿读书呢？（学生思考片刻后举手）

师：看来同学们心中已经有了答案，请你们带着问题，继续思考，立下远大志向，并为实现志向而发愤学习！让我们再读周恩来的话！（师生齐读课题）

■ **评析**：通过之前对重点句的品读，让学生理解并学习周恩来的爱国情怀。此举进一步使学生的情感喷涌欲出，将"为什么而读书"作为一生的思考。■

## 五、写字练习，关注习惯

师：接下来的10分钟写字环节，咱们把"待、顾、郑"送进田字格。（出示：待 顾 郑）看看，这三个字都是什么结构？要注意哪些关键笔画，才能写正确？（生回答）

师：不但要写正确，还得写漂亮，和老师一起写写。"待"左窄右宽，左旁"亻"要给右边"寺"让出位置。"寺"中间一横写得长一些，三横间隔相等，字才显得匀称美观。"顾"左右大小相等，左右偏旁互相让一让，第四笔勾起是为了顺接右偏旁"页"的第一笔；"页"的最后一笔是点不是捺，因为留给这里的空间很小,捺无法写舒展,就写成点。"郑"左旁横画倾斜,第二横稍长,捺改为点,懂得谦让,才能写得和谐美观,右旁"阝"的竖是悬针竖,要写得长又细。(师示范,生书空)

师:请打开练习本,工工整整书写这三个生字。注意坐好姿势、正确握笔。(师巡视指导,关注良好写字习惯的培养)

■ **评析**:此环节有效落实了2011年新课标要求,保证一节课10分钟的指导学生写字时间。不同于一般写字,让学生背帖,骆老师在关键处指导,使学生在理解笔形、笔顺和部件、整字结构原理的基础上,达到规范、美观的写字要求。■

## 总 评

这是一节识字与阅读结合的教学课,其主要特点就是遵循汉字学,扎扎实实地教好识字、写字与阅读,显示出"科学就是老实学"的观念,显示出"原来科学就这么简单"的效果。归纳起来,主要做好了以下两点:

1.关注现代汉字的特点,解析生字形音义的相互联系,发挥了"明字义"对阅读的重要作用,同时也充分利用学生熟悉的语言材料和生活经验,使整个语文学习融为一体。识字科学化的一个重要方法就是系统化识字。教学中,将生字"顾"归于"页"部首系统,带出一批有"页"旁的字;解析"恩",顺带区分形近字"思";解析"钦"字,相机解说现代据形部首与表意部首的不同。引领学生这样解析和理解汉字,不仅顺利学会了教材规定的9个汉字,而且多识记了15个字,拓展了14个词语,大大提高了识字效率。特别是,学生了解了汉字所承载的文化,也学到了科学的自主识字的方法。

2.语文课离不开读书。由于文本内容距离小学生生活实际较远,为便于学生理解,教学中除借助资料、音像渲染,再现100多年前社会背景外,骆老师还以多种读书方式引导学生读书,多角度地深入理解课文的精华。比如结合字词分析读,强调重点句子读,使学生在理解字词句的基础上,自然地融情于读,感悟文章的内涵,感受阅读的乐趣,提高阅读能力,从而"喜欢阅读"——但这一切都是自然而然,简简单单学语文。

(骆嫩寒:福建省泉州市第三实验小学/刘香芹:福建省泉州市教育科学研究所)

## 29 运用汉字科学识字　依据儿歌特点学诗
——北师大版第四册《杨树之歌》

> 执教／陈星　　指导／黄国才（特级教师）　　金文伟　　曾旭晴　　评析／黄国才
>
> 　　此课获第四届华东六省一市小学语文教学观摩研讨会（2014年5月徐州）特等奖。

### 教学目标

1. 综合运用识字方法，渗透汉字文化，认识6个生字，规范学写"之、喜、感、谢"4个生字；在语境中理解并积累"陪伴、悠闲、染上"等词。
2. 朗读诗歌，体会押韵，做到正确、流利、有感情。感悟诗歌描写的意境，发挥想象，了解那些虽然普通，但是默默为人类奉献关爱和欢乐的树。
3. 在理解课文的基础上学会用句式仿说诗歌，背诵诗歌。

### 教学过程

#### 一、谈话导入，学写"之"字

师：课前我们聊了树，这节课我们要来认识一种树，它的名字叫作"杨树"。（板书：杨）杨树有100多个品种，（出示杨树图片）像这一种树干直直的，叶子大大的，长得特别茂盛的树，我们把它叫作大叶杨。

师：杨树长在居民区、道路旁，（出示一排杨树）它能绿化我们的环境，它还长在荒野上、沙漠上，帮助我们抵挡沙尘暴，（出示一片杨树）它是我们人类的朋友。今天，我们要学习的儿童诗，题目就叫作"杨树之歌"。（板书课题）这个"之"是本课要学的生字。请举起小手与老师一起书空。（强调最后一笔：写到捺的中间要稍微顿一下）

师："之"在这里是什么意思？（生回答："的"的意思）"杨树之歌"就是杨树唱的歌。杨树还会唱歌呢，多有意思呀！再读课题，读了课题，你有什么问题要问吗？

生1：杨树唱了什么歌？

生2：杨树又没有嘴巴，它是怎么唱歌的呀？

生3："之"是"的"的意思，题目为什么不叫"杨树的歌"，而叫"杨树之歌"呢？

师：这个问题问得好！你不但认真倾听，还会用心思考。这是一首儿童诗，用上"之"就更有韵味了。

生4：杨树为什么要唱歌？它唱给谁听？

……

师：（小结）同学们提出的问题都是围绕着"怎么唱？唱了什么？唱给谁听？为什么唱？"这些问题来提的。那要解决这些问题，我们得先把课文读通读顺。

■ **评析**：本环节入题巧。一是用图片唤起孩子的生活经验，认识杨树；二是聚焦要求会写的"之"字，解释形义、力求写好；三是让二年级的孩子围绕课题提问。二年级孩子已会提问，提的问题都关注核心内容。其中，最有思维深度的是第三位学生的问题——"之"是"的"的意思，题目为什么不叫"杨树的歌"呢？——带有反诘的意味。相比之下，老师的回答——这是一首儿童诗，用上"之"就更有韵味了——是可以讨论的。■

## 二、初读课文，相机正音

师：课前同学们已经预习了这首小诗，诗歌很短，只有三个小节，（出示标有小节号的课文）请三个同学读一读，注意要读准字音，读通句子哦。（分节指名读课文，相机正音）

师：（小结）看来同学们的预习做得不错，能把课文读正确，读通顺。

■ **评析**："初读"基于学生的预习，定位在"读正确，读通顺"是很准确的。"相机正音"，正的是哪些字音，老师心中应该有数。■

## 三、品读诗歌，随文识字

### 1. 学习第一节

**（1）情景表演，指导朗读**

师：刚才有同学问道：杨树唱歌是怎么唱的呢？谁来说？（相机出示第一节，

我们的系统识字课

　　指名读）

师：杨树唱歌时发出怎样的声音？（生回答：哗啦啦）这是一个象声词，一起读。（指名唱第一小节）

生：刮风时唱得欢快！

师：小杨树怎么唱？（生唱。师评价：要唱得欢乐些、轻快些）

生：下雨时唱得响亮。

师：你来唱。（生唱"哗啦啦"。师评价：要唱得响亮些）

生：没有风雨来帮忙，我们的歌儿也悄悄地唱——（生随师的手势悄悄地唱"哗啦啦"）

师：多可爱的小杨树呀，现在，你们就是一棵棵小杨树，你的小手就是小叶子，一起动起来，唱一唱。（师读诗句，生读"哗啦啦"）

师：看你们声情并茂的样子，心情一定很开心，很快乐吧？

■ **评析**：第一节的阅读，围绕学生提的问题展开，抓住关键词"哗啦啦"，创设情境，引导学生展开想象，入情入境地"唱"，读出儿童诗的意味。既符合儿童诗的特点，又符合儿童的特点。■

**（2）认记"喜"字，以字带串**

师：是啊！无论什么情况下，杨树都是这样快乐，难怪大叶杨成天喜欢"哗啦啦"地歌唱。（出示：我们的名字叫大叶杨，成天喜欢哗啦啦地歌唱）（生读）

师：（引导）你们是自豪、快乐的大叶杨。再读。（生读）

师："喜"是本课的生字，你能给它组个词吗？

生：喜悦、欣喜、欢天喜地……

师：看来这个"喜"表示的意思与高兴、快乐有关。其实这个字的意思就藏在字形里呢！你们看，上面是"壴"（zhù），下面是"口"。

师：看，（出示 ）这个"壴"像什么呀？就是鼓的形状，下面"口"是笑呵呵的嘴巴，鼓乐加笑口，表示有"喜"事，心情很开心。

师："喜"是本课的生字，请伸出食指跟老师一起写这个字。下面点、撇、横是鼓架，尤其是这一横，要写长些，才能稳稳地托住上面的鼓面。（板书：喜欢）

师：认识了偏旁"壴"（zhù），如果在"壴"的旁边加上"支"，猜猜这个字怎么读？是"鼓"，就是书中鼓掌的"鼓"。

运用汉字科学识字　依据儿歌特点学诗

师：如果在"壴"的右边加上"彡"，成为"彭"，你知道这个字怎么读吗？读作"péng"，表示声音，后来这个字当作姓了，就再加"口"，成为"嘭"，表示声音，读作"pēng"。

师：（小结）看，认识一个偏旁，能帮我们认识相关的一串字。

■ **评析**："喜"字的意思，儿童的"心理词典"是很丰富的，无须教，而"喜"字（易错字）字形是让儿童死记硬背机械训练，还是让儿童了解字理，体现的是教师专业水平和教学艺术。陈老师这样教，儿童既理解了"喜"之形，更理解了"喜"之源、"喜"之文化；陈老师这样教，儿童既能轻松写对，也感受到汉字之妙和学习之乐；陈老师这样教，识一字而学一串，进而为"自能识字"打通一条科学之路。■

**（3）认识押韵，指导朗读**

师：认识了"喜"字，我们把这种高兴、快乐的心情带进诗歌中，自己试着读一读吧。（生读）

师：读得很投入，还可以读得更好听。我们看每一行的最后一个字，（点击出现拼音）你们发现了吗？最后一个字的读音有什么特点？它们的韵母都是"ang"，这是诗歌的押韵。这首诗押的是"ang"韵，我们朗读这一节诗的时候呀，就要把押韵字读得清楚些，响亮些，这样读诗就有了音乐的回环美，就更好听了。（生读）

■ **评析**：教学生阅读什么类型的文本，就应教出该类文本的特点。这里教诗歌的押韵，随文随性，自然而然。■

**2. 学习第二节**

**（1）一读：指导"陪"字**

师："我们的歌儿也悄悄地唱——""——"这个符号叫作——（生回答：破折号）在这里是为了引出下文，告诉我们杨树唱歌要唱给谁听。谁来读第二节诗。（生读，并指导"悄悄地"读）

师：多可爱的小杨树，就这样不吵不闹，悄悄地唱着歌，陪着老爷爷、老奶奶和小宝宝。

师：（出示：陪）这是本课的生字，"陪"的部首是什么？

生：耳刀旁。

师：（出示：阝）这个部首在字的左边，外形像耳朵，习惯叫它左耳刀，其实它的意思与耳朵一点关系也没有，它还有一个叫法是"左阜旁"，表示土山的意思。看，（出示：𨸏）这是左阜旁。一竖是陡峭的山坡，右边是人们在大土山边挖的登山的脚窝，就是台阶，所以带左耳刀的字与山或台阶有关。"陪"字的本义指两座山在一起，后来引申为两个物体在一起。

师：诗歌中有一个字的意思和它相近，说说是哪个字。（生回答：伴）意思相近的字组成词。（生齐读：陪伴）

■ **评析**：这个环节做得很有效：一是指导学生读出诗歌的意思和情境；二是运用汉字学结合语境理解"陪""伴"；三是指导学生纠正"阝"的"左耳刀"名称应为"左阜旁"。■

（2）二读：识词组，读好节奏与押韵

师：杨树唱着歌，陪着老奶奶在树下聊家常。"聊家常"就是聊些家里的事。聊家常，三个字一组，第一个字表示动作。诗中还有这样的词组，你能找出来吗？（生回答：捉迷藏、度时光）

师：（指名生读）最后一个字也都带有韵母"ang"，读起来朗朗上口。

师：齐读这三组词。（生读）多有节奏感啊！

师：把这三个词组送回句子中。咱们合作读一读，我读上一句，你们读下一句，读的时候，要注意押韵哦！（师生合作读）

■ **评析**：在阅读中学词、积累词汇。再次品赏和巩固押韵。■

（3）三读：想象说话

师：同学们，杨树和人们相处得多么愉快，它除了唱给小宝宝、老奶奶、老爷爷听，它还会唱给谁听呢？你能仿照课文的句子说一说吗？（同桌之间互相说一说，指名说，师现场打字）

师：你们的想象可真丰富，你们一个个都是小诗人！你们眼中的小杨树能和这么多的事物友好相处，我们一起读读我们自己编的这节小诗。

■ **评析**：在阅读中展开想象，培养想象力；在阅读中模仿语言，发展语言表达力；

运用汉字科学识字　依据儿歌特点学诗

同时增强儿童学习的自信心。■

**（4）四读：赛读背诵**

师："杨树悄悄地唱着歌，陪着人们快乐地生活"，谁来读一读这一节诗，读出小宝宝的快乐，老爷爷、老奶奶的悠闲。（指名读）

师：听了你读，老师也想读一读，你们想听吗？这样吧，老师和你们一起来赛读。

师：你们也试着背一背？可以看看提示语。要注意读出悄悄的、悠闲的感觉哦！

师：（略去提示语）一起来背一背。不会背的同学可以看图上的人物提示。老师起个头："我们的歌儿也悄悄地唱——"（生背）

■ **评析**：比赛背诵，激发学生兴趣；当堂背诵，显示教学效果。重要的学习内容要在老师的眼皮底下掌握。■

**3. 学习第三节**

**（1）问题导读，指导书写"感谢"**

师：唱着唱着，杨树还做起了动作呢，现在你们就是一棵棵杨树，想想你们要怎么读。自己试一试吧。（指名同桌互读，师评价要加动作；小组读）

师：（小结）杨树在歌中感谢金色的太阳，为它带来美丽的色彩。（出示：感谢）

师："感谢"是我们本课要学习的生字。"感"的形旁是心字底，表示"感"的意思与心理活动有关，上部"咸"是声旁，别忘了写撇。"谢"的形旁是"言"，表示"谢"的意思与说话有关，右边"射"是声旁。

师：齐读这个词。（生读）

■ **评析**：第三节诗歌的学习，有轻有重，"轻"的是诗歌的内容——前面已经有很好的铺垫；"重"的是生字新词的学习。■

　**四、回归整体，感情朗读**

师：杨树在歌中感谢金色的太阳，这可是杨树在歌中所要表达的心声啊！看，读着读着，我们也解决了课前提出的一些问题。现在让我们一起重新走进课文，感受快乐的杨树之歌。男生读第一节，女生读第二节，最后一节男女生一起读，如果能加上动作，那就更好啦，会背的同学可以不看书哦！老师为你们配

上音乐。（生读）

■ **评析**：阅读教学的一般程序：整体—部分—整体，即从整体着眼，整体感知；到部分探究，精读品味；最后回归整体，整体把握。阅读教学要引领学生在整体—部分—整体之间"走"多个来回，循环往复，螺旋上升。■

## 五、结合语境，动笔书写

师：诗歌读好了，我们该写字了，请同学们拿出练习纸。认真想一想，写一写，看谁能把字写正确，写好看。（出示）（师指导书写后，相机评价）

gǎn xiè  
☐☐ 翠绿的大叶杨，成天 xǐ ☐ 欢哗啦啦地歌唱。

péi  
☐ 老人悠闲度时光，伴小朋友歌声响 liàng ☐ 。

师：同学们，这节课我们认识了快乐的杨树，也认识了生字新词，背了这首诗。不会背的同学回家可以继续把它背下来。

■ **评析**：最后这个写字教学环节设计颇具匠心，科学、高效：一是将要求会写的生字整合到语境中，既巩固了阅读的内容，又使生字有了意义；二是定位在写正确，在写正确的基础上力求写好看；三是同学之间互学互助。■

### 总 评

　　我在现场听过两次陈老师执教《杨树之歌》，觉得每一次的课陈老师都有想法，都有完善，很是可喜。

　　纵观此课，有三个值得学习和推广的优点：一是科学运用汉字学识字，不仅培养了儿童对汉字的情感、习得识字的科学方法、感受汉字的文化，而且识字解义与诗歌讲解相融合，使儿童加深了对诗歌的理解。如此识字，科学高效。二是依据儿童诗歌的特点，教二年级儿童阅读儿童诗歌的方法，培养阅读诗歌的能力，发展儿童的想象力和语言表达力。三是重视培养儿童的问题意识和探究精神。这种意识和精神的培养路径就是让学生提出问题，甚至反诘质疑。学生提出问题是创造思维工具，是创造的萌芽。

诗歌是诵读的，多是读给自己听的。因此，在自由地个体地读诗歌、沉思默想诗歌意境等方面，陈老师的《杨树之歌》还有提升的空间。

（陈星、曾旭晴：福建省泉州市实验小学 / 黄国才：福建省普通教育教学研究室）

## 30 自主建构提效率 识字阅读相益彰
——人教版第五册《望天门山》

执教 / 林清　　指导 / 金文伟　　评析 / 丁和如

此课 2010 年 12 月 23 日展示于首届福建省小语会"汉字学在小学语文教学中的应用研究"课题研讨活动，集美小学承办。

### 教学目标

1. 学习阅读的方法，能对照注释，运用汉字学、训诂方法来理解字词句篇的意思，体会诗人热爱祖国山河的感情。
2. 会写"楚、断、孤、帆"4个生字。
3. 反复诵读，感受优秀诗歌的语言美、韵律美。
4. 会背诵、默写本诗。

### 教学过程

### 一、"题目"入手，解题导入

师：（板书课题：望天门山）今天我们一起学习古诗——

生：望天门山。

师：读诗文要先读题目，（板书：题目）"题"字的意符是"页"，指人从脖子到头顶的部分。"题"是人的哪个部位呢？

生众：鼻子、耳朵、眼睛……

师："题"，本义指人的额头。额头和眼睛（目），是人的主要识别部分，我们见到戴口罩的熟人，能立马从他的额头和眼睛上认出他。如果这个人把额头也遮住了只露出眼睛，我们就难认出了，所以"题（额头）目"是人的重要标志，古人也因此把诗歌文章最上面的那行字比喻为"题目"，表示读者看了题目就大概知道作品的主要内容。诗文的题目有此重要的作用，我们读诗文就要养成先认真读题目的习惯。现在我们看看课题"望天门山",从中大概知道了一些什么呢?

生1:作者李白是在看天门山时写下的这首诗。

生2:李白在远远地看天门山。

师:你抓住了题目中非常重要的一个词——"望"。"望"是什么意思?

生:远看。

师:你们能不能从"天门山"这三个字想象一下天门山的形状?

生1:像门的山。

生2:有两座山,很高。

师:大家注意到诗文的注释了吗?(出示诗文注释)请大家读。

生:天门山在安徽省和县与当涂县西南的长江两岸,在江北的叫西梁山,在江南的叫东梁山,两山隔江相对,形同门户,所以叫"天门山"。

师:利用注释理解字词句是一种很好的学习方法,读书时我们要充分运用这个方法。二年级时,我们学过李白以"望"字开头的一首诗,是——

生:《望庐山瀑布》。

师:那是李白25岁时离开家乡四川远游到庐山时写的。"望"字表明他写的庐山瀑布的壮丽景象是他——

生:远远看到的。

师:不久,这位年轻的诗人又经过天门山,写了这首——

生:《望天门山》。

师:又是一个"望"字,说明这首诗所描写的所有景物也是他——

生:远远看到的。

师:现在请读课题。(生读)

师:再读一遍,读出"望"的感觉。(生将"望"字拉长,读出了远观的感觉)

■ **评析**:从解题入手导入新课,开门见山简洁明了,教给了学生读书的一个重要方法。围绕诗歌题目,先解释"题",使学生理解"题目"的重要性,再进行阅读猜想,调动学生的阅读期待,激发学生的阅读积极性,再提示学生借助课后注释帮助理解,认真读题把握诗歌的大致内容,为后面的深入阅读做好了铺垫。■

## 二、读诗析疑，"识""读"相融

**1. 初读正音，把握节奏**

师：诗人望了天门山的哪些景色呢？（出示诗歌，生字注音标红）请同学们读两遍诗歌，结合老师给出的注音，把生字读正确、句子读通顺，借助注释帮助理解，不懂的地方用笔做个记号。（生自读诗歌，做记号）

师：老师先看看谁能把这首诗的字音读正确。（生读，师正音"至"读翘舌音）

师：诗歌呀，我们不仅要读正确，还要读出诗歌特有的节奏，谁再来试试？（生颇有节奏地读，但还不够味）

师：她读出了自己的节奏。这样吧，老师与你们合作读，老师读前四个字，你们读后三个字。（师生合作读，在教师的带领下及手势帮助下，生被感染，读得富有节奏）

师：反过来，你们先来，"天门中断——"，齐——（师生读得抑扬顿挫）

师：再读，"望天门山——"（生再读全诗，读得有滋有味）

■ **评析**：在初读环节，林老师先用各种方法要求学生读准字音，读出节奏；之后，以个别朗读和师生合作读的方式，指导学生读好诗歌的节奏。这一环节着重基本功训练，贵在扎实。■

**2. 质疑析疑，"读""解"相融**

师：我们已经读了几遍诗歌，还有哪些不懂的吗？古人说得好："学贵在有疑，小疑则小进，大疑则大进。"谁来？（众生举手）你有什么疑问？

生："两岸青山相对出，孤帆一片日边来"是什么意思？

师："两岸青山"是什么意思？

生：（笑）就是两岸的青山。

师：看来不是一整句都不懂，我们一个词一个词地看，"相对"呢？

生：就是两岸的青山都是面对着。

师：（画两两相对的青山）这是李白乘舟顺江穿过天门山时看到的两岸景色。青山呀，左边一座西梁山，右边一座东梁山，相对着，就叫——

生：两岸青山相对。（部分学生顺口读出了"出"）

师：青山怎么会相对"出"来呢？看来诗人有误，青山是不会动的，应该把"两岸青山相对出"换成"两岸青山相对立"。

生1：啊？

生2：如果是相对立的话，就感觉这两岸的青山没有一点生命力了。

师：所以，这个"出"字用得多好啊，青山都变活了。假如我就是李白，（生笑）站在船上，（指着一组相对的山）这是两岸的青山，李白的船行进在两岸之间宽阔的江面，从不断前行移动着的角度远看两岸的青山，感到青山会有什么变化？

生1：好像也在动。

生2：它们也在不断变化，山后的山不断出现。

师：这就是——

生：两岸青山相对出。

■ **评析**：中年级如何教学古诗句？林清老师不落俗套，大胆采用质疑析疑的方式，以学生提出的问题引路，带动字词句学习，通过对关键词语"出"的理解，引导学生想象诗句的优美意境，在理解的基础上再朗读诗句，由此进入第二个层次的读——理解性朗读。■

师："孤帆"是本课的生字，谁能解析这两个字的形音义？

生：我看过电影《孤儿》，"孤"是形声字，左旁是"子"，代表小朋友，"瓜"是声旁。

师：分析得真好！"孤"本来指父母双亡的孩子，就是孤儿，引申为孤单。"帆"呢？

生："帆"也是形声字，"巾"是形旁，表示帆是布做的，"凡"是声旁。

师：分析得好，你们分析汉字的能力很强啊！那我们今天学习更深的汉字分析方法。知道吗，"孤"字的声旁"瓜"古音读"gū"，现在不少以"瓜"为声旁的字依然读"gū"。（出示：呱呱落地）（生略有迟疑，多数读正确，少数读"guā"）"呱"这里指小儿的哭声。

师：（出示：千盅百觚）（生都正确读为"gū"）"觚"指盛酒的器皿。还有不少字的"瓜"保留着韵母"u"的音，你认得吗？（出示：狐狸 弧线）（生根据声旁正确识读）

■ **评析**："孤帆"的教学，老师鼓励学生自己科学地解析字的形音义的关系，并讲授了"瓜"的古音知识，带出一串"瓜"做音符的字。这既增强了学生科学分析汉字的能力，加深了对该生字的印象，对形声字的理解，又使学生今后更好地触类旁通、自主识字。

师："孤帆一片日边来"是什么意思呢？

生：一只船，不是李白的船，从日边来。

师：你为什么认为不是李白的船？

生1：诗题有"望"字，说明整首诗的景色都是李白望的，"孤帆"也应该是望的景，自然是别人的船而不是李白的船。

生2：再有，诗写的"孤帆"是从"日边"来的。

师：你们真会读书！诗题的"望"字，是我们读出这首诗层次结构图的密码，使我们理解到整首诗的四句景色都是李白"望"中所写。我们再细细揣摩，"日边"是哪儿？

生1：东边。

生2：一只帆船从太阳升起的地方来了。

师：说明这首诗写作的时间是——

生：早晨。

师：对，诗不写时间，而将时间包含在描写的情景中，这就是含蓄，是一种高明的写作手法，也是古诗的特点之一，叫作"诗家语"。请读。

生：诗家语。

师：这首诗还有什么不懂的吗？

生1："碧水东流至此回"的"至此回"是什么意思？

生2：到了那边又回来了。（生笑）

师：（出示：回）这是甲骨文的"回"字，像水流回旋的形状。（出示：回）本义是回旋，旋转；由回旋引申出回到原地、改变方向等意思。但此处并不是本义，而是引申义——掉转方向。王安石观天门山时写下"崔巍天门山，江水绕其下"（出示：崔巍，山势高险）。长江水穿过天门山后，绕山折向北而去。（师根据插图做手势）可不是"碧水东流至此"就"回"去了。（生笑）

师：还有不理解的吗？

生1："天门中断楚江开"的"楚江开"是什么意思？

生2：我只知道"楚江"是长江。

师："楚"也是本课的生字。据说，古代楚国这一带荆棘丛生，（出示荆棘图片）

这就是荆棘。楚人的先祖来到这里，踏着荆棘，开辟山林，建立了国家，因而称自己的国家为——"楚"。"楚"字从"林"，代表荆棘，"疋"读"shū"，是声旁，是"足"字的变形，"口"变为横钩。（指导学生书空"楚"字）这是上下结构的字，上部"林"就要写得扁一些，最后一笔捺改为点，是要避免与下部"疋"的捺重复。长江在天门山之前的水域，称为楚江，天门山之后流经古代吴国地域，称为吴江。

师："楚江开"是什么意思呢？我们要结合句子来理解，（出示：天门中断楚江开）读一读，想想诗句讲什么断了。

生：天门山。

师：是谁把天门山断开的？

生：楚江水。

师：（出示：山断水开）"断"也是本课的生字。（出示：𣂪）这是小篆"断"，会意字，左旁"𢇍"是"刂"（刀）割断两束"𢆶"（丝）的形状，右旁"𣂆"是"斤"，就是斧头，表示有力地砍断。简化为"断"时，左边四截束丝用"米"的两点两撇代替。想象一下，如果有一位神仙，就像盘古一样举起大斧对着天门山中间奋力一劈，天门山会怎样呢？

生：天门山就被劈成两部分了。

师：那么，李白认为是哪位神仙"断开"了天门山？

生1：是楚江。

生2：天门山本来是一个整体，有一天楚江冲过来了，山中间地势低的地方就被冲开了。

师：山断水开，如此气势，你能不能读出这种气势？

生：天门中断楚江开。（"中断"重读）

师：他强调了"中断"。谁再来读一读？其他同学注意听他的节奏、轻重。（生读）

师："开"字要读出气势，"开"不仅是本诗的韵脚，要读得响亮，更在于"开"字给我们展出了一个訇然山崩、瞬间水涌的新山河。（范读加手势，生情不自禁地跟读"楚江开"，读得颇有气势）大家一起来试试。（全班读，很有气势）

师："天门中断楚江开"是李白望到的吗？

生：他望到的是"天门中断"，由此想象到"楚江开"的情景。

师：你觉得李白的想象如何？

生：很好，丰富，大胆。

师：（板书：想象）疑难解决了，大家基本理解了诗歌的意思，应该更能读出这首诗歌的感觉，来——（生齐读全诗，效果明显提高）

■ **评析**：教师引导学生将已知或能自行理解的内容从原有问题中区分出来，调动了已有的知识和经验，强化了运用注释学古诗的方法；然后把问题聚焦到需要进一步探究的"回""断""开"上；接着应用汉字学知识，将解析诗句与解析生字结合，使读更有效果。如解析"楚""断"二字，溯源古字形，不但有助于理解"楚江开"的意思，而且有助于想象，感受到浩浩长江冲破天门的訇然气势，领略到汉字的丰富文化。■

## 三、"望"字引路，想象美读

师：全诗四句的景物，都是李白"望"出来的啊。可是，李白是在什么地方"望"的？

生：船上。

师：你怎么看出来的？

生：他写"两岸青山相对出"，就说明他是在船上"望"见天门山的各个景物。

师：他都"望"到了哪些景物？

生：天门山、楚江、碧水、青山、孤帆、日。

师：这些是诗人一下子望到的吗？

生：不是，是在船上顺江而下不断望到的。

师：（指图讲解）读这四句诗，我们可以看出：诗人先是乘船往天门山漂来，远"望"天门山是——

生：天门中断楚江开。

师：接着船来到天门山，作者远望水流的方向——

生：碧水东流至此回。

师：诗人乘船在天门山之间顺流而下，望到——

生：两岸青山相对出。

师：最后诗人出了天门山，望见远方——

生：孤帆一片日边来。

师：请同学们自己轻声读诗歌，边读边想象每句诗的画面。（生轻声读并想象）

师：你们都"望"见了什么画面？

生1：我望见了天门山中间江水东流的画面。

生2：我望见了像大门一样的天门山，清澈的长江水从中间流过，转向北去。

生3：我看见了两岸的青山相对出现。

生4：我看见了一片帆船从日边慢慢地驶来。

师：李白顺流而下，看到的"日"也就是刚刚升起的太阳，叫朝阳，你们见过朝阳吗？是什么样的？

生1：我看到过从山上刚升起的朝阳，半圆形的，发出红光。

生2：我看到过刚钻出头的太阳，发出金光，旁边的云变成了红的、粉的，很漂亮。

师：朝霞满天，火红的朝阳把金光洒向天门山，洒向碧水、白帆。这画面又是怎样的呢？

生1：像个世外桃源。

生2：江水变得绚丽多彩，白帆映成了红帆。

师：你瞧,(出示课文插图）一片孤帆从太阳升起的地方向天门山悠悠驶来,读——

生：孤帆一片日边来。

师：这是多么开阔，多有意蕴的景啊！读着诗，你能体会到诗人此时的心情吗？

生1：很愉快。

生2：很轻松。

生3：感觉在这里旅游很美。

师：这可不是一般的旅游，此时的李白，25岁，年轻潇洒，饱读诗书，志向远大，第一次离开四川老家去远游，望见天门山如此的美景，心情自然就像大家所说的轻松、愉快和自信，他也仿佛胸怀利斧，必能劈出前程的坦途。于是，他就把心中的豪情与眼前的景色相融，挥笔写下这首千古名篇,读——（生读全诗）

师：这么美的诗，我们要记在心中。（出示四句诗相对应的图）我们先看着画面回忆诗句，试着背诵。（生试背）

师：现在老师再给诗配上音乐，你们试着背，不会背的可以瞄一瞄书。（配乐背诵）

■ **评析**：本环节，教师再次以"望"引读全诗，领略诗中景物动态美；又指导学

生轻读诗歌想象画面，师生交流，加深对诗歌意境美的感受，美读全诗。在此基础上，指导学生借助画面尝试背诵。■

## 四、指导书写，延伸结题

师：同学们，读了全诗，大家对这几个生字的形义关系也更加清楚了吧？现在写这些字，看能不能写好，要写出每字的神韵。（出示：断 孤 帆）

师：这三个字都是左右结构，大家仔细观察，左右布局上有什么不同？

生："断"左宽右窄，"孤、帆"左窄右宽。

师：如果只注意到这些，还不能写得美观。再仔细瞧瞧，这三个字左右两个部分是否等高呢？再看看"孤"左旁"子"的哪个笔形有变化？

生："子"的横变成了提。

师：为什么变成提呢？（生不知）

师：左偏旁的最后一笔向右上方提起是为了顺势写右旁的第一笔，这样就会写得快而美观。很多字都是这样构形的，同学们课后可以去检验，并作为识字写字的一种规律来识记字形。（生书写三个生字，师指导）

■ **评析**：写字指导，要特别注意笔形与笔顺的关系，这关系着字的结构布局。指导学生有目的地观察，掌握汉字构形的规律，这有利于培养学生良好的书写习惯。■

师：这节课我们学习了李白的《望天门山》，它只是李白所写990多首诗中的一首，更是5万余首唐诗中的一首，今后我们还要继续读李白，读唐诗，徜徉于我们国家瑰丽的文化宝库。下课。

## 总 评

《望天门山》是老课文，已有多种教法。林清老师却继续进行着有益的探索。

首先，加强字义理解。理解文本每个字义是有效阅读的基础，曾国藩认为："阅读以训诂为本。"本课阅读以解析诗中字的形音义起步，重点落在字义。如解析"题、断、楚、孤"等字，将解析生字与解析本诗用字妙处相结合，使识字与阅读相融，促进了学生对诗句和全诗的理解。特别是解读本诗以"望"为纲,引导学生理解全诗内容和结构,体会诗题在阅读中的重要作用。这样教学符合汉字汉语的科学关系。

其次,加强朗读。朗读古诗是积累美词佳句,感受文字美、音乐美,深入理解作品的重要方法。本课指导朗读,前后有三个层次:一读,读准字音,读出节奏,初步理解诗作,为深入解读打好基础;二读,将理解字词义与理解诗句相结合,反复诵读诗句和全诗,达到读悟结合;三读,纵览全诗,在丰富的想象中,体会楚江冲破天门之壮、碧水清澈如玉之美、青山相迎相出之亲、朝阳孤帆相映之丽,由此读出感情,读出意境,读出个性体验。三次诵读,层层推进,识字、朗读、理解由此完美融为一体。

再次,以解决重点问题为抓手。教学根据学情,解决重难点问题。如对生字的解析学习、诗句的朗读理解、阅读的方法指导,都是以学生的实际问题为重点进行师生互动,起到了事半功倍的效果。这较之面面俱到的讲解,更能激发学生的学习积极性,从而学得主动。在阅读理解过程中,学生已经理解的不教,学生能够解决的不教,这就突出了方法的运用,给学生提供了较多的语文实践的空间,学生的学习能力在这具体实践中得到了锻炼和提高。

(林清:福建省福州市鼓楼区教师进修学校/丁和如:福建省普通教育教学研究室)

## 31 用汉字文化解读《生命 生命》之深意
——人教版第八册《生命 生命》教学片段

执教／林睿（正高级教师）　　指导／金文伟　李彦敏　　评析／林睿　金文伟

此课 2015 年 5 月 15 日展示于福建省厦门市前埔北区小学承办的厦门市级课题教研活动。

### 序 评

人教版小学语文第八册课文《生命 生命》，是台湾已故女作家杏林子的佳作。文章短小，含意隽永，从三个事例引发了对生命的思考与感悟，表达了作者热爱生命、珍惜生命、积极进取的人生态度。小学四年级学生要理解《生命 生命》这样深刻的思想内容和某些含义深刻的句子，感悟生命的真谛，有一定的难度。为了引导学生读懂此文，更为了学生能掌握阅读的有关方法，我们设计了用汉字文化解读该文的教法，取得了可喜效果。

高质量的阅读首先要求读懂文中所有的字词义，阅读教学也应指导学生先理解文本所有的字词义，在此基础上去理解短语、句子、段落乃至课文——这是遵循汉字汉语科学关系的阅读教学。本课教学，笔者从分析关键字的形义入手，以汉字文化引导学生深层理解字义、句意、文本，从而感悟作者对生命的思考。现撷取其中教学片段如下。

### 教学过程

#### 片段一：聚焦"骚扰"，体会作者之"情变"

（学生先初步感知课文，教师引导学生朗读文段，深入感受飞蛾的生命力量并进行交流。对这一段，许多读者忽略了"骚扰"一词的关键性作用，教师则专门引导学生聚焦该词）

师：同学们刚才读了课文的第二自然段，虽然读得很认真，但是没有读出作者的情感。知道是什么原因吗？

生：（疑惑摇头）不知道。

师：主要是对某些字词的意思理解不够，以至不能很好地理解整段的意思。请看这一段的最后一句——

生：作者"忍不住放了"飞蛾。

师：这说明作者捉住飞蛾时——

生：不打算放了它。

师：不放它，那会怎么处理它呢？

生1：可能要把它放进某个盒子里永远关起来。

生2：可能会捏死它。

师：为什么呢？

生：作者对飞蛾特别生气。

师：她为什么对飞蛾特别生气？飞蛾怎么惹得她如此生气呢？

生：飞蛾不停地在她头顶上飞来飞去，骚扰着她。

师："骚扰"是本课的生字词。你们读这个词时想过了吗，为什么"骚扰"会让作者如此生气？你们知道"骚扰"的意思吗？

生："骚扰"就是打扰。

师：它们是近义词。我们先来分析"骚"和"搔"字，（板书：搔）"骚""搔"二字音同而形义相近。"搔"指人用"手"抓挠，所以是"扌"旁。杜甫诗《春望》有诗句——

生："白头搔更短，浑欲不胜簪"，"搔"就是人用手抓挠头。

师：再看"骚"字，从"马"，"蚤"声。从"马"说明这个字——

生：跟马有关。

师：对，《说文解字》认为"骚"有两个意思。一是"扰也"，就是指马群聚的时候，相互踢咬的扰动，后来引申指骚扰。另一是"摩马"，就是刷拭马身。同学们试想，把马相互踢咬的力量用到人身上，或者用刷马的方式、力度给人"搔痒"，人会是什么感觉？

生众：人受不了，很痛苦，不愿意。

师：所以，"骚扰"是打扰的意思吗？

生：不是。

师：这是指身体上承受不了的，其实，"骚扰"还有精神上承受不了的意思。比如，师：我们对异性说："对不起，我能打扰您一下吗？"对方一般会怎么说？

生：不客气，没问题。

师：如果我们对异性说："对不起，我能骚扰你一下吗？"（众生笑）对方一般会怎么说？

生众：骂他，给他一个耳光，赶快报警。

师：所以，"骚扰"跟"打扰"的意思一样吗？

生：不一样。

师：再比如"扰乱"跟"骚乱"就有区别。"扰乱社会治安"一般由警察处理；可是对于"社会骚乱"，那就很可能——

生：要出动武警，甚至军队去解决问题了。

师：是的，"骚扰"对人是很过分的行为，人自然要坚决反对。可是，文章中，飞蛾不但"骚扰"了作者，居然还"飞来飞去"地反复"骚扰"，这就让作者——

生：更加难以忍受了。

师：于是作者就——

生：愤怒了。

师：现在，你还认为"骚扰"就是"打扰"吗？

生1：是很严重的打扰。

生2：是很严重的干扰，叫人不得安宁。

师：你们的理解基本到位了。而且，我从你们的表情上看出了不胜其扰的厌烦、愤怒之情。你们理解"骚扰"的意思了，现在能不能读出作者被反复骚扰时的厌烦、愤怒之情？（生读）

师：谁还想读读？（生读）

师：你把"骚扰"的那一句读得特别好。你皱着眉，瞪着眼，的确被激怒了。看来你对飞蛾的骚扰的确无法忍受了。全班一起来读读这句。（生读）

师：作者既然对飞蛾的骚扰如此愤怒，为什么还是忍不住放了它？

生：飞蛾强烈的求生欲望令她震惊。

师：能不能联系杏林子的资料说得更深刻些？

生1：作者杏林子是残疾人，也有强烈的生存愿望。

生2：作者可能想到了，捏在手中的虽然是一只小小的飞蛾，但也是一个鲜活不屈的生命！

生3：作者可能想到，飞蛾的生命那么脆弱、短暂，却决不放弃生存的一线希望，还在我手中极力挣扎，它对生的愿望多么强烈啊！

师：于是，身患残疾，饱受痛苦、折磨的杏林子被——

生：震惊了。（全班齐读第2自然段，读出作者前后情感的明显变化）

■ **评析**："骚扰"一词看似与"生命"的真谛相去甚远，常被人所忽略，其实，在作者情感大变化的过程中起着关键作用。教学中，驻足"骚扰"，引导学生理解"骚"的本义，区分形近义近字"搔"，不仅有助于减少错别字，更有助于深入理解"骚扰"之义。唯有理解了"骚"义，才能体会到和读出作者对飞蛾的情感态度的明显变化，才可能做到"有感情地朗读"。■

### 片段二：叩问"生"字，领悟生命之真谛

**1. 了解"生"之形义**

师："生"是我们早已学过的熟字，却是本课题的重要字之一。读课文的第一步是读题目，从中了解课文的大概内容。那么，你们是否想过，"生"是什么意思？为什么这样写？为什么把"生"跟"命"连在一起组成词呢？（生摇头）

师："生"字看似平常，却含有丰富而深远的文化！（出示：）看，这是什么？

生：从土里长出来的小草。

师：是的，（出示：）甲骨文"生"，像草木刚从土里长出的样子，本义指草木刚长出土，后来字形演变——（展示：）

■ **评析**："生"字人人认识，本义极少被知。理解何为"生命"，先知"生"之形义。先溯源，析形义。形象生动的"生"字，在学生眼中不再是一笔一画静止的字，而是破土而出、充满生机的嫩芽。■

**2. 体会草之生机**

师：你们可知道，世界万物中，生命力最强的是什么？

生：是草。（师出示夏衍《野草》片段，指生读）

你看见过被压在瓦砾和石块下面的一棵小草的生成吗？它为着向往阳光，为着达成它的生之意志，不管上面的石块如何重，石块与石块之间如何狭，它必定要曲曲折折地，但是顽强不屈地透到地面上来。它的根往土壤里钻，

它的芽往地面上挺。这是一种不可抗拒的力，阻止它的石块，结果也被它掀翻。一粒种子的力量之大，如此如此。没有一个人将小草叫作"大力士"，但是它的力量之大，的确是世界无比。

生1：小草的力量真大啊！

生2：小草有非常旺盛的生命力。

生3：这使我想到白居易写的诗句——"野火烧不尽，春风吹又生"。

师：你想象到怎样的画面？

生1：我仿佛看到小草从土里使劲地挺出来，非常有活力。

生2：我仿佛看到漫山遍野都是嫩绿色的草，虽然颜色浅浅的，却生机盎然。

师：是的，这刚长出的草，虽然草色清浅、嫩绿，却以世界上最强大的生命力，长在漫山遍野，伸向远方；虽不浓艳，却预示着未来的欣欣向荣。

师：联想到"姓"字，怎么写？

生：女字旁加"生"字。

师：人人都有姓，可为什么"姓"字是由"女"和"生"构成？

生：可能是表示孩子是妈妈生的吧？

师："姓"字中的"生"，表音兼表意。"姓"是母系社会的产物，表明了在母系社会孩子是跟母亲姓的。但是，"姓"的文化含义绝不仅此而已。从土地里生长出的是草木，从母体诞生出的是婴儿，婴儿虽小，人们却希望他能像小草一样具有顽强的生命力，能够使家族繁衍不息。所以，"姓"表示生命血脉和家族繁衍像草一样代代不息。

■ **评析**：由"生"的本义延伸出《野草》片段、白居易《赋得古原草送别》诗句和"姓"的解析，看似节外生枝，实则仍扣"生命"真谛——以"生命"一词链接学生生活中熟悉的事物——草，链接相关的诗文，链接学生想象的画面，使学生对"生命"感悟具象化，也更深刻。■

### 3. 感悟"生命"意味

师：由于草的生命力最顽强，祖先就把草同我们的"命"紧密连在一起（指课题"生命"），希望家族成员都像草一样，顽强生长，绵延不绝。

师：理解了"生"的意思，我们再来看看这篇课文在选材上的特点。选材，就是文章选择的最能表现主题的事例。这篇文章选择了几个事例呢？

生：选择了三个：飞蛾求生、苗生砖缝、心跳静听。

师：这三个事例跟"生"有什么关系呢？

生：（尚未发现）不清楚。

师：想一想，作者为什么选飞蛾而不选老虎？为何选瓜苗而不选大树？

生：飞蛾、瓜苗是弱小的生物，跟小草一样都是弱小的生物，而老虎、大树都是强壮的生物。

师：对，飞蛾、瓜苗都跟"生"（刚长出地面的草）的意思有相同点。那么，这个"生"字跟作者自己有什么关联呢？

生：作者是残疾人，生命也是脆弱的，如同刚长出的小草。

师：所以，作者选择的三个事例都与"生"的意思有关，理解了作者选材的匠心，有助于我们深入理解作者对"生命"的感悟。且看，对于飞蛾、瓜苗来说，"生命"意味着什么？

生1：对于飞蛾来说，生命就是活下去。

生2：对于瓜苗来说，生命就是破土成长。

师：对于作者来说，生命，仅仅意味着"活下去"吗？

生：不是的。

师：作者是怎么理解的？

生1：必须"好好地使用它"。

生2：还要活得有意义，要超越动物、植物，"活得更加光彩有力"。

师：杏林子想到了，也做到了——（出示资料，指名读）

> 凭着坚强的毅力，杏林子战胜病痛的折磨，在轮椅上写下40多部著作，感动、激励了无数人；她创立了"伊甸残障基金会"，鼓励和帮助了一大批残障人士远离黑暗，走向光明。
>
> 她用有限的61年生命，体现出了无限的价值。

师：在疼痛、剧痛、狂痛的折磨中，她反反复复对自己说——

生：（齐读）"这就是我的生命，单单属于我的。我可以好好地使用它，也可以白白地糟蹋它。一切全由自己决定，我必须对自己负责。"

师：在看似没有指望的险境中，她反反复复地对自己说——

生：（齐读）"这就是我的生命，单单属于我的。我可以好好地使用它，也可以白白地糟蹋它。一切全由自己决定，我必须对自己负责。虽然生命短暂，但是，我们却可以让有限的生命体现出无限的价值。于是,我下定决心,一定要珍惜生命,决不让它白白流失,使自己活得更加光彩有力。"

■ **评析**:"生命",对于飞蛾、种子、人,具有不同的意义。在读文、解词的基础上进一步引导学生探究文章选材的奥妙,既是探究文章写法的奥妙,也是加深对"生命"意义的认识。在深入理解的基础上,以情促读,读中悟情,层层深入。显然,这种由理解字义进而理解全篇思想和艺术基础上的"读"是符合汉字汉语学习规律的。■

总 评

理解字词义是阅读的基础,对汉字进行科学的形义解析,就能将汉字文化引入课堂与阅读教学相融。本课深入解析"生"的形义,再拓展延伸,由"生"及"草"及"姓",再及"生命",由飞蛾、瓜苗的生命延至作者的生命,逐层引导学生探求"生命"的意义,使之在浓厚的汉字文化氛围中辨字形、明字义、想画面、谈体会,从常见的字词中发现深蕴的奥秘,领悟意义之深刻。学生在此过程中获得的不仅是对字词的掌握、对文本的理解,还有阅读从明了每个字义开始的理念和方法。

(林睿:福建省厦门市前埔北区小学 / 李彦敏:福建省集美大学教师教育学院)

## 32 声声唤　盼归期
——北师大版第八册《七子之歌——澳门》

执教/吴友钧　　指导/刘香芹（特级教师）　　金文伟　　评析/刘香芹

此课2012年5月展示于第二届福建省"汉字学在小学语文教学中的应用研究"研讨会；作为随文识字课范例入选蒋蓉教授主编《小学语文课程与教学论》(北京师范大学出版社2015年8月)的高校本科教材。本文有修改。

### 教学目标

1. 识记"澳"等7个生字，理解"襁褓""掳去""灵魂""梦寐不忘""乳名"等词在课文中的意思。辨析"掳"的近义词。
2. 体会"儿女"离开母亲"太久"，渴望回归祖国的情感；借助澳门的相关资料深入理解诗歌所表达的思想感情，以做到正确、流利、有感情地朗读课文。

### 教学过程

#### 一、解题知人，初解诗意

师：今天，我们学习新课，请同学们整齐地把课题和作者读一遍。（生读）

师："之"在这里的意思是"的"。"七子之歌"的意思是——

生：七个孩子的歌。

师：哪七个孩子的歌？

生：澳门、香港、台湾、威海卫、广州湾、九龙、旅大。

师：真好，你们预习课文很认真。这七个孩子的歌是唱给谁的呢？

生：唱给祖国母亲的。

师：知道了诗歌讲的是七个地方唱给祖国母亲的歌，就知道了课文的大意。像这样抓住题目来了解课文内容是一种好的读书方法。

师：古人告诉我们要"知人学文"，意思是在学习课文之前，我们得先了解作者，这对我们深入理解课文很有帮助。请看作者的资料和这首诗歌的创作背景。

（出示作者资料与创作背景，指名两位学生读）

生1：闻一多（1899—1946），中国现代伟大的爱国主义者、诗人、学者、民主战士。闻一多的诗饱含着强烈的爱国主义情怀，作品主要收录在《闻一多全集》。

生2：《七子之歌》创作背景：20世纪20年代，闻一多在美国留学，在那里受到了种种屈辱，这激起了他强烈的民族自尊心。1925年3月，闻一多写下了《七子之歌》这篇爱国思乡之作。

师：《七子之歌》是一组诗，共有7首，课文选了2首，这节课我们学习第一首《澳门》。（板书：澳门）"澳"是形声字，左边"氵"表示与水有关，右边是奥运的"奥"。"澳"的本义是在海边弯曲可以停船的地方。"澳"多用于地名，比如"澳门""澳洲"。

生：（读）澳门、澳洲。

■ **评析**：先解题目以了解诗歌大意，既引领了学生阅读，又传授了阅读方法。再通过了解作者及创作背景拉近了学生与诗歌的距离，同时为学生深入学习诗歌奠定了情感基础。教师板书"澳门"时随机解析生字"澳"的形音义关系，巧妙而自然。■

师：同学们已经预习了课文，咱们先来检测这首诗的生字词。（出示，指名读、齐读）
澳门　襁褓　掳去　依然　保管　灵魂　梦寐以求　乳名
　　　qiǎng bǎo　lǔ　　　　　　　　hún　mèi　　rǔ

师：你们对哪些词语还不理解？

生：襁褓、掳去、灵魂。

师：请同学们把这些词语带到诗歌里去理解。请再把诗歌读一遍，并且找出诗歌中哪句话最能表达澳门的心声？（生读）

生：母亲！我要回来，母亲！（师出示此句）

■ **评析**：教师先检查预习了解学情，为后续的随文识字、学词做好准备；接着话锋一转，指向了统领全诗情感脉络的关键诗句，为探寻诗歌"语言妙秘"和品读诗句树立起情感上的依托。■

## 二、品读诗句，体会诗情

师：细心的同学一定发现了，这个不长的句子里连续使用了两个感叹号，怎样才能读好它呢？谁来试试？（个别读、齐读）同学们从这个句子读出了怎样的感情？

生1：澳门特别想回到祖国母亲的怀抱。

生2：澳门像一个离开家很久很久的孩子，特别想回家。

师：是的，澳门曾经被葡萄牙占领，离开了祖国母亲的怀抱，与祖国母亲骨肉分离。（板书：骨肉分离）因此，她特别想回到祖国母亲的怀抱！

生：（齐读）母亲！我要回来，母亲！

师：澳门，这个祖国母亲的孩子，它是怎样深切呼唤的呢？（出示：你可知"妈港"不是我的真名姓？我离开你的襁褓太久了，母亲！）（指名读）

师："妈港"这个名字是谁起的？

生：葡萄牙人起的。

师：土生土长的澳门人会喜欢这个名字吗？为什么？

生：澳门人不喜欢这个名字，因为这是殖民者起的名字，是澳门屈辱历史的开始。

师：同学们来分析"襁褓"二字的形音义，有助于理解这首诗。

生：都是形声字，声旁是"强"和"保"，部首都是"衤"，表示衣服。

师：它是什么样的衣服呢？（出示襁褓中的孩子和妈妈在一起的图片）

生：包裹小孩的被子。

师：仔细看，小孩有多小？

生：刚出生不久。

师：对了，襁褓中的孩子还特别的小，最需要和妈妈在一起。我们要准确理解"襁褓"这个词，哪位同学预习时认真查了这个词？

生："襁褓"指的是包裹婴儿的被子和带子。

师：很好，利用工具书来理解词语意思应该成为我们学习的好习惯。理解了这个词的意思后，咱们再把它带到句子里去读一读。（生读）你从这个词语读懂了什么？

生：澳门还在襁褓中就离开了祖国母亲的怀抱，离开得太久了。

师：离开了多久啊？

生：三百年。

师：我们一起来读一读这个句子，要特别突出强调"太久了"。（生读）

师：是啊，这个被人改名换姓的孩子多么想回到妈妈的怀抱呀，他在呼唤着——

生：（齐读）母亲！我要回来，母亲！

师：这个有家不能回的孩子在一遍又一遍地呼唤着——

生：（齐读）母亲！我要回来，母亲！

■ **评析**：品读诗句从注意标点到分析文字，进而理解内容，处处体现了本课设计独具匠心。尤其"襁褓"一词，教师从引导学生观察分析形音义关系，再结合诗句理解它的比喻意，将学习字义与阅读理解融为一体，是遵循汉字汉语科学关系的随文识字。■

师：与祖国母亲骨肉分离的孩子啊，她在殖民者的统治下过着怎样的生活呀？（出示：但是他们掳去的是我的肉体，你依然保管着我内心的灵魂。）（生齐读）

师："掳去"这个词不常见。凭你们的经验，如果换一个词来代替它，你们会想到哪些词呢？

生众：抢去、抓去、夺去。

师：（板书：抢 抓 夺）这些词和"掳去"，的确意思相近，但是又有哪些不同呢？（生观察思考）

师：比一比这些字，你有什么发现？

生："掳、抢、抓"都有提手旁，表示和手的动作有关。

师：其实，"夺"下面的"寸"指的是中医给我们手腕把脉的地方，所以有"寸"的字往往与手的动作有关，比如"寻、射、付、守"。同学们想一想：既然"掳、抢、抓、夺"几个字的意思相近，作者为什么偏要选用"掳"字呢？（生思考）

师：（演示并讲解）"掳"早期写作"虏"（板书），是会意兼形声字，从"虍"（hū）从"力"从"毌"（guàn），"毌"就是"贯"字，是穿钱用的绳索。三个偏旁合起来会意就表示像恶虎一样强力用绳索拘捕，"虍"兼表声。所以，本义是俘获、抓获。后来做名词"俘虏"，"虏"又加"扌"写作"摅"，简化写作"掳"，会意兼形声字，从"扌"从"虏"，仍然表示如恶虎强力拘人之意；"虏"兼表声。

师：理解了"掳"的意思，咱们再把它和"抢""抓""夺"比一比，看看它们有哪些相同和不同？

生："抢""夺""抓"只用手就够了，"掳"却不仅要用手，还用绳索像虎狼一样凶狠地来拘捕。

师：请你把"掳去"和前面的"襁褓"联系起来读，你读出了什么样的画面？这画面给你什么感觉？（生读）

生1：我仿佛看到了，一个刚出生不久的婴儿被一群恶狠狠的人用绳子绑起来抓走了。

生2：我仿佛听到了一个婴儿在大声地啼哭——这画面太残忍，太可怕了……

师：一个"掳"字写出了中国人的切肤之痛，而"抢、夺、抓"都没有这么深刻的意思——这就是咱们汉字的细腻精妙之处，有时候一个词语、一个字包含着太多的信息和情感，甚至是画面。我们阅读的时候要仔细体会近义词的不同。

■ **评析**：此环节教学证明，以往我们常使用的找近义词理解词语的方法并不难，即便像"掳去"这样不常见的词学生都会。但是，如果教学仅仅停留在这一层面，学生就不会感受到作者用词之准确、汉语表达之细腻，也就难以学好"语言文字的运用"。此环节教学的精彩之处在于：引导学生找出近义词，再解析"掳"与近义词的异同，进一步探究作者诗中为何用此不用彼，使学生在阅读时能从文字中建构意义，产生形象，生发联想，进而增强对汉语言文字的理解能力！■

师：澳门被掳去的是什么？

生：肉体。

师：这里的"肉体"指的是什么？

生：土地、资源、金钱……

师：是啊，这些都是能看得见摸得着的东西，但是，他们掳不走这块土地的灵魂。"魂"是这节课的生字，谁来解析"魂"字？

生：这是形声字，"云"是声旁，"鬼"是形旁。

师：对。我们先写写"魂"字。"云"在左边，要写得小一些，"鬼"在右边，要占较大的位置；尤其注意这一撇，起点在上方，要写得长一些，与左边的云字相照应。（生写两遍）

师：回到诗歌，"灵魂"指的是什么呢？（出示：灵魂指精神、思想、感情等，也比喻在事物中起主导和决定作用的因素。）（指名读）

师：澳门这个离家的孩子，要将生命里最重要的"灵魂"，交给祖国母亲来保管，你从中读懂了什么？

生：澳门虽然离开了祖国，但是一心想着祖国，盼望着回归到祖国的怀抱。

师：（补充）事实上，澳门97%的人口是中国人，始终保持着传统的中华民族文化，始终维系着与祖国血肉相连的根。财富可以掠走，肉体也可以掳去，但澳门同胞向着祖国的这颗心却永远带不走。因此，澳门这个离家的孩子在声声地呼唤着——

生：（齐读）但是他们掳去的是我的肉体，你依然保管着我内心的灵魂。

■ **评析**：如果说"掳去"的解析让学生看到了一个如狼似虎的强盗的话，"灵魂"的学习则令人感受到一个坚贞不渝的游子的盼归之情。阅读理解与文字学习自然相融，语文课程工具性与人文性有机统一。■

师：不论是在何时，这个离家的孩子都带着坚定的信念在声声地呼唤着——

生：（齐读）母亲！我要回来，母亲！

师：不论是在何种情况下，这个离家的孩子都带着浓浓的情谊在声声地呼唤着——

生：（齐读）母亲！我要回来，母亲！

师：千呼万唤啊，日思夜想啊！澳门这个离家的孩子苦苦等了多少年啊？（出示：三百年来梦寐不忘的生母啊！请叫儿的乳名，叫我一声"澳门"！）（生齐读）

师：注意，有一个词语跳到了你的眼前，跳到你的心里，这就是——

生：梦寐不忘。

师："梦寐不忘"是一个新词，请读两遍。（生读）"寐"字看起来很难，分析起来很有趣。（课件演示）"寐"是一个形声字，上面是"宀"，读"mián"，表示房屋；左下方的部件读"pán"，甲骨文写作"𠂇"（板书），逆时针旋转，就是"⿱"，像一张床，有床腿有床面，所以这个部首在构字中常表示"床"的意思；右下方"未"表声。"寐"的本义就是——

生：睡觉。

师："梦寐不忘"是什么意思？这个词表达了什么情感？

生1："梦寐不忘"的意思是睡觉做梦都不忘记，表达了澳门对祖国母亲无法忘怀。

生2：这个词说明了澳门虽然被葡萄牙占领了，但是心里一直盼望着回归。

……

师：一声声的呼唤，希望母亲能叫他一声"澳门"。"澳门"这个名字才是这个离家的孩子一生不忘的——（生回答：乳名）"乳"也是生字，这个字是如何构形的？

生：是"孚"（fú）字加竖弯钩。

师：为什么这么组合呢？（生摇头）

师：（出示：🦴）这是甲骨文"乳"字，左旁是"子"，指婴儿在母亲怀抱，弯弯的线条是母亲长长的手臂，抱着婴儿正在大口大口地喝奶哩。（生笑）

师：同学们笑了，为什么呢？

生：太有意思了！

师：是呀，汉字是世界上最美丽的文字。可是这么一幅像画一样的字写起来太麻烦了，所以汉字逐步演变到小篆，（出示：🦴）大家再找找，在小篆中，妈妈的"手"在哪里？"孩子"在哪里？妈妈的"身体"又在什么地方呢？

生：妈妈的手变成了"⺥"，孩子是"子"，妈妈的身体是右旁"乚"。

师：楷书"乳"，妈妈身体"乚"写作"乚"。我们学写"乳"字。（示范书写）汉字书写时要记住上紧下松，"乳"字左上方的爪字头要写得小一些，多给下面"子"一些空间，右边的"乚"要写得舒展一些。（生写）

师："乳名"是什么意思？

生："乳名"是孩子刚出生时父母起的名字。

师：大诗人但丁说过："世界上有一种最美的声音，那便是母亲的呼唤。"正是因为心里想着母亲，梦里也念着母亲，所以澳门才发出了如此深情的呼唤——

生：（齐读）三百年来梦寐不忘的生母啊！请叫儿的乳名，叫我一声"澳门"！

■ **评析**："寐"和"乳"二字的某些部件古今字形变化较大，溯源解析这两个字，使学生进一步理解了它们的字形义，也渗透了自主科学识字、解词的一般方法——从字形求字义，由字义解词义。这是提高阅读理解能力、积累语言的有效方法。■

## 三、拓展资料，升华情感

### 1. 补充资料，回归全诗

师：三百年了，三百年啊！澳门，为什么对祖国妈妈这样梦寐不忘啊？请看小资料。

（出示《澳门三百年》资料）

师：如果请你用一个词来形容澳门走过的这三百年，你会选择什么样的词语？

生众：水深火热，悲惨凄凉，没有尊严，凄风苦雨。

师：是的，凄风苦雨的三百年啊，澳门多么想回到母亲的怀抱啊，所以它对祖国三百年来梦寐不忘，所以它在一遍遍地呼唤着——

生：（齐读）母亲！我要回来，母亲！

师：这呼唤里饱含着一个离家的孩子三百年来道不尽的辛酸啊！

生：（齐读）母亲！我要回来，母亲！

师：这便是澳门唱给祖国母亲的歌，一首日思夜想的歌，一首凄风苦雨的歌，一首翘首盼归的歌！（板书：翘首盼归）至此，老师相信每个同学的心情都是不平静的。现在，请你们把心中的感受融进去，把这首诗歌再完整地读一遍。（生齐读全诗）

师：澳门，这个与祖国母亲骨肉离散的孩子呀，这个翘首盼归的孩子呀，他在声声地呼唤着——

生：（齐读）母亲！我要回来，母亲！（师板书此句）

### 2. 播放视频资料，升华爱国感情

师：苦苦等了三百年啊，1999年12月20日这一天，澳门终于盼来了回家的日子，你们看。（播放澳门回归政权交接仪式的视频）

师：看了这段视频，大家的心情如何？

生1：我很兴奋！

生2：很激动！

……

师：是的，祖国强大了，被掳去的孩子回家了。据闻一多先生的孩子回忆，先生当时创作这首诗歌时泪流满面。"王师北定中原日，家祭无忘告乃翁"，在澳门回归之夜，闻一多先生的子孙四代在家中举行家祭，告诉先生——澳门回家了！试想一下，当闻先生听到这消息，看到这情景，会是怎样的心情，会有怎样的表现呢？

生：闻老先生一定会高兴得掉下眼泪。

师：同学们，眼泪是一种特殊的液体。如果说当时的泪是悲痛的泪，那现在的泪就是——

生众：高兴的泪，欣慰的泪，激动的泪。

师：所以说，《七子之歌》正是闻一多先生借这七个"离家孩子"之口，唱出了一组思乡爱国之歌啊！这首诗虽然只有80个字，但是字字辛酸，句句情深，表达了作者赤诚的爱国情怀。有一位作曲家叫李海鹰，他满含热泪，在一夜之间，用深情而诚挚的音调为《澳门》这首诗谱上了一曲动人的旋律，我们一起来欣赏。（播放《七子之歌》，生哼唱）

师：作业——复习生字读好这首诗。

■ **评析**：通过前面一环环的语言文字品读，学生已经体悟到了诗歌所要表达的强烈情感。此环节教学资源的开发与利用，进一步拓展了学生的知识面，激起了学生情感的波澜，达到了与作者共鸣。■

## 板书设计

```
            七子之歌——澳门

       离家失散
澳门                母亲！我要回来，母亲！
       翘首盼归
```

## 总 评

　　这是一节将汉字学习与阅读理解有机结合的课。教师科学分析了"襁""褓""掳""魂""寐""乳"6个生字，以这6个字的强烈画面感，引导学生准确理解词语，深刻感受诗意。特别巧妙地引导学生辨析"掳"与"抢、抓、夺"等近义词的异同（没有采用常见的"换近义词"教法），体会准确用词对表达情意的重要作用，使学生在深切理解作者强烈爱国情怀的同时，学到了新的阅读方法，领悟到汉字与汉语水乳相融的科学关系。

（吴友钧：福建省泉州师范学院附属小学 / 刘香芹：福建省泉州市教育科学研究所）

我们的系统识字课

## 33 让小学生学会读懂古文的方法
——人教版第十册《杨氏之子》教学片段

执教、评析 / 林睿（正高级教师）　　指导 / 金文伟

### 序 评

《杨氏之子》是人教版小学语文第十册课文，是该教材的第一篇文言文。文章选自南朝刘义庆的《世说新语》，篇幅短小，情节简单，语言幽默，通过杨氏子的妙答，刻画出了一个聪慧可爱、有礼有节的孩子。如何让小学生在第一次学古文时就建立起对古文的兴趣，初步掌握学好古文的基本路径？教学中，教师主要遵循汉字学、训诂学知识，引导学生扎扎实实地掌握文章的字词义，联系上下文理解句子和文本的意思、人物语言的风趣和机智，进而体会文章的主旨与选材之妙。现选取几个教学片段如下。

### 教学过程

#### 片段一：揭题细述"杨"

师：今天，我们要学习的课文和"说话"大有关系！一起来认识一个孩子，人们称他——

生：（读题）杨氏之子。

师：课题的意思，你明白吗？

生1：一个姓杨的小孩。

生2：姓杨的人的儿子。

师：你是怎么理解的？

生："杨氏"的意思就是姓杨，"之"就是"的"，"子"是儿子。

师：能尝试逐字理解，很好。关于"杨"字，生活中常常听人将它称为"木易杨"，我们看看是不是这样。（出示：楊）这是"杨"的繁体字，从"木"，"昜"（yáng）声，"昜"上部是"日"，表示光明的意思。"昜"规范简化为"𠃓"。"杨"的本义是一种树名，即杨树。

生：哦，原来"杨"字右边不是"易"。

师：是的，"易"没有简化，不能写成"𠃓"。汉字中蕴藏着无尽的奥秘，我们要科学地学习汉字，不能随意解读，甚至以讹传讹。

■ **评析**："杨"字被讹传为"木易杨"或已千年，造成了广大民众对该字的错误理解。本课从汉字的科学性出发，借揭题、解题而顺带解析"杨"字，不仅纠正了人们对"杨"字错误的理解，而且培养了学生科学、严谨地学习汉字、学习语文的观念。■

## 片段二：析形解"君"意

师：（出示：孔指以示儿曰："此是君家果。"）谁能试着说说这句话的意思？

生：孔君平指着水果对杨氏子说："这是你家的果子。"

师：能适当地"添一添"，把意思说完整，不错！不过，有一个字值得我们注意——句中的"君"是什么意思？

生："君"就是"你"的意思。

师：你们知道古文一般用哪些词来表示"你"吗？

生：一般用"汝""尔"。

师：这篇文章怎么不用"汝""尔"，而用"君"呢？（生思考）

师：在古代汉语里，"君"是对人的尊称，表示对人的尊敬。为什么用"君"做尊称呢？原来，这个"君"字可不简单。看，它从"尹"从"口"，"尹"在金文里写作"𠂇"（板书），是"又"（右手）执笔的形状，表示批文治事的官，比如"府尹""县尹"；"尹"下加"口"为"君"，表示手能批文、口能发令者，这自然是权力最大的统治者。所以，"君"的本义是帝王、诸侯，比如"君王""国君""明君贤相"。后来"君"引申指贵族男子、有才德的人，进而用来表示尊称。知道了"君"的意思，你们还觉得"君"应该翻译成"你"吗？

生1：应该是"您"。

生2：啊？孔君平不是廷尉吗？他竟然称一个九岁小孩为"君"？

师：是啊，一个九岁的孩童，被孔君平孔廷尉称为"君"，是不是应该立刻引起我们的注意呢？你注意到了什么？

生1：我觉得孔君平对杨氏子太客气了。

生2：孔君平对杨氏子很尊敬。

生3：这说明，在孔君平看来，杨氏子可不是一般的小孩。

师：你们分析得真好！那么，把"君"译为"你"准确吗？

生：应该用"您"才合适。

师：一个尊称"君"，让我们读出了这么重要的内涵。我们联系上文，还可以从"氏"读出杨氏子的身份不寻常。

生：我从"呼儿出"看出他们很熟悉。因为孔君平本来要拜访杨氏子的父亲，大人不在，就喊九岁的杨氏子出来，可见他们早已熟识了。

师：孔君平仅仅是因为跟杨氏子熟识而找他吗？

生：不是。孔君平称九岁孩子为"君"，说明他很欣赏孩子的"甚聪慧"，很想在一起说些有意思的话。

师：你的理解很有道理，我们往下读，看看他们的聊天是不是很有意思。

**评析**：学好汉字，须深入掌握汉字的主要义项。对于正式接触文言文的小学生，不能满足于大致了解文章内容，而要培养他们的训诂意识和方法，准确理解字词句之义。特别是优秀的古文，可谓字字珠玑，更需要读者字字品味。因此，训诂，就成为中国传统阅读的重要方法之一。一个"君"字，不仅蕴藏诸多文化信息，在此文，更是具有文眼的作用：溯上文，说明了"父不在"时孔君平"乃呼儿出"的原因；接下文，孩子妙答"未闻孔雀是夫子家禽"，以"夫子"对应"君"，礼貌、得体，凸显其"甚聪慧"。"君"字承上启下，乃关键词。学生由此学到了训诂中的形训和掌握字本义、引申义的方法，联系上下文体会人物间的妙语，也因此理解了阅读时掌握字词义的重要性。

## 片段三：释"禽"巧停顿

师：杨氏子是怎样应答的呢？请读句子。

生：儿／应声答曰：／"未闻／孔雀／是夫子／家禽。"

师：谁来帮他？

生1：他读错了一个字。"应声答"的"应"是第四声。

生2：他停顿错了，我认为应该是"夫子家／禽"。

师：说说你的理由。

生：因为家禽是指鸡鸭等，孔雀不是啊。

师：（出示：🦅）这是金文"禽"，下部是捕鸟兽的长柄网，上部是"今"，做声旁。

"禽"的本义是捕捉鸟兽,是动词,后来引申专指鸟类的总称,这里就指鸟。"禽"做名词,就又给"禽"加"扌"造"擒"字表示捕捉鸟兽的意思。同学们,你们理解了"禽",整句话的意思理解吗?

生1:杨氏子马上回答:"我可没听说过孔雀是先生家的鸟。"

生2:话音刚落,杨氏子马上回答:"我可没听说过孔雀是先生您家的鸟。"

师:读这一句应该怎样停顿才恰当?

生:夫子家/禽。

师:请读句子。(生齐读句子)

师:联系上文,你们有什么发现?

生1:孔君平说"君",杨氏子就对"夫子",很有礼貌。

生2:孔君平说"果",杨氏子对"禽",对得很好,的确聪明。

■ **评析**:关于句子的停顿,有的教师采用直接标注的方法让学生"依葫芦画瓢"地反复朗读。这样做,学生固然能做到停顿恰当,但只知其然,不知其所以然,不利于学生思维的发展。所以本课设计以"禽"字为突破口,使学生理解了"禽"的形音义后再理解句意,在此基础上,学生可依靠自己的研究,推理出"夫子家/禽"的断句结论,使朗读建立在理解的基础上,容易做到有感情、有效地读。■

## 片段四:悟详略得当

师:读懂了全文,了解了杨氏子,学到这儿你们还有疑惑吗?

生1:题目是"杨氏之子",可是文章里怎么没有介绍孩子的长相、穿什么样的衣服?

生2:课文为什么没有写是谁把杨氏子"呼出"来的?

生3:为什么主要写他跟孔君平的对话呢?

生4:他们每人就只说了一句话吗?

生5:课文怎么没有写他是怎么"设果"的?

生6:课文没介绍有哪几种水果?

师:问得好。是啊,这是为什么呢?——大家再看看这篇文章主要是要介绍杨氏子的什么特点。(生回答:甚聪惠)

师:"甚聪惠"是杨氏子的内在智慧还是外表呢?

生:是内在智慧。

师:那么,你们提的问题,有哪些跟杨氏子的"甚聪惠"有关呢?

生1：噢，明白了——写对话是为了体现他的"甚聪惠"。

生2：不能体现"甚聪惠"的内容都可以略写。

生3：介绍水果是没有必要的。

生4：谁把杨氏子"呼"出来，也跟"甚聪惠"没有关系。

生5：杨氏子长什么样，穿什么衣服，也跟"甚聪惠"关系不大。

师：是啊，详略得当是一篇佳作的重要标志，详略要以文章表达的主题为标准。说话水平很能反映出一个人的聪明程度，所以文章就选择了最能体现杨氏子"甚聪惠"的那句话。至于他的外貌、服装，水果，谁把孩子喊出来的，都与文章的主旨无关，于是就省略不写。这就是写作中的详略得当。明白了吗？

生：明白了。

师：我们进一步了解了这篇文章的主题、结构和写作手法，再读课文，感受会更深，也容易背下来了，大家可以试着背一背。（生或读或试背）

师：这个故事选自《世说新语》。《世说新语》是一部文言短篇小说集，主要记载了汉末至晋代士族阶层的言谈轶事，其中记载了许多聪明可爱的孩子。请同学们课外阅读。

■ **评析**：与寻常写人文章不同，《杨氏之子》仅选用了杨氏子的一句话，就突显了其"甚聪惠"的形象，是详略得当的典范，值得指导学生阅读、思考、体会，以提高阅读和写作能力。■

## 总 评

　　这是小学生第一次正式学古文。学古文离不开疏通文句，疏通文句的关键是理解字词义。本课教学以理解字词为基础，进而理解文意和文章主旨。揭题时，解析"杨"字的形音义；阅读课文时，重点讲"君"，在体会孔君平与杨氏子的趣问妙答中，理解"君""夫子"的深意，把握人物特点；讲解"家""禽"的断句时，使学生由懂字义，到懂句意、意群与停顿；在学生初步理解文章大意后，引导他们进一步探究文本写作的特点。如此层层递进，逐层探究，无须死记硬背，学来兴味盎然，避免了学习古文的畏难心理，激发出探究古文奥妙的兴趣，更激起对博大丰富的汉字文化的热爱。

（林睿：福建省厦门市思明区前埔北区小学）

# 34 落实词义，引导质疑的古文阅读教学
## ——北师大版第十册《活见鬼》

执教／万桂园　　指导／金文伟　陈朝蔚　　评析／金文伟

此课2012年5月展示于第二届福建省"汉字学在小学语文教学中的应用研究"研讨会；本文发表于《小学教学设计·语文》2012年11期，有修改。

### 教学目标

1. 学习阅读文言文的基本方法，学会利用字典、结合语境准确理解字词义和句子，培养不迷信教材，敢于质疑、勇于探究的精神。
2. 掌握"值、撩、号、行、趋、奔"等字的音义和多义性，书写"趋、炊、沾、跟、跄、愕"6个字。
3. 理解：世上本无鬼，做事信科学。

### 教学过程

#### 一、猜字揭题，介绍作者

师：（出示：𭎆）同学们，看看这个甲骨文字是——
生："鬼"字。
师：猜对了，真是个机灵鬼。"𭎆"是一个人把手放在膝盖上的跪坐形状，是我国上古时期人平时的坐法。上部的"田"不是"田"字，而是人戴着的一个大面具，怪吓人的，这就是古人用象形字表示的"鬼"。
师：（出示：鬼）再看，这又是个什么字？
生：还是"鬼"字。
师：对，这是小篆"鬼"字，注意，比甲骨文多加了什么偏旁？
生：多了"厶"。
师：这是楷书"厶"，音"sī"，后来写作"私"。给"𭎆"加意符"厶"，表示鬼的

阴私重。后来，楷书写作"鬼"。同学们明白了"鬼"字为什么这样写了吗？

生：明白了。

师：好，现在，伸出你的右手食指，跟老师一起来写一个楷体的、方方正正的"鬼"字吧！（板书：鬼）

师：今天我们要学习的课文就跟"鬼"这个话题有关。（板书：活见鬼）齐读课题。

师：你们知道课文《活见鬼》的出处吗？

生：出自《古今谭概》。

师：书名是什么意思呢？

生：不是很懂，说不清楚。

师：书名"谭"，就是"谈"的意思。这是一部笑话集，汇集了历代上千则故事传说。人们都说读此书如入宝山，每每读之，都能有所收获，如携宝而归。这么一本好书的作者是——

生：冯梦龙，明代通俗文学家、戏曲家。

师：有人这样评价他："难以想象，如果没有冯梦龙的出现，中国古代短篇小说会怎样的寂寞。"今天，我们走进课文，去感受冯梦龙先生的文字魅力。

■ **评析**：本课教学由猜"鬼"字、析"鬼"字导入课题，由此激发学生学习本文的兴趣；接着简要介绍本文出处和《古今谭概》的有趣性，再增学生对冯梦龙作品及本课文的兴趣，不露痕迹地达到了"课伊始，趣已生"之效果。■

## 二、读准字音，读通文言

师：这是一篇文言文，文章很短，刚好100个字。同学们预习了吗？

生：预习了。

师：那我们来做个检查，看看预习得怎样。（出示：趋 炊 沾 踉 跄 愕）我请一名同学来读，如果字音读准了，全班就跟着读一遍。（提示"沾"字读音，翘舌，前鼻韵母；"踉跄"两字连续后鼻韵母）

师：（指导书写）同学们，请观察这6个生字，哪个比较难写？有什么要提醒大家的？

生：不理解"愕"字为什么这样构形。

师："愕"，形声字，左右结构，"忄"表示此字与心理活动有关；右边"咢"（è）

是声旁。"咢"是争辩的意思,两个"口"就表示两人争辩,下部"亏",小篆写作"丂"(板书),读"yú",就是表示出气的"吁"字,但是古隶书写成了"亏"形,成了"亏"(kuī)的同形字。我们写时要注意这短横,书写可不能丢了。"愕"的意思就是惊讶。

师:还有哪些生字也要像"愕"一样写得左窄右宽?

生:炊、沾、跟、跄。

师:我们看"趋"字,"走"做意符,"刍"做音符,这是古音,现在已经不能表音了,是——

生:记号。

师:对,所以,"趋"是半意符半记号字。(范写"趋",生练写。同桌评价,教师评价)

■ **评析**:教师讲清楚每个字各部件的关系,使学生在理解中书写,错字率就会大幅降低。■

师:(指名读课文,相机出示多音字的解释,纠音)"号"有两个读音:"háo"指拖长声音大声叫唤;"hào",名称,如"国号""别号",也指号令,吹的"号"。

师:(出示:号呼有鬼)同学们,这一句该怎么读?请联系现代文的动词来理解:呼号、号啕大哭、狂风怒号。(指名表演读"号呼有鬼"。学生理解了"号"的意思,拉着长调叫喊,比较到位)对,"号呼有鬼"就是拉着长调喊着"有——鬼——"!

师:(小结)学习多音字,只有对字义理解得准确,才能读得准确,才能对句子理解得深刻。请同学们用这个方法,(出示:以足撩之)看看这个词语该怎么读。(出示"撩"的读音与解释)

撩:①liāo,提,掀起,如"撩起来""撩水";②liáo,挑弄,引逗,如"撩拨""撩人"。(生结合文本选读正确)

师:古文的字音读正确还不够,还要读准节奏。谁来读第一句试试?

生:"有赴饮夜归者,值大雨,持盖自蔽。"(师范读并指导生读出节奏。指名读,全班读)

师:(相机指导)"俄顷,复见一人,遍体沾湿,跟跄而至,号呼有鬼,亦投其家。"读出这个长句中5个4字短句的节奏。(打手势指导生读出节奏)

■ **评析**：本环节教学的重点：一是书写生字，二是掌握多音字。古文以单音节词为主，充分体现了汉字形音义统一的特点。根据这个特点，万老师在指导写6个生字时，重点指导学生学习容易写错的"愕"字。汉字因义因音构形，她就依据字义解析字形，使学生理解深刻，记忆清晰，掌握牢固。学习多音字，亦引导学生根据字义来理解和读准字音，进而读出文言文的节奏，感受文言文的韵律美。本环节教学内容虽多，但因设计注意章法，使几个内容环环相扣，步步递进，水到渠成地完成了本节课的教学任务。■

## 三、掌握字义，质疑解疑

师：读得真不错！不仅课文读准了，还读出了节奏，要是再把课文读懂了，就更有味了。能说说什么地方读不懂吗？（生质疑，师圈画梳理）

师：初学文言文，难免会出现一些问题，有什么办法解决吗？

生众：借助字典、做批注、做好笔记、推想诵读、联系上下文、对照译文……

师：大家说的方法都很好，课文附有译文，大家一定看过了，我们就用"对照译文"的办法。请同学们再对照译文，试着解决刚才提出的问题。（生再读课文，做好批注，圈画）

师：（交流反馈）通过刚才的学习，问题都解决了吗？同桌互相考考吧。

师：大家学得真起劲，老师也想考考大家，谁来接受挑战？（出示：久之，不语，疑为鬼也。以足撩之，偶不相值，愈益恐，因奋力挤之桥下而趋。）谁能说说这段话的意思。（生根据课文译文回答）

师：真好，能用自己的话把句子意思基本上说明白了。现在，考考你们，句子里字的意思是不是都弄懂了。（圈出"偶不相值"的"值"）什么意思？

生：碰着。

师：文言文用字可有意思了，有时一个字在一篇文章中多次出现，意思都不一样。找找看，本篇课文"值"字出现了几次。（出示）（相机修正译文错误，引导生做批注）

值 ┌ 偶不相值——相遇，碰着
　　├ 值大雨——恰巧碰上，正赶上
　　└ 值炊糕者晨起——恰巧碰上

师:"值"的本义,也就是它最早的意思,是"对着,面对",后来就有了很多的引申义。就是在现在,"值"还有很多意思呢,你知道的有哪些?

生众:值日、值班、值勤、值钱、值得、数值……

师:意思可真多,汉字的一字多义,大部分是由本义引申出来的,知道了这个特点,掌握一字多义就容易多了。

师:我们再来看一个重要的字,(圈"趋")什么意思?

生:撒腿就跑。

师:你是怎么知道的?

生:译文是这样写的。

师:其实译文有时也不一定准确。字典告诉我们,"趋"的本义是"快步走",后来引申出跑的意思,先拿起笔,在这个字旁做上批注吧!大家想想看,"趋"在这里译成"撒腿跑"合适,还是译成"快步走"合适呢?(生思考)如果不能确定一个多义词在句子里用哪个意思时,我们就要结合全文来确定它的意思。

师:我们再读读全文,文中有一个字表示"飞跑",是哪个字?

生:"奔"。(师出示:奔入其门)

生:就是"跑到糕点铺门口"。

师:咦,"入"到门口?通吗?

生:不对,"入"就是进去了。"奔入其门"应该是"飞跑进糕点铺门里"。

师:嗯,真了不起!

生:老师,译文是不是有错误?

师:是的。所以,我们学习应该尊重知识,相信科学,不迷信书本,要有自己的判断。"奔"就是快跑,前边说的"趋"的本义是"快步走",都是表示双腿动作的词。我们再来看一个表示双腿动作的词,(出示:即投伞下同行)"行"是什么意思?

生:走。

师:对,就是我们现在的"走"。(出示:因奋力挤之桥下而趋 亟奔入其门)

师:我们来理解这三个描写动作的字:

行——走(速度较慢);

趋——快步走(速度较快),或跑(速度很快);

奔——快跑（速度非常快）。

师：我们结合课文看这三个字的具体意思是什么。（体会文言用字的精妙）

生：夜晚大雨，天黑路滑，两人刚开始在伞下时，看不清对方，但不怀疑对方是鬼，只能"行"；当他以为对方是鬼时，就把鬼挤下桥，加快步伐走了，就是"趋"。

师：他把鬼挤下桥后，为什么不快跑？

生1：天黑又下雨，路滑看不清，不敢跑，只能快走。

生2：他以为那是鬼，人跑不过鬼。当走到天蒙蒙亮，又看到晨炊者，才赶紧狂跑过去，这就是"奔"。

师：瞧啊，孩子们，你们真是太棒了！这一对比，不但让我们体会到文言文用字的精妙，而且明白了：阅读，只有真正理解了字词义，才能深入理解故事情节和人物形象。

师：（引读）有赴饮夜归者，值大雨，持盖自蔽。见一人立檐下，即投伞下同行。（播放配乐，两次指名读"久之，不语，疑为鬼也……"；全班齐读；再请两名学生起立，边表演动作边读两遍"以足撩之，偶不相值……"；生齐读全文）

■ **评析**：学好文言文的关键在于理解字词义，积累词汇。教好一篇文言文不是目标，教会学生学习文言文的方法，特别是辨别和掌握字词义的方法，才是最重要的。本环节，万老师指导学生学习文言文的方法，即先理解词义，再在句子里辨析词义，进而理解句子。她教给学生理解词义的方法也很科学，比如"值"在课文中出现了三次，意思有所不同，她用词的本义、引申义规律讲解"值"的本义，便于学生掌握文中的引申义，既让学生明白了"值"在各句中的具体意思，也学到了掌握一字多义的科学方法。"趋"在本文里是什么意思？抛出问题后，万老师先引导学生理解"行、趋、奔"的本义是人行进时的不同方式，将三个词视为一个系统，在课文语境中辨析，使学生不仅比较轻松地掌握了三字的意思，确定了"趋"的意思，体会到了名作家用字的准确，促进了阅读的深入理解，而且学到了阅读的方法。更令人可喜的是，万老师的教学竟然能使学生去质疑教材，纠正译文的错误，这对于培养学生学习科学、相信科学、不迷信书本、不迷信权威的精神，具有更加重要的意义。■

## 四、趣读全文，感悟哲理

师：（出示：二人相视愕然，不觉大笑。）这"二人"，一个是——

生：夜归者或撑伞者。

师：一个是——（引读提炼：投伞者）奇怪，课题为什么是"活见鬼"，他们相见时为何"不觉大笑"？

生：夜归者以为投伞者是鬼，投伞者以为夜归者是鬼。

师：咦，夜归者觉得投伞者哪些行为像鬼呢？

生众：（交流汇报）"以足撩之，偶不相值"；传说鬼是空心的；"久之，不语"。

师：（点拨）夜归者碰到投伞者是在什么时候？（播放视频，描述）夜晚，看不清道路，偏偏又下起了大雨，首先出场的是——

生：夜归者。

师：雨中的他——

生：持盖自蔽。

师：此时，他看见——

生：一人立檐下。

师：而那人——

生：即投伞下同行。

师：为什么会产生闹鬼的误会呢？

生：夜归者见投伞者一路上一言不发，心里想：投伞者大概是鬼吧？

师：于是——

生：他用脚撩试对方，刚好没碰着，心里一着急，心想——

师："小点声啊，可别让鬼听见了！"他怎么办？

生：还是先下手为强吧！于是，夜归者"奋力挤之桥下而趋"。

师：那么，投伞者又觉得夜归者的哪些行为像鬼？（生交流）

师：因为什么，他们才会觉得彼此是鬼？（板书：心中有鬼）带着这种体会再读读这几句，感受当时两个人物的内心活动。

生：（齐读）"久之，不语，疑为鬼也。以足撩之，偶不相值，愈益恐，因奋力挤之桥下而趋。"

师：此时此刻，你认为他们大笑的原因又是什么？

生：原来夜晚两人误会了，其实都不是鬼，虚惊一场，所以感到好笑。

师：（板书：世本无鬼）难怪冯梦龙对这则故事起个名字叫——

生：活见鬼。

师："活见鬼"这个词语现在人们也经常用到，想一想，人们通常在什么情况下使用这个词语？

生众：离奇事；无中生有；不可思议的事情发生了……

■ **评析**：本文主要的字词解释已在前面完成，本环节引导学生重读文本，探讨笑话产生的原因，在文字中体会"夜归者"心理巨大的变化，在情节中感悟课题深刻的含义，将识字、学词和阅读融合在一起，使三个方面的学习同时得到了巩固和提高，学习效果不错。■

## 五、总结全文，布置作业

师：这个故事你们觉得怎样？

生：有趣，好笑……

师：感谢冯梦龙先生，给我们带来这么有趣的故事。其实，冯梦龙先生还有几部传世之作呢，谁知道？（学生回答，相机出示"三言"）

师：（布置作业）推荐阅读冯梦龙的"三言"；课后收集有关"鬼"字的四字词语，积累在词语本上。

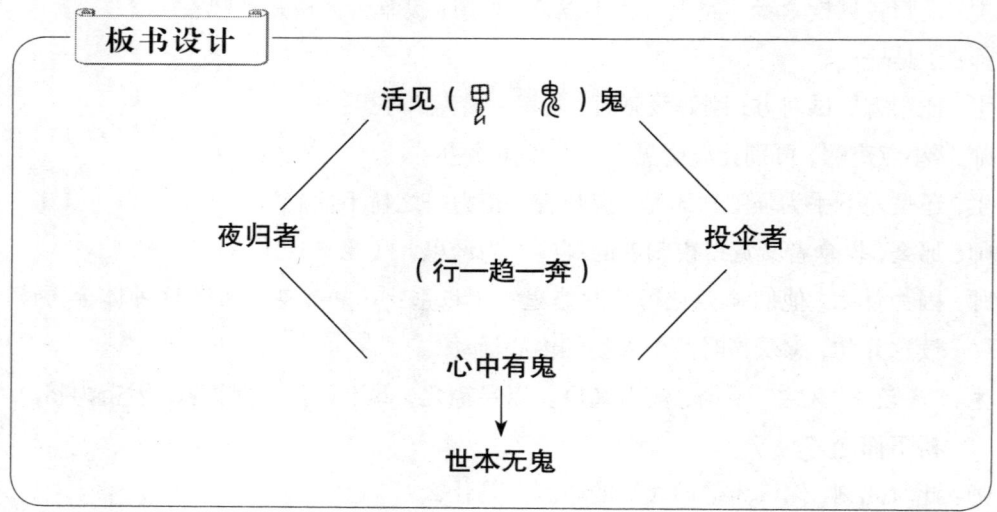

板书设计

## 总 评

桐城派重要人物曾国藩曾说:"阅读当以训诂为本。"意思是阅读一定要先准确理解文本的字词义。这句话启示我们,教文言文的重要方法是先引导学生掌握课文字词的确切意思,然后阅读,这样就容易使识字、掌握词汇和阅读理解三方面同时收效。本教例因此而有了以下特点:

首先,把6个生字的形义关系与书写融合在一起教,能使学生系统掌握这两方面的知识,为下一环节的有效阅读打下基础。

其次,认真落实文中每个字词义,即使是看似熟悉的词也要查字典加以落实。比如"号呼有鬼"的"号",一般人都理解为大声叫唤,一查字典、词典,发现"号"是拖长声音大声叫唤。明白了词义,就可知"号呼有鬼"很能表现"投伞者"极度惊慌恐惧的心理。曾看某位老师的《活见鬼》教学课录,让小学生表演"号呼有鬼"的情景,但因师生不清楚"号"的确切意思,其表演效果可想而知。再如,查"趋"字,虽有跑的意思,但是本义是快步走,通过引导学生分析课文,不仅使学生有理有据地确定了词义,而且还理解到了"趋"在故事情节发展中由"行"到"趋"再到"奔"的作用。

再次,在字词教学中质疑教材的注释(体现在古文译文中),进而质疑译文的准确性,这不仅教给学生科学地掌握字词义和阅读理解的方法,更重要的是培养了学生不迷信书本,敢于质疑和追求科学的精神。

最后,识字教学与阅读教学相融合,符合汉字汉语的组合规律,这就必然提高了语文学习的效率。语文课标提出"应特别关注汉语言文字的特点"对语文教学各方面的"影响"。识字教学利用汉字"因义构形"的特点,教字形音义结合,学字义即学词;阅读教学首要是理解字词义,利用汉字"因形表意"的特点,析形解义。因此,识字与阅读关系紧密,相辅相成。本课将二者的融合做得比较有效,值得总结。

(万桂园:福建省福州市鼓楼区第二中心小学/陈朝蔚:福建省福州市鼓楼区教师进修学校)

## 35 汉字文化沟通古今　阅读教学彰显实效
——人教版第十一册《伯牙绝弦》

执教 / 林　睿（正高级教师）　　指导 / 金文伟　评析 / 刘香芹（特级教师）

> 此课2010年12月23日展示于首届福建省小语会"汉字学在小学语文教学中的应用研究"课题研讨活动，集美小学承办；本文发表于《小学语文教学》2011年第9期，有修改。

### 序　评

近年来，听过很多教师上《伯牙绝弦》，如果说听其他名师上此课是如饮美酒的话，观林老师的课则是醍醐灌顶。原来，古文教学不仅仅是诵读，更是科学恰当的汉字文化的解读，文明智慧的传颂。

### 教学目标

1. 学习借助注释、形训等方法掌握常用字词义，联系上下文理解并读懂课文，感受知音的可贵。
2. 能正确、流利、有感情、有韵味地朗读课文，做到熟读成诵。

### 教学过程

（课前教师配乐讲《伯牙学琴》故事）

#### 一、揭题导入，读准课题

师：现在，我们将学习伯牙的另一个故事，感受那可贵的情感。大家预习了吗？
生：预习了。
师：我们先检查预习情况好吗？（板书课题，指名读）
生：伯牙绝弦。
师：声音很响亮，不过，有一个字音读错了，谁发现了？
生：他把"弦"读成"xuán"了，应该是"xián"。

师：你预习得真仔细！"弦"字常有人读错。（对读错的学生）请再读一遍，（生读）真好！全班一块儿读课题。

生：伯牙绝弦。

■ 评析：课前的故事铺垫，创设了与本课相应的教学情境，令此课"未成曲调先有情"。"弦"字是易读错字，教师专设"指名读"的环节，借检查预习而引导学生在预习时要重视正音，巧妙而有效。■

## 二、再习课文，尝试会意

师：这是一篇文言文。文章很短，只有77个字。有信心学好它吗？

生：有。

师：那就请打开课本，自己再研读一遍课文，看能理解到什么程度。（生自读课文）

师：谁愿意把课文读给大家听？（生轮读课文）

师：真不错，预习就能读得基本正确。谁还能用自己的话大致说说课文的故事内容？（生述，将课文大致译成白话文）

师：你们是怎样读懂文章大意的？

生众：我看到课文下面有注释；我参考了课文当中的插图；我是先看注释，然后联系上下文来说。

师：这是我们在小学阶段第二次接触文言文，你们能学以致用，借助注释、联系上下文、插图等帮助自己理解古文的大意，了不起！不过，要真正读出古文的味道，首先要准确理解每个字的意思，这样才能读出句子的意思，读好全文的意思。

■ 评析：重视预习，"再研读一遍课文"使预习不够好的学生再次研读课文以提高自学能力。教师在学生整体感知全文大意的基础上，适时适度地点拨、提升学习方法，顺学而导，天然去雕饰。■

## 三、释词明义，体悟"知音"

师：故事中，琴师是——（生回答：伯牙）樵夫叫——（生回答：钟子期）一个善鼓琴，一个善——（生回答：听）（出示课文第1~3句）"善"字在文中多次出

我们的系统识字课

现。请把它圈出来。（生圈）

师：哪些句子里有"善"字？请你读给大家听。

生：有这几句："伯牙善鼓琴，钟子期善听。""善哉，峨峨兮若泰山！""善哉，洋洋兮若江河！"

师：好极了！（随机出示句子）说起"善"字，同学们对它并不陌生。但是，你们知道它的形义关系吗？

生：（摇头）不知道。

师：（出示：䊮）这是小篆的"善"，是会意字，上部是"羊"，下部"䇾"是"言"。"羊"表示吉祥、美好；"羊"与"言"会意，表示多说吉言为好、为善。隶书时变形为"善"（板书），后来又演变成了楷书"善"。要注意的是："羊"做上偏旁时，一竖往下常常不出头，比如"羔、美"；但是，"善"上部的"羊"为了与下面的两点一横在构形上搭配协调，一竖伸出了第三横，笔顺也因此有所变化。请大家书空。（生书空"善"）"善"的本义是吉祥、美好，比如"善心"。由美好引申表示赞叹，也引申为做得好，擅长。（出示："善"①吉祥、美好；②表示赞叹，好；③做得好，擅长。）在课文中，"善"各是什么意思？

生："伯牙善鼓琴，钟子期善听"的"善"应该选择第3个注释：做得好，擅长。"善哉"的"善"选择第2个注释：表示赞叹的"好"。（鼓掌表示同意）

师：（出示：伯牙善鼓琴，钟子期善听。）相信现在你们可以说出这句话的意思了。

生：伯牙很擅长弹琴，而钟子期很善于听琴。

师：你们是善读书的孩子！再看"善哉"，在古代汉语中，"哉"是什么意思？

生：感叹词。

师：相当于现代汉语的哪个感叹词呢？

生：（思考）相当于"啊"。

师：对，"哉"用在感叹句末，表达强烈的感叹语气，"善哉"就是——

生：好啊！

师：钟子期的"善哉"，是听了伯牙鼓琴后脱口而出的由衷赞叹，如果译成"太好了""太棒了"，语气变缓了，就——

生1：体现不出子期是脱口而出地赞叹。

生2：就感觉子期不是一听就明白的。

师：善哉，你们真是善读书！如果用标点符号来表示"哉"的强烈赞叹，应该用——

（生回答：感叹号）对，让我们一起来当子期，由衷地赞叹一番吧！（生读：善哉！）

■ **评析**：好一个"善"字解读！科学合理又不乏趣味。教师抓住这个提纲挈领的字，从汉字学角度，深入浅出地阐明了"善"字的形义关系，再结合"哉"的语气词理解，巧妙地沟通了古今汉语，既让学生记住了字形，又全面深入地理解了本义和引申义，同时，为下文"知音"的理解体悟奠定了基础。学生在这浓浓的汉字文化熏陶之下轻松地习得了语文。这真是"一箭多雕"！■

师：伯牙鼓琴，志在高山，钟子期曰——
生：善哉，峨峨兮若泰山！
师：下一句咱们换换，听听我是否读出脱口而出的气势。
生：志在流水，钟子期曰——
师：善哉！洋洋兮若江河！
师：请再读。
生：善哉！洋洋兮若江河！

■ **评析**：师生互换角色朗读，教师无痕的示范，引导着学生反复理解"善哉"的语气，体会子期的"知音"程度。妙哉！■

师：子期所说的话让你想到了怎样的画面？

■ **评析**：问得好，变分析句意为想象画面，既有助于学生理解意思，又培养了他们的语感和想象力。■

生1：我好像看到了高高的泰山，还有广阔的江河。
生2：我的眼前是高耸入云的泰山，浩浩荡荡的江河。
师：越说越有味道了。不过，你们是从哪儿读出了"高"和"广"呢？
生：我是从"峨峨"读出了"高"，从"洋洋"读出了"广"。
师：（出示句子）"峨"就是高的意思，两个"峨"字连用，更强调了高的感觉。"峨峨兮若泰山"，子期赞叹的是——
生：子期赞叹伯牙弹奏得像泰山那样高。
师：更确切地说，子期赞叹伯牙乐曲中表现出的高山，像泰山那样高。同学们能

读出"峨峨"的感觉吗？（生自由练读后，指名读）
师："洋"字从"氵"（水），"羊"声，本来指古代的水名——"洋水"；后来在古代常连用作形容词"洋洋"，表现水势盛大、广大的意思；再后来就指比海还大的水域，如"四大洋"。这里的"江河"可不是任意所指的某条河流，在先秦两汉时期，我们祖先专指长江、黄河——我们中国最长最大的两条河流。子期专门用长江、黄河来表现——
生：表现流水像长江、黄河那样盛大、广大。
师：那就让我们把江河盛大宽广的感觉带进朗读里。
生：洋洋兮若江河。
师：（范读"峨峨""洋洋"句，赢得全场热烈掌声）想超过我吗？秘诀之一，朗读时遇到语气词"兮"等，要稍稍拉长；秘诀之二，朗读时要想象画面，有时可以加上动作。（生练读，指名读；生齐读，节奏、情感均有显著进步；师生配合读）
师：伯牙鼓琴，志在高山，钟子期曰——
生：善哉！峨峨兮若泰山！
师：志在流水，钟子期曰——
生：善哉！洋洋兮若江河！

■ **评析**：此环节的教学，教师采取了多种教学策略引导学生在语言文字的理解中走了个来回：先是以师生配合互换角色读的形式指导学生朗读；再让学生把文字转化成画面，在理解的基础上再尝试朗读；最后教师进一步示范、指导。这层层递进式的涵咏使文本的语言内化为学生的语文素养。■

师：子期从伯牙的乐曲声中听出的仅仅是巍巍高山、洋洋江河吗？还可能有——（出示句子，学生沉默，思考。再出示提示：细雨霏霏、清风徐徐……）
　　伯牙鼓琴，志在＿＿＿＿，钟子期曰："善哉！＿＿＿＿兮若＿＿＿＿！"志在＿＿＿＿，钟子期曰："善哉！＿＿＿＿兮若＿＿＿＿！"
师：如果感到有困难，可以借助屏幕上的提示，能说一句，就说一句。
生：伯牙鼓琴，志在清风，钟子期曰："善哉！徐徐兮若清风！"志在白雪，钟子期曰："善哉！皑皑兮若白雪！"
师：善哉！借助提示，你说出了两句！

生：伯牙鼓琴，志在白云，钟子期曰："善哉！悠悠兮若白云！"

师：有自己的独立思考，好！

生：伯牙鼓琴，志在明月，钟子期曰："善哉！皎皎兮若明月！"志在云雾，钟子期曰："善哉！蒙蒙兮若云雾！"

师：善哉，你的词语积累很丰富！

师：请同学们再读读文中的句子，它是怎样写的呢？也是"志在高山，钟子期曰：'善哉，峨峨兮若高山'"吗？

生：（摇头）前后没有重复。

师：能不能学着文中句子的样子，把你们刚才的句子改得更精彩？

生：伯牙鼓琴，志在圆月，钟子期曰："善哉！皎皎兮若明镜！"志在云雾，钟子期曰："善哉！蒙蒙兮若轻纱！"（掌声）

■ **评析**：这精彩的教学片断来自教师大胆而精心的设计。古文的学习对小学六年级学生而言仍有一定难度，在这里教师竟然大胆地让学生仿创。林教师预料到学生会遇到困难，所以采取分步走的策略：先给学生一些提示，然后再激励他们仿句，进而引导他们发现文本遣词造句的妙处，因前面的涵咏铺垫，已为这段教学的深化打下了基础，精彩的仿说与创造就这样水到而渠成了。■

师：这正是（出示：伯牙善鼓琴）伯牙善鼓琴——

生：钟子期善听。

师：伯牙所念——

生：钟子期必得之。

师：钟子期"得"的是什么？

生：是"伯牙所念"。

师：你们能说说这句话的意思吗？

生：无论伯牙想到什么，钟子期都能准确地知道。

师：这一"念"与上句中的哪个词意思相近？

生：志。

师：是的。"志"是形声字，从"心"，"士"声，表示心愿所往。本义就是意向、意念，后来又引申出记住、记号等多种意义。在这里，它的意思显然是——

生：意向、意念。

师：可见，子期所"得"的不只是伯牙的琴声，更是——

生：伯牙的心声。

师：是的。言为心声，琴声即是心声。他听出了，他明白了：伯牙的心境像泰山那样——

生：高。

师：伯牙的胸怀像江河一般——

生：辽阔。

师：读到这里，如果你是伯牙，想对子期说——

生1：我们真是心有灵犀。

生2：你真是我的知音啊！

生3：遇到你真是我的幸运啊！

师：（板书：知音）"知音"的"知"，是什么意思？

生：知道。

师：知道？天下很多人都知道伯牙会鼓琴，他们都是"知音"吗？

生：不是——（思索）

师："知"也是多义词，我们要特别注意"知"的古今义的不同。"知"字从"矢"（箭）从"口"，会意口中说出的话像射箭一样快而流利，说明说话人对自己要表达的内容十分熟悉。而说出的话，不论快慢，听的人都能够准确地理解，说明听者理解得多么深刻。所以，"知"不是现代汉语中的知道不知道，而是了解、熟悉的意思，比如"知己知彼"，不是知道不知道对方和自己，而是对自己和对方都真正地了解、熟悉。我们今后读古文时，一定要根据上下文理解词义，不能简单地用现代词义来理解古代词义。

师：伯牙鼓琴，慢如清风拂面，子期能——

生：能欣赏。

师：伯牙鼓琴，快如疾风骤雨，子期也——

生：能听懂。

师：伯牙志在高山，钟子期曰——

生：善哉！峨峨兮若泰山！

师：伯牙志在流水，钟子期曰——

生：善哉！洋洋兮若江河！

师：伯牙所念，钟子期——

生：必得之。

师：伯牙所思、所想，伯牙的志趣、志向，子期都能——

生1：理解。

生2：都能明白。

师：这就是——

生：知音。

师：（出示：曲每奏，钟子期辄穷其趣。伯牙乃舍琴而叹曰："善哉，善哉！子之听夫志想象犹吾心也。吾于何逃声哉？"）子期对伯牙的心"音"理解很深，体会透彻，难怪伯牙感叹："我的心声怎能向您隐藏呢？"真是知音啊！这样的"知"，在子期出现之前，伯牙遇到过吗？

生1：（迟疑）没有。

生2：可能有。（师出示补充资料，指名读）

  传说伯牙在楚国做宫廷乐师。一天，楚王君臣饮宴，请伯牙弹琴助兴。伯牙弹了他的成名大作《水仙操》。他弹得非常投入，把琴曲所描写的红日、云霞、山林、海浪，以及风雨雷电等变幻多端的海上风光表现得淋漓尽致。但如此优秀的乐曲，却没能引起君臣的兴趣。楚王连连摇头说："太嘈杂了，换首别的弹弹吧！"伯牙只好改弦更张，换了一首。在琴声中，君臣们喝得酩酊大醉，甚至有人昏昏入睡了。伯牙又气愤又伤心，在这所谓的上流社会里，高雅艺术竟然遭到如此冷落。他不禁要问——天底下究竟有没有知音？

师：有名言说得好：对于没有音乐的耳朵来说，再好的音乐也是没有用的。千两黄金易得，一个知音难求！因此伯牙才会像珍惜生命一样珍惜这可遇不可求的知音！（学生有感情朗读第1~4句）

 **评析**：如果说，林老师前半段运用汉字学分析"善""志""知"等字的形音义，引导学生层层剥笋般地体悟"知音"，使"知音"已显"庐山真面目"，那么，之后的材料补充，教学资源的开发与利用又将其"增肥"，恰到好处地丰富了学生对"知音"的认识与理解。■

### 四、紧扣题眼，深入悟"绝"

师：遗憾的是——

生：子期死，伯牙谓世再无知音，乃破琴绝弦，终身不复鼓。（师出示此句）

师：要理解这句话，必须弄懂这几个词义。（"谓""乃""复""破琴绝弦"变红）

生1："谓"是"认为"的意思。

生2："乃"的意思是"于是"。

生3："复"就是"再"；"破琴绝弦"就是把琴摔破，把弦弄断。

师：用自己的话说这句话，意思就是——

生：子期死了，伯牙认为世界上再没有知音了，就把琴摔破，把弦弄断，终身不再弹琴了。

师："使琴破"又"使弦绝"，两个连续的动作——一向视琴如命的伯牙为什么这样做？我们先理解"绝"的形义关系。

师：（出示 ）金文"绝"字，像" "（刀）把两束丝割断——这是"绝"的较早写法，可以帮助我们理解"绝"的本义。（板书： ）小篆"绝"字，左偏旁" "（糹）是一束丝形，右上" "是"刀"，右下" "是"卪"（音jié），是古代跪坐的人形，三个偏旁合起来会意为人用刀把一束丝全部割断，一丝不剩。所以，人们常说的"绝望"指的就是——

生：一丝希望也没有了。

师：根据"绝"的本义，"伯牙绝弦""破琴绝弦"，断了几根弦？

生1：全都断了。

生2：一根也不剩。

■ **评析**：林老师对"绝"字的结构分析，再次让我们领略到了祖先造字的智慧。汉字从甲骨文起，至今已有三千三百多年的历史，形体几经变化，大多数字的形义关系现在已看不清楚。林老师分析金文"绝"，再画小篆体，不仅使学生对"绝"字的本义理解到位，而且受到中华传统文化之熏陶。如果依照教科书的注释或词典的解释讲解"绝"，以词解词，不仅令学生费解，而且毫无生气。■

师：伯牙啊伯牙，难道你的瑶琴只为子期弹？

生：是的。因为只有子期是我的知音。

师："摔碎瑶琴凤尾寒，子期不在对谁弹！"我听出了你对知音的怀念。请把你的情感通过朗读表达出来。（生读句子）

师："此曲终兮不复弹，三尺瑶琴为君死！"我听出了你失去知音的孤独。请读。

（生读句子）

师：伯牙啊伯牙，你一向视琴如生命，琴艺又那么高超，却破琴绝弦，终身不复鼓，你不遗憾吗？

生：有一点遗憾。可是，知音已经去世，琴声无人听懂，琴艺再高又有什么用呢？（掌声）

师："春风满面皆朋友，欲觅知音难上难。"我听出了你与琴决绝的痛苦。请读。（生读句子）

师：我们一起读。（师生齐读句子）

■ **评析**：析形索义是训诂方法之一。林老师抓住题眼"绝"字，追本溯源，由形训义，使学生对伯牙"破琴绝弦"之悲痛决绝和"知音"之难觅难求，已经不言自明。于是，教师在创设情境，进行角色体验问答时，学生与之对答如流，感悟至深，加之教师的文化引领，学生的朗读水平得到了有效提升。■

## 五、诵读拓展，升华情感

师：我们重读课题。（生读）

师：这一"绝"，"绝"的是什么？

生1：是琴弦。

生2：是伯牙对音乐的热爱。

生3：是伯牙对瑶琴的爱。

师：这一"绝"，"绝"不了的是什么？

生1："绝"不了的是伯牙对子期的怀念。

生2："绝"不了的是和子期在一起的时光。

师：是的，对知音的珍惜、怀念；对知音境界的回味……怎能"绝"？

师：这一"绝"，留下了千古绝响《高山流水》；（播放古琴曲）这一"绝"，造就了传世名篇（出示：《列子·汤问》《吕氏春秋·本味篇》）。明代小说家冯梦龙在《警世通言》这部书中，也生动描写了这个动人的故事。多少文人墨客感怀于此，用诗句抒发情感。（出示）

伯牙不作钟期逝，千古令人说破琴。

借问人间愁寂意，伯牙弦绝已无声。

>　　高山流水琴三弄，明月清风酒一樽。
>
>　　相识满天下，知音能几人？

师：两千多年后的今天，在此刻的课堂上，我们仍在动情地诵读这个故事。（学生配乐齐读课文）

师：相信同学们已把这个故事留在记忆中了，会背的同学试着背诵。（学生配乐尝试背诵课文）

师：对知音境界的追求，还将永远延续下去。下课。

■ **评析：** 在学生掌握了知识，体悟了情感之后，林老师再次引领学生回扣文题，回归整体，进行辩证思考。这时的师生对话已不在文本，而在文外之文，跳出文本，高屋建瓴了。这样的教学令人回味无穷，学生一定印象深刻。语文学科工具性与人文性的统一在此得到很好的落实。■

## 总　评

　　"正确把握语文教育的特点"是语文课程的四大理念之一。《义务教育语文课程标准》明确指出："语文课程应特别关注汉语言文字的特点对学生识字写字、阅读、写作、口语交际和思维发展等方面的影响。"这就是说，语文教学要研究汉语、汉字学习的规律，研究识字写字与阅读教学、写作教学以及发展学生思维各个环节之间的联系。汉字的形音义之间存在一定的理据，汉字中更蕴含着丰富的文化信息。林老师这节课教学成功之处就在于她巧妙地将汉语言文字的学习与古文诵读融合了起来，突破了寻常思维。这节课向我们证明：1. 汉字基础知识是阅读教学的基础，准确理解了字义才能准确理解课文，才能诵读好课文；2. 语文教师本体知识（尤其是汉字学、训诂学等）掌握的程度对学生学好语文、提高语文素养至关重要；3. 当今小学语文教学中，古今知识沟通的缺失导致一定程度的低效。如果语文老师都能像林老师一样，不断学习研究我们的汉字文化，在教学中做到沟通古今，游刃有余，小学语文教学的效率必定会得到极大的提高，我们中华文化之精髓也必将得到很好的传承。

（林睿：福建省厦门市思明区前埔北区小学／刘香芹：福建省泉州市教育科学研究所）

# 36 抓文眼　会真意
## ——人教版第十二册《桃花心木》

> 执教／林 睿（正高级教师）　　指导／金文伟
> 本文发表于《小学语文》2010年1–2期合刊，有修改。

**教学目标**

把握重点词语"锻炼"，引导学生正确读写，并通过查字典、结合具体语境和联系生活经验等多种途径加深理解；在此基础上，理解含义深刻的重点句，领悟文章蕴含的道理。

**教学过程**

### 一、初读课文时自主识字

1. 导入课文。
2. 检查预习情况。
（1）交流难认、难记的生字词。
（2）指名朗读课文，随机正音。
（3）交流通过预习对词语的初步理解。

 **设计意图**："学生原有的知识和经验是教学活动的起点。"第三学段学生已养成课前预习的习惯，并具备了一定的自主学习的能力。教学建立在学生已有知识经验的基础上，体现了对学生的充分信任，凸显学段特点，同时大大提高了课堂教学的效益。■

### 二、精读课文中深入解词

1. 学生自由读第14自然段，边读边琢磨含义。
2. 借助字典理解"锻炼"，学生交流通过查词典得到的解释：

- 锻造冶炼金属，使更为精纯。
- 通过健身活动，使身体健壮或恢复健康。
- 通过实践，提高工作能力和思想水平。

3. 溯源解析理解"锻炼"。

师：（出示：🖼）这是"段"的金文字形，右下方是"殳"（shū），下部的"又"（又）是手，上部是一种锤形兵器，合起来表示手持兵器击打；左上角的"厂"（hǎn）指岩崖，两点代表敲下的石块。整个字合起来就表示有人手拿锤在山崖中锤石头，字的本义就是锤击。后来，"段"字发生了引申变化，古人又专门加意符"钅"造"锻"字表示锤击义。

师：（出示：🖼）这是"炼"（煉）的小篆字形，从"火"，"柬"声，右旁"柬"在写草书时发生了形变，（出示东晋王羲之手迹"东"，唐代怀素手迹"东"，明代王宠手迹"东"）后来据草书规范"柬"在合体字中简化为"东"。"拣""练""炼"等字都经历了这样的变化。"炼"的本义是冶炼，表示通过加热等方法使物质熔化，从而变得纯净，坚韧。

■ **设计意图**：能搬出词典中的解释，并不表示学生已经理解了词语的含义。教师不应就此停止。为使学生真正理解"锻炼"之意，后面环节的教学很有必要。"锻""炼"二字的形音义关系，不溯源分析是难以理解的，学生也容易将"殳"旁错写为"攵"，或将"殳"的上部写成"几"，将"炼"字的右部"东"写成"东"。依据汉字科学，讲清构字原理，使看似枯燥无味的方块汉字变得生动形象，符合学生的心理发展特点。学生同步掌握了字的形音义三者关系，并将字形印在脑海中，从而有效地减少错别字。■

4. 想象画面理解"锻炼"。

（1）引导想象：从"锻炼"二字，想到了怎样的画面？（如：锤子在不停地敲打，烈火在熊熊地燃烧，要获得纯净的金属真是不容易）

（2）教师小结：是的，经历反复的锤炼和燃烧，才成就了熠熠闪光的真金，这就是"锻炼"的本义。后来，它又引申出锻造、磨炼等意思。

■ **设计意图**：汉字是表意文字，因义构形，又因形表意，形义相融，使一个个字就如同一幅图。让学生在欣赏、明了字形演变的基础上想象画面，有助于加深对

字词意思的理解,亦有助于学生体验文化内涵,产生审美感受,促进想象思维和创造性的发展。■

5. 联系课文理解"锻炼"。

(1)引导学生默读课文,圈画文中体现种树人"锻炼"桃花心木苗的语句。

(2)学生阅读圈画后进行交流:

"他来得并没有规律,有时隔三天,有时隔五天,有时十几天才来一次;浇水的量也不一定,有时浇得多,有时浇得少。"——浇水的间隔天数、次数和水量都不确定。

"他有时早上来,有时下午来,时间也不一定。""我起先以为他太懒,有时隔那么久才给树浇水。"——浇水的时间不确定。

(3)出示填空,要求学生思考并填入一个词。(预设:"困难""不确定")

种树人让桃花心木苗在_____中成长。

(4)默读种树人的一番话,思考他让桃花心木苗在"不确定中""锻炼"的目的。

学生交流:

"在不确定中找到水源、拼命扎根的树,长成百年的大树就不成问题了。"——让树木自己学会在土地里找水源。

"如果我每天都来浇水,每天定时浇一定的量,树苗就会养成依赖的心,根就会浮在地表上……"——不让树苗养成依赖的心。

(5)引读种树人的话(第12~13自然段),引导注意关联词"如果……就……""一旦……会……"。

(6)在学生交流感悟的基础上小结:种树人有意让桃花心木处在"不确定"的环境中,就是为了"锻炼"树的生存能力。"锻炼"是他的最终目标,而"不确定中"则是为"锻炼"所做的铺垫。

■ **设计意图**:教师引导学生掌握词本义后,继续深入文本,前钩后连,进一步理解"锻炼",并理解何为"不确定中",同时亦无痕地帮助学生梳理、领会第12~14自然段的内涵。"不确定中"是种树人为了"锻炼"树的各种生存能力而特意设置的环境,"锻炼"才是其最高、最终的目标。明确了"不确定中"与"锻炼"的关系,了解了作者的构思脉络,学生便能进一步体会文本在材料安排上的匠心。由此,字词学习与阅读理解、写法领会融为了一体。■

**6. 联系生活理解"锻炼"。**

（1）引导学生默读并思考：人要怎样锻炼出一颗独立自主的心。

（2）引导学生联系生活说说所知道的在"不确定中""锻炼"成长的人。（大发明家爱迪生、美国前总统亚伯拉罕·林肯、2008北京奥运会上夺得"中国首金"的陈燮霞等）

（3）引导学生联系生活实际说说自己的体会。

（4）引读。

师：不只是树，人也是一样——

生：在"不确定中"生活的人，更能经得起生活的考验，会"锻炼"出一颗独立自主的心。

师：在"不确定中"——

生：就能学会把很少的养分转化为巨大的能量，努力生长。

**7. 小结。**

### 总 评

走出文本，走进生活，让学生联系实际生活和课外阅读所得谈"锻炼"，使其对"不确定中"的"锻炼"之理解获得了升华。学生畅谈体会的过程既是对重点句深刻含义的交流过程，亦是领悟文章蕴含的道理后的分享。

"锻炼"一词可谓《桃花心木》一文的文眼。文本结构上，前半部分设疑，后半部分解谜，最终都落实到"锻炼"上，从而艺术地揭示了内涵，表达了主题。词义看似寻常，实则耐人寻味。抓住"锻炼"，讲深、品透，让学生在熟记字形的同时多角度理解"锻炼"，在诵读涵咏中获得更加具体、感性、深刻、立体的印象，从字词学习中获取理解的养分。如此，阅读理解方能水到渠成。

（林睿：福建省厦门市思明区前埔北区小学）

## 37 融入生命的"美丽"
——人教版第十二册《跨越百年的美丽》

执教 / 高 燕　　指导 / 林 睿（正高级教师）　金文伟　　评析 / 林 睿

### 教学目标

1. 理解课文中重要词句的意思，感知"美丽"内涵。
2. 在阅读中体会居里夫人的巨大贡献和人格精神。
3. 有感情地朗读课文，感受文本的语言魅力。

### 教学过程

#### 一、复习导入，回顾"美丽"

1. 导入：这节课，我们继续学习《跨越百年的美丽》。
2. 听写词语并检查订正：人声鼎沸、肃然无声、全场震惊。
3. 小结：同学们不难发现，这三个词集中出现在课文的第二自然段。作者梁衡准确地再现了居里夫人做科学报告前后人们的反应，正是为了衬托居里夫人的"美丽"。居里夫人在报告会上的美丽形象也定格在我们的脑海中。

■ **评析**：课始，教师以简洁的语言导入，精选三个词听写，既检测了学生字词掌握的情况，又巧妙地回顾了上一课时的学习内容，在关注学生已有知识经验的基础上展开课堂教学，聚焦并开启了"美丽"这一学习主线。■

#### 二、聚焦"美丽"，揭示矛盾

师：人们常说，容颜是禁不起时间考验的。随着岁月的流逝，居里夫人的容貌也在悄悄地发生着变化。（出示：在工作卓有成效的同时，镭射线也在无声地侵蚀着她的肌体。她美丽健康的容貌在悄悄地隐退，逐渐变得眼花耳鸣，浑身乏力。）（指名读，交流感受）

我们的**系统识字课**

● 理解"侵蚀"。

师：小篆"侵"字，（板书：𠈚）右旁"𠬶"的上部是"帚"，下部是"又"（手），表手拿扫帚之意；左旁是"亻"（人），合起来指手拿着扫帚给人身上一点一点地、渐渐地扫去灰尘，"侵"是渐进的意思。后来楷书省去了"帚"的下部变成了"㞢"。

师："蚀"，谁能根据字形分析它的意思？偏旁"食"，表音兼表意，与"虫"组合，表示虫蛀食物体。虫蛀物体比较慢，引申为侵蚀，意思就是逐渐侵害使物体变坏。

■ **评析**：上节课学生已经理解到居里夫人的"美丽"不只在容貌，更在于精神和人格魅力。这节课教师对"侵蚀"一词析形解义，加深了学生对镭给人体带来危害的了解，进一步体会到居里夫人为提炼镭做出的巨大贡献。教学中，教师教学"侵""蚀"二字的策略不同——溯源"侵"字辅以板书，形象直观；讲"蚀"字则引导学生据形析义，加深对词本义、引申义的领悟。■

师：从这句话中，我们了解到逐渐侵害居里夫人肌体的正是镭射线。（补充介绍镭，了解镭给人类带来巨大贡献的同时也带来了巨大威胁；指导朗读）

师：（质疑）既然居里夫人美丽健康的容颜悄悄隐退了，又为什么说"她那美丽、庄重的形象也就从此定格在历史上，定格在每个人的心中"呢？

## 三、研读课文，感悟"美丽"

师：居里夫人身上究竟具有一种怎样的精神，能让她的美丽超越时光的流逝，足以"跨越百年"？（出示：玛丽的性格里天生有一种更可贵的东西，她坚定、刚毅、顽强，有远大、执著的追求。）（生齐读）

1. 精读"提炼镭"，体会献身科学的精神。

师：哪一个片段最能体现居里夫人的这种坚定、刚毅、顽强，有执著的追求的精神？

师：默读片段，哪个词深深打动了你？（生默读思考，小组讨论）

师：同学们，哪个词触动了你的心？（指名交流）

● 预设：

  • 工作难度大——"一吨""可能"，不一定能提炼到镭

- 实验过程复杂——"一锅一锅""溶解、沉淀、分析"
- 实验条件艰苦——提炼的工具是"一口大锅",化验室只是"一个废弃的破棚子"
- 过程艰辛——"烟熏火燎""她的衣裙上,双手上,留下了酸碱的点点烧痕"

师:(小结)不管当时的环境如何恶劣,实验的过程怎样复杂,居里夫人也没有放弃提炼镭。

(1)重点交流"烟熏火燎"。

师:请同学们关注这个词语,这四个字有什么共同点?

生:都表示"火"的运用情况。

①溯源理解"烟熏火燎"。

师:(出示: ➡ )金文"熏",以一个炉子里火烟向上冒的样子表示烟气蒸腾。小篆" "(板书)下部再加"火",本义是火烟向上冒出。

师:"燎"是多音字,初文没有火("尞")。(出示: )老祖宗造字很多源于生活。请分析甲骨文的字形义。

"尞"是会意字,下部是"火",上部像交错放的一堆木柴,像柴堆燃烧图,字中的点状物表示迸发出的火星。因此,"尞"的本义是放火焚烧草木,后来,为了更准确地表示字义,古人加"火",读作"liáo",比如成语"星星之火,可以燎原"。"燎"在课文中读"liǎo",引申为因接近火而烧焦。

②想象体验,理解"烟熏火燎"。

如果你紧挨着熊熊燃烧的大火,你会觉得(　　);跳跃着的火星可能随时扑到你裸露的皮肤上,你会觉得(　　)。可是玛丽却终日在这废弃的破棚子里忍受着这样的煎熬。

③补充资料,想象"烟熏火燎"。

师:这究竟是怎样一个破棚子呢?老师找的资料中有这样一段描述:

棚里有好几个天窗,夏天阳光直射进来,里面闷热得像个蒸笼一样。冬天天寒地冻,即使生上一炉子炭火也无济于事,因为四处漏风的木棚根本不能保温。木棚里连个烟囱也没有,有害毒气弥漫整个屋子里,让人喘不过气来。

④感情朗读,外化"烟熏火燎"。

师:(小结)寥寥几个字,诉说着多少艰辛啊!

■ **评析**：教师抓住看似寻常的"烟熏火燎"一词做文章，引导学生层层深入，叩问词语的深意，领悟人物的品质。首先，引导学生从字形上发现奥秘，四个字都与"火"有关；其次，引导学生回溯字源，通过形象的古文字形加深理解；在此基础上让学生联系自身生活实际，触发对"烟熏火燎"的体验；适时补充的资料则进一步使"烟熏火燎"词义具象化。由汉字回溯画面，再回归汉字，又由汉字想象画面，学生们对词义的理解不断加深，逐层体验着居里夫人提炼镭的艰辛与坚持。■

（2）感受居里夫人献身科学的精神。

师：（出示：经过三年又九个月，他们终于在成吨的矿渣中提炼出了0.1克镭。）从三个数字的强烈对比中，你们感受到这0.1克镭来之不易吗？你们知道0.1克镭是多少？它比圆珠笔笔尖还要小，可就是这点镭的发现，为人类治疗癌症提供了有力的手段，她开启了原子核研究的大门。

师：此时，你们还觉得这0.1克镭少吗？因为它的贡献是巨大的，大到居里夫人愿意为之付出——付出三年又九个月的时间、美丽的容颜、青春……

① 理解"融"。

师：是的，就是这点镭，这点美丽的淡蓝色荧光，融入了一个女子美丽的生命和不屈的信念。（板书：融）请注意这个"融"与"溶"的不同。

师："溶"的三点水表示液体，"溶"指将可能含镭的工业废渣在水或者其他液体中化开。

师："融"的音符是"虫"，意符是"鬲"，音"lì"。（出示：　　　）"鬲"是古代一种烧煮食物的器具，带有这个意符的字一般跟炊具、饮食有关。"鬲"有三只脚，因三足分开，所以带这个意符的字还和阻隔的意思有关，比如"隔"。

师："融"的本义是煮东西的时候热气上升。热气上升能使某些固体受热变软或化为流体，引申为融化、消融。几种不同的物体放在一起融化后自然就合成一体了，因此，"融"又引申指几种不同事物合成一体，如"融合""融入"。

师：课文为什么用"融"而不用"溶"呢？

生：课文说居里夫人将自己美丽的生命和不屈的信念与发现镭、提炼镭的过程合成一体，所以用"融"。

②拓展说话。

这点美丽的淡蓝色荧光，融入了居里夫人美丽的生命。

这点美丽的淡蓝色荧光，还融入了_____。

③小结。

师：居里夫人正是将这一切融入漫长的科学探究的过程，难怪作者感叹说——（出示句子，指名读，齐读）

　　这种可贵的性格与高远的追求，使玛丽·居里几乎在完成这项伟大自然发现的同时，也完成了对人生意义的发现。

师：只有这样的人生才有意义，居里夫人不仅仅发现了自己的人生意义，同时也实现了人生的一次又一次的转变。你看：（出示）

　　她从一个漂亮的小姑娘，一个端庄坚毅的女学者，变成了科学教科书里的新名词"放射性"，变成物理学的一个新的计量单位"居里"，变成一条条科学定律，她变成了科学史上一块永远的里程碑。

师：带着你的体会，自己练习读一读。（生读，师生合作读）

师：作者在叙述居里夫人提炼镭的事例之后，很自然地发表了议论，表达了自己的看法。这种夹叙夹议的写作手法，同学们可以在自己的习作中尝试运用。

■ **评析**：对居里夫人伟大献身精神的感悟和对文题"美丽"深刻内涵的探知，是本文的教学难点。教师从解析"融"字入手，讲明意符的作用，区分"融""溶"的形义，不仅避免了错别字的产生，更重要的是将"融"的意思在学生脑海中变得具象、生动了，帮助学生理解了句子的深刻含义。教师适时引导学生围绕"融入了"进行句式训练，将字词品析与阅读理解、写法领会融为一体，自然而然地突破了教学难点，朗读也自然而然"有感情"了。如此教学，学生加深了对"美丽"内涵的解读，实现了得言、得意、得法。■

2. 感悟"淡泊名利"的人格魅力。

师：课题中的"美丽"不仅体现在居里夫人献身科学的精神上，还表现在哪些方面？请大家默读第5~6自然段，你们能不能用一个词概括出来？（指名交流，相机板书：淡泊名利）

师：你们从文段中哪些地方体会到居里夫人的淡泊名利？（全班交流）

3. 补充居里夫人相关资料,加深感悟。

■ **评析**:学生沉入文本感悟人物"美丽"的精神品质后,教师将更多的时间留给学生自读自悟,老师只是引导概括、补充相关资料,使学生进一步感悟居里夫人可贵的科学精神。■

## 四、回旋读文,升华"美丽"

1. 回顾全文,引导感情朗读。
2. 对照板书小结。
3. 对比原文,审视结构。

师:这篇课文在选入教材时有所修改,课后,同学们可以找原文读一读,应该会有新的理解。

4. 拓展阅读:《悼念玛丽·居里》《居里夫人》《科学家的故事》等。

■ **评析**:课将结束,教师引导学生反复朗读重点句,将自己感受到的形象和情感通过朗读表现出来,在层层推进中丰富了学生对"美丽"的认识,升华了情感。教师推荐学生延伸阅读梁衡原文及相关文本,不仅能扩大学生的阅读量,有助于深入了解科学家的精神世界,且有利于培养学生的阅读、思辨能力。■

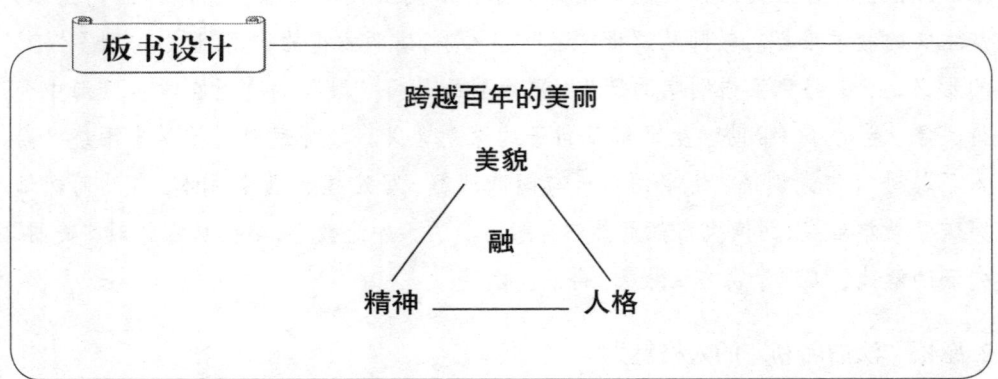

## 总 评

  《跨越百年的美丽》是一篇报告文学,言简意深,表达了作者梁衡对居里夫人的崇敬与赞美。文中有些语句含义深刻,学生理解有一定困难;对"美丽"之丰富内涵的理解体悟亦然。本课教学,教师以"美丽"为线索,却并未在"美丽"上翻来覆去地纠结,亦未抽象地让学生谈阅读感悟,而是从字词入手,引导学生聚焦"侵蚀""烟熏火燎""融",溯源字形,析形解义,使学生对词语的理解由本义到引申义,由具象到抽象,由浅入深,对重点句意的理解,也因此水到渠成。在层层推进的词、句理解中丰富了学生对"美丽"内涵的解读,丰满了学生心中居里夫人的形象,有效地帮助学生理解和感悟文本的语言和思想感情。从课堂上学生的发言以及朗读情况可以看出,学生已由衷感悟到居里夫人美丽的形象和可敬可贵的科学精神。可见,建立在字词句理解的基础上的阅读,才会有更有效。

（高燕、林睿：福建省厦门市思明区前埔北区小学）

## 38 同课异构：说文解字，让识字与阅读相得益彰
——人教版第四册《寓言两则》

### 教例一

> 执教 / 伍明珠　　指导 / 金文伟　　评析 / 金文伟
>
> 本文发表于《小学语文教学》2010 年第 5 期，有修改。

**教学目标**

1. 会认"寓、揠、焦、喘、截、守、窜、撞、桩、此、锄"11 个生字，会写"焦、望、费、算"4 个字。
2. 正确、流利地朗读课文，默读课文，能在读中悟出"揠苗助长"的寓意：做事要遵循规律，不可急于求成。
3. 能把"揠苗助长"的故事讲给别人听。

**教学过程**

### 一、导　入

师：同学们，学语文，不仅要会倾听，会表达，还要会观察，会想象。请看，这是个什么字？（出示：🔲）（让学生运用已知偏旁"宀"交流识记"守"的方法）

师：（总结）同学们把学过的知识记得真牢！"⌒"（板书）是"宀"的甲骨文形，是房子的侧视形。用它做偏旁的字与房屋、家室等义有关。"守"是房屋和"寸"的组合，我们学过的"寸"（出示：🔲）指手腕下一寸之处，引申表示手。所以"守"的本义就是用"寸"保卫自己的家；后来引申表示守候，比如"守株待兔"就是这个意思。请同学们把这个成语读三遍。（生读）

师："守株待兔"正是咱们今天要学的寓言中的一则，什么是"寓言"呢？（板书：寓言）看，"寓"字下面的"禺"做声旁，表示"寓"的读音；上面是"宀"，

表示"寓"字也和房屋有关,比如"寓所、公寓"。"言"就是语言文字。寓言就像一座藏着很多道理的房子,今天我们就要拿着语言文字这把钥匙,去打开寓言之门,探索故事中的深刻道理!

■ **评析**:联系学生已认识的偏旁"宀",在导入中用汉字知识解决本课两个有相同部首的生字,并让学生初步了解寓言的文体特色,为整节课的学习奠定学法基石。■

## 二、学习《揠苗助长》生字

师:请大家自由读寓言《揠苗助长》,借助拼音读准字音,看看能通过观察字形了解哪些生字的意思。(生自读,师巡视指导。全班交流,师稍作引导:联系"揠"的提手旁和课文内容,引导学生猜出"揠"的意思是拔,指导学生读准"揠";动作表演理解"喘"的具体意思,并与"端"比较,介绍声旁"耑"(duān)。"焦、截"为难点,详讲)

### 1. "焦"

师:还有两个字没破解,我们来分析它们。"焦"上部的"隹"(zhuī)是鸟,鸟在火上就是"焦"。"焦"的本义是烤鸟,引申指人的心里像被火烧一样着急,课文中的"焦急",就是这个意思。

师:找找看,"焦急"一词出现在课文中哪个句子里?(出示:他在田边焦急地转来转去。)

师:读一读,想一想,去掉"焦急"这个词,句子的意思和原来一样吗?(生讨论交流)

师:(小结)是的,"焦急"一词很准确,很生动。让我们看到了种田人像被火烧似的着急神态。所以,了解汉字知识,仔细观察字形,能帮助我们快速理解字义,加深理解课文内容。

### 2. "截"

师:我们再来观察"截"字,左下部也有个"隹",不过,这是"雀"的省写,做声旁,表示"截"与"雀"的读音相近。请同学们读这个字。(生读)再看,"截"的其他部分,(板书:𢧵)这个偏旁读作"zāi",其中有"戈",表示割断、伤害的意思。"𢧵"在"载、栽、裁"(出示)等字中它做声旁,而在"截"

中做形旁,表示割断。请同学们跟老师读。(出示：截 截长补短 截肢 截断)

■ **评析**：利用汉字偏旁的系统作用,复习巩固学过的字,提前了解常见字,便于学生举一反三,达到"正确教一个可以带一串"的学习效率。■

## 三、写　字

师：同学们,写字前要注意三点：一是观察字形,想想字的意思；二是分析结构,想想怎样写好看；三是端正坐姿,恭恭敬敬地写字。请跟老师一起学写"焦"字：(师板书,学生书空)先观察字形,想想"焦"的意思,"隹"是鸟,右边四横代表鸟的翎毛,不要写成"住"。"灬"表示火,写"灬"要注意：四点间要平均,左右两点稍大,中间两点略小。

师："费",从"贝",表示与钱财有关,"弗"表声,本义是花费。"费"的上部要写得稍扁以谦让下部,下部写得稳健,以支持上部。

师："望",甲骨文写作" "(板书),像人站在土墩上举目望月的形象,让我们想到种田人非常急切的心情。楷书左上方改成"亡",做声旁。"亡"在这里要把竖折改为竖提,这样可以顺势而往右上去写右边的第一笔。

师："算",上方是竹字头,说明古时用竹子做算筹。中间是"目",不要写成"日",下方"廾"中的横是整个字的主笔,要写长一些,使整个字看起来重心平稳。现在请同学们根据三个写字要点,将这四个字各写一遍。

■ **评析**：写字前,引导学生观察字形,分解成部件,使学生在理解的基础上写,改变以往数笔画的机械写法,既减少了学生写错字的现象,又培养了学生的写字兴趣。写字过程中,老师巡视点拨,做到有扶有放,节约课堂时间。■

## 四、再读《揠苗助长》

师：好了。我们说过,寓言就像一座藏着很多道理的房子。那么《揠苗助长》这则寓言中藏着什么道理呢？请同学们再读读课文,想一想。(生读)

师：谁愿意做一次跨越时空的对话,用感悟出的道理劝一劝这位揠苗助长的种田人？(全班交流)

■ **评析**：照应开头，引导学生初步了解寓言的文体特色，初步领悟《揠苗助长》的寓意。■

## 五、学习《守株待兔》生字

师：咱们从《揠苗助长》这则寓言中明白了做事情不能违背事件发展规律的道理。下面咱们学习另一则寓言《守株待兔》。请大家自由读《守株待兔》，继续用观察字形等识字办法自学《守株待兔》中的生字。（生自学并交流，师引导："株"从"木"，"朱"声，是树桩的意思；"桩"从"木"，"庄"声。联系"撞"的形旁和课文插图，体会"撞"的意思，读准翘舌音"撞"。"锄"，金字旁，用金属制作的劳动工具，能锄去杂草，"助"既做声旁，也表意。"窜、此"为难点，详讲）

**1. "窜"**

师：（出示：）本义是鼠躲藏在洞穴中。由于老鼠受到惊吓会飞快地乱跑，这就成了"窜"的常用义。简体字中"串"做声旁，注意"串"是翘舌音，而"窜"是平舌音。请同学们跟老师一起读。（生读）

师："窜"字出现在课文中哪个句子里呢？〔出示：他在田里干活，忽然看见一只野兔从树林里窜（跑）出来。〕读读这个句子，想想，把"窜"字换成"跑"，意思一样吗？（同桌互读，讨论交流）

师：（小结）"窜"表示飞快地、慌乱地跑，如果换成"跑"，表达的意思就没那么准确生动了。我们在阅读时就要这样品味字词，体会文章的妙处。

■ **评析**：科学解析汉字的形音义关系，使识字与阅读相辅相成，在识字中深入理解课文，在阅读中深刻理解字义。■

**2. "此"**

师：（出示：）"此"的甲骨文，左旁是"止"（脚），右边是站着的人（楷书写作"匕"），合起来表示人站的地方，比如"此地"。引申为这、这个，比如"此时""从此"。注意："匕"的一撇是人的手臂，不能出头，穿胸而过。不要写成了"𠤎"（huà）。请同学分组读，注意平舌音。

■ **评析**：运用图示法和溯源法，使"此"这一语义较抽象的字在学生脑中形象起来，激发学生的识字兴趣。■

## 六、小结，读字词

师：仔细观察字形，即使我们不认识这个字，也可能通过偏旁猜出字的大概读音和意思。所以日本汉字教育家石井勋曾赞叹说："没有哪一种文字能像汉字那样具有系统性和逻辑性。汉字是一种只需要用眼看就能思考，即使语音不同也能理解其意思的唯一一种文字。"（出示此句）同学们，你为我们祖国的伟大发明——"汉字"感到自豪吗？让我们再次响亮地读《守株待兔》的生字卡！（生开火车读）

■ **评析**：强调"观察字形"，引用名人名言，既简要总结了汉字的特点和优点，也激发了学生对祖国文字的热爱之情，为学生用心地读字词蓄势。■

## 七、再读《守株待兔》

师：《寓言两则》讲的都是古时候种田人的故事，结局都是他们种的庄稼全完了。《揠苗助长》里的种田人急于求成，违背了事物发展的规律，辛辛苦苦反而毁掉了自己的禾苗。可是，《守株待兔》里的种田人是个非常有耐心的人，为什么他的庄稼也全完了呢？这篇寓言又说明了什么道理呢？请再读《守株待兔》，找找答案，然后同桌间互相说一说。（师巡视指导）

■ **评析**：联系两则寓言的相同点，启发学生思考不同点，设置悬念，激发学生继续学习寓言的兴趣。■

师：哪组同桌来和我们分享他们的收获？（全班交流，师小结）

## 八、结课，布置作业

师：寓言是一座蕴藏无数哲理宝藏的精神殿堂，大多数寓言都是借一个短小的故事说明一个深刻的道理。我们在朗读寓言时，既要有讲故事的热情，又要有说道理的冷静。

师：请同学们拿着这把朗读寓言的金钥匙回去练习朗读《寓言两则》，有空再读读《中国古代寓言故事》和《伊索寓言》，（出示）选择一则你喜欢的寓言讲给爸爸妈妈听，好吗？

■ 评析：送朗诵寓言的金钥匙，为学生课后和第二节课的深入学习提供学法指导。■

（伍明珠：福建省泉州市侨星中心小学）

## 教例二

**执教／林　清　　指导／金文伟　　评析／金文伟**

本文发表于《小学语文教学》2010年第5期，有修改。

### 教学目标

1. 会认"寓、揠、焦、喘、截、守、窜、撞、桩、此、锄"11个生字，会写"焦、望、费、算"4个字。
2. 正确、流利地朗读课文，默读课文，能在读中悟出"揠苗助长"的寓意：做事要遵循规律，不可急于求成。
3. 能把"揠苗助长"的故事讲给别人听。

### 教学过程

#### 一、回顾导入，揭题析题

**1. 导入**

师：同学们，我们来看一组图片，你如果知道图上画的是哪个故事，就说出故事的名字。（出示"龟兔赛跑""自相矛盾""狐假虎威""掩耳盗铃"的图片）

■ **评析**：孩子在日常的阅读中接触过不少寓言故事，却没有文体意识。通过图画唤起他们的回忆，既能对课外的阅读做个引导，也能引起孩子的兴趣。■

### 2. 解"寓言"

师：刚才这些故事都是寓言故事。（板书：寓言）"寓"是本课要学习的生字，它是一个形声字。形旁是"宀"，表示房屋；声旁是"禺"（yú）。"禺"本身是一个象形字，我们来看看，（出示： 禺 禺 禺）最早的"禺"的字形像母猴的样子，找找它的头在哪儿。它的长尾巴呢？随着汉字的演变，"寓"字就慢慢变成现在这个样子了。"寓"的字形大家记住了吗？

师："寓"，原来的意思是寄居、寄住。引申为寄托，就是课题"寓言"的意思。大家在预习课文时，感到了寓言和其他课文有什么不同吗？（生反馈）寓言的一个特点——篇幅大多短小，主人公可以是人，可以是动物，故事中体现出富有教育意义的主题或深刻的道理。

### 3. 揭题

师：这节课我们一起来学习两则寓言。（板书：两则）（生读题）此处的"则"表示篇，寓言两则就是两篇寓言。本课的两则寓言是——（生回答）刚才我们看到的那组图片有的讲动物与动物的故事，有的讲人的故事。"揠苗助长""守株待兔"讲的是谁与谁的故事呢？（生反馈）它们分别说的是人与植物、人与动物之间的故事。大家如果有兴趣，回家后可给你读过的寓言归归类，看看同一种动物在不同的寓言中扮演什么角色，就会有意外的发现。

■ **评析**：二年级下学期的孩子是第一次接受寓言教学，应让他们了解寓言的基本特点，引导他们课外对寓言中同一人物的不同角色的归类，认识寓言的人物特色。■

## 二、科学识字，整体感知

### 1. 解说题目"揠苗助长"

师：我们知道，题目是文章的眼睛，我们一起来琢磨琢磨。（出示：揠 yà 苗助长）"揠"是拔的意思，也有人把这则寓言叫作"拔苗助长"。这个字比较复杂，老师给大家看看这个字的资料，大家一起加深对这个字的印象。（出示：揠形旁是"扌","匽"（yǎn）是声旁。"揠苗助长"是什么意思呢？（生交流）揠苗助长的结果如何？

**2. 归类识字，学写"焦"**

师：下面大家自己读读课文，注意本课的生字新词，碰到难读的字音多读几遍。读完后同桌互读互听课后的认字表。

师：我们先来看看"揠苗助长"的生字。（出示：焦 jiāo 急 喘 chuǎn 气 一大截 jié）（个别、小组等形式读，纠正不正确的读音）

**（1）形声字**

喘：形旁为何是"口"呢？（让生做喘气状）声旁"耑"（duān）是"端"的古体字。（出示：耑 喘 端）金文字形" "（出示）像植物刚从地中长出的顶芽，这就表示顶端的意思。大家找找，顶芽在哪儿呢？根在哪儿？中间的一笔横又是什么？后来楷书就写作"耑"。

截："𢦏"（zāi）旁，"雀"省声，就是"雀"做声旁省去了"小"，这样可以减少笔画。"一大截"指的是一大段。

**（2）会意字**

焦：上面"隹"，是鸟，下面是"火"，表示把鸟放在火上烤。本义是指物经火烧而变黄或成炭。写这个字要注意："隹"的右边四横是鸟的翎毛，如果少写一横为"住"，字的意思就不对了。大家一起来书空，四点底的字以前已经学过，写的时候要——（生回答：上宽下窄）（示范写，生书空，描红）文中"焦急"指的是——

■ **评析**：汉字具有"因义构形"和"以形表意"的特点，解析生字的形音义关系，甚至采用溯源方法帮助理解字理，并及时书空，可以避免机械识记，降低学习汉字的难度、提高识记效率，并能盘活汉字的积累，帮助学生提高汉字运用的能力。■

## 三、学习寓言，体会寓意

师：请大家默读第一则寓言，思考文中的那个人为何焦急？（生反馈）

**1. 比较体会**

师：（出示：禾苗一点儿也没有长高。禾苗好像一点儿也没有长高。）老师觉得如果把"好像"去掉,意思也是一样的,你们觉得呢?

师:禾苗虽然在长,可长得太慢了!以至那个人觉得好像一点儿也没有长高。他可是巴望着这些禾苗长得快些呢!(出示:他巴望自己田里的禾苗长得快些。)"望"也是本课的生字,(出示:𦥑)我们已经学过,还记得吗?左上的"臣"是眼睛,下面的"壬"(tǐng),是一个人站在土堆上远望。右上的"月"表示望的对象。楷书"望"字,左上的"臣"改为"亡",做声旁。文中的"巴望"是什么意思?

**2. 说话训练**

(出示句子,生反馈交流)

一天过去了,禾苗好像一点儿也没有长高,那个人想:＿＿＿＿＿＿

两天过去了,禾苗好像一点儿也没有长高,那个人想:＿＿＿＿＿＿

三天过去了,禾苗好像一点儿也没有长高,那个人想:＿＿＿＿＿＿

**3. 朗读指导**

师:(出示:一天,两天……一点儿也没长高。)是呀,他的心里可焦急了,大家把这份感受带到字里行间去。(个别读、小组读、全班读)

**4. 想象情景**

师:(引读)他在田边……自言自语地说……

师:那个人那么焦急,他可能会有什么动作、神情?也许他的眉毛会——也许他的双手会——也许——

师:他确实是急坏了,如果在这个句子中,我们把"焦急"这个词去掉,意思还一样吗?

■ **评析**:文中的关键词"焦急"值得细细品味,解析"焦"字,训练语言,将字词句篇的学习有机结合起来,学生在品读中自然明白由于焦急而产生揠苗助长,是傻事之因;做事要遵循规律,不可急于求成的寓意便呼之而出了。■

**5. 故事发展**

师:默读第二自然段,用笔圈出表示动作的词(跑、拔)。从这一个"跑"字,你知道了什么?

师:(出示书中插图,生模仿动作体验,谈感受)同学们,每一棵禾苗都要帮它们长高啊,一棵也不能漏了。这一棵,这一棵,还有这一棵……大家可别停下,那个人可是从中午一直忙到太阳落山呀！你们感觉如何？用书中的一个词来形容一下当时的他。

师：此时筋疲力尽的他心中又想些什么呢？因而他回到家里，一边……（引读，提示读出气喘吁吁的样子）

师：这里的"费"字也是本课的生字，谁还记得当时我们是怎么记住这个字的？（形旁"贝"，古时以贝壳为货币，表示与钱财有关，"费"是用去钱财的意思，引申为消耗的意思。声旁"弗"的中间是两根不平直的东西，"弓"形是绳子用绳子绑着，使它平直，所以意思是矫正）

师：他认为他没有白白消耗——（生回答：力气），是因为？

师：故事的最后结果我们都知道了，禾苗怎么样了？

**6. 体会寓意**

师：那个人那么辛苦，费了不少力气，完全是一片好意，为何禾苗却都枯死了呢？让我们来劝劝他吧！

师：（小结）因为他不懂得禾苗生长有自己的方式。他做事太急于求成了，好心却办了坏事。

师：生活中你见过类似揠苗助长，做事急于求成、好心办坏事的人吗？

■ **评析**：对"费"复习解析，不仅能帮助学生记住字形，还能走近文本中"那个人"的心理（虽辛苦却值得）。学生体验"拔"，能很好拉近文本与学生生活的距离，劝告这种方式的交流能使学生碰撞出智慧的火花，这样，寓意便愈来愈明了了。■

### 四、学认生字，课外延伸

**1. 学写"望、费、算"三个生字**

（1）结构指导：三个字均是上下结构，但布局不大一样。让学生多观察。

（2）注意："望"字第三笔的变化。"算"中间的"目"不要写成"日"，通过复习"算"的字形来提醒。（"竹字头"表示与算筹有关）

（3）写字步骤：①间架结构指导；②书空；③描红，练写；④反馈，再指导。

（4）提醒写字姿势——身正、肩平、足安、三个"一"。

**2. 归类识记，学"守、锄、桩、撞、窜、此"**

师：第二则寓言中还有几个生字，我们能把它们记住吗？我们先来看看"守株待兔"的"守"。（出示：守株待兔）"守"是会意字。我们知道上面的"宀"表房屋，这里表示官署；下面的"寸"指手，这里以有分寸的手，表示法度。合起来表示掌管法度。在课文中指待在一个地方不动。"守株待兔"是什么意思呢？最后他守到兔子了吗？（出示：树桩 从此 锄头 撞 窜出来）

**（1）形声字**

锄：声旁是"助"（zhù，古音也读 chú），古时候"助"同"锄"，均表示除去。（出示锄头图片，认识锄头）

桩：形旁"木"，声旁"庄"。

撞：形旁"扌"，声旁"童"（古音），现在不能表音了，成为记号。本义是持物碰击，引申为两物猛烈相碰。

**（2）会意字**

窜：刚才有同学认为它是形声字，不错，简体字是形声字，但是繁体字可是会意字。繁体"竄"（出示），上面是"穴"，下部是"鼠"，像老鼠躲在洞穴里，是隐匿的意思，引申为从洞里逃窜。为了方便大家认读和书写，简化成形声字，形旁"穴"，声旁"串"。书中是指谁窜出来？

此：（出示：）左边是"止"（左脚），右边是"匕"，意思是人停止的地方。楷书的"匕"写成"匕"，不要写成了"七"（huà），这一撇是人的手臂，不能穿过身子哦。文中的"从此"表示从这时候起。（如有时间，可进行"此"的书写指导，本课作为弹性要求）

■ **评析**：汉字的"形"的指导应与"形"的理据紧密结合起来，可以很好地避免错别字，增加学生的语文素养。也由于溯源识字法节省了大量的时间，可以认识更多的字，为第二课时节省出更多的时间用来进行课外读书指导。从而真正做到把本文当作一个例子，更好地提高语文学习的效率。■

**3. 作业**

师：回家后把《揠苗助长》讲给家长听，读自己喜欢的寓言故事。

（林清：福建省福州市鼓楼区进修学校）

## "同"求科学 "异"构效果
### ——对人教版第四册《寓言两则》两篇教案的评析

金文伟

本文发表于《小学语文教学》2010年第5期,有修改。

如何做到识字教学的科学化?识字教学如何与阅读教学有机结合,从而同时提高两种教学的效果?林清是有着21年教龄的老教师,伍明珠是教龄不到1年的本科小教专业毕业生。两位教师对《寓言两则》的教学设计给了我们一些启发。他们追求语文教学的科学化使两篇教学设计实质相"同",又因追求不同的教学效果而又使其主要教法迥"异"。

## 一、"同"求科学

**1. 科学讲解生字**

多年来,识字教学的效率低下,究其原因,是教学方法不够科学。科学的教学,首先是传授的知识符合科学,其次是符合科学知识的教学方法。汉字是当今世界上正在使用的唯一的形音义结合的表意文字,其"因义构形"而又"因形表意"的特点,使汉字在几千年的应用和发展中,形成了相当科学而严密的知识体系。教师只有掌握了汉字的相关知识和构形规律,才可能做到识字教学的科学化,进而极大地提高教学效率。两位教师努力达到了这样的要求,才设计出这种符合汉字科学,并经过教学试验证明行之有效的教案。

《寓言两则》是人教版小学语文二年级下学期的课文,有10多个生字,两个课时内要教如此多的生字,并且还要进行阅读教学,对许多教师来说难度很大。但这两位教师通过对这些字进行科学解析,将生字的构形理据清晰而简明地教给学生。比如:这些生字都是合体字,教学就按照形声字和会意字归类,对形声字"寓、握、喘、截、桩、撞、锄、窜"等，讲清楚形旁和声旁；对会意字"焦、守、此"等，则讲清楚其合体而会的新意。特别是对一些难以看出形义关系的楷书字，则采用"溯源法"，即展示古文字形，利用古文字"字形义"显明的特点，使学生便于理解和识记。科学的知识揭示事物的本质，往往最简明，最直接。运用汉字科学的知识来解说汉字的构形原理，一语破的，不蔓不枝，不但使小学生听得明白，学得有趣，识记容易，而且还间接传授了汉字的相关科学知识和科学分析汉字的方法，真可谓是一举数得。同时，科学解析生字，也与教学写字关系密切。两位教师也是在讲清楚这四个字的笔画构成原理的基础上辅导学生写字。比如"焦"字，讲清楚上部"隹"的四横是鸟的翎毛；"望"字右上的"月"是所望的对象。这样，学生在写字的时候，其笔意就不完全是楷书枯燥的笔画和机械的部件组合了，而是带有线条之美、形义结合的偏旁字符了，引起了学生识字写字的浓厚兴趣，从而给写字带来一些愉悦的感受。

**2. 识字与阅读结合**

汉字因形表意，这个"意"就是词义，在现代汉语里就是词素或词，是构成语言的最小单位，并由此构成了"字词—词组—句子—篇章"的统一体。因此，识字教学跟阅读教学关系密切，识字知义的过程往往就是阅读理解的过程，科学识字对阅读教学作用极大。但是，多年来的识字教学，由于忽略了汉字形音义统一的特点，教学偏重读音与字形，基本忽略了形义关系，使识字与阅读不自觉地分成两个关系不大的教学系统，成为语文教学整体效率不高的一个重要原因。从这个角度说，两份教学设计的一个突出特点，就是在识字教学与阅读教学的有机结合上，做了一次有益的探讨。比如，科学解析"寓、守"形音义，既为了学习生字，也为了说明寓言的文体特点和成语"守株待兔"的意思；解析"焦"的构形，启发学生想象体会文中人物"焦急"的心情；讲授"窜"字的演变过程，特别强调该字的"义"，引导学生对比与"跑"义的不同……这样教学，识字与阅读同进，理解与感悟相成，不但使学生加深了对字和文本的理解，提高了教学效率，而且展示了汉字的表意特点在文章中表情达意的重要作用，将语文教学融为一个大的系统，为进一步研讨识字与阅读教学的有机结合，打下了良好的基础。

## 二、"异"构效果

教无定法就在于教学是艺术，具有无限的创造力。但是，教学艺术从属于教学目的。从两篇教案中可以看出，在遵循汉字科学的前提下，两位教师由于教学目标不同，欲达到的教学效果不同，因此，设计出教学过程和方法也就产生了较大的差异。

林清是一位老教师，20多年的教学使她深深体会到一些常用偏旁的重要性，也深谙小学生"先入为主"的心理特点，因此舍得多花时间讲好某个偏旁，为以后的生字教学节省更多的时间。比如"寓"中的"禺"，并不是常用字，按说可以不教。但是，"禺"作为偏旁的构字能力比较强，常用字"寓、遇、愚、隅、偶、藕"中都有"禺"。这些字不但要会认，有些还要会写。因此，一次性学好"禺"字，具有一劳永逸的作用。为此，林老师专门采用溯源的方法，让学生理解"禺"的形音义关系和在构字中多做声旁的特点，为以后学好相关的字打下坚实的基础。

伍明珠老师走上讲台的时间不长，对"禺"等非常用字的特殊性尚无体会，她为了提高识字效率，教学中多采用集中识记常用字的形式，即利用汉字的偏旁系统，"讲好一字，学好一串"的方法。比如教"截"字，不但与林老师一样讲解了"戋"（zāi）旁的意义，而且还专门讲解了"截"的形音义关系，并拓展到以"戋"为声旁的"载、栽、裁"等几个字；教"焦"字，除专门对比"灬"在不同常用字中的不同意思外，还专门讲解"隹"在"推、堆、谁"中做声旁和在"集、雀、雁"等字中做形旁的不同作用。这样教学，既扩大了识字量，提高了识字效率，又传授了汉字构字系统的规律。

需要说明的是，作为老教师，林老师学习汉字知识，主要是自学《说文解字》及相关书籍，因此对字本义的解析，多采用传统汉字学的说法，比如"守、焦"二字，主要采用了小篆字形的说法。而伍老师在大学期间，比较系统地学了"汉字学基础"课程，因此解析字本义，多采用现代汉字学家的研究成果。比如"守"字，就采用的是对金文字形的解析。这样，两位教师对某些字的解析就有所不同。对于读者来说，教学应该采用哪种解说呢？我认为，汉字研究是一门科学，科学需要不断地深入探讨和新的发现，汉字学家们自然会对一些字的解析不断产生新的看法。因此，在教学中，应该允许教师在有相当科学依据的前提下，根据自己的理解，解说这些字。现在许多教学，没有科学依据随意解说字形的现象很多，这是违反科学的，传授的多是错误的汉字知识，既破坏了汉字的系统性，还严重阻碍了识字效率的提高。我们不能赞成这种教法。

在识字与阅读教学的结合上，两位教师也表现出了很大的不同。林老师多年的阅读教学经验，使她习惯于追求阅读中识字的效果。因此教学中识字与阅读并进，在第一课时的教学安排上，先教《揠苗助长》的生字与阅读理解，然后专门留下一点时间预习辅导《守株待兔》的生字，为第二课时做好准备。而伍老师在第一课时则以识字为主，阅读为辅，为第二课时的深入阅读理解和巩固生字做好铺垫。由于教学目标的不同，两位教师第一课时的导入设计也不同。林老师的导入是用学生熟悉的几则寓言故事，引入对寓言文体的理解和对"寓"字的解析；伍老师则从"守"的古文字形导入，通过对"宀"的复习，导入"寓"的字义和对寓言文体的解释。这两种不同的教学设计，实际上是中国传统的"随文识字"与"集中识字"两大识字流派在当前小学语文教学中的体现。由于多年来小学语文教学大多采用随文识字的方法，许多教师可能会对年轻的伍老师的教法不以为然。不过，我却以为，既然教无定法，艺术在于创新，就不妨少一些套路，多一些试验。只要是识字教学遵循了汉字科学理论，采用了汉字科学知识，在如何更有效地提高教学效率上，如何使识字跟阅读有效结合上，不妨多做些试验，使我们在百花齐放中采摘最美丽的花朵。

  需要说明的是，林清、伍明珠两位教师的教学设计都在所教班级的课堂上教过，都在规定的课时里一气呵成地完成了所设计的内容。这是由于她们从执教二年级的这个班起，就始终科学地解析生字。如果学生没有经过这样较长时期的学习积累，是不可能按时教完该设计的内容的。这是林老师特地在另一个班级试教后总结出的结论。

# 3

## 汉字知识与汉字文化

我们的系统识字课

## 39 "又"做记号在小学一年级教学的尝试
——微课《"又"字用处大》

执教、评析 / 刘香芹（特级教师）　　指导 / 金文伟

（适用于一年级上学期）

### 序　评

基于汉字学的识字、写字教学不同于字理识字。字理是汉字学中的一部分，分析汉字用的是"老六书"方法，而汉字学的内容则广阔得多。古文字演变到现代汉字，由于"常用字字形趋简"的应用规律，很多字部分地甚至全部地失去字理，成了半记号字、记号字。"记号"指那些已经不能表音或表意的字符。据研究统计，在3500个常用字中，这部分字竟高达36.54%，数量之多成了识字教学无法绕过且必须教好的难点。这是现代汉字区别于古代汉字的一个突出特点，"老六书"没有分析记号字的方法，我们该怎样让学生理解记号字，掌握科学分析现代汉字的方法，提高科学的自主识字能力？为此，我带着实践的观点，在小学一年级上学期期末的时候，来到某小学，随机选了一个班，试着运用微课（录屏软件录制）的形式给小学学生讲解了"又"做记号的汉字知识，收获到了期盼的效果。紧接着又在另外两所小学各选了一个班，效果仍旧满意。

### 教学过程

在播放微课视频前先做了有效的指导，要求学生认真观看，对视频里提出的问题认真思考，可适当做出反应，但不要出声。学生观看得津津有味，不时配合视频中老师的问题及讲解做出适切的表情、动作。（播放微课）

#### 一、"又"的本义及音形义关系

师：同学们已经认识了不少字，（出示：又）对这个字一定很熟悉吧！可你们知道它为什么读"yòu"？最初的意思是什么吗？（学生观看时摇头表示不知道，有的凝神思考）不急，我们先去拜访它的祖先，（出示：㕛）这是它的甲骨文。

请同学们发挥想象，猜一猜，它像我们身体的哪个部位？（有学生竟然一下就猜出是"手"）原来，它是象形字，像我们的右手形状。（出示：✋）你猜对了吗？（猜出的学生会心地笑了）看，（出示：⺌）这是金文，多像我们右手的大拇指、食指、中指，向下伸展的一笔是手臂。咦？我们的右手有五指，这里为什么只有三指呢？原来，古人用"三"表示多，他们还发现拇指、食指、中指这三指用得最多，就用这三指代表五指。后来，汉字不断变化，到隶书写作"又"（出示），跟我们现在写的楷书"又"差不多了。

师：现在，你明白了吗？"又"最初的意思是右手，所以读音是"yòu"。

■ **评析**：先解析清楚"又"的形音义关系，为讲解意符打好基础；接着再讲好意符，为理解记号打好基础。由此引导学生步步深入，直到掌握这个系统知识。■

## 二、意符"又"

师：同学们，"又"做偏旁时，在很多字里也表示手或手的动作呢。你知道有哪些字吗？（学生有的说"双"，有的说"鸡"）比如朋友的"友"，（出示：彐）这是它的小篆体，用上下两只右手相叠会意以手相助是朋友。发展到隶书时（出示：𠂇 友）就基本像楷书的"友"了。

师：再如，取书、领取的"取"（qǔ）（出示），左旁是"耳"，右旁是"又"（手的意思），是古人捕获野兽或战俘后割取左耳的计功方法。最早的意思是割取左耳，后来表示用手拿。

师：还有一支笔的"支"（zhī）（出示），你看，（出示：𠂇）甲骨文多像"又"（手）拿着"丨"（树枝）的样子。小篆变成这样"𠥽"（出示），改为手拿半根竹枝，到隶书写成这样"支"（出示）了。本来的意思是树木、竹子的枝条。这个意思后来就用这个"枝"（zhī）表示。（出示带拼音的"树枝、枝条"）"支"就用作量词，表示分支或条形的东西。

师：好了，我们做个总结，"又"在"友、取、支"（字中的"又"变红）等字中表示手或手的动作，与字的意思有关，就叫意符。

■ **评析**：学生刚在课文中学了"双"和"鸡"，自然以为"又"部件都表示手，尤其是"双"，很多学生认为是两只手的意思。对"友"字，学生虽已认识，却因当时老师没有讲解该字字理,不清楚此"又"即手的意思。微课的这一环节,不仅使学生明白了"又"在"友、取、支"做意符,表示手或手的动作,也激发了他们探索"双、鸡"中"又"的作用的愿望。■

## 三、记号"又"

**1. 学习"又"的假借义**

师:可是,后来"又"被借走了(是假借哦),右手这个意思就用"右"表示了。"又"被借去表示好多意思呢,有时表示重复或者连续的意思,比如"又来了""说了一遍又一遍";有时表示几种情况同时存在,比如"又快又好",儿歌《两件宝》里的"用手又用脑,才能有创造"。

**2. 理解"双"是两个记号"又"**

师:刚才有同学说"双"是用两只手表示一双。其实"双"里的两个"又"可不是手哦!那是什么呢?

师:我们先看看"双"的繁体字,(出示:雙)上部是两个"隹"(zhuī),金文写作" "(出示),意思是鸟,所以"雙"字就是一手拿着两只鸟。不过,"隹"字笔画多,很难写,简化时就用两个"又"代替两个"隹",所以"双"里的"又"不是手,是代替"隹"的符号哦!它与"又"的读音、意思都没有关系,所以叫"记号"。带有两个记号"又"的字还有轰隆隆的"轰"(轟)、姓聂的"聂"(聶)。你看,"轰"(轟)繁体字有3个"车"(車),表示很多车开动时发出的声音,现在用两个记号"又"代替繁体下部的两个"车"。"聂"(聶)字下部的两个"又"也是一样的道理哦。

师:记住啦?当"又"在字中与字的读音、意思都没有关系时,就是"记号"哦!

**3. 学习带记号"又"的其他字**

师:带记号"又"的字还有很多,你知道哪些?(稍停)比如"鸡、对、汉、难、凤、树、欢、戏、观"等字中的"又"都是记号哦。我们看看它代替的是什么偏旁。(出示)(字中的"又"及代替"又"的部分变红)

| jī | duì | hàn | nán | fèng | shù | huān | xì | guān |
|---|---|---|---|---|---|---|---|---|
| 鸡 | 对 | 汉 | 难 | 凤 | 树 | 欢 | 戏 | 观 |
| ↑ | ↑ | ↑ | ↑ | ↑ | ↑ | ↑ | ↑ | ↑ |
| 鷄 | 對 | 漢 | 難 | 鳳 | 樹 | 歡 | 戲 | 觀 |

这些字里的"又"都做简化符号,都与"又"的读音、意思没有关系,所以都是"记号"。

师:现在,我们再做个总结:"又"原来表示右手,做意符时表示手或手的动作;后来"又"被借走了,还成了很多字的简化符号,它的用处可真大啊!同学们,今后见到带"又"的字(出示:没),要想一想:它与手有关呢?还是个记号呢?这样正确识字就会记得又对又快哦!

■ **评析**:这一环节的教学主要是让学生了解"又"在"双、鸡、对、汉、难、凤、树、欢、戏、观"等字中是代替繁难偏旁的简化符号,也叫"记号",与"又"的音义无关。学生学习这部分内容时眼睛瞪得大大的,有的小声说"繁体字好难啊"! ■

师:(课堂互动)看了刚才的视频,同学们学会了什么?
生1:"又"本来表示右手。
生2:"双"里的"又"是记号。
生3:"又"在有的字里表示手。
师:你们记得"又"在哪些字里表示手或手的动作?(生齐答:友)
生1:支、取。
生2:还有"没"。
师:你真厉害,老师没讲你都学懂了!
师:"鸡"里的"又"是什么?(生回答:记号)
生1:还有"树""凤"。
生2:"叹"也是。
师:真了不起,这个字老师没讲你就会了。不过,刚才老师讲了一个跟"叹"长得很像的字,是哪个字?
生1:汉。
生2:还有"对"字的"又"也是记号。
生3:老师,我都把这些字写下来了。
师:你真会学习,刚上一年级就懂得边听课边做笔记,大家要向他学习!老师要把你的笔记拍下来。(该生在笔记本上把"又"的甲骨文、金文都画下来了,还写了"友、取、支、鸡、凤、树、对"等字。其他学生纷纷表示也会写)
师:好吧,把你记住的写下来吧。(学生写的最少的都有4个字)

## 总 评

此案例给我们的主要启示有：

1. 一年级学生完全可以接受汉字的科学分析方法。很多教师担心：讲记号字一年级学生能听懂吗？事实证明，一年级学生不仅能听懂，而且兴趣很高。反思以往的识字教学，教师让学生机械地重复认读，不仅增加了学生的学习负担，而且泯灭了很多孩子的灵性，使孩子一入学就失去了学习的兴趣。

2. 科学分析汉字培养了学生的想象力和思维能力。如，教学"又"的音形义，形象的古文字使学生马上就联想到了手；当学生知道了记号字，记忆"鸡"字时，就不会望文生义地将"鸡"说成是"又一只鸟"。在这节课上，学生不仅能理解"又"做记号，还能推理出教师没有讲过的"又"在"叹、对"等字中做记号的情况，说明一年级学生已经不仅仅是形象思维，已经具备了初步的逻辑思维能力，而正是科学分析汉字的方法促进了他们逻辑思维的发展。现代常用汉字里的记号字符已经超过了三分之一，很长时间、很多人都认为小学生很难理解记号字。实践出真知。这节课的成功，使我们相信，一年级的学生只要明白了记号字符的知识，那么遇到再多的记号字符，也是能够理解学好的。

（刘香芹：福建省泉州市教育科学研究所）

# ❹ 汉字王国中的"某省"

> 执教／曾娇兰　　指导／金文伟　孙雯　李彦敏　　评析／孙雯　金文伟
>
> 　　此课2015年5月15日展示于厦门市前埔北区小学承办的厦门市级课题教研活动，授课对象是该校一年级某班学生。
>
> （适用于一年级下学期）

## 序　评

　　为了使识字教育科学化，2009年3月9日，教育部和国家语言文字工作委员会发布了《现代常用字部件及部件名称规范》，其中的"某省"名称，指"由某些部件省简而成的部件"。如"岛"中的"鸟"为"鸟省"，"表"中的"衣"为"衣省"。有人撰文认为小学生认知能力弱，"某省"名称不适宜小学教学。金文伟老师认为这种错误认识源自对小学生心理认知能力的不了解，只要教法合适，即使一年级学生也能学懂。当然，这需要实证。于是金老师设计了此课，由曾娇兰老师展示于厦门市级课题教研活动上，学生来自厦门市前埔北区小学一年级某班，已有一点汉字学基础，来自香港、北京、浙江、云南和厦门的小学语文教育研究者和教师们观摩了这节课。此课成功达到了教研目的。

## 教学目标

1. 理解汉字构形中的"某省"现象，学习分析汉字的这种方法，提高自主识字的能力。
2. 结合形音义，系统学习"高省""鸟省"和"老省"部件，了解其在汉字构形中做音符、意符、记号的作用，认识15个字，学习25个词语；规范书写"亮、孝、岛"3个字。

# 我们的系统识字课

## 教学过程

### 一、揭示课题，认识"某省"

师：（板书课题：汉字王国中的"某省"）同学们，你们知道我的名字吗？

生：不知道。

师：你们如果不清楚我叫什么，可以叫我"某某老师"——就是这个"某"，（给"某"注拼音）跟我读两遍。（生读）老师告诉你们，我姓曾，你们叫我什么呀？

生：曾老师。

师：（指：省）你们看，老师还给大家带来了另一位生字朋友——

生：省。

师：你在哪里见过它？

生1：福建省的"省"。

生2：超市里贴着"省钱"。

生3：节省。

师：呵呵，原来你们早就认识"省"字了。不过，"省"在这里是省去的意思。（在课题"省"下板书"省去"）省去，不仅出现在生活中，在汉字王国中也有汉字省去部件的现象，今天我们一起学习——

生：（齐读课题）汉字王国中的"某省"。

 **评析**：汉字中"某省"的现象不少，识字教学无法回避，学生必须学习"某省"知识。为了让学生容易理解"某省"，曾老师先深入浅出，利用教师自我介绍，巧妙解读"某"，再层层递进地引导学生理解"省"，为下面具体教学"某省"诸字打好了基础。■

### 二、溯源"高"形，理解形义

师：（出示：高）看，汉字王国中首先出现的字是——

生：高

师："高"为什么这样写？

生：因为有两个"口"，还有两层，所以觉得很高。

师：你很会思考。大家看，（出示：髙）这个字像什么？
生：高房子。
师：是啊，这是甲骨文"高"字，像重叠高耸的楼台形，最上部是房顶，所以说很——
生：很高。
师：所以，这个字是——
生：高。

■ **评析**：学生认识"高"，不知其字理，教师溯源古文字，"高"的形音义关系就牢牢地印在了他们的脑子里，为学习"高省"的概念和相关字，做好了铺垫。■

### 三、"高"为音符，学意音字

师："高"可以组成很多字，看，（出示：敲）"高"和"攴"交朋友，组成一个新字——
生：敲。
师：左旁"高"和"敲"的读音接近，是它的——
生：音符。
师：右边"攴"读作——
生：pū。
师：你们怎么知道的？
生：我们林老师教的。
师：你们能学懂吗？
生：能啊！
师：那你们说说"攴"是什么意思。
生：上面是一根分叉的小棍，下面的"又"是右手，"攴"表示手拿着棍子打。
师：哎呀，你们真厉害。（手拿一根分叉的小棍敲打讲台）现在老师是在——
生：敲打。
师："攴"是"敲"的——
生：意符。
师：是的，意符帮助我们理解字的意思。
师：高字继续交朋友。（出示：膏 gāo 蒿 gāo 搞 gǎo）自己读一读，看看有什么发现。

生1：它们的韵母都是"ɑo"。

生2：它们都有一个"高"字，而且第一个"膏"中的"高"为了给下面的"月"让出空间，还变形了。

师：你有一双会发现的眼睛。第一个字"膏"在哪里见过？

生：牙膏。

师：那第二个字"篙"见过吗？能不能猜一猜它的意思？

生："篙"上面有一个竹字头，应该和竹子有关。

师：你真棒，已经学会用意符来猜字的意思了。看，（出示一人手持竹篙撑船图）图上这个人在干吗？

生：划船。

师：他在撑船，看看他手上拿的是什么。

生：棍子。

师：这是竹子做的撑竿，叫作——（出示：竹篙）（生读两遍）

师：还有一个生字"搞"，谁能分析它的意思？

生：用手去搞。

师：你真聪明！这个字和手的动作有关。

师：同学们，我们刚学的4个生字组词了，你还能认出吗？（出示：敲打 牙膏 竹篙 搞定）（生每个词读两遍）

师：你们真了不起，现在我们把小小火车开起来——

生众：（开火车读词语）搞定、敲打、竹篙、牙膏、敲、篙、膏、搞。

■ **评析**：系统性是汉字构形的规律之一。汉字是一个大系统，内部又存在着许多相互关联的小系统，掌握一个部首具有"举一形而统众形"的学习效果。曾老师引领学生系统认识"高"为音符的一串意音字，而且触类旁通，科学识字的高效显而易见。■

## 四、学习"高省"部件的字

师："高"还是一个善变的魔术师。你们看（出示：高→亠），它有什么变化？

生1："高"下部的"冂"变成了"冖"。

生2："口"不见了。

师：对，"高"的"口"不见了，我们就说"口"被——（指：省去）

生：省去了。

师："高"字省简了部件，我们就称它为"高省"（板书）。它虽然省简了"口"，但是仍然念高，意思仍然表示高。

师：（出示：豪 亭 毫 亮）你们看这几个字，有什么发现？

生：都有"高省"，下面都加了其他部件。

师：对，这些字为什么要"高省"呢？不省去不行吗？

生：不行，省去了就能给下面的部件让出位置。

师：太棒了。如果不省去的话，这个字就会写得——

生：太长了。

师：省去就可以书写得简洁，美观。（板书：简洁 美观）

师：这些"高省"的字，跟"高"是什么关系呢？（出示豪猪图片）认识它吗？

生：豪猪。

师：这个"豪"字下面的部件，你们在哪里见过？

生："家"字里有它。

师：（出示：家）"家"上面的"宀"表示房子，房子里有什么？

生：有猪。

师：为什么房子里要有猪呢？

生：古人认为家里养猪才能算是家。

师：对。"家"下部的"豕"念"shǐ"。所以，"豪"的下部也念作——

生：shǐ。

师："豕"在"豪"字里表示——

生：表示猪的意思，是意符。

师：那么上面的"高省"呢？

生：是它的音符。

师：为什么？

生：因为"高"和"豪"读音很像。

师：说得太好了，掌声送给这位积极思考的孩子。（鼓掌）

师：再看看这豪猪的身上——

生：长满了刺。

师：这刺可不得了。看，（出示豹子与豪猪打架图片）就连豹子见到了这身刺也得避让。你觉得这只豪猪怎么样？

生：很厉害。

师：因为豪猪很厉害，"豪"又引申指那些很有能力的人，如——（出示：豪杰 文豪 自豪）（生读两遍）

师："豪"还指那些有财力、权势的人，如——（出示：富豪）（生读两遍）

师：很贵很漂亮的车叫什么车？

生：豪车。

师：那很高端很漂亮的房子呢？

生：豪宅。

师：你们都懂啊？我们知道了"豪"是一个意音字。再看"亭、毫、亮"三个字，你们也像老师这样来分析好吗？现在分小组讨论，老师要求，讨论要做到：第一，找出"高省"部件，思考它是表音还是表意；第二，根据意符分析这个字的意思。（生小组讨论，师相机指导）

师：说说你们的成果吧，哪一组先来？

生：我说"毫"字。"高省"表示很高的意思，"毛"是音符，它们的韵母是"ao"。

师：你能大胆分析，很棒。分析得对不对呢？哪位同学有不同看法？

生：老师，我认为"毛"应该是意符，表示这个字和毛有关系，"高省"是音符。

师：你更会思考，掌声送给你。（生鼓掌）

师：同学们，看看你同桌的头发，是不是有一些小小的、细细的头发？（生互看）像这样的头发，我们称它为——（出示：毫发）（生读两遍）

师：再看看你们的手臂上，有没有细小的毛发？（生观察手臂）像这样的毛，我们称之为——（出示：毫毛）（生读两遍）

师：发现了吗？原来"毫"跟什么有关？

生：毛发。

师：所以，我们说"毛"是"毫"的——

生：意符。

师：上部"高省"就是"毫"的——

生：音符。

师：好，谁来分析"亭"字？

生："亭"下面"丁"是音符，上面"高省"是意符。

师：为什么这样分析？

生1："丁"跟"亭"的读音很像，韵母又相同，应该是音符。

生2：亭子比较高，上面的"高省"就表示高的意思。

师：说得真好，"亭"字中"高省"表意，"丁"表声。最后谁来分析"亮"字？

生：是不是表示几个月亮？（众笑）

师：你的想象很有创意。你认为"几"表示几个月亮是吗？（生点头）谁有不同的意见？（无人举手）

师："亮"字比较特殊，主要是下部的"几"不好理解。我们先看"亮"的上部是——

生："高省"。

师：说明"亮"跟——

生：跟高有关系。

师：有什么关系？

生：（思考）是不是高的地方就亮一些啊？

师："亮"下部的"几"在古文字时是个"𠆢"（亻）字，后来写成"儿"，到楷书就连笔写成了"几"。所以，这个"几"其实是——

生：人。

师：对，是"人"字变形。想一想，人到了高的地方，看到的光线就——

生：很亮。

师：对，明亮。（出示：明亮）大家再想想"亮"字有音符吗。

生：没有，只有意符。

师：两个部件都是意符，我们称它是——

生：会意字。

师：（出示：会意字）你们这么会思考，真棒！现在我们来玩一个游戏，（出示小猴过河图）看，这只小猴子要过河，可是没有桥，你们愿意帮助它吗？

生：愿意。（兴奋）

师：只要你们把刚才学的生字词读对一个，就能给它搭好一块过河的石头。开火车吧。起来的同学读对了，同学们就跟读一遍。（生读词语：亮—明亮，毫—毫毛，豪—自豪，亭—亭子）

■ **评析**：让学生理解"某省"是本课的重点，也是教学难点。曾老师循序渐进，先讲解清楚"高"字形音义联系，为讲解"高省"部件做好铺垫。讲解"高省"时又运用动画课件，省简"高"下部"口"，使学生直观地理解了"高省"的含义。化难为简的教法，见出其教学匠心。接着又引导学生运用"高省"知识分析"高省"的字。学而时习之，加深了学生对"某省"的理解，培养了他们科学识字的能力，更发展了他们分析思维能力，这样教学可谓一举数得。■

## 五、"鸟省"部件的字

师：同学们，刚才我们学习了"高省"的几个字，汉字王国里还有不少"某省"的字。看，老师带来了一位老朋友。（出示：鸟）（生读）

师：它带来了一位新朋友。（出示：岛 dǎo）（生读）

师：对比"鸟"和"岛"，有什么发现？

生："鸟省"。

师：你一眼就看出来了。"岛"上的"鸟"省去了——

生：省去了一横。

师："鸟"的省简我们就称为——

生："鸟省"。（师板书）

■ **评析**：学生悟性有不同，有的学生能马上看出"鸟省"，有的同学则还没反应过来。教师再次引导学生分析"鸟省"，是为了让尚未明白的同学能够真正理解，扎实学习。■

师：想想看，"鸟"和"岛"两个字有什么联系？

生：就是一个鸟岛，岛上住着很多鸟。

师：你们认为"鸟"表示"岛"的意思，是意符？有些道理。你们拼一拼"鸟"和"岛"，有什么发现？

生：它们的韵母都是"ao"，"鸟"是"岛"的音符。

师：对，"鸟"不仅是"岛"的意符，还是它的音符呢。再想想，"岛"下面的"山"表示什么意思？（无人举手）

师：你们见过小岛吗？

生：见过。

师：（出示小岛图片）看，这座小岛就像——

生：就像一座小山。

师：真好，所以，我们说"山"是"岛"的——

生：意符。

师：再看两个有"鸟省"部件的字。先看第一个，（出示：袅）谁来分析？

生1：一只小鸟停在衣服上。

生2：是不是有很多鸟叼着一件衣服在飞？（众笑）

师：你真会想象。其实，这个字上部的"鸟"并不表意，而是表音，根据"鸟"音，这个字念——

生：niǎo。

师：那么"衣"在"袅"字里起什么作用呢？（生摇头）

师：这个字经常用在"炊烟袅袅"这个词里。（出示：炊烟袅袅）（生读两遍）（出示"炊烟袅袅"图片）看，做饭的时候烟囱冒出的烟缭绕上升，就像衣服的飘带一样。（师边说边做动作，生跟读，做动作）

师：我们把这个字送回句子中读读。（出示：农家房屋上炊烟袅袅）（男生女生赛读）

师：看下一个"鸟省"的字。（出示：凫 fú）（生读）

师：这个字分析有点难，谁敢挑战？

生：是不是飞来一些鸟，有人数不清是几只，就在"鸟"的下面加上了"几"。

师：你好厉害，会编故事了，能大胆地猜测，就了不起。这个"凫"指的是什么呢？（出示野鸭图片）

生：鸭子。

师：这可是像鸟一样会飞的野鸭子。所以，"凫"的上部有个——

生：鸟省。

师：那么，下部的"几"表示什么呢？（出示：凫）这是小篆"凫"，上部是繁体"鳥"，下部"乁"是音符，读"fú"或者"shū"，后来楷书写成了"几"，就不能表音了，成了记号。

师：鸭子会游泳，"凫"就引申为游泳，于是有"凫水"这个词。（出示：凫水）（生读两遍）请读这句子——（出示：一只漂亮的鸭子在亭子旁边凫水）（生读）

## 六、"老省"部件的字

师：还有一位老朋友也迫不及待地来和你们见面啦。（出示：老）（生读）

师：它带来一位新朋友。（出示：孝）

生众：孝，是"老省"。

师：哎呀，了不得，你们能够活学活用了。谁能用"老"和"孝"组词？

生：孝顺老人。

师：对，孝顺老人是孝的表现。你们已经发现"老"跟"孝"有个部件相同——

生：都有"耂"。

师：「耂」是什么意思呢？（生摇头）"耂"是"老"的省简，仍读"lǎo"。"老"为什么这样写呢？（出示： ）这幅图画的什么？

生：一个弯腰老人拄着拐棍。

师：对，甲骨文写作" "（出示），楷书写成"老"。"耂"表示老人，"匕"是拐杖。所以，"老"变成"耂"，省简了什么？（生回答：拐杖）

师：谁到"耂"下面啦？

生：是孩子的"子"。

师：对，孩子搀扶老人来了。所以，这孩子就是——（出示：孝子）（生读）

师：这样的孩子就很——（出示：孝顺）（生读）

师：这样的孩子尽到了——（出示：孝道）（生读）

师：如果孩子不孝顺怎么办？

生：要教育他。

师：说得好！（出示：教）这个字是——

生：教育的"教"。

师：谁能分析这个字？

生1：教，左旁是"孝"，右旁是反文旁，反文旁的意思是——

生2：我知道，反文旁是右手拿着棍子。

师：孩子，你真博学！刚才学的"攴"，在楷书做偏旁常变形写成"攵"。"攴"的意思是——

生：是手拿棍子敲打。

师：那么，"教"字最早的意思是什么？

生：手拿棍子打孝子。

师：我们中国有句老话叫作"棍棒之下出孝子"，就体现在"教"字上。不过，我们现在教育孩子还能用棍棒打吗？（生回答：不能）

师：你们长大了会孝顺父母老人吗？（生回答：会）

■ **评析**：学生学会了分析"高省"字，就能在举一反三地分析"鸟省""老省"字中，强化"省"的概念，掌握"省"的形式。所以，教师科学解析部件，巧妙设计教学，就能使学生在丰厚有趣的汉字文化中，潜移默化地积累语文知识量，提高了语文素养。■

### 七、辨析字形，指导写字

师：同学们，我们在汉字王国里学习了三个部件——（出示：高省　鸟省　老省）（生读）

师：明白了"某省"，我们书写的时候，就能理解字的构形，自觉地写好字。（出示：亮　孝　岛）这三个字念——（生读）

师：现在，我们来写好它们。（指导学生写字）

这是一节生动有趣、深入浅出的汉字学知识课，更是一节有意义的识字教学实验课。这节课证明了"某省"部件知识，一年级学生不但能学懂，还能初步运用这一知识分析"某省"的字。中国教育科学研究院王晓霞博士课后现场点评道："这节课给我留下了深刻的印象，教师运用汉字系统教学，用科学分析方法引领学生掌握识字方法，是一节成功的课。"

总结此课成功的原因，主要在于：

1. 教师真正学懂了"某省"部件的知识，这是教懂小学生的必要前提。

2. 教学设计巧妙。教学以"高省、鸟省、老省"的字为例，由浅入深，由知识到实践，使学生在逐层理解中兴趣盎然地探索，学到了科学分析汉字的方法，感受到了汉字学的魅力。

（曾娇兰、孙雯：福建省厦门市北京师范大学厦门海沧附属学校）

## 41 向错别字说"再见"

执教 / 杨艺婷　　指导 / 金文伟　叶妙婕　叶莹　李彦敏　　评析 / 叶妙婕

　　此课 2015 年 5 月 15 日展示于福建省厦门市前埔北区小学承办的厦门市级课题教研活动。

（适用于四年级下学期）

### 教学目标

　　传授科学的分析汉字和纠正错别字的一些方法，进一步激发学生学习和探究汉字的兴趣，提高自主纠错的能力。

### 教学过程

#### 一、班级"汉字听写大赛"

师：同学们，我们每天都在接触汉字。汉字被认为是我国古代的第五大发明。中央电视台推出了《中国汉字听写大会》节目，收视率很高，很多同学感兴趣。今天我们就开展一场"班级汉字听写大赛"。

■ **评析**：上课伊始，以中央电视台热播的"中国汉字听写大会"为话题，迅速激发了学生的参与热情。■

**1. 听写**

师：请推荐一名书写较好的同学上黑板前听写。（生推选）

师：请拿出听写纸，我们听写 8 个字，每个字老师念两遍。准备好了吗？

生：好了。

师：仔细听，认真写：帽子的"帽"，隐蔽的"蔽"，旗帜的"旗"，急躁的"躁"，辨别的"辨"，巷子的"巷"，鼻子的"鼻"，耀眼的"耀"。（边念边巡视，关注学生写错情况）

■ **评析**：我校课题组调查过，听写的这 8 个字是四年级学生高发错别字。本课

就以这8个字的纠错方法为例，提高学生纠正错别字的能力。■

**2. 评讲与统计**

师：同学们请放下笔，看黑板。（指上黑板听写的同学）她都写对了吗？

师：（指黑板上的字）"帽"注意右上部是"冃"，两横不跟两边的竖相接；"蔽"注意"敝"的竖一笔贯穿；"旅"要注意右边部件；"躁"注意足字旁；"辨"注意中间的"丶"和"丿"；"巷"注意"巳"要封口；"鼻"注意下面部件的撇竖不出头；"耀"注意竖提，"羽"的两个横折的变形。

师：同桌交换互改，把错别字圈出来。（出示听写的8个字）请全写对的同学站起来。（有个别学生站起）

师：你们真不简单，是这次比赛的冠军。错一个字的举手，这些同学是亚军。错两个字的举手，这些同学是季军。（板书冠、亚、季军人数）

师：掌声祝贺冠军！我们班共多少同学呢？（生答）绝大部分同学写了错别字。确实，这8个字是易错字，这节课我们专门来查找写错的原因，研究纠正的方法，大家掌握了，今后就可以减少错别字了。

■ **评析**：听写后，教师简要指出这些字的易错处，让学生自查和同桌互改，便于他们迅速发现错别字，为下面讲授纠错方法埋好伏笔。■

**3. 揭题**

师：平时学习中，同学们经常写错别字，（板书：错别字）除了粗心，更多是因为对这些字的构形原理缺乏了解。学点汉字学的知识，对纠正错字大有帮助。（完成课题板书）

■ **评析**：帮助学生消灭错别字，要从根本着手。运用汉字学知识纠正错别字，使学生知其所以然，能够举一反三，就从根本上解决了问题。汉字学是研究汉字、学习汉字和应用汉字的一门科学，用以指导汉字教学，已是汉字教育的大趋势。■

## 二、掌握纠正错别字方法

**1. 学习三种字符**

师：要纠正错字，先要掌握构成现代汉字的三种字符，它们是——（出示：意符 音符 记号）（生读）

师：（出示：蚊　蔽　躁　巷）"蚊"字我们叫作形声字，更科学的叫法是"意音字"——"虫"做意符，表示昆虫；"文"做音符，表读音。谁用这个分析法来说说其他三个字的构成。

生1："蔽"中"艹"做意符，表示这个字与草有关；"敝"做音符，表读音。

生2："躁"，"足"做意符，表示人急躁起来跺脚的动作；"喿"（生不会念，师纠正读"zào"）做音符，表音。

师：对，"蚊、蔽、躁"都是意音字。（板书：意音字）再看"巷"：小篆"𦦒"（出示），是楷书的"𨝫"（出示）字，左右两字是"邑"，指居住区，中间"共"表示共同的道路，合起来指两排房子中间共同的道路；后来简化为"巷"，上"共"下"巳"，"巳"是两个"邑"的简化。汉字在长期的应用中，有个"常用字笔画趋简"的规律，意思是：在书面上出现频率高的字，因为使用频繁，人们就设法简化它。许多字简化了就是因为这一规律。"巷"是常用字，古人就把"邑"简写成"巳"。在"巷"字中，"巳"还能表示两排房屋的意思吗？（生回答：不能）

师：汉字学把这些已经不能表意、表音的字符称为"记号"。由于"共"在"巷"中还能表意，所以"巷"是半意符半记号字。

■ **评析**：字符是组成汉字的基本结构单位。"老六书"的字符主要分为形旁、声旁，而构成现代汉字的字符已演变为意符、音符和记号。现在教学用字是现代汉字，纠正错别字就要根据现代汉字的特点，传授现代汉字学的字符知识，这样才能使学生有效地学习和运用汉字，预防和纠正错别字。■

**2. 学习纠正错别字的方法**

师：认识了三种字符，我们来学习纠正错别字的方法。

**（1）理解本义**

① "帽"

师：（出示：帽）"帽"的偏旁有"冒"。"冒"上部的意符是"冃"，也读"mào"，这个字符常被写错。

生：我写成了"日"，同桌写成了"曰"。（众生笑）

师：写错是因为不理解这个字符的形义关系。"冒"的金文"𠔼"（出示），下部是"目"，上部"冃"是帽子形，表示戴在眼睛上的是帽子。"冃"的两横是帽子的花纹，不和两边的竖相接，不是"日""曰"。后来"冒"引申去表示别的意思了，古人就再加"巾"做意符，表示帽子是用布、帛等做成的，写作"帽"。说到"冃"，谁知道还有个用它做意符的字？

生：（思考）冕。

师：怎么分析它？

生：它的上面"冃"做意符，表示帽子；"免"做音符，表示读音。

师：对，读"miǎn"。"冕"是皇帝戴的帽子。（出示加冕礼图片）看，这就是帝王即位时在头顶戴上礼帽而举行的加冕礼。

师：（板书：冕。故意把"免"写成"兔"）这个"冕"写得对吗？

生：不对，下面是"免"，做音符，不是"兔"。

师：说得对！懂得字的形音义关系，不仅能帮助我们纠正错字，还能学好生字。

②"敝"

师：（出示：敝）请对照"敝"字，说说自己写的字错在哪儿。

生1：我把左下部写成小字头，竖断成两截。

生2：我把左下部写成"尚"了。

师：知道为什么是一竖吗？（生摇头）

师：（出示：敝）看，甲骨文"敝"里有个"巾"，表示"敝"跟布有关，如衣服、毛巾；四个点表示巾上的灰尘和脏物很多；右边"攵"是"攴"（pū）的变形写法，"攴"下部"又"是手，上部是带杈的棍，会意为手拿木棍扑打，比如"敲"字。"攴"在楷书多写作"攵"，撇横是杈棍，撇捺是"又"。"攵"在"敝"中扑打什么？

生：打掉巾上的灰尘和脏物。

师：对，"敝"的本义是破衣，引申为破败，进而引申为谦辞，表示自己水平不高，如"敝人、敝国"。"鄙人"也是谦辞，右"阝"是"邑"的变形写法，"邑"指地区，"鄙"指边疆地区，"鄙人"就是称自己是边远地区的人，见识少。这两个字谦称的角度不同，字形就不同。"敝"加"艹"变成"蔽"。

师：像"帽、蔽"这些字，理解了字符的本义，能防止写错字。（板书：理解本义）

■ **评析**：学生因不理解汉字构形的意符、音符和记号，容易增减或改变笔画，产生错别字。对于仍然能讲清字理的字，应该让学生弄懂它的构形理据。比如讲解"冃""敝"的本义，可以突破纠错难点，让识字过程变得生动有趣，精确识记，省时高效。■

**（2）理解意符**

① "旗"

师：（出示：旗）"旗"的意符是什么？（生回答：方）

师："方"跟旗子有什么关系？（生不知）

师："旗"的意符是"方"，读"yǎn"。（出示：🏳）它像什么？

生：（观察）像旗杆，右边是飘动的旗帜。

师：画成图是"🏳"（出示）。旗杆写成了"方"，旗帜写成了"𠂉"。知道了"方"，请据此分析"旗"字。

生："方"做意符，表示旗帜；"其"做音符。

师：理解了意符"方"，我们再来看这个甲骨文，（出示：🏳）它像什么？

生：像两个人站在旗下。

师：这是两个士兵，代表众多士兵聚集旗下。古代军队五百人为一旅。楷书写作"旅"，两个"亻"变形了，大家写一写。（生写）

师：谁来说说其他带有"方"旁的字。

生众：旋、族、旌、游……

师：你们能认识这么多字，真不简单！现在，老师选一个最容易写错的字大家一起来研究。（出示：游）你们最容易把哪个部件写错？

生：右边"子"写成"攵"。

师：知道"游"的右下部分为何是"子"吗？

生：是不是小孩子游泳？

师：不是，"游"早期的写法是"斿"（板书），看"方"的下面是什么？

生：是"子"。是不是表示孩子手持旗四处游玩？

师：对，所以右旁不能写成——

生：攵。

师："斿"后来加"氵"，表示在水里行动；加"辶"为"遊"，表示在陆地上行动，现在合并为"游"，概括了在水里和陆地上的行动。所以，理解意符，也能帮助我们少写错别字。（板书：理解意符）

② "躁"

生：（师出示：躁）我把足字旁错写成火字旁，写了别字。

师：（出示：躁 燥）这两个字的确容易混淆。

师：（出示：🙊）这是金文"喿"字，谁能分析这个古文字的形音义？

生：下面"木"是树，"口"是嘴巴，指发出声音。

师：什么动物喜欢群聚在树上发出声音？（生回答：鸟）

师："喿"字表示群鸟在树上鸣叫，三个"口"表示很多鸟。但"喿"在构字中大部分做音符。区分"躁""燥"，关键看意符。这两个字的意符是——

生1："躁"的意符是"足"，表示人急躁时"足"经常做来回走动或跺脚动作。（生表演）

生2："燥"的意符是"火"，表示干燥得要着火了。

师：谁能说出其他带有"喿"的字。

生众：操、澡、噪。

师：怎样区分这三个字的意思？

生："操"的意符"扌"表示手的动作，"澡"的意符"氵"表示用水洗身子，"噪"的意符"口"表示嘴巴发出声音。

师：能运用字的意符来辨别形近字和理解字义，很好。学而时习之，我来考考你们。

（出示：操 澡 噪 燥 躁）请选择填空：

洗（　　）　干（　　）　（　　）音　体（　　）　急（　　）

③ "辨"

生：（师出示：辨 辩）这两个字我经常分不清。

师：这两个字音符都是"辡"，读"biàn"。"辡"由两个"辛"组成，指罪人。"辛"指古代用来在奴隶或罪犯脸上刺字或用刑的刀，引申指有罪。"辡"在构字时常做音符，"辨"的意符就是中间的"刂"（刀），表示用刀剖分，就是区别，如辨别、明辨是非。"辩"的意符是"讠"，表示用语言争论，如争辩、辩论。想想带音符"辡"的字还有哪些。

生众：辫、瓣。

师：根据意符，谁能区分这两个字？

生1："辫"的意符是"纟"，应该和丝线有关，头发如丝线般编成辫子。

生2："瓣"的意符是"瓜"，应该和瓜类有关。

师：对，"瓣"的本义是瓜类的子，引申泛指植物的种子、果实分开成一块块，如"豆瓣儿""橘子瓣儿"。又引申指花瓣。

生：这下我明白了，辩论、辨别、辫子、花瓣。

师：汉字是表意文字，有很多形近字可以通过意符来辨别。

■ **评析**：汉字是表意文字，虽然形体繁杂，但很多合体字是由偏旁构成的。发挥偏旁的作用，是纠正错别字、提高汉字教学效率的科学方法之一。对汉字偏旁的正确解说，不但具有"讲对一个，识记一串"的识字效率，而且能帮助学生潜移默化地传承科学的汉字文化。■

**（3）理解记号**

① "巷"

师：（出示：巷）刚才我们学了这个字的构成是——

生：是半意符半记号字，下部"巳"是不表音也不表意的记号。不少同学经常把"巷"下部写错。

师：看来你学得很认真。我们根据记号字符的知识来认识其他字的记号字符。

② "鼻"

师：（出示：鼻）"鼻"意符是"自"。"自"的甲骨文像人的鼻子形" "（出示），本义是鼻子。人们习惯指着自己的鼻子表示——

生：自己。

师：于是，"自"就从鼻子义引申为自己了。可是，表示鼻子的字没有了，人们就为"自"加音符"畀"（bì）构成"鼻"字。（出示：    畀）"畀"的甲骨文是箭的形状，演变到楷书箭头变成"田"，箭尾变为"丌"，独体字成了两个部件，都是记号。

生1：现在"丌"叫作鼻字底。

生2：很多同学把"鼻"字下部错写成"廾"（gǒng）。

师：这些同学把下部写错是因为不认识这个字符。（板书：  ）这是"廾"的甲骨文。

生：像两只手。

师：对，"廾"像双手捧物。你们知道哪些带"廾"的字？

生众：开、升、弄、弃……

师："弄"是双手摆弄玉石，"开"是双手打开门闩，"鼻"呢？

生："鼻"和手无关，所以下部不能写成"廾"。

师：对于记号字和半记号字，我们也可以根据它与意符、音符的不同而理解它，达到纠正错别字的目的。（板书：理解记号）

■ **评析**：汉字的字符历经长时间演变，到现代汉字阶段很多字变化很大，有些成为不能表音表意的记号,有些记号字即使追根溯源也难以讲解。这是现代汉字的特点之一,科学的态度应该是实事求是,而不要强求解析或者随意乱加分析。我们的上课实践已经证明,对于记号字符小学生完全能够理解,而且小学生通过记号字符识字能在很大程度上纠正错别字。■

### (4)理解笔形

师:有的错别字的出现是学生对笔形理解不够造成的,所以要根据汉字书写规范来理解笔形。笔形是指笔画的形状。(板书:理解笔形)

师:(出示:耀。第6、7、10笔变红)"耀"左旁"光"最后一笔竖弯钩改为竖提,是为了笔顺走最短的路线,从左下顺着笔势直奔右上去写右上偏旁"羽"的第一笔,这样可以写得快而好。

生:"凯"字左下旁竖弯钩改为竖提,也是这个道理吗?

师:(伸出大拇指)对!再看右边"羽",第一笔横折钩改为横折是因为"羽"在这个字的上部,空间很小,如果勾进去,与其他笔画交错混乱,影响识字,所以把横折钩改为横折。

生:"小"字有竖钩,但"肖"字中写成竖,"勇"字中间横折钩改为横折,也是这个道理吗?

师:是的,了解汉字书写规范,理解笔形,也是纠正错字的重要方法。

■ **评析**:汉字部件的笔画笔形已与字理无关,却与汉字书写规范有关,自然也应是汉字教学的重要内容之一。楷书书写自有合理而巧妙运笔的逻辑,使字形成为合理的布局,达到了美的要求。遵循现代汉字书写规范,也是预防和纠正错字的重要方法。■

### 三、总　结

师:请拿起笔,把这几个字再认真地写一遍。(生写)

师:如果老师再听写一遍,你们能把它们全写对吗?(生回答:能)

师:说说你今天的收获。

生1:我纠正了不少错别字。

生2:我学会了纠正错别字的一些方法:理解本义、理解意符、理解记号、理解笔形。

师：同学们，汉字文化博大精深，老师今天只是打开一扇窗，让大家领略到它的神奇魅力。更多的汉字学知识等着大家去学习，只要加强学习，我们就一定能写出正确、规范、美观的汉字，向错别字说"再见"。

## 四、延伸

师：请同学们和家长分享今天学习的字例，当当小老师；再翻一翻作业本，想想哪些错别字可以用今天学的方法来纠正。

■ **评析**：学生如能学得方法、带着思考走出课堂与家长分享，一定会加深记忆。学得方法以致用，才是这节课最终的目的。■

师：学习汉字学知识离不开书籍，推荐几本书给大家，它们是《说文解字》《汉字教学常用字形义解析》《画说汉字》。同学们如果有关于汉字学的其他好书，也可以分享给老师和同学。

■ **评析**：汉字学博大精深，须不断研究和思考。向学生推荐相关的书籍，进一步引领学生走进汉字的精彩世界。■

## 总 评

　　表面看，汉字形体繁杂，难学难写；实际上，汉字有着很强的科学系统性和逻辑性。不遵循汉字学施教，学生识记辛苦，错别字也多。教师如能掌握相关的汉字学知识，根据错别字的不同类别，采用合适的教学策略，学生学习必定事半功倍，并由此对识字产生浓厚兴趣，感受汉字文化的无穷魅力。这应是高效减少错别字，乃至在很多学生中消灭错别字的一个科学方法，值得继续实践和努力。

　　此课是我们的一节研讨课。本课运用汉字学知识，集中呈现了纠正错别字的方法——理解本义、意符、记号、笔形，是我们研究纠正错别字策略的部分成果。在日常教学中，这些方法常是分散有针对性地使用，经过两年的实践，证明它们确实能有效纠正错别字，这次集中系统运用，效果更加明显。

（杨艺婷、叶妙婕、叶莹：福建省厦门市同安区第一实验小学 / 李彦敏：福建省集美大学教师教育学院）

## 42 我们的汉字祖先

执教／吴金红　　评析／金文伟

本文发表于《小学语文》2010年1—2合刊，有修改。

（适用于一年级下学期）

### 序　评

2008年6月，吴金红老师结合人教版一年级下学期识字教学内容自主开发此课，目的是增强学生热爱祖国汉字的情感，产生主动识字的愿望，认识到掌握汉字构形规律对识字的重要性。汉字的形音义联系是识字教学的重点和难点。在本教学设计中，介绍"老六书"构字法，尝试运用"溯源—对照"的方式认识象形字的特点，依据"分解—组合"方式灵活地解析指事、会意字、形声字的构字规律，做到"教一个，得一串"，提高学生自主识字的能力。

### 教学目标

1. 初步了解汉字的起源、"老六书"构字方法、汉字形音义的紧密关系，培养分析汉字能力，提高识字效率。
2. 了解祖国悠久的汉字传统文化，激发学生热爱祖国语言的情感，产生主动识字的愿望。

### 教学过程

#### 一、溯源"集""美"，激趣导入

师：（出示：🐦）这是金文"集"字，上部"隹"是一只鸟，下部"木"是树，"集"的本义是鸟栖息在树上。树上经常栖息很多鸟，所以，繁体也写作"雧"（板书），用三个"隹"表示很多的鸟聚集在一起。这样，"集"又有了集合、集中、汇集的引申义。比如：许多诗歌汇编在一起，叫诗集；许多文章汇编在一起，叫文集；许多人赶到集市上买东西，叫赶集；许多人聚在一起，叫聚集。

师：（出示：美）"美"从"羊"（羊）从"大"，许多人以为这表示"大羊味美"，这是误解。（出示：大）甲骨文"大"像一个正面站立、两臂张开、双腿叉开的成人形象。（出示：美）甲骨文"美"像一个大人头戴翎羽或羊角的饰物，表示漂亮美观。根据字的形义，我们就把漂亮的人叫美人，好看的景色叫美景，好的品德叫美德。"美"还可以做动词，比如：让头发美丽，叫美发；让面容漂亮，叫美容。

■ **设计意图**：首先，厦门的集美学村是全国著名的4A级风景区，课上溯源"集""美"古文字，一是激发学生的学习兴趣，二是当天有新加坡同行参与交流，契合我们尽地主之谊迎嘉宾之意。其次，"集"字，集美小学的学生虽然早已认识，由于不理解形义关系，许多学生常写错（上部写成"住""佳"），因此解析"集""美"二字，纠正错别字的同时，培养学生科学分析汉字的方法。■

## 二、出示"汉字演变展流程图"

（师出示汉字演变展流程图，并据图解说汉字的演变过程和有关术语）

| 甲骨文 | | | |
|---|---|---|---|
| 金文 | | | |
| 小篆 | | | |
| 隶书 | | | |
| 楷书 | 鱼 | 鸟 | 羊 |
| 草书 | | | |

■ **设计意图**：汉字从甲骨文起，距今已有3400多年的历史。利用图表，带学生走进汉字简史，初步了解汉字演变的历程，认识到汉字的演变主要是为了方便书写和交流，适应社会的发展。■

## 三、介绍甲骨文

（师出示清代学者王懿荣的画像，讲述发现甲骨文的故事。也可由课前查找到该资料的学生讲述）

## 四、介绍象形构字法

师：(出示：)这些图片展示的是安阳出土的甲骨文。现在，你们知道为什么叫甲骨文了吧？

师：你们记得这几个甲骨文是哪些楷体字的祖先吗？

生：它们是楷书"门、川、虫、眉"的祖先。

师：这种根据实物形状描画出来的字，叫象形字。象形，是汉字的一个特点，是汉字最基本的构字方法。

■ **设计意图**："门、川、虫、眉"四字已教过。初教时，主要采用"实物图片—简笔画—古文字—楷体字"的顺序，让学生经历由图画过渡到楷体字的思维过程。这次放在一起复习是为了集中讲解象形字的构字特点。■

## 五、实践分析象形字

师：(出示：)这是十二生肖的古文字，认一认这些古字，并与现代汉字卡片一一对应地排列在一起。(出示：鼠 牛 虎 兔 龙 蛇 马 羊 猴 鸡 狗 猪)(生思考交流)

师：哪个字最形象，最先让你找到？为什么有些字和现代汉字对不上号了？

师：象形字就像一幅简笔画，许多字比较容易认，比如""突出了牛角、羊角、蛇身弯曲的主要特征，很快就能认出来了。这是象形字的优点。但是，由于观察物体的角度不同，有些字的构形也就不一样，再加上年代久远，有些象形字就造成了我们识别的麻烦。

■ **设计意图**：为了进一步培养学生的主动探究精神，这里安排了实践环节，让学生自己通过看一看、排一排、想一想、说一说、评一评，动脑、动手、动口，在兴趣盎然的识字实践中，领会到象形造字的特点。■

## 六、介绍指事构字法

师：(出示配乐字谜画)请同学们猜一猜，画中藏着哪几个古文字？(生观察后发言)

师：（小结）"月、鱼、舟"这三个字，大家很快就猜出来了。这三个字是象形字。可是，"⌒"是什么字呢？在画面上，"⌒"就像浩渺湖面上的一座远山，在朦胧的月光下，隐隐现出秀美的轮廓。近处的小渔舟上，渔人正悠闲地钓着鱼。这幅字画多有诗意呀！画名就叫"月下渔舟"。"⌒"正是"下"字。"⌒"是个弧线，代表某个物体，下面的短横，是指事符号，表示物体的下面。这种在象形字或符号上加指事符号的构字方法叫指事。

■ **设计意图**：字画同源是汉字独有的特点。利用古画讲解指事字，学生容易理解，并能在情、音、字、画皆美的艺术欣赏中，感受传统文化的魅力。■

师：（出示：二 刃 朩 末）它们是哪些字的祖先？字形和字义有关系吗？（生观察讨论）

师：（小结）四字是"上、刃、本、末"，都是指事字，都加有指事符号表示意思。"二"是在一长弧线的上部加短横，指上面，是"上"字；"刃"是"刀"加一点，指刀锋利的地方，是"刃"字；"朩"是"木"下加一短横指出树的根部，是"本"字；"末"是在"木"上加长横表示树梢，是"末"字，树梢比较长，所以这一横要写长。

■ **设计意图**：指事字的特点是"视而可识，察而见意"。"刃、末"虽是生字，但因学生已学过"上、本"的构字方法，这次就可引导学生运用所学知识，自主分析讲解"刃、末"的形义，加深对指事字特点的理解。同时，把"本""末"放在一起对比分析，便于学生掌握其形义。■

## 七、介绍会意构字法

**1. 不同的象形字或指事字组成的会意字**

师:(出示:亻)同学们,你们一眼就看出这是甲骨文的"亻",这就是象形字的优点。但是,要表达像感觉、品德、动作等方面的抽象意思,只用象形、指事的方法就远远不够了。于是,古人想到了把两个字放在一起表示一个新意的构字方法,这就是"会意字"。我们分析字的各个部件,就能大概看出这个字的基本意思。

师:(出示:信 休 位 保)这些就是会意字,谁能根据字的结构分析字义呢?(生发言分析)

师:(小结)人应言而有"信",人靠着树木"休"息,人站的地方就是他的"位"子,大人背着孩子就是"保"护他。(保:大人手臂在身后托住"子"的形状)多有意思的会意造字法呀!我们认真分析字的两个偏旁,就可以大概知道这个字的意思了。

师:(出示:上 下)"上"和"下"组合起来,成为什么字?是什么意思?

师:(出示:卡)"上""下"合体构成"卡"字,表示不能上也不能下,被"卡"住了,不能流通的意思。比如:思路不通畅,就是脑袋"卡壳"了;路上设置"关卡",车辆就不能通行了;吃鱼时,被鱼刺"卡住"了。

**2. 同形字重复组成的会意字**

师:(出示:北 化 从 )请看这一组会意字和它们的祖先,你们发现了什么?(生观察讨论)

师:(小结)这是一组由两个"亻"字变形组合而成的会意字,甲骨文的"北"就是两个人背靠背,本义是"背",后来因为同音而借用来表示北方的"北";"化"字是一个正立的人和一个倒立的人在一起翻跟头杂耍,表示变化的意思。

师:请一位同学上来和老师一起表演"从"的意思。(一生上讲台合作)

师:(小结)"从"字就是一个人跟着另一个人,表示相跟相随的意思。

■ **设计意图:** 清代文字学家王筠在《文字蒙求·自序》中说:"雪堂谓筠曰:'人之不识字也,病在不能分。苟能将一字分为数字,则易记难忘矣'。"遵循汉字科学分析会意字就是教好合体字的重要方法。学生学了此法,就能在自主识字中,依据字理析形索义,把汉字从抽象的符号转化为生动的意象,进而又因义记形,达到牢固记忆。■

## 八、介绍形声构字法

**1. 一个声旁与不同字组成的形声字**

生：（师出示儿歌《小青蛙》）（生齐读）河水清清天气晴，小小青蛙大眼睛。保护禾苗吃害虫，做了不少好事情。请你保护小青蛙，它是庄稼好卫兵。

师：（出示：清 请 情 晴 睛）你们发现了什么？（生回答）

师：（小结）这些字都是形声字，"青"是它们共同的声旁，提示这些字的读音。形声字的特点就是形旁表意，声旁表音。

**2. 一个形旁与不同字组成的形声字**

师：（出示： ）这是"月""肉"的小篆，可以看出，二者字形十分相近，到楷书就成了同形偏旁；所以，有"月"偏旁的字除了跟月亮、光亮的意思有关，还跟肌肉、身体等义有关，因而称作"肉月旁"。你们知道哪些有肉月旁的字？（生积极发言）

■ **设计意图**：汉字中有不少构字能力很强的部首字，如"月"能构成"明、朗、朝、望"等一批与月亮有关的字，也能构成"胸、脑、腹、背、脸、肩、腿、脚"等与肌肉、人体有关的字。这些字多是"月"表意的形声字。因此，教学中强调偏旁的系统性，可以获到"教一个，得一串"的高效。虽然学生在举例时常会说出一些本学段教材中还不要求教的生字，但教师完全可以顺势而导。当这些字在以后的学习中再现时，学生就不觉其"生"了，学起来就有事半功倍之效。■

师：（出示： ）请同学们解析甲骨文" "的各部件。（生观察解析）

师：（小结）" "是由" "（行háng，十字路口）和" "（止，人左脚）两个偏旁组成，表示人走在路上。后来草书楷化写作"辶"。所以，含"辶"的字都跟行走有关。谁能说说带有"辶"的字意思都跟什么有关。（生说）

师：（出示：远 近 进 退 逗 还 迟 违 追 述）谁再能根据所学的汉字学知识分析这些字的形义关系？

■ **设计意图**："教是为了不教"，教给学生"分解—组合"的识字方法，教师就要给他们提供练习的平台，期间，教师适时加以点拨就行了。■

## 九、拓展延伸：探究"中国印"里的汉字文化信息

师：(出示：)看，这是2008年北京奥运会的会徽，上面是一方中国印。同学们，你们仔细看，读懂了什么？（生答）

师：(小结) 2008年奥运会徽的设计具有咱们中国文字的多重含义，蕴含着浓重的中国韵味。印章盖下，中间的文字既像一个飞扬的"京"，又像一个舞动的"文"，还像一个飞奔的"人"，张开双臂、拥抱天地，欢迎五湖四海的朋友……多么生动形象的汉字，多么神奇丰富的汉字。让我们在今后的学习中，认识更多的汉字祖先，走进光辉灿烂的古代文化，感受咱们中国文化的博大精深。

■ **设计意图**："语文的外延等于生活的外延。"奥运会会徽的设计整合了许多传统文化元素，是进行语文探究性综合实践活动的一个良好载体。此环节的设计，旨在打通语文与生活的壁垒，把鲜活的生活引入语文学习中，盘活语文学习的资源，使语文学习的内容丰富多彩，使学生在不同内容和方法的相互交叉、渗透和整合中开阔视野，提高语文素养。■

## 总 评

该课主要是对一年级学生系统教学"六书"基础知识，是本课题研究初期的成功课例，至今仍有教学参考作用。

虽然现代常用字中的很多字失去了理据，成为记号字、半理据半记号字；但是，大部分字仍然能用"六书"解析。因此，传授"六书"知识仍然是识字教育不可或缺的内容。

因师生对大多数楷体字的构形理据不理解，识字教学就只能靠机械摹写、死记硬背，这是多年来教学枯燥乏味和费时费力的重要原因。2007年初，集美小学引进汉字学知识，吴金红与几名教师为了提高识字教学效率，秋季就将汉字学的有关知识运用到一年级实验班的识字教学中。主要方法有两条：一是利用古文字形象性强，通过溯源分析古文字形帮助学生直观地理解楷书构形。比如，"隹"是常用偏旁，学生易与"住""佳"混淆，老师就展示金文" "，使学生直观地理解到"隹"是鸟，四横是鸟翅的翎毛。这样教学使枯燥的识字变成了有趣的文化活动。二是常用"六书"构字法

# 我们的系统识字课

帮助学生理解生字的构形理据，使学生从识字开始，就学着用汉字科学来分析理解生字。两个学期的教学，实验班的学生识字的兴趣很高，不但识字效率明显提高，错别字数量大大减少，还同时学到了许多汉字知识。

这节课的最大特点是科学性。教育是科学，科学在求真。汉字构形有其科学性，教学理应传授汉字的科学知识。这不仅能极大地提高教学效率，对学生一生的知识积累也十分重要。比如"美"字，传统的解析是"羊大味美"。此说法对楷体字或有道理，却与生活常识不符，众所周知，羊羔肉更鲜美。该课在吴老师依据甲骨文和当代汉字学家的解析，讲解为"戴有头饰的人为美"，既符合"美"字构形，也使学生了解了美的含义。再如，利用小篆解析"月"部首，不仅解说清楚了它在构字中不同的表意作用，也解析了楷体"月"为何是同形异义的肉月旁，使学生知其所以然，识记得轻松和牢固。对比当今的识字教学，教师普遍缺乏汉字学知识，随意解析汉字的现象十分普遍，因而使识字教学效率低下。如何做到识字教学的科学化，该课设计能给我们一些启示。

这节课的第二个特点是内容丰富，知识量大，但因构思精巧，教法得当，学生反而学得有趣，容易掌握。该课介绍汉字的祖先，自当以甲骨文为主；小结平时零散讲的"六书"知识，也以最能体现"六书"构字法的古文字（甲骨文、金文、小篆）为材料，从而将两个教学主题巧妙地融汇在一起，难分彼此。该课设计先从本地区名称"集美"导入，溯源解析二字，使学生在识字中学词，激发了学习兴趣；然后以图示法介绍汉字的演变简史，自然而然地显示出了甲骨文的祖先地位；继而解说甲骨文发现者王懿荣的爱国事迹，培养学生热爱祖国文化的情感；接下来总结构字法，其中尤以甲骨文为例介绍象形字、指事字和部分会意字、形声字最为恰当，因为甲骨文形象性强，能直观地说明象形、指事以及部分会意、形声字的概念（隶楷书的象形字极少，不适合做象形字的例证）。当然，识字的对象是现代汉字，讲解古文字是为了帮助学生理解楷体字。因此，讲课能用楷书说明问题时，就用楷书，而不强求溯源比如形声字讲解就是如此。这节课最后，联系现实生活，讲析蕴含着丰富文化的北京奥运会会徽，将汉字文化的解读推向了高潮。

在这样的教学过程中,学生对本课所列的大量生字有了一定的理解,尽管教学要求上只认不写,但在他们的脑海里留下了比较深刻的印象。

这节课设计以"汉字祖先"为经,相关知识为纬,结构安排如行云流水,不枝不蔓。教学实践证明,在原定的一课时内完美地达到了教学目的。

这节课内容丰富,知识量大,一年级学生却学得有味,掌握得好,在于教师平时教学经常运用着汉字学知识,造就了学年末这样水到渠成的系统归纳课。当然,要上好识字教育课、汉字知识课,教师必须先学好汉字学的基础知识,如此,识字教学才能科学化和知识化,才能使学生终身受益,加倍提高识字和语文学习的效率。

(吴金红:福建省厦门市集美小学)

我们的系统识字课

## ❹❸ 成语中的汉字故事

执教 / 曾扬明　　指导 / 金文伟　　评析 / 黄国才（特级教师）

　　此课 2010 年 12 月 23 日展示于首届福建省小语会"汉字学在小学语文教学中的应用研究"课题研讨活动，集美小学承办。

（适用于五年级下学期）

**教学目标**

1. 根据汉字与汉语的科学关系，在成语中解析汉字，传授推形记字、明义记字等方法，将学习成语与识字相融，在语境中学好汉字和成语，了解汉字文化。
2. 引导学生发现汉字见其形，能会其义、知其音的方法，掌握减少错别字的方法，增强自主识字的能力。

**教学过程**

### 一、话"集美"

师：同学们，上课前，我们先猜猜谜语。请大家起立，把手臂向两边张开，再把双脚叉开，大家猜猜，你展示的体形像一个什么字？

生："大"字。

师：真聪明！再请同学们闭上眼睛想象：现在的你回到远古时代，在你的头上披上类似羊角的装饰物，你的体形展示又像一个什么字？

生："美"字。

师：是呀！曾老师第一次来到厦门集美小学，就感受到了你们的校园美，你们的行为美。好！我们看集美的"集"，（板书：❦）像什么？

生：像一只鸟在树上。

师：对，这就是甲骨文"集"字，后来演变为"❦""❦"（板书），表示聚合、会合之义，现在规范写作"集"。你们看，"集美"是多好的名字呀！"集美"集品德之美，集天地之美。

■ **评析**：以"集美"导入课题不足为奇，奇的是呈现古文字"集美"。这样，把生活、文字、文化统一起来，营造浓浓的汉字学气氛和浓浓的乐学氛围，先"形"夺人，一举多得。■

## 二、说成语

师：好的，今天我们聊成语，跟汉字的形音义有很大关系。先请每个同学说一个成语，谁开个头？

生众：滔滔不绝、口若悬河、揠苗助长、叶公好龙、负荆请罪……

师：好，这些成语有的来自历史故事，有的来自寓言故事，还有的来自经典名句。请看录像——《闻鸡起舞》。（播放视频）这个"舞"为什么不是"武"呢？

生：因为祖逖和刘琨在半夜听到鸡叫后起来舞剑，不是比武。

师：对，成语中的汉字与成语故事关系紧密。谁来猜猜"破釜沉舟"中的"釜"与故事中哪些内容有关？（出示"破釜沉舟"的故事内容）

生：我觉得"釜"与锅有关。

师：一语破的，不简单。不少同学把"釜"写成斧头的"斧"，就是因为他不懂汉字与故事内容的关系，也没有从汉字的形去理解它的义。你们看，"釜"字的声旁是——

生：父亲的"父"。

师：形旁是——

生：（有的摇头，有知道的）是"金"，表示跟金属有关。不过，"金"省去了"人"。

师：国家汉字规范把这种省略现象称作"某省"，"釜"下部形旁"金"省略了"人"，就叫"金省"。（生跟读）曹植有一句诗"煮豆燃豆萁，豆在釜中泣"，"釜"就是——（生回答：锅）

师：我出示两句话，大家看看其中的别字——你想笑就大胆地笑吧！（出示）

- 一位同学在习作中这样写道：我在马路上踩到一堆牛粪，大吃一斤。
- 老师称赞我们班的学习委员品学兼忧。

师：（生捧腹大笑）你笑什么？

生1：（笑）第一句话中，"惊"写成了"斤"，变成了吃牛粪。

生2：第二句话中把"优"写成了"忧"。

师：同学们，这个故事发生在你们身上，还笑得起来吗？

生：笑不起来。

■ **评析**：话"集美"是这节课的前奏，现在，曾老师和同学们一起徐徐地拉开这节课的大幕，大家已经窥见成语中汉字的缤纷斑斓。说成语，开启学生记忆之门；看视频，激发学生兴趣之门；辨"舞""武"、析"釜""斧"，拨动学生思维之门；笑"大吃一斤""品学兼忧"，打开学生反省之门。学生众"门"开启，全身心拥抱学习。■

## 三、探别字

**1. 选汉字活动**

师：好的，同学们，我发一份成语练习，请同学们在括号中给正确的汉字打上"√"，看谁又准又快。对拿不准的汉字可以猜，但要猜得有根据、猜得科学。（出示）

  再接再___（厉 励）  闻鸡起___（武 舞）  破___沉舟（斧 釜）

  滥___（竽 芋）充数  不___而走（胫 径）  ___守成规（墨 默）

  名列前___（茅 矛）  一___莫展（愁 筹）  ___心沥血（呕 沤）

  纷至___来（沓 踏）  融___贯通（汇 会）

师：（出示正确答案）对对答案，看你们选错了多少，把选错的做上记号。（生对答案）

师：错了几个？

生众：一个、两个、三个、四个、五个。

师：同学们，成语是语言在长期使用中，锤炼而形成的固定短语。你们想想，造成错别字的原因是什么？

生：不认真。

师：这是一个方面。

生：我发现错的字都是读音相同或字形相近的。

师：对，这是问题的症结所在。同学们，汉字是表意文字，字的形和音，往往跟字义有密切关系。可是，对成语中的汉字，你们如果只是去记字形，没有把成语中的字和成语的意思相结合去理解、去记忆，那么，汉字就变成了枯燥的符号，就不容易记牢了。下面老师教你们几招防止成语中错别字的方法。（板书：推形记字 明义记字 结构记字 探源记字）

■ **评析**：教学是因为学的需要而教；同时，教要促进学、提高学。在汉语词汇中，成语千千万，教师教什么？对五年级的学生，教师又教什么？曾老师的教学给我们一个启发——从学生中来、从学生的需要出发。曾老师收集小学阶段常用又常出错的成语，让学生当场练习，然后根据学生的答题迅速归类、出"招"，效益自然显现。■

**2. 推形记字**

师：谁把"胫"选成"径"了？

生众：我选错了，我也选错了……

师：还真不少呢。我们来看看这两个字的区别？谁发现了？

生："胫"字是肉月旁，而"径"是双人旁。

师：你说对了一半。"径"的右边"圣"念"jīng"，表音兼表意，表示直的意思。"胫"和"径"字，声旁相同，我们就辨别表意的形旁。先看"径"，形旁是——

生：双立人。

师："彳"念"chì"，（板书：彳）这是甲骨文"行（háng）"字，十字路口形。"彳"做偏旁是"行"的简省，表示道路，所以，"彳""圣"合在一起为"径"，意思是小路，小路往往是最短路线，甚至是直径路线，所以"圣"也表示直的意思。再看"胫"的形旁与什么有关？

生：跟肉有关。

师：胫是什么？

生：人的小腿。

师：对，人的小腿是直的，所以用"月"和"圣"（表示"直"）会意，"圣"兼表声。"不胫而走"是什么意思？

生1：没路可走。

生2：不对，应该是没有腿却跑得快。

师：其实，这是打比方，没有腿反而跑得快，用来形容速度传播得很快。如果用了"径"，意思就成了没有小路却跑得快了。你看，理解字义多重要啊！我们再看，谁来用推形的办法，辨析"讴""呕""沤"的不同。［出示：讴歌英雄（讴）沤心沥血（呕）］

生："讴"与语言有关，"呕"与嘴有关，"沤"与水有关。

381

师：对，从形旁入手去看，"呕心沥血"的"呕"为何不用"讴"或"沤"呢？

生：因为"呕"表示倾吐心中的全部心血，跟成语的意思相关，这里的"呕"有倾吐的意思。

师：不简单,分析得很科学。成语中每个汉字的字形几乎都和成语的意思紧密相连。

■ 评析：汉字一个突出的特点是形音义统一。许多汉字见其形就能会其义、知其音。学生掌握了这个规律，就能极大地减少错别字。此环节，以两个字例实践一种方法：推形记字，方法对头，呈现方式对路，效果自然对劲。■

### 3. 明义记字

师：谁把"融会贯通"的"会"选成"汇"了？（部分学生举手）你为什么选"汇"呢？

生：起初，我认为"汇"就是汇集的意思，而"会"是开会、会议的意思。

师：你的想法有些道理。但成语用字时与汉字的形义密切相连，字义决定着汉字的正确使用。下面，我们来看看"会"字的来历吧！（出示：會 㑹 仺 会）

师：同学们看看,左边的是金文"会"，谁能联系生活说说我们祖先对汉字的理解？

生：上面的是盖子，下面是……

师：你很懂科学，猜的切入点对了，结合了古代人的生活，因为祖先造汉字，是与生活紧密联系的。谁还有发现？

生：中间装的是食物。

师：（竖拇指表扬）真厉害！同学们，上面的是盖子，下面的是食具，中间的是食物。这样就成了繁体字"會"。右边展示的是由繁体"會"字演变到草书，草书楷化成"会"字的简化过程。同学们，"融会贯通"是什么意思呢？

生1：弄明白的意思。

生2：我查过成语字典，意思是"把各方面的知识和道理融化汇合，得到全面透彻的理解"。

师：对呀，把各方面的知识和道理融会和汇合。你们看，中间的食物不就是比喻知识与道理吗？所以用"会"字。（生若有所悟）

师："汇"的繁体是"匯"（板书），形旁"匚"读"fāng"，本义是盛器，用来装东西的器物。后来才把"汇"归入三点水部。

■ **评析**：哦，"融会贯通"原来是这么回事，"会"原来是这么演变的。曾老师出示的金文，已经不言自明了，再加上"会"与"汇"的对比，学生理解得更深刻，记忆当然更牢固。正如金文伟教授所言，语文老师一定要懂汉字学有关知识，要做一名"懂语文的语文老师"。教师自己若没有汉字学功底，如何教学生科学地学习汉字？■

师：请同学们看老师溯源"及"字，看能不能理解"迫不及待"的"及"。（出示：<br>
🖐 🖐 及）（生讨论交流）

师：谁能用汉字的眼光解读这个成语中的"及"。

生：我发现前面有一个"亻"，下面是一只"手"。

师：你有发现，不容易。金文表示什么意思？前面老师说过，祖先造字源于生活，要结合生活来理解。

生：就是用手抓人。

师：分析得不错，但科学的说法是后面的人追上并用手抓住前面的人，表示追上、达到的意思。同学们，"迫不及待"是什么意思？

生：急迫得不能等待，形容心情急切。

师：你们看，就是因为对成语的意思理解有误，才把"及"写成了"急"。其实，这里的"及"是达到的意思，成语的意思是急迫得不能再等待。

■ **评析**：这个环节，曾老师把汉字溯源分析与"字不离词"相结合，调动学生主动学习的积极性，独立分析与合作讨论相结合，学习了语言文字运用的方法，提高了学习效率。■

### 4. 结构记字

师：（出示：沓）谁能根据这个汉字字形分析它的意思？

生：上面是"水"，下面是"日"。

师：是"日"吗？

生：不是"日"，是"曰"（yuē）。

师：谁来说说这个会意字的意思？

生：形容说话像流水一样，滔滔不绝。

师：对呀，成语是"纷至沓来"，哪个汉字的意思和"沓"一样？

生：纷。

师：这就是成语中汉字的相对应结构。谁能说出类似的成语来？

生众：翻天覆地、惊天动地、声东击西、开天辟地……

师：同学们，有些成语中的汉字是由古代特定的意义决定的，由于时代的阻隔，我们平时只知道有些字的用法，而不知道该字形成的历史背景，书写时难免用现代的观念去理解它，结果常常写错。不过，还有一种探源的记字办法可以教给同学们。我举个例子，"墨守成规"中的"墨"是指什么呢？"名列前茅"为何用"茅"，不用"矛"呢？你们回去后可以查查成语故事。

■ **评析**：王力先生说："成语的作用之一是加强语言的稳固性，因此，成语应该是一字不改的，甚至字的次序也不能稍有更动。"（王力著《汉语史稿》第589页，中华书局1980年6月版）曾老师师从金文伟教授学习汉字学，又结合自己多年积累的语文教学经验，总结出以上四种方法，从汉字的科学解析出发，结合成语本身，辨析成语中的汉字，既让学生明白成语中的错字产生的原因，懂得今后如何用好成语，又传承了成语中的汉字文化。而且，大胆简略第四种方法"探源记字"，留给学生更大的"创造"空间。这是教为学着想、教为学服务啊。■

## 四、议广告

师：同学们，我们生活中的不少广告，就是利用成语的汉字组成谐音，来改变原有成语，表示新的意思。请读读屏幕上的广告成语。（出示）

钢琴广告："琴"有独钟　　热水器广告：随心所"浴"

房产广告：万"室"具备　　赛马广告：乐在"骑"中

公寓广告：随"寓"而安　　跳舞机广告：闻"机"起舞

药品广告："咳"不容缓　　山地车广告："骑"乐无穷

眼镜广告：一"明"惊人　　服装广告："衣衣"不舍

师：这样的现象到底合不合理有两种观点：一是认为这为国家创造了财富；另一观点认为这是破坏规范的中国语言文字，弊大于利。如果广告中长期这样误用成语，容易让我们使用成语时出错别字。同学们把这个问题带出课堂去思考，也可以在课后和同学们讨论交流。

■ **评析**：生活处处有学习的材料，曾老师让学生带着问题、带着思考走出课堂、走向生活，把学生的思维引向广阔和深刻，是高效课堂最有力的表征。■

总 评

　　"成语，是历史上巩固下来的固定词组，它们不是仿古词语，但是它们是'于古有征'的。"（王力著《汉语史稿》第589页，中华书局1980年6月版）所以，我们在应用时"是一字不改的，甚至字的次序也不能稍有更动"。学生（包括成人）为什么在应用的过程中写别字（或颠倒次序）？教师如何纠正？曾老师这节课给了我们很好的示范。究其要者有三：一是曾老师学习了汉字学，了解到汉字规律；二是曾老师巧抓切入点——成语中的汉字，学生熟悉的、生活中常见常用的资源，使学生容易理解而兴趣浓；三是曾老师遵循学生的认知规律，深入浅出地讲解、灵活多样地呈现，主导与主体相善、课内与课外相通，使教学过程成为紧张而有趣的生成过程。学生不仅学到知识，掌握了方法，更传承文化，浸润生命，自然学习效果好。曾老师的课，是汉字学能够也必须在小学语文教学中广泛应用的生动而精彩例证。

（曾扬明：福建省三明市宁化县第二实验小学／黄国才：福建省教育厅普通教育教学研究室）

我们的系统识字课

## 44 随汉字走进祖先生活

执教 / 曾扬明　　指导、评析 / 金文伟

本文发表于《小学语文》2010 年第 10 期，有修改。

（适用于五年级下学期）

### 教学目标

1. 遵循汉字表意规律，溯源汉字形义，了解古人生活与劳动的状况。
2. 解析有关部首，展现祖先饮食生活文化，开展汉字综合性学习，进一步理解象形字的形义关系，并掌握相关字的语言义。

### 教学过程

#### 一、以"多"为源，激趣导入

师：同学们好！今天观课的老师坐满了学术报告厅，用一个字来形容就是——
生：多。
师：用两个字来形容呢？用三个字来形容呢？（生回答）用四个字来形容呢？
生众：人山人海、车水马龙、人声鼎沸、摩肩接踵、人头攒动……
师：（出示：多）请看这个"多"，由两个"夕"组成。古人认为：夜晚，两夕相连，昼夜交替，接连不断，表示"多"。不过，汉字学的新解释是："多"的上下"夕"是肉块形，古代祭祀要用肉，结束后把肉分给亲友，每份一块肉，两块肉就多了。（出示：𡖇）看甲骨文"多"，就是用两块肉的重叠形表示"多"。下面，我们就随汉字走进祖先的生活。（出示课题：随汉字走进祖先生活）

■ **评析**：这是借汉字字形讲解汉字文化的课，也是一节很有创意的识字综合性公开课。观课教师高朋满座，曾老师依现场情景，巧设"机关"，先引导学生交流表示"多"的词语，激发学生积极参与的兴趣，再顺势解析"多"的字形义，自然而然地进入到本课的教学主题。■

二、赏析古汉字，走进祖先生活

**1. 古人之衣裳——赏赏汉字**

师：同学们，我们人类生存最基本的条件是什么？

生（众）：穿衣、吃饭……

师：那就是我们常说的：衣——

生：衣、食、住、行。

师：大家都知道，祖先的生活和我们现在大不一样。请同学们拿出昨天老师发给大家的资料，我想知道你们从中获取了古人生活的哪些信息？

生：我知道，古人把帽子称作"冠"。

师："冠"是多音字，在这里怎么念？

生：念"guān"。

师：那么衣冠楚楚的"冠"是什么意思？

生：衣服穿得很整齐的意思。

师：不对，你没有把"冠"的意思说清楚。

生："衣冠楚楚"的意思是指一个人衣服和帽子穿戴得很整齐，很漂亮。"冠"应是帽子的意思。

师：真棒，这叫联系生活读懂汉字的意思。"楚楚"在这里的意思是鲜明的样子。

■ **评析**：讲汉字文化以"人类生存最基本的条件"（衣、食、住、行）来引导学生，既切合课题"祖先生活"，又融进了唯物史观的教育，巧妙地把两个教育内容融合在一起。讲"衣"从"冠"始，层次井然。这些设计均见出本课构思之巧妙。结合生活纠正学生阅读不到位的现象，足见曾老师的语文功底和教学应变能力。■

师：下面我们来看看古人对"衣"字是如何理解的。（出示）谁来读一读？（生读）古人的头衣——冠，古人的上衣——衣，古人的下衣——裳（cháng），古人的足衣——屦（jù）、履、屩（juē）、屐（jī）、鞮（dī）等名称。（许嘉璐《中国古代衣食住行》）

师：下面，我们来看看古人是如何写"衣"字的。请同学们认真观察字形和"衣"的图片，你发现了什么？（出示： ）

生1："𧘇"是甲骨文"衣"字，上面"人"形是衣领，下面——

生2：老师，我来补充，两侧开口处就是衣袖，下面的像衣襟。

师：真聪明！古文字"衣"就是根据衣服的样形造出来的。这就是我们常说的象形字，现在楷书的"衣"字失去了象形韵味了。（板书：象形字）

师：再认认这些与"衣"有关的字，猜猜是什么字。（出示： ）

生：我想第一个字是眼睛的"眼"，第二个字是"裳"。

师：你能联系生活来观察很好，可惜，你说的第一个字与"衣"无关，猜得不科学。第二个字你是从简单的字入手猜对了。那你说说"裳"是象形字还是形声字？

生：形声字，上面的"尚"表声，下面的"衣"表意。（师表扬学生）

师：谁来猜猜第一个汉字是什么。老师提醒大家：下面部分表示眼睛，在这个字中表示脸部，上面的呢？

生：上面是一顶帽子的形象，这个字应是"帽"字。

师：（板书：古文字"冒"字上部的"冃"是部首）古人写"冒"就表示帽子的意思；后来，"冒"字被假借作感冒或冒充的"冒"；于是，写帽子的"帽"时，只好在左边增加一个与"衣"有关的"巾"旁了。

■ **评析**：结合图品赏古文字"衣"，使学生真正理解象形字的概念，也为以下认读有"衣"旁的古文字打好基础；结合"冠"再讲"帽"字的演变，前后照应，引领学生不知不觉地走进了"祖先生活"。■

师：同学们，你们真厉害，能根据字形理解字义，看得透，猜得准！那我们再来猜猜这个字，它由两个象形字组成，你们如何理解？（出示）

生：我懂得，左旁是"衣"，右边是"刀"，它们合起来就变成了"初"。

师：你有一双识字的慧眼，发现了汉字的构字方法。这是一个会意字，会意字就是——

生：把两个汉字合起来，组成一个新的字。（师板书：会意字）

师：同学们，请看图，你如何理解这个"初"字？

生：我认为"初"就是用刀裁剪衣服、制衣服的开始。

师：你说得很对，这是"初"的本义，后来引申为开始时或开始的部分。那么，现在有哪些词语中的"初"含有刚开始的意思呢？

生：初始、初学。

师：你看，懂得汉字的来源后，你就能明白古人造字的匠心。其实，与"衣"有关的汉字还真多，你们能说出几个来吗？

生众：衬、衫、褪、襟。

师：你们发现这些汉字都与什么有关？

生：与"衣"有关，因为他们都是衣字旁。

师：很棒，对很多形声字，看到这个部首，你就能猜出这个汉字的大致意思。下面我们再走进古人的饮食文化。

■ **评析**："板块一"借助图示法溯源古文字，引导学生品赏以"衣"为偏旁的一组字，使学生既理解了象形字、会意字、形声字等构字法，又明白了古人造字的匠心，还了解到造字与古人生活的关系，达到了一石三鸟之效。■

**2. 古人之食具——解解汉字**

师：同学们，你们对古人吃的方面有哪些了解？

生：我知道古人爱喝酒。

师：的确，酒是古人饮食文化中一个重要的组成部分。老师带来一些古人的食具。大家边看图，边看汉字，看看认识哪些字。（出示）

生：我认识"缶""豆""鼎""爵"。

师：第二个字"鬲"念"lì"，最后一个字"畐"念"fú"，请跟老师读一遍。（生读）

师：同学们，看了这些字，你发现了这些字是怎么来的吗？

生：我知道，这些汉字都是根据食具的形状造的。

师：说对了一半，科学的说法是：这些汉字是祖先们根据生活所用的陶器形状而造的象形字。谁还有发现？

生：我发现这些字的字形以及意思跟古代的食具有关。

师：一个有创意的发现，你能不能举例来说？

生：比如"鼎"，字形和食具的物形相似。

师：真聪明，同学们，你们能说出几个带"鼎"的成语吗？

生众：三国鼎立、一言九鼎、鼎力相助……

师：我们以"三国鼎立"的"鼎"为例，你们看，这个"鼎"什么意思？提醒你们，结合图片中"鼎"的形状来理解。

生：哦，我明白了，看"鼎"的图片，下面有三足，象征三方对峙，鼎足而立。

师：那么"爵"是什么？

生：我从图片和字形分析，它是斟酒的工具。

师：你们听说过"爵位"这个词吗？什么意思？

生1：爵位就是当官的，形容位置很高。

生2：爵位应是古时候，君主封贵族的等级。

师：第二名同学说得更准确。为何有此义呢？古代天子分封诸侯时，把"爵"这个食具赠送给受封者，作为很重要的礼物，这样位置就显得高了，后来就成了"爵位"的简称。

■ **评析**：本环节用实物图来解说这些古文字，使学生从中了解到祖先的饮食文化，进一步理解了象形字的形义关系，并掌握了一些字的语言义（比如明白了"三国鼎立"之义与"鼎"的三足有关）。这样教学发挥了汉字文化的魅力，效果明显。■

## 3. 从部首入手——玩玩汉字

师：同学们，刚才我们从古人的衣和食具了解了一些汉字的构形规律。下面，我们来写写古汉字。请你们认真看视频，再"信手涂鸦"，把你认到的汉字仿写下来。（播放古汉字"山、日、月、鱼、水、马、车"等象形字的动画视频，请五名学生到黑板前仿写古汉字）

师：大家看看，他们是在写字还是画字呀？（众笑）

生：有的人是在画画。

师：对呀，我们的汉字最早是图画字。谁来写写"水"的古文字，让这鱼儿在水

里快活地游？（一名学生到黑板前仿写"水"的甲骨文。写完后，学生们评价黑板上的汉字）

师：好，我再出示两个古汉字，大家猜猜，一是要猜出是什么字，二是要从这两个字的形状说出意思。（出示：🍲 🏠）

生：第一个是"食"，上面好像是盖子，下面是食具。

师：你真厉害，老师想问问，下面的食具你是怎么知道的？

生：您前面出示了食具的象形字，记得有个"豆"，表示食具。

师：你真会学习！这个"豆"原来是指食具，我们现在的豆子的"豆"古人是这样的写的，（板书：尗）念"shū"。那你看看，"🍲"的几个点表示什么呢？

生众：应是香气四溢；应是水装满了，溢出来了。

师：很聪明，你们都说得不错。下面食具中装满了食物，很满，溢出来了，古人造字时就用点来表示。

师：再看看，下面这组词中的"食"字意思一样吗？（出示：丰衣足食 零食 食品 食肉）

生：前三个都表示食物的意思，最后一个表示吃的意思。

师：真聪明，谁认识第二个字"🏠"？

生："富"字，上面的部分（宝盖头）表示屋顶，下面部分（畐）表示酒坛。

师：你真厉害！上面的宝盖头，念"mián"，（生念）表示屋形；下面的"畐"刚刚我们讲过，是酒坛之义。那这个字是什么意思，你们懂吗？提醒你们，屋子里有酒坛对古代人意味着什么？

生：在古代，一般的人只有粮食剩余才拿来酿酒。所以，"富"就是家里面有酒，是富裕人家有剩余粮食。

师：你看，汉字有这么多的知识！所以富裕、财富的"富"就包含这个意思。可见，古汉字能折射出古人的物质生活形态。

师：（出示：🌙）这个字像什么？

生：像月亮。

师：你能联想到"月"的字形，很好，但不完全正确。（出示：🌙 🌙 🌙 肉 肉）

师：这个字起初是"肉"，小篆体的"月"与"肉"形似。后来，作为部首就写作"月"了，我们就称作肉月旁。同学们，是不是"月"部首的汉字都与"肉"有关呢？

生1：是，比如"肠、肚、肝、脸"都与肉有关。

生2：我认为不全是，比如"期、朗、朝、胧"就是与"月"有关。

师：对呀，前面说过，小篆体的"月"与"肉"形似，后来作为偏旁就都成了"月"形。你们能分得清"肉"和"月"吗？

生：分不清。

师：仔细看看你们刚才举的例子，（板书：肠 肚 肝 脸 期 朗 朝 胧）发现了什么规律？

生：（仔细观察后）我发现"月"在字左边的大多表示"肉"，比如"肠、肚、肝、脸"都跟人体有关，"胧"大概是例外；在字右边的都表示"月"，比如"期、朗、朝"。

师：大家同意吗？（有些表示同意，有些还在思考）

师：你的发现很有价值！这说明，祖先造字是比较严格的，他们为了容易掌握汉字，就把表示"肉"的"月"放在字的左部或下部，在左部的或放在下部的，比如"有、脊、背、育"，这"月"都"肉"的意思。"月"在字右边的主要表示月亮的意思。

生：老师，"朦胧"与月亮有关，可是"月"在字左边，"胡"是胡子，与月亮有关吗？

师：问得好，我们说"月"在字的左边或下边表示"肉"，这是指绝大多数情况，不是绝对的；"月"在字的右边表示月亮，也是指绝大多数情况，不是绝对的。比如，"胡"的本义是牛脖子下的垂肉，引申为胡子，这个"月"旁肯定表示肉的意思，所以，"胡"字也是例外。所以，我们只要记住这几个例外的字，"月"在构字中的意思，是不是就容易掌握了？

生：老师，原来汉字有这么多的科学道理啊！

师：同学们，有人给"肉"编了一个字谜——"肉，内添一人就可以吃"。你们认为这样编与"肉"的字义相符吗？

生：不符合。

师：同学们，"内添一人"的确是"肉"字，但"肉，内添一人就可以吃"这种说法，与"肉"字的字义不符，这就违背了汉字构字的原理。

■ **评析**：本环节让学生"信手涂鸦"，体会象形字不同于图画的符号特点；猜古文形义，辨"肉月"位置、纠违理字谜、悟科学体系——这都是在"玩"中理解、

掌握的汉字知识,设计精妙,见出教学艺术。∎

## 三、走进先贤,趣说"宁化"

师:(出示宁化图)同学们,观察一下古汉字的""。看看这个字由哪些偏旁组成。

生:上面的宝盖头表示房子,里面的符号表示食具。

师:有房子,有食具,说明了什么?

生:说明有吃有住。

师:对呀,所以"宁"的里面由两个偏旁组成,一个是表示食具的"皿",下面的字符念"kǎo",表示松口气。合起来表示屋内存有食物,松口气,表示安宁。小篆体还加了一个"心"字,(出示:寧)这说明有吃有住就能心安了。

师:多有意思呀!看看"化"的古文字形,你发现什么?

生:左边像一个正立的人,右边像一个倒立的人。老师曾经讲过这个字。

师:你的记忆力真好!同学们,两个人在玩耍,从正立到倒立,就表示——

生:有变化。

师:按我们对"宁"和"化"的字义分析,把这两个字合起来,应该是什么意思?

生:宁化人的生活变化很大,变得越来越富裕了,所以,人民安居乐业。(众鼓掌)

师:真好!你看,先辈给这里取名"宁化",是不是很有意义呀?

生:是!

师:同学们,有人说,一个汉字就是一幅画、一首诗、一个故事甚至一段传奇,它总在不经意间给我们带来玄妙神奇的诗意畅想,让我们为之惊叹不已。(课件出示此内容,生读)

师:这节课我们通过欣赏古人的"衣"和"食",了解了古汉字,走进了祖先生活。同学们还可以从古人的"住"和"行"两方面学习汉字,了解更多的祖先生活。

∎ **评析**:用溯源法详解"宁化"二字,由祖先生活联想到当前生活,本课教学由此精彩结束,学生也真切体会到了汉字蕴含着的诗情与画意,承载着的故事和

文化，不禁畅想或惊叹，油然产生热爱汉字之情，学好汉字之愿。■

## 总 评

  汉字因义构形，又据形表意。汉字经过几千年的应用和演变，不仅记载了浩瀚丰厚的民族文化，其本身也变成了一座反映历史文化的宝库。本课溯源汉字，据形索义，使学生了解到祖先的生活方式、思维方式和历史文化，理解了汉字的表意性质和表意方法，体会到汉字文化的博大。这有助于学生学好汉字，更有助于学好语文，因为，汉字文化就是语文的重要内容之一。

  这节课是给小学高年级学生补的汉字文化课。当前已有学校从一年级就开始了遵循汉字学的识字教学，教学讲汉字的形音义关系，自然就要讲到汉字文化的有关知识，其中就包括这节课的全部内容。高年级学生在人生宝贵的识字阶段，缺少汉字文化教育，不能不说是人生遗憾，因此，有必要补上这一课。愿更多的小学高年段学生能补上这一课。

（曾扬明：福建省三明市宁化县第二实验小学）